INTRODUÇÃO AO ESTUDO DO DIREITO

O GEN | Grupo Editorial Nacional – maior plataforma editorial brasileira no segmento científico, técnico e profissional – publica conteúdos nas áreas de concursos, ciências jurídicas, humanas, exatas, da saúde e sociais aplicadas, além de prover serviços direcionados à educação continuada.

As editoras que integram o GEN, das mais respeitadas no mercado editorial, construíram catálogos inigualáveis, com obras decisivas para a formação acadêmica e o aperfeiçoamento de várias gerações de profissionais e estudantes, tendo se tornado sinônimo de qualidade e seriedade.

A missão do GEN e dos núcleos de conteúdo que o compõem é prover a melhor informação científica e distribuí-la de maneira flexível e conveniente, a preços justos, gerando benefícios e servindo a autores, docentes, livreiros, funcionários, colaboradores e acionistas.

Nosso comportamento ético incondicional e nossa responsabilidade social e ambiental são reforçados pela natureza educacional de nossa atividade e dão sustentabilidade ao crescimento contínuo e à rentabilidade do grupo.

GEN | atlas

INTRODUÇÃO AO ESTUDO DO DIREITO

SÍLVIO DE SALVO **VENOSA**

8ª edição
revista e atualizada

- Fechamento desta edição: *06.10.2025*

- **Atendimento ao cliente: (11) 5080-0751 | faleconosco@grupogen.com.br**

Uma editora integrante do GEN | Grupo Editorial Nacional
Travessa do Ouvidor, 11
Rio de Janeiro – RJ – 20040-040
www.grupogen.com.br

- Capa: Danilo Oliveira

- **CIP-BRASIL. CATALOGAÇÃO NA PUBLICAÇÃO
SINDICATO NACIONAL DOS EDITORES DE LIVROS, RJ**

V575i
8. ed.

Venosa, Sílvio de Salvo, 1945-
Introdução ao estudo do direito / Sílvio de Salvo Venosa. - 8. ed., rev. e atual. - Barueri [SP] : Atlas, 2026.

Inclui bibliografia
ISBN 978-65-5977-788-4

1. Direito - Estudo e ensino (Superior). 2. Conceitos. 3. Ciências jurídicas. I. Título.

25-100931.0 CDU: 340.11

Meri Gleice Rodrigues de Souza - Bibliotecária - CRB-7/6439

A todos aqueles, principalmente às futuras gerações, que acreditam que um dia este País deixará de ser uma democracia apenas formal, tornando-se mais justa; que todos que utilizem a toga, o cetro e a espada na direção de nossos destinos o façam exclusivamente por dedicada vocação, com amor, honestidade, competência, destemor e credibilidade.

SOBRE O AUTOR

Foi juiz no Estado de São Paulo por 25 anos. Aposentou-se como membro do extinto Primeiro Tribunal de Alçada Civil, passando a integrar o corpo de profissionais do grande escritório jurídico brasileiro Demarest Advogados. Atualmente, é sócio consultor desse escritório. Atua como árbitro em entidades nacionais e estrangeiras. Redige pareceres em todos os campos do Direito Privado. Foi professor em várias faculdades de Direito no Estado de São Paulo. É professor convidado e palestrante em instituições docentes e profissionais em todo o País. Membro da Academia Paulista de Magistrados. Autor de diversas obras jurídicas.

@silviovenosa | www.silviovenosa.com.br

PREFÁCIO

Sílvio de Salvo Venosa apresenta, sob o título de *Introdução ao Estudo do Direito*, uma obra de caráter teórico e prático, de iniciação na Ciência Jurídica, que serve a todos os que necessitam de conhecimentos básicos do Direito.

Desde as primeiras lições de Direito, o autor enfrenta matéria de alta indagação filosófica e jurídica de modo didático e bem objetivo, dando posição de destaque ao pensamento da Escola do Direito Natural, estudando o direito intertemporal e as fontes do Direito. Quanto a essas formas de expressão do Direito, a lei e o costume mostram-se soberanos, acentuando o trajeto natural do Direito de existir, primeiro, pelo tácito consenso do povo (*tacitus consensus populi*) e, depois, pelo modo escrito desse consentimento, que reclama, sempre, atualização ante a realidade vigente.

Os sistemas jurídicos contemporâneos da *Common Law* e romano-germânico também estão presentes e explicados na obra.

Usos e costumes são realidade vivente, que se forma na consciência dos povos, como um norte de conduta e de tolerância da sociedade.

Como corolário, as análises da Jurisprudência, da Doutrina, da Analogia, da Equidade e dos princípios gerais de Direito integram-se a mostrar a função fundamental da Ciência Jurídica, que não pode prescindir dessa amostragem anímica, para estudo metódico e para a própria compreensão do Direito.

Nos meandros da técnica jurídica, estudam-se a aplicação do Direito na solução das situações e dos casos concretos, a interpretação e a integração das normas jurídicas, num complexo de percepção e de compreensão do Direito.

A leitura da obra é muito agradável e propicia aprendizado indispensável ao conhecimento da Introdução ao Estudo do Direito. Aliás, é essa a característica do autor em todas as suas obras.

Diferencia-se, ainda, a argumentação da retórica, apontando-se para a melhor elucidação dos textos jurídicos.

Mostra o autor a tendência à adoção da arbitragem, em nossa sociedade, que eu já entendia indispensável em 1972, como diz Venosa: o processo de "fuga ao Judiciário". O acúmulo de processos no foro, com a consequente lentidão de seu andamento, estimula a adoção desse modo de resolver conflitos. A arbitragem, dizia eu, à época, "é o contrato do futuro"; e completo: "o futuro é a atualidade".

A negociação e a tentativa extrajudicial de conciliação são etapas indispensáveis, antes da concretização do julgamento arbitral.

Ressalta Venosa que "não podemos mais assistir inertes à situação de o Judiciário deste País ser o repositório cartorial de todas as querelas da sociedade, e, assim, ineficiente, moroso e desacreditado".

Após promover diferença entre Moral e Direito, mostrando, entre outros pontos, que as regras morais são interiores ao ser humano, sem exigibilidade de conduta, ao contrário das jurídicas, trata Venosa de acentuar o papel dos Códigos, no sistema codificado, que deixou "de considerar o Direito uma simples norma de conduta social para ser visto como uma realidade supranacional", destacando a "surpreendente" promulgação do Código Civil brasileiro "no início do século XXI".

Estuda Venosa, em seguida, o sentido dos institutos Justiça, Direito e Moralidade, lamentando a crise moral brasileira, com maus exemplos aos futuros lidadores do Direito.

Embora essa crise de moralidade seja um fenômeno mundial, concordo com o autor que haverá, para o futuro, uma mensagem de esperança com a melhora do perfil moral das novas gerações operadoras do Direito.

A Ciência Política e o Direito encontram, também, na obra, estudo que mostra sua proximidade e necessidade de atuação conjunta.

A relação jurídica vem tratada, a final, sempre objetivando a ideia de Hermogeniano, segundo a qual, por causa dos homens, todo o Direito foi constituído (*Hominum causa omne ius constitutum est*).

Aqui, a mensagem romana de que a relação jurídica existe entre os seres humanos, que manifestam seus interesses sobre bens, que compõem a infraestrutura da relação jurídica.

Daí a inspiração da sistemática dos Códigos Civis, que começam sempre a tratar das pessoas, depois dos bens, sendo que a manifestação da vontade das pessoas sobre os bens é que faz nascer, modificar-se e se extinguir a relação jurídica.

Como em fecho de ouro, Venosa termina seu livro com lineamentos de História do Direito, com o Direito antes da escrita, na Antiguidade, até o Direito Romano, com seus períodos, analisando os sistemas do *Ius civile* e do *Ius gentium* e a Codificação de Justiniano, entre outras. Daí as noções sobre o *Codex* (Código), o Digesto, as Institutas e as Novelas, com a influência romana, que migrou pela Germânia, ao sistema da *Common Law*, influenciando-o indiretamente, e ao sistema da Península Ibérica, chegando até o Brasil. Daí o estudo bem pautado sobre a introdução histórica ao Direito brasileiro, do Direito português das Ordenações do Reino à nossa moderna legislação.

Sílvio Venosa acrescenta, em sequência de seu *Curso de Direito Civil*, a presente obra introdutória ao Estudo do Direito, com as primeiras lições para formação geral daquele que se lança ao estudo da Ciência Jurídica.

O estudo desta obra é imprescindível, desde o estudante até os operadores do Direito em geral, porque enfrenta os assuntos primeiros da compreensão da Ciência Jurídica, de modo sistemático e didático, com linguagem agradável que facilita o entendimento da matéria, por vezes complexa.

O autor repassa a melhor Doutrina, deixando claro seu entendimento ante as controvérsias, fazendo críticas construtivas, que levam o leitor, em certos momentos, a acreditar na melhora da crua realidade de desacertos e de violência em que vivemos.

Fica, sempre, a ideia de que o Direito se apresenta com lógica intocável, sendo a ciência que governa o ser humano na sociedade; os desacertos e a violência pertencem a esta nos piores momentos de sua existência.

É evidente que, em um mundo conturbado, como se as impurezas de séculos fossem despejadas no século XXI, clamando por reformas e soluções, o terceiro milênio, certamente, traz a esperança de uma convivência melhor, em que o bem triunfa sobre o mal e em que o justo se aproxima, cada vez mais, do Direito Natural.

As novas técnicas do Direito, como a arbitragem, a conciliação e a negociação, certamente trarão novas metas de composição amigável entre os seres humanos, deixando ao Judiciário as soluções mais complexas.

Álvaro Villaça Azevedo

Doutor em Direito, Professor Titular de Direito Civil, Regente de Pós-Graduação e ex-Diretor da Faculdade de Direito da Universidade de São Paulo (USP); Professor Titular de Direito Romano e Diretor da Faculdade de Direito da Fundação Armando Alvares Penteado (FAAP), em São Paulo; Advogado e ex-Conselheiro Federal e Estadual da Ordem dos Advogados do Brasil; por São Paulo, Parecerista e Consultor Jurídico.

APRESENTAÇÃO

Quando fui convidado pelo Prof. Sílvio de Salvo Venosa para apresentar esta obra, confesso haver sido tomado por dois sentimentos, aparentemente inconciliáveis entre si: incontida surpresa e grata satisfação.

A surpresa eu logo esbocei ao autor, ao externar admiração pelo seu fôlego intelectual e por haver decidido enfrentar, com a erudição que lhe é peculiar, a profunda e complexa dimensão epistemológica da Introdução ao Direito, magistralmente desenvolvida neste trabalho.

Não que esse primeiro sentimento proviesse de dúvida a respeito de seu desempenho literário. Muito pelo contrário. Sílvio Venosa não tem mais o que provar.

Em verdade, a minha estupefação resultou do imenso esforço de pesquisa exigido por trabalho dessa natureza, que desborda do campo eminentemente jurídico, dado o seu inequívoco cunho interdisciplinar, exigindo conhecimentos não apenas de filosofia, mas também de sociologia, psicologia, antropologia, história etc.

Depois dos sete volumes publicados pela cuidadosa Editora Atlas de seu consagrado curso de Direito Civil, a coragem e a impetuosidade do autor não poderiam conduzir senão à imediata conclusão de que o resultado final do presente livro confirmaria o que todos nós, seus leitores, esperávamos da sua pena: superação e excelência.

E arrisco afirmar que talvez esta seja uma das suas mais importantes obras, pois os doutrinadores de hoje, mais do que em qualquer outra época da história do nosso Direito, estão convocados a voltar os seus olhos para fora do (áspero) mundo da dogmática jurídica, a fim de encontrar soluções materialmente mais justas em outros campos do conhecimento humano, especialmente diante do novo Código Civil, diploma permeado de *poros axiológicos* traduzidos por suas várias *cláusulas gerais*.

Esta obra, destinada não apenas aos alunos iniciantes no curso de Direito – pela sua clareza didática –, mas também aos bacharéis em geral – por sua profundidade teórica –, vem cuidadosamente dividida em doze capítulos, devendo-se ressaltar a preocupação do autor em traçar os pontos de diferença e de contato entre a Moral, a Política, a História e o Direito, além de já introduzir o leitor na perspectiva do Direito Brasileiro, consoante se depreende do seu décimo capítulo.

Chamou-me, ainda, a atenção a farta bibliografia, nacional e estrangeira, citada com inegável fluência.

E quase me esquecia do segundo sentimento que me tomou, ao ser convidado a elaborar esta mensagem: a satisfação.

Aliás, apresentar este trabalho não é tarefa das mais difíceis.

Poderia, sem dúvida, apresentá-lo pela simples referência ao nome do seu autor, jurista que já se imortalizou em nossas letras jurídicas, considerado um dos mais completos civilistas do Brasil.

Com isso, resta-nos apenas congratular o insuperável autor e a sua Editora pela grandiosidade deste fecundo trabalho, convidando a todos aqueles que nos leem, desde já, para ingressarem no seu fantástico universo.

Pablo Stolze Gagliano

Juiz de Direito (BA), Mestrando em Direito Civil (PUC-SP), Professor da Faculdade de Direito da Universidade Federal da Bahia, da Escola de Magistrados da Bahia e da Rede Jurídica Telepresencial IELF-PODIVM (SP).

NOTA DO AUTOR

Escolhemos para este livro o título que retrata exatamente o seu objetivo: *Introdução ao Estudo do Direito*. Destina-se exatamente a todos aqueles que encetam os primeiros passos no conhecimento do Direito, nas academias ou fora delas. Dir-se-ia que toda obra de Introdução ao Estudo do Direito possui essa finalidade. Contudo, o que procuramos neste trabalho foi, ainda que possa parecer paradoxal, menos e mais do que as obras desse gênero oferecem. Menos porque o texto não fornece a riqueza de detalhes, transcrição de autores clássicos e modernos e minúcias técnicas próprias de temas que certamente o leitor irá conhecer se e quando trilhar mais longos caminhos do Direito. Mais porque o enfoque dos capítulos visa justamente levantar a curiosidade do iniciante e aguçar seu interesse para o mundo vasto e fabuloso que não só o Direito, mas também a Filosofia, a Lógica, a História e demais ciências auxiliares descortinam, com uma linguagem tanto quanto possível acessível a todos.

Para meus colegas professores, o texto também será útil como um início. Início de discussão sobre os variados institutos examinados, com sugestão para leitura dos autores citados no curso do texto e na vasta bibliografia, na qual o interessado poderá encontrar a profundidade dos assuntos, quando necessário.

Esta obra é, por outro lado, o corolário de uma carreira de professor, magistrado, advogado e estudioso do Direito que se iniciou muito cedo e que já perfaz mais de 50 anos. É fato que somente é possível escrever uma obra introdutória ao Direito e a qualquer ciência quando a maturidade e a experiência profissional e de vida permitem. Dedicando a maior parte dos estudos ao Direito Civil, que se apresenta em minha obra em sete volumes em sucessivas edições, senti a necessidade de fazer do presente livro uma homenagem às futuras gerações de operadores do Direito e a todos os colegas professores, bem como a meus leitores e alunos de todas as épocas. Por isso, a cada passo, nos temas polêmicos, técnicos, políticos e filosóficos, o leitor encontrará a opinião pessoal do autor, dentro da dialética jurídica.

Ademais, como todo trabalho intelectual, esta é uma obra inacabada, até mesmo por sua própria essência, não tendo pretensão maior. Será completada pelo trabalho dos leitores. Assemelha-se àquilo mencionado pelo Padre Vieira, no seu célebre *Sermão da Sexagésima*: a semeadura pelo cultor da terra pode ser feita em vales férteis e em desertos. Em terras férteis, tudo é no sentido de que a semente germinará e isto não causará surpresa. Entretanto, mesmo em terreno fértil, há sementes que não vicejam. Mas no deserto também brotam flores, embora a maioria das sementes se perca. Pois aqui lançamos as sementes da ciência do Direito: que vicejem nos espíritos honestos, justos, destemidos e renovadores, independentemente de onde e como se encontrem. É destes que especialmente nosso país necessita e que tanto escasseiam nos nossos imensos desajustes e injustiças sociais.

SUMÁRIO

1
NOÇÕES INTRODUTÓRIAS

1 O PRIMEIRO PASSO

Quem se debruça nestas linhas, em obra com o presente escopo, está certamente dando os primeiros passos no estudo do Direito, ainda que aqui chegue por mera curiosidade ou busca de cultura. Essa posição pode decorrer de várias motivações. Será o jovem recém-saído do curso secundário, que procura o curso de Direito para atingir seu ideal, sua vocação e uma carreira jurídica. Será também aquele cuja vida já marcou caminhos e traçou rumos profissionais, detentor talvez de outro diploma superior, que vem agora ao estudo jurídico para alargar seus horizontes ou adquirir outra habilidade profissional. Ou quiçá será aquele que já deixou há algum tempo os bancos escolares e agora retorna à procura de uma escola de Direito para ilustrar e ampliar sua própria existência e seus horizontes. Ou será mesmo quem por desejo de aumentar seus horizontes culturais pretende conhecer os fundamentos do Direito. Não se esqueça também do mestre de Direito que nos visita à procura de um texto-base a seus alunos para a matéria de introdução ao estudo do direito.

Pois aos iniciantes, qualquer que seja sua origem e objetivo, enfatizamos a repetitiva afirmação segundo a qual todo conhecimento, assim como toda conquista, começa com o primeiro passo e a primeira vitória. Neste início de estrada é fundamental, à nossa experiência, que a informação da ciência do Direito seja lhana, agradável e perfeitamente acessível, sem ser superficial, a fim de que se preparem os espíritos ainda toscos na nova senda, para a vasta ciência que está por desabrochar em seus espíritos.

Nosso texto, a exemplo do que fizemos em nossa obra completa de Direito Civil, procura ser direto, informativo, de fácil compreensão, sem tecer detalhes impróprios para o iniciante, principalmente citações e referências a vários autores, o que se demonstra ser desestimulante para um primeiro contato com a ciência. Ao mesmo tempo, nesse desiderato, procuramos não ficar na superficialidade dos temas. Profundidade necessária e singeleza prática é algo que procuramos outorgar ao leitor. Atingindo esse binômio, o qual confessamos não ser fácil, temos certeza de que muito estaremos auxiliando o professor que em sala de aula poderá partir para voos mais elevados ou mergulhos mais profundos em temas mais sofisticados e específicos, de acordo com sua tendência.

Não nos agradam textos de iniciação ao estudo do Direito que se debruçam diretamente sobre temas filosóficos, correntes doutrinárias múltiplas, citações e doutrinas conflitantes. Neste início de estudo, como se diria na ciência da informática, necessitamos de uma interface amigável. Dependerá do primeiro contato a empatia com o Direito, assim como com tudo que se pretende conhecer e aprender. Não são estes o local e o momento oportuno para demonstrar erudição. Nos primeiros passos desse vasto universo da Ciência do Direito, há que se ir galgando lentamente degraus, solidificando conceitos, preparando os corações e as mentes para essa magnífica ciência social, que nos auxilia a compreender a realidade de todos e de cada um e que nos converte paulatinamente em melhores seres humanos. Quando se inicia o estudo de uma língua estrangeira, por exemplo, não há que se iniciar aprendizado do inglês com texto de Shakespeare, nem italiano com texto de Dante, assim como, nós mesmos, tendo como português a língua materna, levamos algum tempo para compreender Camões. É claro que dia chegará, para os que continuarem o estudo, em que os textos de Shakespeare, Dante e Camões poderão ser facilmente compreendidos e devidamente saboreados, em um agradável e reconfortador estágio de superioridade intelectual. Da mesma forma, estes primeiros passos apontam o caminho para a grande viagem que se inicia a fim de que, nos anos próximos, o estudante e o estudioso possam compreender perfeitamente todos os fenômenos jurídicos e os mais variados autores e mestres dessa ciência, de todas as épocas. Não há, portanto, que se preocupar o novel estudioso com as previsíveis dificuldades de compreensão que normalmente advirão nesta nova ciência. Elas fazem parte do aprendizado.

Por outro lado, é importante que se diga, neste introito, que não nos preocupam aqui a citação e a comparação de muitos nomes de juristas, filósofos, pesquisadores, doutrinadores e apóstolos do Direito. Vários são mencionados neste texto, no entanto, com maior ou menor profundidade, muitos constam da bibliografia que se encontra a final, porém, como é evidente, uma vez que o Direito é ciência milenar, são centenas e centenas os nomes de seus cultores, desde os filósofos da velha Grécia, passando por todo o universo do direito romano, os juristas da Idade Média, os estudiosos da época moderna e os cultores contemporâneos de nossa ciência. Impossível seria, mormente numa obra de iniciação, que todos fossem lembrados e que todas as correntes pudessem ser manipuladas. No curso da vida jurídica o estudioso, conforme seu interesse e especialização, travará contato com os juristas que mais o auxiliarão. O autor tem suas preferências e certamente o leitor encontrará as suas. Não caberá, aqui, de qualquer modo, insuflar os espíritos iniciantes com pletora de conhecimentos que não podem ainda ser absorvidos. Lições introdutórias como estas devem ser vistas sempre como um roteiro, nunca como obra acabada. Por outro lado, não cabe nestas linhas impor uma corrente de pensamento aos leitores, embora neste texto fiquem muito claras as posições que tomamos. O Direito, mais acentuadamente talvez do que qualquer outra ciência, permite que, a partir de determinado estágio de conhecimento, o estudioso dê seus próprios saltos e escolha seus caminhos, pelas estradas muito conhecidas ou por aquelas ainda por desbravar.

A denominação *Introdução ao Estudo do Direito* é expressão ampla e vaga, sem ser, no entanto, imprecisa, pois deixa larga margem de discricionariedade para o seu conteúdo. A maior dificuldade é, sem dúvida, a escolha e a ordem dos temas no imenso horizonte jurídico. A escolha das matérias deve recair, indubitavelmente, naquelas que preparam as mentes para a melhor compreensão do Direito. Há inúmeras obras dessa disciplina à disposição do iniciante. Da sua leitura decorre que não há critérios rígidos, pois cada autor destaca os campos que entende mais importantes. De qualquer forma, a disciplina deve ser vista como uma preparação e não como uma antecipação de conhecimentos.

Importa saber neste início qual a ciência que se estuda, suas definições e compartimentos básicos, seus fenômenos, suas vicissitudes, seu alcance, extensão e compreensão. A Introdução ao estudo do Direito é temática de iniciação, mas não constitui uma ciência de per si. Seu objetivo é fornecer visão global ao iniciante, conceitos gerais, visão de conjunto e instrumentos básicos da técnica jurídica, algo que o estudo das disciplinas específicas não permite, ao menos de forma ordenada. Nas palavras do mestre Paulo Nader, como o primeiro contato do estudante com a Ciência do Direito se faz pelas obras de Introdução, esta funciona como *"um elo entre a cultura geral, obtida no curso médio, e a cultura específica do Direito"* (2003:4). Sob esse aspecto já partem em vantagem aqueles que já se graduaram em outro ramo das ciências sociais, mas não significa que para o iniciante completo, o jejuno dessa ciência, o sabor seja estranho ou de difícil assimilação. Para ambos haverá uma nova estrutura, novos métodos e novos conceitos a serem compreendidos, a fim de possibilitar, no futuro, o raciocínio jurídico. Há muitas ciências que ilustram o curso inicial de Direito, como a Filosofia do Direito, a Teoria Geral do Direito, a Sociologia Jurídica, a História do Direito, cujos conceitos serão vistos em maior ou menor profundidade no curso dos estudos jurídicos, ainda que com conteúdo autônomo e diverso. Essas ciências estarão presentes geralmente em todos os cursos jurídicos; cada instituição dando mais ênfase a uma que a outra de acordo com seus respectivos programas e orientações filosóficas, embora não possam integrar a propedêutica, o ensino inicial, pois exigem certa reflexão e maturidade de conhecimentos para sua melhor compreensão.

Marcantes são as palavras do mestre lusitano Inocêncio Galvão Telles (2001, v. 1: 14):

> *"O Direito – complexo como é, com múltiplas facetas que constituem uma das suas maiores dificuldades e exigem dos seus cultores, mais do que qualquer outro ramo de conhecimento, uma variedade enorme de qualidades, por vezes um tanto contraditórias – pode ser visto a muitas luzes, sob muitos ângulos, e nomeadamente pode ser objeto de indagação filosófica, que não é mais do que a Filosofia aplicada a este setor particular do mundo e da vida."*

Afora os aspectos enumerados, o estudo do direito provoca um conhecimento ético e social como nenhuma outra ciência. Recordo-me, saudoso, com júbilo e muita clareza, da primeira aula do mestre Goffredo da Silva Telles Junior, na Velha e Sempre Nova Academia das Arcadas, justamente em sua lição introdutória, ainda que já passados tantos e tantos anos: *"Meus alunos, esta, antes de ser uma escola de Direito, é uma escola de vida."*

Nunca tão singela frase ribombou tanto em nossos ouvidos, não só durante todo o curso de Direito, mas durante toda a vida profissional e mundana. Eis que o insigne professor, em obra mais recente, reaviventa suas palavras proferidas nos alvores de nosso curso:

> *"Quem fizer, com seriedade, o curso de uma faculdade de Direito, e obtiver o conhecimento científico da Disciplina da Convivência, está pronto para a vida. Está superiormente formado para enfrentar as exigências do quotidiano"* (Goffredo da Silva Telles Jr., 2002:382).

O Direito ensina a viver e a conviver, porém, mais do que isso, a compreender melhor a sociedade e a nós mesmos. Nesse mesmo diapasão, escreve Inocêncio Galvão Telles (2001, v. 1:25):

> *"É afinal, bem vistas as coisas, praticamente toda a vida que se acha sujeita à disciplina do Direito. De modo que não é possível conhecer bem o Direito sem conhecer a vida, como verdadeiramente não é possível dominar esta e orientar-nos bem nela sem ter algumas luzes jurídicas."*

Não bastasse a formação do operador do Direito para atuação em várias áreas, cada vez mais crescentes e segmentalizadas, não existe curso que melhor complete ou complemente qualquer outro, ou melhor, que complemente qualquer outra atividade social, profissional ou não. O profissional de outras áreas, tanto das ciências exatas como das ciências sociais, encontrará sempre um suplemento precioso no estudo do Direito. Cada vez mais o Direito necessita de ciências auxiliares. Os novos fenômenos sociais e as novas tecnologias estão a exigir estudos interdisciplinares. Há temas sensíveis, como por exemplo a fertilização assistida, as novas modalidades aceitas de família, que exigem um trabalho conjunto do jurista, do biólogo, do geneticista, do teólogo, do sociólogo, do psicólogo, do assistente social. Não há estudo jurídico ou fenômeno em torno do meio ambiente, em outro exemplo, que possa prescindir de técnicos, engenheiros ambientalistas e tantos outros. Lembre-se ainda da Economia e dos tantos reflexos que derrama sobre as normas. Por outro lado, o fenômeno da denominada "fuga ao Poder Judiciário", tendo em vista suas vicissitudes, aponta para a conciliação, mediação e arbitragem, que ganhou posição de destaque no meio brasileiro. Acordos e decisões com força de sentença judicial proferidos fora do processo judicial. Nesse campo, também o jurista irá necessitar do competente auxílio de outros especialistas. O Direito ensina, contudo, a distinguir o justo do injusto; o correto do incorreto. O Direito, ainda nas palavras de Goffredo, promove o estudante a bacharel na *ciência de conviver*: *"Seu diploma é uma CHAVE, a primeira CHAVE para as portas do mundo"* (ob. cit., loc. cit.).

Este é um convite, portanto, a trilhar e a compartilhar este caminho inicial, nestes temas introdutórios. Todo trabalho deste matiz resulta de estudo e experiência. Cada autor terá sua própria experiência e seu particular grau de conhecimento, suas próprias tendências filosóficas etc. Caberá aos mestres desta iniciante cadeira complementar nosso texto e todos os demais com suas próprias vertentes e preferências e com doutrina conforme a oportunidade e conveniência. Em campo tão vasto, em matéria de profundo cunho ideológico, pontilhada de filosofia e sociologia, há, como vimos, uma multitude de autores que podem ou devem ser trazidos à baila, dependendo da tendência intelectual, política e predileção dos estudiosos, bem como do momento histórico que se vivencia. Estudioso algum pode se satisfazer com a leitura de uma única ou de algumas poucas obras.

Este trabalho procura elaborar um apanhado inicial e necessário ao estudo jurídico, de forma puramente propedêutica e didática, visando muito mais à ordem e à clareza do texto do que à exposição de originalidade, sem prescindir, ora e vez, da necessária visão pessoal do autor. Cada estudioso neste campo apresentará sua posição, e certamente tomará partido nos grandes temas. Caberá ao aprendiz, à medida que for se inteirando dos fenômenos, separar mentalmente aquilo que é permanente e constante do que é meramente contingente e passageiro. A finalidade desta obra é descrever os aspectos perenes do Direito, embora, paradoxalmente, seja ele algo essencialmente dinâmico. Não se esqueça, contudo, de que neste campo, se existe o dinâmico, também existe o imutável.

O Direito, como se acentua, é dinâmico, como dinâmica é a sociedade. Já vai longe o tempo no qual se entendia que o direito possuía verdades inafastáveis e cerradas. Em Direito não há dogmas, mas princípios, normas e leis que podem e devem ser alterados de acordo com as necessidades sociais. Há, sem dúvida, princípios mais ou menos solidificados, cuja alteração demanda maior ou menor meditação social. O Direito é essencialmente dialético. Da discussão entre várias correntes buscam-se as soluções legislativas.

O Direito é necessário. A sociedade não existe sem ele. Não se trata de uma criação abstrata. O direito não sobrevive sobre entidades abstratas. O Direito concretiza-se na sociedade. Há toda uma atividade racional orientada para a criação do Direito.

O Direito é um fenômeno histórico. Toda e qualquer relação jurídica somente pode ser desnudada completamente com conhecimento da História. A História é o laboratório do jurista. Não podemos provocar fenômenos sociais para estudá-los, como faz o físico ou químico em seu laboratório. O estudo do passado nos dá respostas para o presente e aponta caminhos do porvir. Em que pesem imensos avanços tecnológicos e o mundo que se descortina neste século XXI, o Homem na sua essência é o mesmo. O Direito Romano continuará a ditar as regras fundamentais para o nosso Direito. O Direito Constitucional buscará as origens de seus institutos nas primeiras constituições e nos movimentos libertários. O Direito reflete a experiência da História. Os juristas partirão das soluções estabelecidas nos textos do passado, do exame dos fatos históricos conhecidos, para vinculá-los a novas formas e novas necessidades. Os arcabouços jurídicos, da mais simples à mais complexa lei, nunca surgem do nada; sempre nascem de uma base histórica, de conceitos e aspirações conhecidos. Interessante notar que é justamente em épocas de crise que nos voltamos mais para o passado, em busca de soluções que em situações similares obtiveram nossos antecessores. De certa forma, as crises fazem crescer o papel da História.

Por outro lado, o Direito requer percepção global, a qual apenas anos de estudo propiciarão. Essa visão abrangente ou concepção global é indispensável ao raciocínio jurídico e à elaboração de normas. Fenômeno jurídico algum estará ilhado ou exclusivamente setorizado, não podendo prescindir em momento algum de elementos e princípios colacionados de vários campos do Direito e das ciências auxiliares. Ou então, em outras palavras, não pode haver conhecimento jurídico exclusivamente sobre determinado campo, pois todos os ramos estão interligados, visto que na verdade fazem parte de um todo, tal como o princípio dos vasos comunicantes. No entanto, essa tão almejada abrangência intelectual ou visão completa tanto mais fácil será quanto mais sólido for o conhecimento dos princípios básicos, da teoria geral. Podemos comparar a situação ao especialista da Medicina: tanto melhor será esse profissional em sua especialidade, quanto mais completo for como clínico geral. Sob qualquer hipótese, nunca o Direito se apresenta isolado, exclusivamente ensimesmado no exame do fato social. O jurista deve continuamente se valer dos princípios de outras ciências. Talvez o maior pecado do operador do direito ou de qualquer profissional no campo social seja a cultura geral reduzida, a visão obliterada da sociedade que o rodeia. Não há atividade profissional; não há ciência que exija mais conhecimento cosmológico do que o Direito. Oportunas são as palavras de Paulo Dourado de Gusmão (2003:23):

> *"O desconhecimento de ciências, com estreitas relações com o direito, muito contribuiu para a perda do papel social que desempenhou o jurista até os anos 60, para a qual concorreu também a crise do ensino jurídico, divorciado das demais ciências sociais, destinada exclusivamente a formar profissionais eficientes, 'doutores em leis', e não juristas."*

Em abono ao afirmado pelo autor, diga-se mais: a deficiência do ensino humanista do Direito não decorre exclusivamente de sua degradação, mas coincide também com a deterioração sofrida pelo ensino elementar e pelo ensino médio no país, mormente quando se suprimiu o ensino do Latim e se reduziram drasticamente o alcance e a compreensão da História, deixando de incluir necessariamente nos currículos disciplinas como Filosofia, Lógica e Psicologia. Com essa perda de espaço cultural, nosso Congresso e as Câmaras de Deputados dos Estados-membros passaram a refletir essa situação, com promulgação de leis mal redigidas, vernaculamente pobres, cronologicamente deslocadas e sem atender de forma ampla a nossas necessidades sociais. Tudo isso sem mencionar o longo período de supressão das garantias democráticas, a partir do movimento militar de 1964, quando estivemos sob a égide de leis draconianas, isso para não mencionar período ditatorial mais distante. Desgraçadamente, há ainda muitos que defendem o retorno a essa barbárie.

Vivemos, contemporaneamente, época de exagerada regulamentação, de exacerbado dirigismo estatal. É impossível ao jurista conhecer todas as questiúnculas e particularidades de um ordenamento; mas é essencial que domine os fundamentos, pois quaisquer questões serão facilmente dirimidas com eles. *Ordenamento* deve ser entendido como o conjunto de normas do direito de um país, seus conceitos e teorias jurídicas, também conhecido como *sistema jurídico*. Os Códigos Civil, Penal, Processual Civil etc. são exemplos de sistemas jurídicos parciais que integram o sistema mais amplo, com toda legislação complementar, mas não somente leis escritas, pois no ordenamento também há normas de caráter costumeiro e princípios gerais de direito, como veremos.

Pois é justamente em torno dos primeiros fundamentos que deve gravitar o estudo iniciante desta nossa ciência, ainda que por vezes possam parecer ao jejuno estranhos, como estranho é sempre o desconhecido. Não é demais lembrar que ora e vez, na longa caminhada do curso jurídico, o estudioso haverá que retornar ao exame dos fundamentos para aviventar conceitos, relembrar princípios, redescobrir detalhes não realçados no passado, a fim de facilitar o entendimento de questões específicas. Nesta obra, portanto, busca-se destacar os elementos essenciais que dominam o Direito e resgatar o pensamento jurídico de modo a permitir sua correta utilização.

Palavras quase mágicas do insigne Tercio Sampaio Ferraz Jr. ilustram magnificamente as primeiras linhas do estudo do Direito (2003:21):

> *"O encontro com o direito é diversificado, às vezes conflitivo e incoerente, às vezes linear e consequente. Estudar o direito é, assim, uma atividade difícil, que exige não só acuidade, inteligência, preparo, mas também encantamento, intuição, espontaneidade. Para compreendê-lo, é preciso, pois, saber e amar. Só o homem que sabe pode ter-lhe o domínio. Mas só quem ama é capaz de dominá-lo, rendendo-se a ele."*

Decorre dessas palavras que no Direito, e, consequentemente, para seus variados campos profissionais, não haverá espaço para os medíocres, para aqueles que se contentam com horizontes restritos, para os que se acomodam com o conhecimento superficial; para os que não contestam a verdade aparente; para os que se amesquinham com as injustiças; para os que se escondem nas crises; para os que não buscam permanentemente desvendar o mistério do ser humano e das estruturas políticas e sociais por ele criadas.

2 O QUE É DIREITO?

Nada mais justo que a curiosidade do iniciante, que pela primeira vez se debruça sobre um ramo de conhecimento, para se inteirar de seu conteúdo. Nada é tão simples e ao mesmo tempo tão complexo quanto definir Direito.

A palavra *direito* intuitivamente nos outorga a noção do que é certo, correto, justo, reto, equânime. Quando se menciona a palavra é importante saber se a empregamos como substantivo, adjetivo ou advérbio. A palavra *direito*, no uso comum, é sintaticamente imprecisa: *o meu direito será protegido*; *ele deve andar direito*; *não se trata de um homem direito*; *ele é seu braço direito*; *ele estuda Direito* etc.

O Direito, *ius*, no dizer do brocardo romano tradicional, é a arte do bom e do equitativo (*ars boni et aequi*). Há, portanto, que se enfrentar, de plano, o Direito como arte e como ciência. O termo *ius* é mais antigo na história do Direito Romano, dando origem a muitas palavras.

O termo *direito* é, portanto, palavra plurívoca, porque possui vários significados, ainda que ligados e entrelaçados, com sentido análogo.

O Direito como arte ou técnica procura melhorar as condições sociais ao sugerir e estabelecer regras justas e equitativas de conduta. Pois é justamente como arte que o Direito, na busca do que pretende, se vale de outras ciências, como Filosofia, Antropologia, Economia, Sociologia, História, Política. Embora Hans Kelsen tenha tentado demonstrar que há uma teoria pura do direito, livre de qualquer ideologia política, o quadro do dia a dia do Direito traduz outra realidade.

O Direito, como ciência, enfeixa o estudo e a compreensão das normas postas pelo Estado ou pela natureza do Homem. O Direito não se limita a apresentar e classificar regras, mas tem como objeto analisar e estabelecer princípios para os fenômenos sociais tais como os negócios jurídicos; a propriedade; a obrigação; o casamento; a filiação; o poder familiar etc. Já nesse ponto, muito singelamente se posta a grande díade: o direito posto pelo Estado, ou seja, o ordenamento jurídico ou direito positivo, a configurar, portanto, o positivismo; e, por outro lado, a norma que se sobreleva e obriga independentemente de qualquer lei imposta, o idealismo, cuja maior manifestação é o chamado direito natural, o jusnaturalismo. Para esta última vertente, adiante-se que existe um Direito muito mais amplo e sobreposto às leis elaboradas pelo ser humano; um Direito que se aplica independentemente de norma, um Direito imanente à natureza humana, o justo e equitativo que independe da Lei: o direito natural. Ou, em termos absolutamente singelos, o sentido do que é justo independe da lei.

Quanto à compreensão do Direito, se nos prendermos ao mundo da cultura, como faremos referência, ou seja, das realizações humanas, pois o Direito é sem dúvida um dado cultural, ele deverá ser visto como ciência cultural. Assim como todos os trabalhos humanos, devem ser vistas as leis elaboradas pelos homens. Se, porém, divisarmos o Direito sob o prisma do fenômeno social e político, este deverá ser visto como uma ciência social. Nesse diapasão, o Direito conceitua e procura compreender as revoluções, a criminalidade, a inflação etc.

No curso da História digladiam-se perenemente positivistas e idealistas ou jusnaturalistas. O assunto merece maior destaque, como faremos a seguir. Basta dizer, por ora, que as duas correntes partem de premissas opostas e, portanto, na simples definição de Direito já estará aposta a oposição. A questão subsequente será saber, em que pese as diversidades das sociedades no tempo e no espaço, se há regras universais que são admitidas indistintamente, aqui e alhures, no presente e no passado. Há, sem dúvida, ainda que com multiplicidade de sistemas e de necessidades sociais, uma plataforma comum do justo, cujo estudo mais pertence à antropologia jurídica. Existem, portanto, elementos constantes, com compreensíveis variantes nos direitos dos povos (Bergel, 2001:XIX). Há que se admitir, pois, a existência de um Direito mais abrangente do que o ordenamento que rege um Estado. O moderno positivismo, em inúmeras correntes, também assim entende, não se prendendo exclusivamente a um ordenamento, embora sempre preso à sua ideia fundamental.

Ademais, sempre haverá o subjetivismo de cada autor na compreensão do que se deva entender por Direito. Desse modo, diferente será a orientação da definição, quer se propenda para conceituá-lo como direito positivo ou como direito natural. Assim, pode-se definir o Direito de um país, em sentido estrito, como o conjunto de normas impostas pelo Estado para regular a sociedade. Nesse sentido, que não é em absoluto abrangente, o Direito engloba a Constituição do Estado e todas as demais leis ou normas, em todos os níveis. Não é, porém, a definição que se deva dar ao Direito enquanto ciência. O Direito, nesse sentido, coloca-se em plano superior e abrangente, transcendente das simples normas impostas por este ou aquele Estado, este ou aquele ordenamento.

O Direito como ciência não se revela simplesmente por uma posição, como quando defino o lado direito ou o lado esquerdo. Há um Direito e o que não estiver abrangido por ele será um não direito, ou seja, algo irrelevante para o mundo jurídico. Ou, em palavras singelas, exclusivamente para uma primeira compreensão, quem não estiver com o Direito estará à margem dele ou contra ele. Porém, o próprio conteúdo do Direito se altera no tempo e no espaço. O que é permitido aqui poderá ser proibido acolá. O que é permitido hoje pode ter sido proibido ontem. Ciência é o conjunto de conhecimentos ordenados harmonicamente sobre determinado objeto. Cabe agora iniciarmos seus primeiros passos.

Nesse diapasão, o Direito não pode ser entendido exclusivamente dentro da perspectiva da Filosofia ou Teologia, como um sinônimo de justiça, e muito menos sob um sentido formal de um conjunto de normas. É claro que em ambas as concepções há o conteúdo da palavra *direito*. Porém, o Direito, como ciência, absorve esses conceitos e os transcende,

> *"há de ser tido como uma ciência social, essencialmente normativa, posto que visa elaborar normas de conduta a serem respeitadas por cada indivíduo e voltadas para o interesse e bem-estar da coletividade"* (Secco, 2001:5).

Definir é explicar o sentido de um fenômeno, sua natureza, sua essência. Dada essa equivocidade do vocábulo, definir Direito é algo complexo, pois dificilmente será sintética e compreensível uma definição que abranja o Direito em todas as suas acepções.

Quando nos debruçamos exclusivamente sobre a origem etimológica da palavra *direito*, não há maior dificuldade: direito provém de *directus*, *directa*, *directum*, *rectum*, a significar direto, reto, correto, conforme. Daí podermos sempre ligar o termo utilizado na linguagem vulgar e por vezes na técnica com tudo aquilo que é correto, justo, conforme a regra, enfim, direito. Também, por extensão, direito é tudo aquilo que se mostra conforme a moral ou à regra moral. Como lembra Goffredo Telles Júnior, é por esse motivo que a mão mais hábil é a *mão direita*, e conclui:

> *"Em consequência, a palavra direito tem dois sentidos etimológicos: um sentido fundamental, referente ao mundo físico, e um sentido analogado, referente ao mundo ético"* (2002:375).

Nesse sentido, quando empregado como adjetivo, *direito* é a qualidade de ser escorreito, correto, certo, reto, conforme a regra.

A origem e o sentido latinos se fazem presentes da mesma forma nas outras línguas: *Derecho*, *Droit*, *Diritto*, *Recht*, *Right*. O *ius* do latim clássico, com o mesmo sentido, nos trouxe outra série de termos: *justiça*, *justo*, *jurídico*, *judiciário*, *judicial* etc. No Direito Romano antigo, o *ius* era constituído de normas impostas pelos homens à sociedade e se contrapunha ao *fas*, normas de cunho religioso. A pessoa comum ambiciona que toda norma jurídica seja correta, direita. Daí então o emprego dessa terminologia.

Por outro lado, para a definição do seu sentido real ou substantivo, torna-se complexo definir Direito, pois será diversa conforme a acepção tomada, como norma, faculdade, ciência etc. Sempre estará presente a ideia, porém, de que o Direito como ciência é um conjunto de normas de conduta para adequação social.

Sob o aspecto geral, o direito se apresenta em três acepções. Como regra de conduta obrigatória, que se traduz no *direito objetivo*; como um sistema ordenado de conhecimentos, o que se traduz na *ciência do direito*; e como uma faculdade que a pessoa tem de agir para obter de outrem o que entende cabível, o *direito subjetivo*.

3 DIREITO OBJETIVO E SUBJETIVO

Há uma divisão inicial, portanto, que deve ser lembrada: *direito objetivo* e *direito subjetivo*. O direito objetivo é constituído por um conjunto de regras destinadas a reger um grupo social, cujo respeito é garantido pelo Estado (*norma agendi*). Lembra Jean-Louis Bergel (2001:XVII) que é usual identificar-se o direito objetivo com o direito positivo, qual seja, o conjunto de regras postas pelo ordenamento em determinada época. No entanto, a extensão de direito objetivo é mais ampla porque o ordenamento de um país, em determinada época histórica, *"é apenas a expressão momentânea das múltiplas soluções possíveis, suscetíveis de serem aplicadas nos inumeráveis campos que o direito deve reger"*. Mas nada impede que, por facilidade de primeira compreensão, identifique-se o direito objetivo com o direito positivo.

O direito subjetivo identifica-se com as prerrogativas ou faculdades ínsitas aos seres humanos, às pessoas, para fazer valer seus "direitos", no nível judicial ou no extrajudicial. O direito subjetivo é aquele que adere à pessoa, à personalidade. *O direito subjetivo é um poder do indivíduo que vive em sociedade* (Duguit, 2003:3). Assim, quando digo que tenho o direito de me acomodar no assento do teatro que me foi atribuído pelo ingresso que adquiri, estarei no mesmo plano da afirmação de que tenho direito de ingressar com ação judicial contra o devedor que deixou de me pagar. Trata-se da tradicional e repetitiva afirmação segundo a qual o direito subjetivo se traduz por uma *facultas agendi*, faculdade de agir. Tanto num como noutro caso há um *procedimento* a ser seguido. A faculdade de agir no caso concreto lastreia-se na base atribuída pelo direito objetivo. Assim, se não tivesse adquirido meu ingresso teatral, mercê de um contrato de compra e venda, não teria o direito de me sentar na poltrona designada e se não houvesse um negócio jurídico subjacente, um empréstimo ou outro contrato, por exemplo, não poderia acionar meu devedor para me pagar. Embora, com frequência, possamos nos referir aos direitos subjetivos, esta obra inicial é largamente dedicada aos direitos objetivos. Os direitos subjetivos serão vistos no futuro, quando do estudo, principalmente, dos direitos constitucionais fundamentais e no direito processual. Portanto, quando fizermos referência a Direito, estaremos, em princípio, no campo do direito objetivo.

O Direito busca, portanto, a adequação da sociedade, sua melhor convivência, embora cada sistema possa usar métodos diversos.

Como deflui do até então exposto, o Direito pode ser compreendido sob várias acepções: como ciência, arte, norma, faculdade. Além dessas compreensões, destaca-se que direito pode ser entendido como concepção do justo ou correto, em contraposição ao injusto ou incorreto, além de ser compreendido também como uma realidade social (Siqueira Jr., 2002:4).

Assim, quando afirmo que *é proibido importar determinada mercadoria*, estou tratando do *direito como norma*. Quando afirmo que *tenho o direito de pleitear meu crédito não pago no vencimento no Judiciário*, estou me referindo ao direito como faculdade. Se digo que *todo trabalho deve ser remunerado*, me refiro ao *conceito de direito como o que é justo*. Quando afirmo que *o Direito possui método dialético*, refiro-me ao *direito como ciência*. Quando assumo que *o Direito tem papel importante na realidade social*, é considerado um fenômeno ao lado das demais ciências. Desse modo, do vulgar ao erudito, transitamos pelo vocábulo *direito* com absoluta frequência, pois o Direito nunca se desgarra da vida social, em qualquer de suas acepções. Ainda revisitaremos este tema.

4 NATUREZA, VALORES E CULTURA

Ao observador ressaltam três aspectos muito claros da realidade. Há a realidade da natureza, a realidade dos valores e a realidade da cultura. O mundo da natureza compreende tudo quanto existe independentemente da vontade e da atividade humana. Vigora nesse nível o princípio da causalidade, as regras das leis naturais, que não admitem exceções ou violações.

As leis na natureza são as leis do SER: sob determinadas circunstâncias sempre teremos os mesmos efeitos. Assim, inafastavelmente, um líquido se tornará sólido ou gasoso sempre sob determinadas e certas temperaturas.

No mundo ou na realidade dos valores, o ser humano atribui determinadas significações, qualidades aos fatos e às coisas conhecidas. Tudo que nos afeta possui, nesse diapasão, um valor. A atribuição de valores às coisas da realidade constitui uma necessidade vital do Homem. Sempre haverá algo que nos agrada ou nos desagrada mais ou menos; algo de que tenhamos maiores ou menores necessidades. Esse é o mundo dos valores. Em sociedade, a pessoa necessita de segurança, trabalho, lazer, cooperação, religião etc. Todas essas necessidades são valoradas pelo ser humano, por suas condutas. Quando admitidos que determinada pessoa é boa ou má, bonita ou feia, simpática ou antipática, nada mais fazemos do que atribuir um valor: esse valor é pessoal, podendo não ser idêntico ao do grupo ou de toda a sociedade. Assim, o homem honesto atribuirá valores diversos à Moral e à Ética, diferentes dos atribuídos pelo desonesto

Desse modo, a conduta humana não pode prescindir de uma escala de valores a reger os atos, as ações aceitáveis e inaceitáveis em sociedade. A axiologia estuda esse mundo de valores. As normas éticas valem-se dos valores para estabelecer comportamentos ou condutas humanas aceitáveis. As normas técnicas resultam da observação e do trabalho do homem sobre a natureza e também integram o mundo da cultura, sem prescindir dos valores. Não há diferença entre a cultura material e a cultura intelectual ou espiritual.

Nesse outro plano, o mundo ou realidade da cultura forma o universo das realizações humanas. À medida que a natureza se mostra insuficiente para suprir suas necessidades, o ser humano parte para a ação sobre ela: constrói abrigos, armas, roupas etc., para adequar-se ao meio e tornar sua existência possível. Nesse diapasão, o ser humano sente necessidade de regras para ordenar sua convivência. Desse modo, o Direito pertence ao mundo da cultura. O Direito é um dos muitos instrumentos de adaptação criados pelo indivíduo. A cultura abrange tanto a ordem material como a ordem espiritual. Nesse sentido, a pintura, a escultura, a obra literária, a poesia são bens culturais. A atividade valorativa orientada para realizar a ordem, a segurança e a paz social faz surgir o Direito, posicionado na realidade cultural ou mundo da cultura. Embora seja um dado eminentemente cultural, o Direito participa igual e ativamente do mundo da natureza e do mundo dos valores, pois fenômeno algum escapa à sua integração.

O Direito representa ao mesmo tempo um processo e um produto cultural. Como processo é uma atividade valorativa que busca realizar a ordem, a segurança, a paz social, o bem comum. Nesse sentido aponta Flóscolo da Nóbrega (1972:18) que

> *"o direito opera como um processo de engenharia social, visando a que a satisfação das necessidades humanas se torne menos custosa e se faça com menos sacrifícios e com rendimento cada vez maior".*

Há, portanto, um claro processo de adequação social no Direito, que busca seu desiderato por meio de normas. Como produto cultural, o direito é o resultado de processo valorativo. Todas as realizações humanas decorrem de um processo axiológico.

Como já realçado, o Direito é um dado histórico; não existe Direito desligado de um contexto histórico e desgarrado da experiência. O Direito, assim como todo conhecimento científico, resulta da experiência cumulativa. Não existe direito fora da sociedade. A afirmação é clássica e repetitiva: onde houver sociedade haverá direito (*ubi societas ibi ius*). Daí por que se diz que no Direito existe o fenômeno da alteridade, da relação jurídica. Somente existe direito onde o ser humano, além de viver, *convive*, isto é, se relaciona.

Os processos valorativos e a cultura se alteram continuamente na sociedade, seja em razão da história, seja em razão da topologia geográfica. Desse modo, embora possam existir valores constantes, permanentes, o direito se altera constantemente. O direito reage às alterações culturais em movimento contínuo. *"O direito como setor de cultura segue a sorte desta, reflete as suas variações; e nisto está a sua historicidade"* (Nóbrega, 1972:20). O direito é, portanto, um sistema organizado de valores.

O Direito disciplina condutas, impondo princípios à vida em sociedade. Os relacionamentos entre as pessoas levam às relações das mais variadas naturezas impregnadas pelo Direito; relações com o Estado, relações familiares; relações obrigacionais etc. Para que a pessoa possa conviver e para que essas relações entre os vários seres humanos sejam viáveis, não acarretando o caos, surge a norma jurídica, cujo conceito é amplo. *Norma* é expressão formal do Direito, disciplinadora de condutas.

Desse modo, a esta altura de nosso entendimento, torna-se facilmente perceptível a diferença marcante entre o "ser" da natureza e o "dever-ser" do mundo jurídico: um metal, aquecido a determinada temperatura, sempre mudará do estado sólido para o estado líquido. O ser humano que comete o delito de homicídio deve ser punido. Pode ocorrer que não se dê punição, por inúmeros motivos: o criminoso não foi identificado; a morte ocorreu durante uma guerra declarada entre dois países e não é considerada crime; o ato foi praticado em legítima defesa; a morte ocorreu de forma involuntária sem culpa; o agente causador da morte não possui discernimento e não pode sofrer punição etc. Veja então a nítida diferença entre o ser e o dever-ser. No mundo do dever-ser há uma escolha de conduta. O mundo do "ser" é o do conhecimento, enquanto o mundo do "dever-ser" é objeto da ação, da conduta, da dinâmica do ser humano.

Sob o prisma jurídico, importa a cada momento conciliar o interesse egoístico, inato e próprio da natureza humana com o interesse altruístico ou social, de mais difícil compreensão, porque importa este último em restrição do âmbito de atuação individual.

Como em toda manifestação do universo cultural, como vimos, o Direito não prescinde de valores, que lhe são absolutamente essenciais. Com base nesses valores, estará sendo estabelecida a norma. Imagine-se a hipótese de a sociedade necessitar de prédios para moradias. Esse valor será levado em conta para as normas que incentivem a construção de edifícios a baixo preço. Há excessivo meio-circulante em determinado país, o que ocasiona a inflação: a norma vai incentivar a poupança, com maior remuneração, de forma a reduzir a moeda em circulação. O fato social relevante é devidamente valorado a cada momento histórico. A medida de valor que se atribui ao fato transpõe-se para a norma. O aprofundamento da matéria pertence à Filosofia do Direito. Lembre-se de que dentro da chamada teoria tridimensional do Direito, magnificamente exposta por Miguel Reale, não se afasta qualquer expressão da vida jurídica: fato social, valor e norma. Esses três elementos se implicam reciprocamente a cada passo da vida jurídica.

Conforme já acenado, o Direito traduz uma realidade histórico-cultural. Não existe Direito fora do mundo da cultura, inserindo-se no contexto histórico. Por essa razão se afirma que o Direito é atributivo, porque realiza permanentemente valores de convivência. Realizar o Direito é, portanto, realizar a sociedade como comunidade concreta, que não se reduz a um amorfo conglomerado de pessoas, mas forma uma ordem de cooperação, de comunhão de finalidades. Para poder realizar esse desiderato, o Direito é coercível, deve ser imposto por meio de normas de conduta. Esse objetivo decorre de escolhas entre imperativos que integrarão as normas. A escolha feita pelo legislador traduz a dinâmica dos valores. Assim, por exemplo, caberá ao legislador descrever determinada conduta como crime ou não; uma vez optando pela reprimenda da conduta, isto é, pelo crime, o legislador deve valorar se a conduta possui maior ou menor poder ofensivo. Assim fazendo, definirá a pena que poderá ser mais ou menos rigorosa. Sobre o tema, expõe Jean-Louis Bergel (2001:XXIX):

> *"Para estabelecer uma relação jurídica, defender interesses, resolver um litígio, bem como para reger uma série de situações de direito, cumpre inventariar as normas e os interesses*

em causa, articulá-los, empregar diversas instituições, instrumentos jurídicos, comparar os fatos e o direito, pesar os resultados possíveis, integrá-los num sistema jurídico, econômico, político, social etc."

Quando o legislador introduz nova norma no ordenamento ou altera norma já existente, é como se estivesse movimentando peças de um jogo de xadrez. Há reflexos sociais decorrentes da nova postura perfeitamente conhecidos; há outros que podem ser mais ou menos previstos e há ainda aqueles totalmente imprevistos, ou somente previstos, como no xadrez, por um grande mestre. Em Direito, aplica-se o princípio dos vasos comunicantes: não há fenômeno social que possa ser tratado isoladamente. Pois bem, cabe ao legislador ser cuidadoso ao legislar. Sua função exige conhecimento pleno do meio social no qual vive e legisla. O descuido na elaboração de leis, por pessoas culturalmente despreparadas, acarreta a intranquilidade social, como temos enfrentado com frequência crescente em nosso país. Importante, nesse aspecto, o conhecimento profundo da teoria geral do direito, que fornece os instrumentos necessários para deslindar e regular qualquer fato social. A Teoria Geral do Direito estuda a sistemática e os conceitos fundamentais, elevados, tanto do direito vigente, como do direito histórico. Trata-se de uma compreensão mais restrita do que a Filosofia do Direito, como veremos.

4.1 Teoria geral, epistemologia, axiologia, dogmática, Filosofia, Sociologia e Introdução ao Direito

Podemos agora situar o conhecimento jurídico em seus compartimentos, conforme tradicionalmente nomeados pelos estudiosos.

A *teoria geral do direito*, que se mostra como um antecedente lógico no estudo de nossa ciência possui várias acepções, conforme a orientação dos filósofos. Não é a teoria do direito de um país, mas estuda o fenômeno abrangente, a teoria comum a vários direitos. A nós importa o direito ocidental, pois os direitos orientais fundamentais se mostram totalmente desgarrados de nossos princípios.

A *epistemologia* (do grego, *episteme*, ciência, e *logo*, estudo) consiste na teoria da ciência, podendo ser compreendida como o *"conhecimento das condições da produção científica"* (Miaille, 1994:35). Na epistemologia jurídica, é visto o direito como ciência. Alguns entendem que se trata da teoria do conhecimento em geral, identificando-a com a gnoseologia. A epistemologia estuda as características próprias do objeto e método de cada ciência. No campo jurídico, a epistemologia estuda a teoria da ciência do direito, podendo ser conceituada, em sentido amplo, como a teoria do conhecimento jurídico. Nos primeiros passos ora vistos, tratamos desse campo.

Já nos referimos aos valores e sua ciência, à *axiologia*. O vocábulo decorre de *axios*, estimação, no grego. Trata-se da ciência dos juízos, da apreciação, da estimação que damos aos bens, a tudo que nos rodeia. Trata-se do sentido de valor e estimação não econômicos. Todos nós temos nossa própria escala de valores: por isso dizemos que algo ou alguém é bom ou ruim; é feio ou simpático; é útil ou inútil. Essa mesma valoração fará o legislador ao escolher a oportunidade e conveniência de legislar sobre determinado fenômeno, bem como as diretrizes das leis e do próprio Estado. Na axiologia jurídica está o estudo dos valores que se agregam ao fato social e à norma em cada passo do Direito, segundo a teoria tridimensional. Todo ser humano aprecia de alguma forma a realidade que o cerca e atribui valores mais ou menos importantes aos bens e às pessoas. Assim, em rudimentar exemplo, em local de pouca água, seu valor será mais acentuado do que em local de profusão do líquido. Assim, a apropriação indevida da água onde esta é escassa receberá um valor de reprimenda maior do que onde ela é profusa.

A epistemologia e a axiologia jurídicas pertencem ao amplo campo da Filosofia do Direito, a qual estuda seus princípios fundamentais. A *Filosofia do Direito* busca essencialmente *"compreender a substância do Direito como fenômeno universalmente necessário, fazer a sua crítica à luz dos ideais superiores que o dominam e responder às questões últimas que ele suscita"* (Telles, 2001, v. 1:15). Tanto a Filosofia do Direito, como a Teoria Geral, aqui também mencionada, demandam o conhecimento do Direito de forma mais profunda, daí por que devem ser estudadas em anos mais avançados dos cursos jurídicos. A Filosofia do Direito demanda autorreflexão sobre os diversos fenômenos jurídicos, questões que sempre desafiaram o conhecimento através dos tempos. A filosofia, de per si, demanda permanente questionamento. Como aduz Paulo Dourado Gusmão (2003:21), *"o valor da filosofia reside mais nas perguntas – que são eternas –, nas questões que suscita, do que nas 'respostas' que dá historicamente"*.

A *dogmática* jurídica consiste no estudo das normas de um ordenamento em determinado período. Trata-se da Ciência do Direito em sentido estrito. Desse modo, a dogmática jurídica do Brasil no período colonial ou imperial possui princípios totalmente diversos do Brasil contemporâneo. Essa dogmática identifica-se com o denominado direito positivo. Um estudo dogmático tem em mira, em princípio, unicamente os textos legais de um ordenamento. Para os que adotam o jusnaturalismo, a dogmática é importante, mas sempre deve ser examinada com os princípios mais elevados de justiça, os quais independem da lei positiva. Desse modo, quando se estudam Direito Civil, Direito Penal, Direito Processual, por exemplo, faz-se um estudo dogmático. O objeto desse estudo será o ordenamento jurídico. Sob esse prisma, o jurista procura compreender a legislação e torná-la aplicável dentro da ordem vigente. O estudo do Direito no Brasil sempre foi marcantemente dogmático, destinado a atender às necessidades profissionais dos bacharéis. Os questionamentos mais profundos acerca dos fenômenos sociais e jurídicos, a busca de verdades, pertencem a outras ciências auxiliares como a Filosofia, a Sociologia e a História. Assim, será dogmático o estudo, por exemplo, da Lei do Inquilinato ou do Código de Defesa do Consumidor. Quando, porém, se questionam o conceito de Lei em si mesma, a compreensão de consumidor ou locatário através da história e o papel do consumo e do inquilinato na sociedade, são outras as diretrizes de estudo, embora possa este estar intimamente relacionado com a dogmática. Desse modo, o Direito será visto de forma diversa se o enfoque for dogmático ou de outra natureza. Nestas nossas primeiras linhas, como regra, a apreciação será dogmática, pois este é o rumo de nossas Faculdades de Direito, sem que se deixem de analisar perspectivas questionadoras quando oportuno.

Não se deve entender, contudo, que a dogmática se prenda exclusivamente ao exame superficial do conjunto de leis.

> *"O jurista, assim, ao se obrigar aos dogmas, parte deles, mas dando-lhes um sentido, o que lhe permite certa manipulação. Ou seja, a dogmática jurídica não se exaure na afirmação do dogma estabelecido, mas interpreta sua própria vinculação, ao mostrar que o vinculante sempre exige interpretação, o que é função da dogmática"* (Ferraz Jr., 2003:49).

A *sociologia jurídica*, ciência relativamente recente, estuda o Direito sob o prisma dos fatos ou fenômenos sociais. Considera-se, por exemplo, uma revolução e estudam-se as consequências jurídicas que dela advieram; ou então as consequências jurídicas da ascensão ao poder de determinado governante. Trata-se de ciência que caminha paralelamente ao Direito, mas neste não se inclui. A sociologia jurídica caminha sempre em conjunto com a sociologia geral, paralelamente à História.

O estudo inicial do Direito, por meio do que se convencionou denominar *Introdução ao Estudo do Direito*, vale-se de todos esses campos de conhecimento jurídico, sem que ocorra identificação com qualquer deles, justamente porque se trata de um conhecimento inicial. Seu sentido é dar ao iniciante na ciência jurídica as noções e princípios fundamentais. Por essa razão, tem muitos pontos de contato com a teoria geral e a Filosofia do Direito.

5 PENSAMENTO JURÍDICO. A DÍADE POSITIVISMO E JUSNATURALISMO. NOÇÃO INTRODUTÓRIA

Quando iniciamos um raciocínio sobre um fenômeno jurídico devemos partir de certas premissas de raciocínio. Nisto há infindáveis vertentes descritas por inúmeras escolas. Importa, por ora, apontar as vertentes principais, cujo estudo pertence à Filosofia do Direito.

Nesse sentido, sem rigor técnico, mas apenas para finalidade inicial didática, pois voltaremos aos temas, podemos apontar as escolas formalistas ou positivistas que sublimam a segurança jurídica e colocam a norma na berlinda, como centro gravitador do Direito. De outro lado, as escolas idealistas, de origem mais antiga, buscam permanentemente um ideal de justiça e moral dentro do ordenamento, bem como as chamadas escolas realistas, que buscam o progresso social (Bergel, 2001:9). Não há que se ver antagonismo nem se entusiasmar em excesso por uma ou outra posição, pois a experiência demonstra que, conforme as necessidades sociais, há que preponderar uma ou outra orientação.

Todos os posicionamentos apresentam subdivisões e nuanças cuja enumeração não é ainda apropriada nestas primeiras lições.

O *idealismo jurídico* traduz-se, de forma geral, nas doutrinas do *direito natural*. Nessa vertente, há pontos em comum como o fato de o direito emanar da natureza, de existirem princípios legais não escritos que se superpõem ao direito posto. Nesse ponto, há primazia dos ideais mais elevados de justiça. O que é justo está de acordo com a ordem natural. As leis injustas devem ser subjugadas pelo ideal maior de justiça. Nesse sentido, define Bernardino Montejano (2002:14):

> *"Direito natural, em sentido estrito, é o justo natural, e em sentido derivado, são os princípios e normas jurídicas que regulam a vida social do homem, ainda que na ausência de toda ordenação positiva."*

Quanto ao *positivismo*, é mais difícil enquadrá-lo como uma doutrina única, pois há muitos autores que, embora denotem tendência por essa corrente, apresentam opiniões ecléticas que se inclinam também pelo idealismo, sob alguns aspectos. *"A heterogeneidade das doutrinas positivistas torna mais aleatória ainda a busca de um critério geral do positivismo"* (Bergel, 2001:15). Pela forma mais extrema e primitiva dessa doutrina, o chamado positivismo jurídico, somente terão valor as regras do direito positivo. A tendência é reduzir o direito apenas às regras existentes em determinada época e em determinado ordenamento estatal. Ou então, em outras palavras, o Estado é a única expressão do direito. Define Hermes Lima (2002:35), em preciosa obra tantas vezes reeditada, que *"direito positivo é, pois, o conjunto de regras de organização e conduta que, consagradas pelo Estado, se impõem coativamente, visando à disciplina da convivência social."*

Reduzir-se o direito, porém, apenas às normas positivas constitui evidentemente posição ultrapassada, absolutista, que sufraga a imposição e a política de força do Estado, que tanto serviu a alguns governantes no passado. Mesmo os positivistas modernos mais arraigados admitem certa flexibilidade idealista em suas ideias. Sob esse prisma do positivismo extremo, os abusos e as intolerâncias puderam, no passado remoto e próximo, ser justificados. O direito não pode ser reduzido unicamente a normas hierarquizadas pelo Estado, amesquinhando toda a grandeza do seu universo, que em síntese é o universo do Ser Humano. O Direito deve levar em conta, a cada passo, em cada norma, em cada decisão judicial, com absoluta proeminência, a dignidade humana, como demonstra a tendência do século XX e desponta para este novo século. Reduzir o direito a um conjunto de normas frias, impositivas, destemperadas da emoção e da dignidade do ser humano é algo custoso de aceitar. Basta que se lembre da legislação que justificou o governo cruel na Alemanha nacional-socialista do passado, e tantos outros que a história remonta. Como veremos, ainda que preponderem hoje vertentes positivistas, longe estão elas do extremismo do passado.

Outros atrelam o positivismo à história ou à economia. Para Marx, Engels e sua escola, o direito se mostra como uma expressão dos interesses econômicos. Parte-se, portanto, de uma superestrutura econômica para impor-se o direito, o que também leva à insensibilidade social debulhando-se nos antigos e falidos regimes comunistas.

Para o chamado positivismo sociológico, o direito é extraído das regras tal qual se apresentam os fatos sociais. A regra de direito é extraída dos fatos sociais. Leon Duguit (2003:13) dizia no início do século XX que as doutrinas do direito social estavam substituindo as doutrinas socialistas, como de fato ocorreu. O vínculo entre o direito e a sociologia foi magnificamente estabelecido por esse autor.

Como se nota facilmente, a magnitude do Direito reside, justamente, no fato de muitas teorias, com ou sem excessos, exporem conveniente e logicamente o pensamento jurídico sem que nenhuma seja definitiva. Em Direito, não há pensamento totalmente concluído. A cada ponto, em cada exame da fenomenologia jurídica, preponderará um ou outro pensamento, mas todos terão sua parcela importante e integrante na ciência. Estas são apenas palavras introdutórias sobre tão vasto tema, que nesta obra será mais aprofundado no decorrer da obra.

6 AS SUBDIVISÕES CONCEITUAIS E DIDÁTICAS DO DIREITO. DIREITO PÚBLICO E DIREITO PRIVADO

As divisões e subdivisões dos vários campos do direito possuem primordialmente uma utilidade didática. Hoje, mais do que ontem, há uma completa interpenetração de campos jurídicos, de forma mais ou menos profunda, e até o especialista em uma área deve ser versado em várias outras. Isto sem deixar de destacar, como já fizemos, a necessidade de um pleno conhecimento da teoria geral. Destarte, o direito deve ser sempre visto e estudado como um todo. Todo fenômeno jurídico exige conhecimento e exame de regras de vários ramos. O jurista, desse modo, deve encarar cada fato social como uma peça da grande engrenagem que é o direito. O especialista em direito público deve valer-se com frequência de princípios de direito privado e vice-versa.

A distinção que se pretende fazer desde a Antiguidade entre direito público e direito privado não possui a importância que alguns autores pretenderam dar. Desde o antigo Direito Romano já se destacava a divisão entre direito público e direito privado. Essa distinção envolve, de plano, especulação filosófica.[1] De qualquer modo, a distinção deve deixar de lado o fundamento do fenômeno jurídico, principalmente para não criar no iniciante dos estudos jurídicos uma antítese ou antinomia entre os dois compartimentos que absolutamente não existe.

---

1 A definição presente na codificação de Justiniano, atribuída a Ulpiano, por muito tempo foi tida como satisfatória: *"Publicum ius est quod ad statum reipublicae spectat. Privatum ius est quod ad singulorum utilitatem pertinet: sunt enim quaedam publicae utilia, quaedam privatim. Publicum ius in sacris, insacerdotibus, in magistratibus consistit"* (L. 1-2. Dig. 1,1).

O *ius civile* dos romanos distinguia direito público de direito privado com objetivo de traçar fronteiras entre o Estado e o indivíduo. O *ius publicum* abrangia as relações políticas e os fins do Estado a serem atingidos. Colocava o Estado em posição de supremacia. O *ius privatum* dizia respeito às relações entre os cidadãos e os limites do indivíduo em seu próprio interesse.

Mais modernamente, muitas teorias procuraram distinguir esses dois campos, sem que se atingisse um ponto comum e sem que, na prática, se apresentassem resultados eficientes. Há autores, inclusive, que negam a existência dessa polaridade, como Hans Kelsen (1979:382), que reduz todo fenômeno jurídico ao elemento normativo; todas as formas de produção jurídica se ancoram no Estado, inclusive os negócios entre particulares, os quais individualizam uma norma geral. Daí conclui que todo direito é, em síntese, público.

Do ponto de vista prático, por vezes, será importante saber se uma norma é de direito público ou de direito privado, sem que isto anule a afirmação feita a princípio. Em geral, as normas de direito público possuem o caráter de cogência ou obrigatoriedade, *normas cogentes*, como examinaremos. Não podem os interessados dispor diferentemente do que o determinado por elas. No direito privado há normas desse nível, cogentes, e outras que estão à disposição das partes, as chamadas *normas dispositivas*. Estas apenas são chamadas a atuar quando os interessados nada dispõem sobre o tema. Ainda voltaremos a este assunto que possui meandros interessantes.

Qualquer distinção que se faça entre direito público e direito privado, a linha divisória não pode ser nitidamente traçada, mormente em virtude da complexidade das relações jurídicas. Por mais que se busque, não existe um critério racional e definitivo para a distinção entre direito público e direito privado (Batalha, 2000:449). Por vezes, as entidades ou pessoas jurídicas de direito público agem como particulares e assim devem ser tratadas, ficando sujeitas às normas de direito privado. De outra face, também no direito privado o Estado imiscui-se com muita frequência, impondo sua vontade e tolhendo a iniciativa e autonomia do particular, com normas inderrogáveis pela vontade dos interessados. Nesse campo serão encontrados os chamados *preceitos de ordem pública*, com o caráter de cogência referido; embora não pertencentes necessariamente ao direito público, suas normas a ele se equiparam. No direito de família são encontrados inúmeros preceitos dessa espécie, tendo em vista a proteção que o legislador concede à instituição do casamento, sua realização e desfazimento, proteção à pessoa dos filhos etc.

Como já acentuado, qualquer tentativa de distinção entre direito público e direito privado não ficará imune a críticas. Pertencerão ao direito público as normas que regulam o Estado quando exerce a soberania. Nessas relações existe o poder de império. Quando o Estado se despe da soberania e se relaciona em condições de igualdade com os indivíduos, pessoas naturais ou jurídicas, o campo será o do direito privado, assim como quando a relação é entre particulares no mesmo plano de igualdade. A dificuldade desse critério, como aponta Paulo Nader, é constatar quando o Estado atua ou não na relação com seu poder de império (2003:97). É impossível estabelecer previamente a conduta do Estado; o exame sobre normas de direito público e de direito privado deve ser aferido no caso concreto.

Karl Larenz (1978:1) afirma que o direito privado é aquela parte do ordenamento jurídico que regula as relações dos particulares entre si, "*com base na sua igualdade jurídica e sua autodeterminação (autonomia privada)*". Por direito público, entende-se a parte do ordenamento que "*regula as relações do Estado e de outras corporações investidas de poder de autoridade, tanto com seus membros, como entre si, assim como a organização de ditas corporações*". O próprio autor, no entanto, afirma que existem relações de direito privado nas quais ocorre uma "supraordenação", como, por exemplo, no direito de família, assim como no relacionamento das pessoas jurídicas de direito privado, as associações com relação a seus membros. Na Alemanha, a distinção tem maior razão de ser, pois lá existe uma jurisdição privativa de direito civil, isto é, tribunais civis ao lado de tribunais administrativos, o que não ocorre entre nós. Não ocupam o campo do direito, como é curial, apenas os indivíduos, pessoas naturais, mas também as pessoas jurídicas, associações, corporações e sociedades em geral, as quais podem colimar igualmente fins altruísticos, sociais e humanitários, sem o intuito de lucro.

Cada vez mais, no curso das últimas décadas, ocorre o fenômeno denominado *publicização do direito privado*, o que demonstra que a distinção entre o direito público e o direito privado tem sentido meramente ideológico. São frequentes as interferências e invasões do Estado na órbita que originalmente apenas interessava ao âmbito privado do indivíduo. A influência do Estado é cada vez mais acentuada. Surgem, destarte, fórmulas para proteger o Estado por meio do direcionamento de condutas impostas ao indivíduo. Cada vez mais se destaca a interferência na liberdade individual, ainda que o regime político seja democrático. São mecanismos de autodefesa impostos pelo Estado em benefício, em princípio, do próprio ser humano e sua dignidade. Importa saber em cada caso quando se extrapola essa visão e quando esse direcionamento se traduz em arbitrariedade. Princípios tradicionais de direito privado, como, por exemplo, a autonomia da vontade no direito contratual, sofrem paulatinamente interferência do Estado. Muitos dos mais recentes compartimentos do direito já surgem plenos de princípios de direito público e direito privado, como o direito econômico e o direito do consumidor.

O mencionado direito de família tende a publicizar-se mais profundamente em razão de ordenar um organismo de vital importância para o Estado. O direito de propriedade sofre permanentemente impacto social nas restrições ao seu pleno exercício. A teoria do risco, a responsabilidade objetiva, quando o ordenamento permite a indenização sem culpa, apenas com o prejuízo e o nexo causal, ganham rumos mais amplos. Enfim, há uma crescente interpenetração de normas de direito público no direito privado.

Não obstante isso, tais assertivas não significam que exista possibilidade de desaparecimento do direito privado. A todo momento a vontade privada está a criar novas relações jurídicas; novas vertentes para velhos temas. A autonomia da vontade sempre deve encontrar e encontrará um caminho de atuação, pois nela reside a liberdade do indivíduo. O fenômeno ora descrito, que a doutrina optou por denominar *publicização do direito privado*, é um fenômeno universal de *socialização* das relações jurídicas, da propriedade privada, dos contratos, do direito enfim. Essa tendência social acentuada é claramente declarada pelo Código Civil brasileiro de 2002, sem que com isso se sustente o desaparecimento do direito privado. Pelo contrário, a promulgação de um novo Código Civil nos alvores do século XXI é exemplo patente da sobrevivência e pujança do direito privado.

Em que pesem as dificuldades em distinguir os dois grandes compartimentos, é necessário optar por um critério. Melhor será considerar como direito público aquele que tem por finalidade regular as relações do Estado, dos Estados entre si, das soberanias, do Estado com relação a seus súditos, quando procede com seu poder de soberania, isto é, poder de império. Direito privado é o que regula as relações entre particulares naquilo que é de seu peculiar interesse. Ou, como conclui Wilson de Souza Campos Batalha (2000:453):

> *"Apenas para fins didáticos e não se perdendo de vista quanto acima exposto, podemos dizer que o Direito público disciplina o Estado e as relações deste no exercício de seu poder soberano,* jure imperii, *com os cidadãos, ao passo que o Direito privado disciplina as relações jurídicas dos cidadãos entre si ou deles com o Estado, no exercício de suas atividades econômicas,* jure gestionis, more privatorum."

Modernamente, há compartimentos amplos no direito denominados microssistemas ou estatutos, tais como o Código de Defesa do Consumidor, a Lei do Inquilinato, a Lei de Recuperação de Empresas. Muitos defendem que o microssistema é um terceiro gênero que se coloca ao lado do direito público e do direito privado, que se denomina *direito social ou coletivo*, cujos princípios são concomitantemente de direito privado e de direito público. Trata-se de tema polêmico, ainda em plena efervescência. A questão não é pacífica. Note a opinião de Paulo Nader (2003:97) a esse respeito:

> *"Entendemos que a admissão de um Direito Misto implicaria, praticamente, a supressão do Direito Público e Direito Privado, de vez que, em todos os ramos do Direito Positivo, há formas de um e de outro gênero."*

De qualquer forma, a possibilidade de reconhecimento de um terceiro gênero, de um direito misto, ao lado do direito público e do direito privado, demonstra a relatividade da distinção e a constante interpenetração de princípios. Paulo Dourado Gusmão (2003:148) insere exemplificativamente nessa categoria de direito misto aquele constituído por normas tanto de direito privado como de direito público, o direito de família, direito do trabalho, direito profissional, direito sindical, direito econômico e direito agrário.

O direito privado é aquele que tradicionalmente regula o ordenamento dos interesses dos particulares, sendo o Direito Civil o ramo do direito privado por excelência. À medida que questionamos o que devem os membros da sociedade uns aos outros, ou o que é meu e o que é teu; quando analisamos as relações entre os indivíduos, na família ou fora dela, as relações entre marido e mulher, pais e filhos e as relações dos indivíduos com as pessoas jurídicas, associações e sociedades, estamos no ramo do direito privado que se denomina Direito Civil.

Também é oportuno mencionar que as normas, de direito público ou privado, podem fazer parte de um *direito comum* ou de um *direito especial*, quer se apliquem à generalidade das pessoas, quer a um grupo ou segmento social em particular. O direito especial não é um direito de exceção, mas uma norma de especificação. Assim, por exemplo, a Lei do Inquilinato e o Estatuto dos Funcionários Públicos são leis especiais. O Código Civil é uma norma geral. As novas tecnologias, como mencionamos, estão a criar continuamente normas especiais. O fato de um direito ser de cunho especial não faz com que deixe de ter coerência lógica com o ordenamento e sua teoria geral.

A doutrina também costuma distinguir o *direito geral* do *direito particular*. O primeiro é aplicável em todo o território enquanto o segundo é destinado apenas a alguma região. Nesse sentido, a lei estadual é direito particular em relação à lei federal.

O direito, também, por sua natureza, deve ser um *direito regular*, isto é, expresso de forma a abarcar toda a nação sem distinções de pessoas, em atenção aos princípios gerais. Ao direito regular contrapõe-se o que a doutrina denomina de direito singular, que deve ser visto como absoluta exceção. O *direito singular* é aquele criado para atender a situações emergenciais e transitórias. O ordenamento emanado de um governo que assume o poder por uma revolução costuma ter essas características. Trata-se, como se nota, de um período de exceção contra a legalidade, tal como tivemos no país com o movimento militar de 1964, cujos princípios foram incorporados à Constituição de 1967. Nesse período ficaram suspensas as garantias e os direitos individuais.

Ainda, em paralelo ao direito, menciona-se o *privilégio*. A norma de direito caracteriza-se pela generalidade. Atinge um número mais ou menos amplo de pessoas. O privilégio surge como exceção a essa regra. Trata-se de ato concreto, individual, a atingir uma única pessoa ou um número reduzido de pessoas, contrariando a regra geral. A Idade Média foi a época histórica dos privilégios indiscriminados. O ordenamento costuma regular modernamente os privilégios como concessões especiais do Estado, mas com respaldo em lei. É o caso, por exemplo, de se conceder uma pensão vitalícia a pessoa que prestou relevantes serviços ao país ou que sofreu um dano de grandeza excepcional pela atividade do Estado. Lembre-se do caso das pessoas atingidas por radiação atômica e que receberam pensões e benefícios especiais.

6.1 Os vários ramos do direito público e do direito privado

Mantendo-se a divisão tradicional, o direito público pode ser dividido em interno e externo ou internacional. O *direito público interno* compreende, sem que a enumeração seja exaustiva, o direito *constitucional*, direito *administrativo*, direito *financeiro*, direito *tributário*, direito *penal*, direito *processual civil e penal*, enquanto o *direito público externo* compreende o direito *internacional público e privado*.

O direito privado abrange o tradicional *direito civil* e o provecto *direito comercial*, que mais recentemente se dividiu em várias especialidades, sob a denominação de *direito de empresa*, que inclui ramos que certamente possuem também autonomia, como o direito dos títulos de crédito ou cambiário, direito falencial, direito das marcas e patentes, direito societário, direito econômico. O Código Civil de 2002 pretendeu unificar parcialmente o direito privado, trazendo disposições não exaustivas no Livro II, sob o título "Do Direito de Empresa". Continua em vigor o Código Comercial de 1850 no que diz respeito ao direito marítimo.

Advirta-se, porém, que não há no Direito compartimentos estanques. Essas divisões têm um caráter proeminentemente didático. Dificilmente haverá pendenga ilhada que possa depender exclusivamente de um ramo. Por essa razão, no raciocínio do jurista e do operador do Direito, sempre deverá estar presente a visão de conjunto da ciência jurídica, pois a interpenetração de normas e princípios é necessária, inafastável e evidente. A decantada inteligência artificial, no direito, como praticamente em todas as atividades humanas, abre mais um importante capítulo de estudo para sua compreensão.

O *direito do trabalho*, que trata das relações jurídicas entre empregado e empregador, sob o prisma da empresa atingiu especialização tamanha que, desgarrando-se do direito civil, situa-se mais dentro do campo do direito público, embora possa também ser qualificado como um direito social, que utiliza princípios de direito público e de direito privado. O direito do trabalho abrange normas de direito coletivo, provenientes de acordos e convenções coletivas de trabalho, de difícil posicionamento no direito público ou no direito privado. Pertencem ao direito do trabalho as normas de *direito sindical*, que cuidam da representação das várias categorias profissionais. Ao lado do direito do trabalho situa-se a infortunística, direito dos acidentes de trabalho, campo com princípios específicos. Pertence ao direito público o *direito previdenciário*, que cuida dos benefícios e do funcionamento dos órgãos públicos de assistência e previdência social.

Adiante-se que nunca será exaustiva qualquer divisão, pois sempre existirão novos campos desbravados, desgarrados e decorrentes dos ramos tradicionais. Assim, por exemplo, o direito ambiental, que se desgarra de vários outros campos públicos e privados para ganhar autonomia e compreensão didática e conceitual. Na mesma senda se colocam o direito previdenciário, direito acidentário, direitos autorais, do consumidor e os nascentes direitos da informática, do comércio eletrônico, da energia elétrica, do petróleo, das telecomunicações, das agências reguladoras etc. Desgarrando-se do direito civil surge também, com foro de autonomia, o direito agrário. Enfatize-se, porém, que essas novas divisões possuem importância mais didática do que técnica. Nunca o especialista prescindirá, como apontamos, dos conhecimentos fundamentais da teoria geral e dos campos principais do Direito.

O direito *constitucional* é o ramo que estuda os princípios e normas relativos à estrutura fundamental do Estado, e baseia-se na Constituição, embora não se prenda exclusivamente a ela. As normas constitucionais constituem o direito positivo do direito constitucional. A Constituição Federal abrange os princípios jurídicos fundamentais que designam e estruturam os órgãos do Estado, sua instituição, suas relações entre si. Além disso, há um sentido político social em suas normas, o valor da autoridade e da soberania e as liberdades públicas e direitos individuais. As leis denominadas ordinárias subordinam-se à Constituição e às leis complementares constitucionais. Dada a importância das normas e dos princípios que estuda, o direito constitucional é o ramo mais importante do direito público. Nos países organizados como federação, como o nosso, há dois compartimentos de direito constitucional: o direito constitucional federal e os direitos constitucionais dos Estados.

O *direito administrativo* compreende o estudo dos fenômenos e normas que ordenam o serviço público e regulamentam as relações entre a Administração, seus respectivos órgãos, os administradores e seus administrados. Refere-se, portanto, à Administração Pública. Não é muito simples fixar o âmbito do direito administrativo. De forma ampla, pode ser entendida a Administração como qualquer ato, emanado de qualquer dos três poderes, dirigido à satisfação de interesses gerais. Estritamente falando, o direito administrativo é peculiar ao estudo dos atos emanados do Poder Executivo. O direito constitucional depende da linha política adotada, pois estuda as normas maiores do Estado, seja ele democrático ou não.

O *direito financeiro* estuda a estrutura orçamentária dos entes públicos, seus princípios, normas e regulamentos. É o direito que disciplina as finanças públicas. No passado, ligado ao direito administrativo, mais recentemente ganhou autonomia didática. Tudo que se refere ao orçamento público, receitas e despesas prende-se ao direito financeiro. Diretamente ligado a este, o *direito tributário* é o ramo do direito público e do direito financeiro que ordena a forma de arrecadação de tributos, bem como o relacionamento entre o Fisco, entidade estatal que pode ser federal, estadual ou municipal, e o contribuinte. Trata-se de um direito obrigacional público, porque retrata a obrigação do contribuinte para com o Fisco. Cuida dos ingressos tributários que podem ser impostos, taxas e contribuições. Há uma multiplicidade de leis que cuidam do direito tributário, sob pálio do Código Tributário Nacional.

O *direito processual civil* é o ramo do direito público que preordena a forma pela qual alguém pode obter do Estado, de seu Poder Judiciário, uma prestação jurisdicional, isto é, uma composição do conflito de interesses mercê de uma decisão judicial. O fulcro do direito processual civil, nomeado antigamente como direito judiciário civil, tem como viga mestra os princípios estampados no Código de Processo Civil, embora existam inúmeras outras leis de cunho processual que o complementam. O direito processual é eminentemente público, uma vez que somente o Estado pode ordenar o direito de ação como direito subjetivo autônomo. E somente o Estado pode compor a lide. O direito judiciário abrange também a organização do Poder Judiciário, sua jurisdição e sua competência. Jurisdição é o poder estatal de dizer do direito aplicável a um caso concreto. A competência consiste na delimitação da jurisdição, ou seja, qual o juiz que terá, no caso concreto, a atribuição de decidir um processo.

Embora possam existir decisões de composição de lides fora do poder estatal, como acontece na arbitragem, a natureza desse julgamento é de índole contratual, podendo sempre o Poder Judiciário intervir na decisão arbitral, por iniciativa de eventual prejudicado, quando não obedecidos os ditames legais na arbitragem. A arbitragem é forma de decisão privada de conflitos. As partes interessadas "contratam" que suas pendengas serão decididas por árbitros livremente escolhidos e não por juízes togados. De há muito o sistema já trazia bons resultados no Exterior, mormente na Europa e Estados Unidos, países com vasta tradição arbitral, mas apenas recentemente tivemos efetiva possibilidade de utilizá-lo entre nós, após a promulgação da Lei nº 9.307, de 23-9-96. Somente os chamados direitos disponíveis podem ser objeto da arbitragem: os direitos públicos, em princípio, e os direitos privados indisponíveis não podem ser dirimidos pela arbitragem. Todavia, nossa lei de arbitragem, em modificação mais recente, já permite que entidades públicas, sob certas condições, possam servir-se da arbitragem. Assim, por exemplo, o pagamento de um tributo e o divórcio não podem ser objeto da arbitragem. Atualmente, muito preocupam nosso país a pletora de feitos no Judiciário e a demora na prestação jurisdicional. Devem ser buscadas soluções que suprimam do Poder Judiciário tantas questões que ali não deveriam estar. Por essa razão, incentivam-se não somente a arbitragem como a mediação, estágio prévio ao litígio, que pode validamente evitar que muitos feitos desnecessários sejam ajuizados. A mediação não sofre qualquer limitação, podendo ser empregada em qualquer assunto ou fenômeno jurídico, inclusive em questões de direito público e de direito de família. É moderna tendência do direito comparado, que deve ser urgentemente regulada e incentivada entre nós.

Direito penal "*é o conjunto dos preceitos legais, fixados pelo Estado, para definir os crimes e determinar aos seus autores as correspondentes penas e medidas de segurança*" (Garcia, s.d.:8). O direito penal diz respeito ao direito de punir do Estado, que lhe é exclusivo, daí por que é direito exclusivamente público. No direito penal, em virtude de sua natureza, no sistema democrático, vigora o princípio da legalidade estrita: não haverá crime se não houver lei anterior que o defina, nem pena sem prévia previsão legal. Nos regimes que suprimem as liberdades democráticas e as garantias individuais, não existe essa máxima suprema.

Direito processual penal é o ramo do direito público que promove a jurisdição estatal no âmbito do direito penal, na busca do aperfeiçoamento da punição. Regulamenta também as atividades de política judiciária e seus auxiliares. É por meio de seus princípios e procedimentos que se obtém a punição dos delinquentes, direito privativo do Estado.

Direito internacional público ou direito das gentes "*é o conjunto de princípios ou regras destinadas a reger direitos e deveres internacionais, tanto dos Estados ou outros organismos análogos, quanto aos indivíduos*" (Accioly, 1968:1). É o direito dos tratados e dos acordos internacionais. É o direito das instituições como a ONU, OTAN, OEA, ALCA etc., enquanto cuidam dos envolvimentos dos países como pessoas jurídicas de direito externo. Atualmente o direito internacional público desbrava novas fronteiras. Lembre-se do novel direito penal internacional. Da denominada Conferência de Roma, de 1998, promovida pelas Nações Unidas, resultou o Estatuto do Tribunal Penal Internacional, que vigoraria a partir do reconhecimento por 60 nações, o que veio a ocorrer em 2002, quando foi instalado em Haia. O Brasil aderiu ao tratado no ano 2000. Os Estados Unidos e a China recusaram-se a reconhecê-lo. O objetivo dessa corte é julgar crimes contra a humanidade, como o genocídio e os crimes de guerra, praticados por autoridades dos países que tiverem aderido ao tratado. A ausência dos Estados Unidos nessa corte, os quais prometem julgar internamente seus envolvidos, a enfraquece sobremaneira.

Direito internacional privado busca disciplinar o conflito de leis no espaço, isto é, entre vários ordenamentos estatais. Esse ramo disciplina a aplicação de norma a ser escolhida entre diversos países a um caso concreto. Compõe-se de algumas regras e princípios que orientam a aplicação de um ou de outro ordenamento. Nessas hipóteses, é aplicada a lei de um Estado no território de outro. Pode ocorrer, por exemplo, apenas para entendimento preliminar, que a lei italiana regule o casamento de casal que contraiu matrimônio na Itália, mas reside no Brasil ou que a disciplina de um contrato realizado no Brasil obedeça às regras do direito francês, onde as obrigações serão cumpridas. Todos os problemas que envolvem questões de direito internacional privado dizem respeito ao direito público interno, pois implicam a escolha do direito aplicável, nacional ou estrangeiro. "*A ordem pública (soberania nacional, bens, costumes) constitui standard jurídico que age como anteparo à aplicabilidade de lei estrangeira incidente pela norma de direito internacional, mas incompatível com princípios básicos vigentes no território*" (Batalha, 2000:473). O direito internacional privado pode ser reduzido a alguns princípios, cuja decantação ocorre no caso concreto, tais como o da *nacionalidade*, do *domicílio*; do *locus regit actum*, isto é, a lei do local onde o ato foi realizado regerá a questão; da *lex rei sitae*, isto é, a lei do local onde se encontra a coisa regerá a questão. Em nosso ordenamento, os princípios de direito internacional privado estão expostos na Lei de Introdução às Normas do Direito Brasileiro.

O *direito civil* é o direito privado por excelência. Trata do conjunto de normas reguladoras das relações jurídicas entre particulares. O Código Civil, sua principal lei, é exemplo de sistema parcial de Direito, pois existem centenas de leis civis que o complementam ou cuidam de matérias nele não descritas. O interesse de suas regras é eminentemente privado, embora nele possam estar presentes normas de ordem pública, como ocorre notoriamente no direito de família. É no direito civil que se encontrarão os princípios da personalidade, o conjunto de atributos que situam o Homem em sociedade. É ramo fundamental, sem o qual todas as demais disciplinas jurídicas são impensáveis. É no direito civil, mormente em sua teoria geral, exposta maiormente na primeira parte do Código Civil, parte geral, que se encontra toda a base do raciocínio jurídico. Ali são disciplinados a capacidade das pessoas, os bens, os negócios jurídicos e suas vicissitudes. Lembre-se de que o direito internacional privado nada mais faz do que harmonizar um direito privado estrangeiro com os princípios de direito civil interno. Os pontos de contato do direito civil com o velho direito comercial são inúmeros, tanto que o Código Civil de 2002 elaborou parcial e quase completa unificação desses dois ramos. Contudo, conforme repete a doutrina tradicional, no direito civil os bens são vistos sob o prisma de seu valor de uso, enquanto no direito comercial ou da empresa, quanto ao seu valor de troca, pois estará presente o intuito especulativo. Em nossa obra *Direito Civil*, volume I, traçamos um quadro mais completo da História e da compreensão atual do direito civil, o qual forma o direito-base para o raciocínio de todos os demais campos jurídicos.

Note que o *direito de família*, presente basilarmente no Código Civil, cada vez mais se desgarra do tradicional direito civil para ganhar foros de autonomia, situando-se atualmente, segundo alguns, no campo do direito misto ou social. Compreende conjunto de normas marcadas pelo interesse social, com ampla âncora constitucional, na Carta de 1988. O direito de família tem em mira o convívio do homem e da mulher, os casais em geral, com ou sem casamento, e sua relação com os filhos.

O provecto e tradicional *direito comercial*, terminologia que paulatinamente se esvazia e cai em desuso, é outro grande ramo do direito privado, hoje referido basicamente como *direito de empresa*, terminologia que tende a substituir a original, embora não abarque todas as matérias do velho direito comercial. O direito comercial, por força proeminente dos costumes, destacou-se do direito civil. Surgiu como um direito profissional dedicado aos comerciantes. Aquilo que no passado tratava do comerciante e de suas atividades, os atos de comércio, hoje é um direito das empresas mercantis. A noção de comerciante é substituída pela de empresa. Esse é o sentido dado pelo Código Civil de 2002, que efetuou a unificação parcial do direito de empresa e do direito civil, algo que ainda é muito polêmico e cuja discussão vem de longa data.

O *direito econômico* alça voos mais altos do que o direito comercial, que se mostrou nas últimas décadas acanhado para tratar dos grandes problemas da produção e sua disciplina. Trata-se de ramo recente no qual o dirigismo estatal se faz sentir acentuadamente, colocando seus quadrantes no direito público. Notadamente o especialista em direito privado sente dificuldades em conceituar esse novel ramo. O direito econômico caracteriza-se por uma hipertrofia legislativa, pela economia excessivamente dirigida, pela inconsistência, inconstância e instabilidade de leis que balançam ao sabor de necessidades ou interesses momentâneos da economia de um Estado. Nesse campo, notadamente em nosso país, acentua-se a técnica legislativa falha, sem a devida argúcia jurídica, geralmente ponteada por termos da economia de difícil interpretação jurídica. O direito econômico reúne preceitos de direito público e em parte de direito privado que buscam o ordenamento da macroeconomia. Trata-se de um instrumento de política econômica e que com muita frequência interfere no patrimônio privado.

O direito do *agronegócio* ganha corpo em nosso país, nesse segmento tão importante para a economia nacional.

Não se esgotam os novos e nascentes campos do Direito. As novas tecnologias fazem nascer novos rumos para o estudo do Direito e novas especialidades, como o direito ambiental, o direito das agências reguladoras, o direito da energia elétrica, do petróleo, do comércio eletrônico, das comunicações, da informática, do processamento de dados etc. Cabe ao jurista estar sempre atento às novas manifestações jurídicas que são, em suma, novas concepções da cultura. Qualquer que seja o novo rumo, no Direito sempre estarão presentes os princípios gerais, mormente os de justiça e equidade.

Cumpre que se faça referência ao *direito canônico*, dada sua importância histórica. Denomina-se direito canônico o conjunto de normas estabelecidas pela Igreja Católica que disciplinam sua organização e a atividade das pessoas a ela ligadas. Não se trata, como se percebe, de um ordenamento positivo, mas de um direito não estatal. Sua importância é grande em razão da influência que exerceu nos direitos dos povos, mormente em direito de família, quanto ao casamento, sua celebração e sua validade. Vários foram os ordenamentos do direito canônico desde a implantação da Igreja. Atualmente vigora o *Corpus Iuris Canonici* de 1983, promulgado pelo papa João Paulo II. O direito canônico estatui vários delitos e estabelece penas no âmbito religioso, com relação a atos que atentam contra a fé.

Outra menção importante que deve ser feita é ao *direito comparado*. Não se trata de um direito normativo, mas de um método de estudo que se faz entre os ordenamentos de vários países, ou com relação aos organismos internacionais, buscando soluções de harmonização tanto nos próprios sistemas, como para aplicação e adaptação de direitos estrangeiros aos ordenamentos internos. Assim, por exemplo, pode-se estudar o problema da separação dos casais e da guarda dos filhos menores nas várias legislações estrangeiras para definir a posição que deva tomar a legislação de nosso país. Estudam-se, em outro exemplo, os princípios que regem a propriedade nas várias nações, tendo em vista legislar supranacionalmente sobre esse instituto. Desse modo, percebe-se que o direito comparado pode ser visto como uma ciência pura, que visa esclarecer os espíritos estudiosos ou pode ter em mira um resultado prático, objetivando solucionar um problema particular ou o sentido de uma nova lei para a nação. Destarte, existem juristas especializados nesse compartimento de estudo. Para os comparativistas tradicionais, o direito comparado não ganhou ainda foros de ciência, sendo mais um método de estudo jurídico. Corrente mais moderna considera-o como verdadeiramente uma ciência, ao lado das outras existentes e auxiliares do Direito, como a Sociologia jurídica e a Teoria Geral do Direito. Os juristas desta última corrente entendem que o direito comparado é uma ciência que tem em mira a aproximação dos povos e a formulação de princípios comuns, bem como a identificação de princípios comuns para facilitar a aplicação do direito interno e a unificação legislativa. O direito comparado ganhou vital importância com a unificação europeia, sendo hoje largamente estudado no Velho Mundo. Há inúmeros estudos que visam, principalmente, harmonizar o direito anglo-saxão da Grã-Bretanha e países de língua inglesa com o chamado direito continental, embora os estudos não se resumam somente a esse aspecto. Cada vez mais o mundo procura se unir em organismos supranacionais, o que faz aumentar a importância do direito comparado. Em importância, sem dúvida, a União

Europeia, ex-Comunidade Europeia, decorrente do Tratado de Maastricht (1993), impressiona pela dimensão com que se apresenta ao restante do mundo, buscando quiçá, no futuro, a Confederação europeia.

7 INSTITUIÇÕES E INSTITUTOS JURÍDICOS. ORDEM SOCIAL

Para a vida em sociedade, o Ser Humano deve organizar-se sob determinada ordem, ainda que aparentemente essa ordem não exista. No dizer de Goffredo Telles Júnior (2002:3), toda ordem, evidentemente, é uma disposição. Uma disposição conveniente, uma certa disposição, tal como os livros numa biblioteca. A desordem também é uma ordem, ainda que seja uma ordem que não apreciamos, que não desejamos.

Desse modo, a existência e a convivência do Ser Humano gravitam em torno de instituições, materiais e imateriais, que estabelecem certa ordem, as quais concedem estabilidade e tornam possível a existência. Trata-se das estruturas jurídicas que são mais ou menos duradouras. As instituições e os institutos fazem parte dessas estruturas.

O termo *instituição* possui várias acepções. No sentido etimológico pode definir-se como o que está presente ou permanece em evolução na sociedade. Aquilo que está ou foi instituído. Entende-se como o estabelecimento ou a fundação de alguma coisa: instituição de uma monarquia; de uma presidência.

Na corrente linguagem, em geral, faz-se referência à instituição em vários sentidos, como um complexo de leis, de costumes, de normas, como uma obra material ou imaterial.

No campo jurídico, deve ser entendida a instituição como um conjunto de princípios, um entrelaçamento de costumes, usos e sentimentos, pelos quais se exercem controles sociais e se satisfazem necessidades e desejos das pessoas em sociedade (Lima, 2002:19). Ainda, "*ora um conjunto mais ou menos extenso de normas que, subordinadas a princípios comuns, disciplinam determinado tipo de relações sociais, ora a realidade social que lhe está na base*" (Justo, 2001:14). O termo *instituição* nos dá a ideia de um conjunto de normas estáveis que obedece a regras específicas e se organiza como um corpo social, para certas finalidades. A instituição, em geral, pode ter caráter político, religioso, econômico etc.

> "*As instituições são o conjunto de pilares estabelecidos pelo costume, pela razão e pelos sentimentos que alicerçam a sociedade, sustentando-a*" (Secco, 2001:16).

Suas funções são vitais para a compreensão do Direito porque auxiliam a resolver os problemas da sociedade e dos homens que a integram. A instituição torna possível a estabilidade normativa que é essencial para o sentido de adequação social que busca o Direito.

Há instituições primárias ou fundamentais e secundárias. As principais instituições da vida social são a família, a propriedade e o Estado. Todos os campos do direito gravitarão, de uma forma ou de outra, direta ou indiretamente, em torno delas. As instituições secundárias, como, por exemplo, a Igreja, o Congresso, os tribunais, os sindicatos, as universidades, cumprem seu papel de importância no campo jurídico, com maior ou menor participação em nossa existência, complementando as instituições fundamentais.

Decorrentes da mesma raiz etimológica, com frequência os textos se referem aos *institutos jurídicos*. Tendo a mesma compreensão da instituição, o instituto apresenta menor grau de extensão, mas a mesma compreensão. Trata-se de um complexo normativo menor (Justo, 2001:15). Cuida-se de uma entidade autônoma de Direito, com suas próprias normas reguladoras, que a colocam como uma entidade autônoma para fins de estudo e disciplina jurídica, dentro do direito privado ou do direito público. Assim, por exemplo, se a propriedade é uma instituição, a posse é um instituto; se o Congresso é uma instituição, o *impeachment* do Presidente da República, que se inclui entre as atribuições do Congresso, é um instituto. Sob esse prisma, portanto, a falência, o usufruto, a tutela e curatela, a prescrição e decadência, por exemplo, são institutos de direito material; a intervenção de terceiros, o recurso de apelação e de agravo de instrumento, a execução são institutos de direito processual.

Para a vida em sociedade o ser humano tem necessidade de estabelecer ordens, sob o pálio dos institutos e das instituições. Por essa razão, o Homem situa-se em ordens religiosas, éticas, morais e jurídicas. A ordem jurídica, que ora se estuda, recebe, sem dúvida, informação e interferências de ordens de outra natureza, pois a conduta social deve ser vista permanentemente como um todo. A ordem jurídica identifica-se com o conjunto de normas em vigor num Estado. Sob esse prisma, a ordem jurídica confunde-se com o sistema jurídico. O sistema é mais amplo do que o ordenamento positivo de um país, pois inclui também as normas consuetudinárias, a jurisprudência, os princípios gerais. As normas jurídicas são escalonadas dentro de um princípio hierárquico. Há normas superiores que devem prevalecer sobre normas inferiores. Assim, as normas constitucionais devem prevalecer sobre as leis ordinárias; estas, por sua vez, se sobrepõem aos regulamentos. As normas inferiores devem estar em harmonia com as superiores.

8 ESTRUTURA DA NORMA JURÍDICA: TIPICIDADE

Direito, como vimos, é ciência do *dever-ser* que se projeta necessariamente no plano da história e da experiência. Para cada um receber o que é seu, para que os ideais de justiça sejam alcançados de forma eficiente, o Direito é coercível, noção que ainda estudaremos mais profundamente, isto é, o Direito é imposto à sociedade por meio de normas de conduta.

Para atingir esse objetivo, para que se tenha a certeza de que o Direito existe e será cumprido, joga-se com predeterminações formais de conduta, isto é, descrições na norma que obrigam a determinado comportamento, tanto na forma positiva, como na negativa. Toda norma jurídica se apresenta como uma descrição hipotética, prevendo a produção de certos efeitos. Se ocorrerem tais e tais situações, desencadear-se-ão tais e tais efeitos. Essa a estrutura básica da descrição da norma ou tipificação. Nesse sentido, a previsão contida na lei contém o modelo ou tipo de um fato. Os fatos típicos existem em todas as categorias jurídicas, notando-se com maior definição no campo do Direito Penal, direito punitivo por excelência, no qual as condutas criminosas, reprimidas pela lei, são por ela descritas. No sistema de plenitude democrática e garantia dos direitos individuais, só há crime se houver lei anterior que o defina. A ciência do direito, como qualquer ciência, possui sua técnica, sua arte de agir. A tipicidade é, sem dúvida, parte dessa técnica.

Ressalta Paulo Dourado Gusmão (2003:8) que a técnica jurídica é "*a arte de formular a regra de direito com precisão, objetividade, clareza e espírito de síntese*" (2003:8). Desse modo, a técnica de formulação legislativa é um dos pontos da técnica jurídica que abrangem também a técnica da ciência e a técnica de aplicação do direito. Desse modo, o legislador competente formulará leis precisas, objetivas, claras e sintéticas. Nem sempre porém, mormente face ao despreparo dos legisladores e mercê de interesses parajurídicos, esse desiderato é atingido. Leis malfeitas, imprecisas, dúbias, prolixas acarretam ingente trabalho do aplicador da lei, do intérprete, dificultando sua técnica, açulando a incerteza e a insegurança social.

O fenômeno da tipicidade é universal no Direito. No direito privado, seus vários institutos são delineados por uma descrição legal. Daí por que a lei define o que é propriedade, obrigação, testamento etc.

No direito existem normas que se apresentam no ordenamento como *supletivas* da vontade das partes, isto é, serão chamadas à aplicação se as partes não dispuserem diferentemente. Encontram-se maiormente no campo do direito privado onde mais ampla é a autonomia da vontade. Assim, por exemplo, dispõe o art. 472 do Código Civil que "*o distrato faz-se pela mesma forma exigida para o contrato*". Essa dicção significa que, por exemplo, um contrato escrito desfaz-se por outro instrumento escrito. Mas as partes interessadas, se desejarem, podem dispor diferentemente, possibilitando que o distrato seja verbal, nessa hipótese. Há outras descrições legais ou tipificações, no entanto, que *se impõem* aos envolvidos, não se lhes permitindo que disponham diferentemente. São as normas cogentes ou impositivas. Apresentam-se como *fórmulas* impositivas. Assim se posta, por exemplo, o art. 1.521 do Código Civil: "*Não podem casar: I – os ascendentes com os descendentes, seja o parentesco natural ou civil*". Se, por qualquer razão, o ato foi praticado contra essa cogência, o ordenamento pune com a ineficácia ou a nulidade. Afora situações tais como a desses exemplos que se apresentam nítidas e apartadas, por vezes será difícil distinguir a impositividade, mormente porque o legislador pode não ter sido claro. Cuida-se de técnica apurada do direito e sua aplicação, que somente um pleno manuseio de sua técnica permite, ou seja, um pleno conhecimento da *arte do direito*. Devemos ainda voltar ao tema.

Essa predeterminação formal, essa necessidade de certeza jurídica, para regular as ações na sociedade, vai até o ponto de exigir a constituição de um Poder do Estado, o Poder Judiciário, cuja finalidade é ditar o sentido exato das normas. Essa função jurisdicional existe tão só no Direito, não se encontrando no campo da Moral. É justamente esse poder jurisdicional que aplica a coercibilidade às normas reguladoras da sociedade. Recorde-se, contudo, que norma jurídica não se confunde com artigo de lei. Os artigos de lei são expressões escritas da norma. Trata-se do enunciado do pensamento legislativo. Como lembra Inocêncio Galvão Telles (2001:32), o artigo está para a norma como o continente para o conteúdo.

Esse fato típico que dá origem às relações jurídicas também é denominado fato jurígeno ou fato gerador, embora esta última expressão seja consagrada no direito tributário. Os alemães denominam *Tatbestand* e os italianos, *fattispecie*, do latim *facti species*, imagem de um fato.

Na maioria das vezes, o fato típico, ou seja, a descrição legal de uma conduta, predetermina uma ação do indivíduo, tanto para permitir como para proibir determinada ação. Quando o Código Penal, no art. 121, afirma "*matar alguém*", está definindo um fato típico. Todo aquele que praticar essa conduta, o crime de homicídio, *pode*, *deve ser* condenado, sem que se afirme que isto venha a ocorrer. Uma série de fatores pode impedir a condenação: a conduta homicida ocorreu em legítima defesa; o agente era inimputável e não podia sofrer imposição de pena; o agente não foi encontrado; ocorreu a prescrição do delito etc. Quando o Código Civil afirma, no art. 1.267, que "*a propriedade das coisas não se transfere pelos negócios jurídicos antes da tradição*", isso quer significar que há uma tipicidade na conduta para entregar as coisas adquiridas pelo contrato, pois a propriedade da coisa móvel só ocorre com a entrega (*tradição*). Qualquer outra conduta será atípica e não gerará os efeitos jurídicos descritos na lei.

9 SIMBOLOGIA DO DIREITO

Muitas vezes o leigo e o iniciante devem ter-se perguntado por que o Direito e quase tudo que a ele se refere se apresenta com o símbolo da balança, na forma mais simplificada, ou de forma completa, com a deusa portando a balança. Essa simbologia, que modernamente ilustra os logotipos e outras identificações de nossa atividade e profissão, tem sua origem na Grécia e em Roma, cujos detalhes se apresentam diferentes numa e noutra cultura.

Até mesmo a própria terminologia "direito", proveniente de *directus*, abandonando o termo clássico *ius*, decorreu da velha simbologia, da balança cujos pratos deveriam estar retos, no mesmo nível. Como já visto, da palavra clássica mantivemos vários vocábulos: *justiça, jurisprudência, justo*.

Na Grécia, o símbolo do Direito era a deusa Diké, filha de Zeus e Thémis, que se apresentava em pé, com os olhos abertos, empunhando na mão direita uma espada e na esquerda a balança. Dikê tivera duas outras irmãs, Eunomia, deusa da ordem, e Eiroené, deusa da paz. Thémis era uma divindade, filha da terra e do céu estrelado, que garantia a ordem universal, assegurando disciplina, justiça e paz (Gaudemet, 1997:13). A deusa grega Dikê levava a espada porque quem executasse a lei deveria cortar o direito, assim entendendo-se que não poderia se influenciar pelos desejos e emoções das partes. A espada representa também a força, a coercibilidade que pode transformar-se em força material para a execução do direito, quando necessário. A balança era símbolo do equilíbrio e da igualdade. A deusa grega mantinha os olhos abertos para que detalhe algum lhe escapasse para a solução justa.

O símbolo romano era representado pela deusa *Iustitia*, a qual, diferentemente da sua congênere grega, surgia em pé, com os olhos vendados, portando a balança com ambas as mãos. Os pratos da balança estão nivelados, a prumo, isto é, apresentam-se *directum*, retos, daí a origem da palavra *Direito* nas línguas românicas, como apontamos. O prumo da balança no nível horizontal significa a retidão, o correto, o reto. Os pratos, tanto na tradição romana como na grega, são iguais, do mesmo tamanho, pois a igualdade no tratamento das partes é da essência da Justiça. Os olhos da deusa romana estão vendados porque a justiça deve ser cega, no sentido de que o julgador não deve olhar *a priori* quem seja o vencedor da causa, dando ganho a quem objetivamente se apresenta com o melhor direito. Essa representação posterior, com a venda nos olhos, já representa, sem dúvida, o caráter abstrato da Justiça.

Interessante notar que a simbologia da balança parece ser mais antiga em ambas as culturas. No negócio romano solene e formal, *per aes et libram*, utilizado para inúmeros contratos, a balança se fazia materialmente presente, integrando a solenidade, nas mãos de um menor impúbere (*libripens*). Esse ritual de pesagem, do bronze e da balança, mantido mesmo depois do surgimento da moeda, representa o modo mais antigo de pagamento.

Esses símbolos denotam, no curso da história, várias indicações sobre a compreensão do Direito: sua origem divina; a justiça como fonte do Direito, sendo este essencialmente reto, justo; a bilateralidade do litígio representado pelos dois pratos; a divisão dos bens com um sentido de igualdade, conforme o equilíbrio da balança; a imparcialidade na administração da justiça, a cargo de um agente totalmente isento e incorrupto, como a deusa, que na versão romana se apresenta de olhos vendados para que não penda injustamente para um lado (Chorão, 2000:28).

Todo o Direito Romano mais antigo esteve repleto de simbolismos. Os atos deviam obedecer a uma solenidade plástica, rituais mais ou menos complexos, para que tivessem eficácia e validade. As solenidades vão sendo paulatinamente dispensadas no curso do desenvolvimento da sociedade romana, mormente por força do comércio com outros povos. Ainda existem atos essencialmente solenes no direito contemporâneo como forma de incutir respeito à sociedade e garantir-lhe a validade, como, por exemplo, a celebração do casamento e a elaboração de testamento.

2
MORAL E DIREITO

1 SENTIDO DO TEMA

Talvez não exista tema mais repisado pelos jusfilósofos do que a contraposição e harmonização entre Moral e Direito. Neste estágio desta obra, devemos apenas enfocar as bases desse assunto sempre útil e palpitante, que permite enormes digressões, a partir dos antigos filósofos gregos até os contemporâneos.

Já vimos que há outras normas fora do campo jurídico. As normas jurídicas distinguem-se de outras modalidades de normas, por suas características. As normas morais apresentam, sem dúvida, parentesco muito próximo, são as que mais se aproximam e se relacionam com o Direito.

A palavra *moral* decorre sociologicamente de *mores*, que sob esse sentido pode ser compreendida como o conjunto de práticas, de costumes, de usos, de padrões de conduta em determinado segmento social (Lima, 2002:11). Nesse quadro, cada povo, cada época, cada setor da sociedade possui seu próprio padrão, sua própria moral. A Moral, destarte, é constituída de uma série de condutas que cumprem determinadas funções. Levou algum tempo no curso da história da humanidade para que fossem sendo criados padrões de cultura, de ação, de ética, de moral, enfim. Por meio dessas práticas, a sociedade procura atingir seus objetivos. A Moral de um povo nunca pode ser vista distante do seu conteúdo histórico: o que é harmônico com a moral hoje poderá não ter sido ontem e poderá não sê-lo no futuro. Assim, por exemplo, sociedades antigas faziam sacrifícios com seres humanos ou animais, o que a moral atual não aceita. Há, pois, uma experiência moral que se firma no curso da história. Há padrões morais que permanecem e são constantes e outros que se modificam no tempo e no espaço. A Moral não só orienta a conduta dos indivíduos em sociedade, como também a sociedade se utiliza das regras morais para julgar os indivíduos, aprovando ou reprovando suas ações segundo seus imperativos morais (Dimoulis, 2003:97).

Didática e praticamente, a Moral pode ser subdividida em vários matizes: moral familiar, sexual, política, profissional etc. A Moral indica regras de conduta para o bem-estar e aperfeiçoamento da sociedade. Em sentido figurado, pode-se afirmar que a Moral é uma linha reta de comportamento, cujos desvios representam deslizes ou transgressões da regra moral, isto é, afastamento da conduta justa e aceitável. O comportamento busca um fim, o homem age tendo em mira determinados fins. Daí por que *"as normas éticas variarão de acordo com as finalidades da ação, pois os seres do mundo da cultura valem por isso mesmo, pelo significado de seus fins"* (Poletti, 1996:100).

Na ética há um precioso sentido de valores, na direção desses fins. Desse modo, devem ser destacados os valores em todas as atividades de cultura, de ação do ser humano: o sentido do belo nas artes, do útil no trabalho, do divino na religião, do amor nas relações familiares e sociais em geral etc. Todos esses valores conjugados nos dão a noção de *bem comum*, como mencionaremos neste capítulo. No entanto, como esses valores são íntimos e próprios de cada pessoa, com incontáveis variações, a Moral é eminentemente subjetiva.

Há importantes campos de atividade que ganham atualmente projeção e importância fundamentais como a denominada bioética, subdivisão da ética médica, que deve disciplinar as atividades de reprodução humana assistida e que, ainda em nosso país, estão no vácuo legislativo. Há um vasto campo a preocupar os juristas e os biomédicos como o aborto, a fecundação artificial, a destinação de embriões preservados, a manipulação genética etc.

Segundo ensinamento de Vicente Ráo (1991:47), *"a Moral estabelece os princípios gerais da ordem que deve reinar nos atos resultantes da livre vontade humana, estudando-os em relação aos fins que visam alcançar, ou seja, em relação aos fins naturais do homem"*.

Numa noção que podemos sustentar como mais elementar, admitida no passado, afirma-se que a moral é individual, interna, pertence à conduta individual da pessoa, ao seu consciente ou inconsciente, ao seu íntimo, enquanto o Direito representa sempre uma alteridade, uma relação jurídica, uma norma de agir dotada de sanção e coerção, projetando-se, portanto, externamente. Ao estabelecer normas de conduta, a Moral, portanto, também estabelece normas éticas, destinadas a regular atos humanos. Tanto a Moral como o Direito possuem conteúdos éticos, isto é, o sentido de agir. A ação, ou mais amplamente a conduta, pode ser ética ou jurídica. Com muita frequência, a ação amolda-se ou contraria tanto a Moral como o Direito. Moral e Direito possuem, por conseguinte, um fundamento ético comum, tanto que no antigo direito romano os dois campos confundiam-se.

A palavra *ética* provém de *éthos*, que no grego possui o sentido de costume. Significa, na verdade, um modo de ser, de se comportar. Desse modo, a ética liga-se ao conceito de bons costumes, bom comportamento. O mundo ético situa-se no mundo da cultura e dá origem às leis éticas, que são normas que regem o comportamento humano, regulam as condutas. Assim, as regras da ética indicam o bom caminho, a boa conduta do homem em todas as atividades. Destarte, as regras éticas, assim como as jurídicas, devem adaptar-se a cada época e a cada situação social. Nesse sentido a ética é a parte da filosofia que estuda o comportamento humano. Sob o prisma ético, sob essa forma de agir, portanto, as normas podem tomar feições morais ou jurídicas. Tanto no Direito como na Moral existem regras a serem seguidas ou obedecidas. Sob esse enfoque, há necessidade de se traçar um paralelo e distinguir ambos os campos, os quais, com muita frequência, mostram-se muito próximos, paralelos ou coincidentes.

O agir, a conduta sob a vertente jurídica, projeta-se na sociedade. No campo da moral, a conduta do indivíduo importa principalmente para si mesmo, embora tenha quase sempre o crivo social. Tanto a Moral como o Direito representam a ação, o agir no mundo da cultura. Existe, portanto, um sentido ético tanto no Direito como na Moral. Há, destarte, duas esferas de ação a serem consideradas: a ação sob o prisma moral e a ação sob o prisma jurídico. Costuma-se representar, em muita clareza, a Moral e o Direito em dois círculos concêntricos, sendo a primeira mais ampla que o segundo.

Afirma-se que o Direito possui uma base moral. No entanto, diga-se, já de plano, que há normas que são totalmente desprovidas de moral, isto é, são inócuas ou inodoras para o campo moral, verdadeiramente amorais, nada representando sob esse diapasão, como, por exemplo, as regras de trânsito que mandam ir por aqui e não por ali, parar ou seguir. Existe, porém, um elevado cunho moral em grande parte das normas jurídicas, mas não existe identificação. Por vezes a regra jurídica e a regra moral estão em campos paralelos, sem se tocar; outras vezes apresentam identidade; em outras situações, há normas de um ou de outro campo que se interpenetram, sem coincidir. Desse modo, Moral e Direito são campos distintos da ação e do conhecimento, com muitos pontos de contato.

Não resta dúvida, todavia, de que quando as regras jurídicas se mostram banhadas de cunho moral são mais facilmente compreendidas pela sociedade. Assim, é tanto moral quanto jurídica a regra que determina que os pais amparem os filhos material e culturalmente, fornecendo-lhes aquilo que a técnica jurídica denomina alimentos. Essa norma jurídica é compreendida facilmente por todos, pois possui cunho moral evidente. É mais difícil, por exemplo, a compreensão do leigo no tocante à usucapião, a aquisição do bem pela posse continuada, embora também aí exista substrato moral. Tanto mais justas e adaptadas à sociedade serão as normas jurídicas quanto mais identificadas ou próximas forem das normas morais. É claro que não se levam em conta os desajustes sociais, pois deve ser vista como excepcional e patológica a figura do indivíduo que não tem percepção das regras morais, sendo, portanto, amoral.

Afirma Miguel Reale (1968:266): *"O que distingue a conduta moral é esta pertinência do ato à estimativa do sujeito mesmo que age. Até certo ponto, poder-se-ia dizer que, no plano da conduta moral, o homem tende a ser o legislador de si mesmo."* Nesse ponto, destaca-se a interioridade da Moral, em contrapartida à exterioridade do Direito, como mencionaremos.

Há, desse modo, uma ordem de conduta diversa no campo da Moral, que a distingue do campo jurídico. Por outro lado, se não existe identificação entre ambos os campos, também não existe antagonismo. A ordem moral e a ordem jurídica são normativamente distintas, mas intimamente relacionadas e interligadas.

Como afirma Bigotte Chorão (2000:196), a compreensão da Moral e do Direito apresenta reflexos permanentes no estudo do tema pelos trabalhos de base elaborados por Thomasius (1655-1728) e Kant (1724-1804).

Christian Thomas ou Thomasius distinguiu três esferas de conduta: a moral, o Direito e os usos sociais. A moral refere-se à interioridade do homem, buscando sua perfeição, não sendo coativa. O Direito busca a paz externa e caracteriza-se pela exteriorização e coatividade. Os usos sociais referem-se a meras condutas de cortesia ou semelhantes, sem reflexo mais profundo nas outras esferas.

Kant encontrou na Moral a autonomia e, no Direito, a heteronomia. No Direito há bilateralidade, relação jurídica. Coloca no centro da Moral, em vez do bem, o dever. A moralidade da ação não estaria no seu objeto ou conteúdo, mas apenas na sua forma, no seu móvel. O motivo de agir é o dever, colocando-se a moral dentro do conceito de *imperativo categórico* que criou. A ideia é no sentido de que cada pessoa aja de uma forma que o motivo de sua ação possa valer como uma lei universal. Desse modo, a moral é sempre um mandamento interno do indivíduo, pois o motivo para agir é sempre interno. Para Kant, por outro lado, o direito é um conjunto de condições de arbítrio de cada pessoa que pode conciliar-se com o arbítrio de outrem. Desse modo, o direito estabelece uma ordem externa para regular as ações. Assim, nesse campo interessa apenas a legalidade, a conformação das condutas com as normas, independentemente da motivação do agente. Para Kant, a observância da lei jurídica também é um dever moral. O Direito, diferentemente da Moral, situa-se no âmbito do imperativo categórico.

Afirma Chorão (2000:198) que a solução de Kant a respeito da Moral e do Direito é criticável, pois a Moral reduz-se a uma normatividade puramente formal, e, de certa forma, também o Direito. Como a lei jurídica deve ser cumprida, seja ela justa ou injusta, em razão do imperativo categórico, abriu-se com essa posição o caminho ao Positivismo, como examinamos.

Para o Positivismo, o Direito não guarda relação alguma com a Moral, pois ambos são vistos como conceitos distintos. O Positivismo afasta qualquer conteúdo valorativo da norma, apartando, assim, a Moral do Direito. Kelsen concebeu ambos os campos como esferas independentes. Já examinamos essa posição gélida, sem qualquer emotividade, isenta de valoração moral com relação ao Direito, que levou o Positivismo a extremos e fez com que o próprio Kelsen revisse sua posição no ocaso de sua vida.

Deve também ser lembrada a tradicional posição abraçada por Jellinek no tocante ao mínimo ético:

> *"A teoria do mínimo ético consiste em dizer que o direito representaria um mínimo moral declarado obrigatório para sobreviver como tal. Para os adeptos dessa doutrina, nem todos os membros da sociedade estão dispostos a realizar de maneira espontânea as obrigações morais. O direito seria o instrumento de força para o cumprimento de certos princípios éticos. Assim, o direito não é algo diverso da moral, mas uma parte desta, armada de garantias específicas"* (Siqueira Jr., 2002:135).

Essa teoria, que granjeou muitos adeptos no passado, representava o Direito e a Moral como dois círculos concêntricos, sendo o do Direito o menor. Desse modo, tudo que é Moral é jurídico, mas o campo da Moral é muito maior e a recíproca não é verdadeira. Como apontamos de início, essa posição não se amolda à realidade, uma vez que existem normas jurídicas que nada têm a ver com a Moral, sendo totalmente indiferentes a esta.

Outra corrente abandona a figura dos círculos concêntricos para conceber o fenômeno do Direito e da Moral como dois círculos secantes, isto é, Moral e Direito podem ter áreas comuns, mais ou menos amplas, mas não coincidem ou se identificam. Essa é, sem dúvida, a figura que mais se aproxima dos conceitos. Muitas normas jurídicas são também normas morais. Há normas jurídicas que vão além dos princípios morais e outras que se posicionam aquém. Daí lembrarmos do tradicional brocardo: *"nem tudo que é justo é honesto"*.

Não resta dúvida, como deflui do que é exposto no Capítulo 7, de que a Moral deve exercer importante papel para o raciocínio do aplicador e intérprete da norma jurídica:

> *"Mesmo em sistemas jurídicos fundados essencialmente em regras positivas oriundas dos órgãos de poder público, espera-se do direito que ele consagre ao máximo as soluções que julgamos justas. Dentro da margem de indeterminação que a lei deixa, em sua interpretação ou em sua aplicação aos fatos, cada qual se empenha em consegui-lo. A equidade é uma noção moral que cada um tenta, quando pode, levar em conta"* (Bergel, 2001:41).

A segurança do Direito repousa basicamente no direito positivo, mas sempre será necessário recorrer à Moral na elaboração das normas e, tanto quanto possível, ao aplicá-las. Não há, portanto, conflito ou antagonismo entre regras de Direito e regras de Moral. Torna-se importante, por isso, diferençar ambos os campos. Distinguir não significa excluir um do outro, como se percebe. Como afirma Miguel Reale (1969:545), o acerto está em distinguir, não em separar:

> *"Não existe na realidade, entre a regra moral e a regra jurídica, nenhuma diferença de domínio, de natureza e de fim; não pode mesmo haver, porque o direito deve realizar a justiça, e a ideia do justo é uma regra moral"* (Ripert, 2002:27).

As normas jurídicas têm, como se percebe, por sua natureza, âmbito menor do que as normas morais, pois não cabe ao Direito ordenar ou identificar todas as regras morais, mas só aquelas que sejam contrárias às exigências da justiça e do bem comum. Assim, se cabe ao Direito proteger a vida e a incolumidade do indivíduo, punindo o agente com os crimes de homicídio e lesões corporais, não cabe à norma jurídica impor o amor de um pai ao filho, obrigar o pai a visitar o filho ou coibir o pecado da gula.

A regra jurídica, por sua própria natureza, exige que decorra de uma elaboração técnica, ainda que absorva ou contenha uma regra moral. A regra moral brota natural e imperceptivelmente no seio da sociedade. No curso dos estudos jurídicos, travar-se-á contato com as chamadas *obrigações naturais*, exemplo maior da subsistência da regra moral presente no Direito (a esse respeito, o Capítulo 3, de nossa obra *Direito civil*, volume 2). São obrigações que não permitem ação para cobrá-las, como dívidas de jogo não autorizado, mas se for efetuado o pagamento, o direito não permite que se exija a repetição.

2 TRAÇOS DISTINTIVOS

De início pode-se fazer distinção no tocante às fontes. Na Moral, suas regras brotam da religião, da conduta social ou profissional ou da consciência individual. As regras jurídicas têm sua origem legislativa, como vimos, bem como nos costumes e nas fontes secundárias reconhecidas. É patente, contudo, que muitos dos costumes e das leis nascem inspirados por princípios morais.

Na outra vertente, note-se que Direito e Moral buscam finalidades diversas. A Moral tem em mira a conduta íntima do homem e seu relacionamento na sociedade tendo em vista seu próprio engrandecimento. A Moral concentra-se no homem em relação aos seus deveres consigo mesmo e com os que lhe estão próximos, suas ideias, suas crenças religiosas, profissionais, amorosas etc., seu foro íntimo enfim. O Direito preocupa-se unicamente com o homem em sociedade, nas suas relações com os demais membros do grupo. O tribunal do Direito é regulado pelo Estado, diferente do tribunal da consciência, reduto da Moral, que cada um de nós carregamos. A Moral pertence ao universo da conduta espontânea, *"do comportamento que encontra em si próprio a sua razão de existir"* (Reale, 1968:44). O ato moral implica adesão ao conteúdo da regra; no Direito essa adesão, se não for espontânea, fará aflorar no ordenamento instrumentos coercitivos para que ela ocorra.

A norma jurídica apresenta-se então com o caráter de bilateralidade, porque se dirige ao menos para duas pessoas. Como imperativa, impõe deveres e outorga direitos. Por isso, como já vimos, a norma jurídica pode ser conceituada com um imperativo autorizante. As normas éticas são unilaterais e apenas prescrevem um comportamento, mas não autorizam empregar coação para seu cumprimento.

No entanto, essa interioridade e exterioridade nem sempre se apresentam claras como traços distintivos, pois tanto o interior como o exterior são importantes para o Direito e para a Moral. Com frequência, o Direito debruça-se sobre o aspecto do foro íntimo da pessoa para interpretar uma conduta, um contrato ou um negócio jurídico em geral. Saber, por exemplo, se um contrato é anulável por erro ou por dolo dependerá quase exclusivamente desse exame para distinguir esses defeitos de vontade (veja, a esse respeito, nosso *Direito civil*, v. 1, Capítulos 22 e 23). Quando se examina a boa-fé do interessado na conduta contratual, também se penetra no campo da interioridade do agente. É justamente esse aspecto íntimo que se examina em Direito Penal, para distinguir entre crimes culposos e crimes dolosos. Dolosos são os crimes imbuídos de intenção na conduta do agente de obter um resultado. Culposo é o crime ocasionado sem intenção, por mera culpa, ou seja, imprudência, negligência ou imperícia. Desse modo, examina-se o foro íntimo do agente que, ao dirigir um veículo, o arremessa contra um transeunte: importa saber se teve intenção de fazê-lo ou se isto ocorreu por mera culpa, isto é, porque, por exemplo, era inábil para dirigi-lo. De qualquer modo, a interioridade só interessa ao Direito se tiver reflexos externos. O pensamento é livre e não paga tributos enquanto não se transformar em ação.

> *"Em face disto, compreende-se que apenas possam constituir objeto de deveres jurídicos as condutas suscetíveis de simples observância material. Assim, por exemplo, poderão*

ser deveres jurídicos, nas relações entre os cônjuges, a fidelidade (em certo sentido) e a assistência, não, porém, o amor mútuo" (Chorão, 2000:200).

Outra distinção que causa certa celeuma diz respeito à modalidade de sanção. A transgressão da norma jurídica acarreta uma sanção regulada e organizada pelo ordenamento; a moral é sancionada apenas pela consciência de cada indivíduo e pela eventual reprovação social, às vezes mais marcante, e quiçá menos justa, que a própria sanção jurídica. Por isso se diz que o Direito coage, enquanto os preceitos de ordem moral são cumpridos independentemente de sanção. No entanto, os princípios ético-morais são subjetivos e, dependendo do nível ético da pessoa, a coação moral ser-lhe-á mais premente do que a coatividade jurídica. Tal faz com que se possa concluir que, sob certos aspectos, tanto as normas morais como as jurídicas são dotadas de imperatividade, residindo a diferença na coercibilidade destas últimas.

Ademais, a norma moral não atribui a quem quer que seja a exigibilidade de um comportamento. Daí afirmar-se que a Moral é unilateral, enquanto o Direito é bilateral. A Moral depende unicamente do sujeito; no Direito existe uma relação de implicação e polaridade entre os diversos membros da sociedade que estabelecem relações jurídicas, desejadas ou não. As normas jurídicas, além de imperativas, são também atributivas porque outorgam um poder ou direito subjetivo a outrem. Aos direitos correspondem deveres. Na Moral, somente divisam-se deveres.

Outro traço distintivo que pode ser apontado diz respeito à autonomia da Moral e à heteronomia do Direito.

> "*O direito é heterônomo porque somos obrigados a cumprir a norma jurídica. Os cidadãos pagam impostos porque são obrigados pela norma jurídica. A moral é autônoma porque não somos obrigados a cumprir a norma moral. O homem presta esmola por força de sua consciência*" (Siqueira Jr., 2002:137).

Disso resulta, como afirmamos a princípio, que o Direito é exterior, enquanto a Moral é interior ao indivíduo. Essa interioridade faz com que a consciência seja o juiz de cada ato do Homem. No Direito, a sua conduta externa é julgada pelo aparato do Estado.

Como observa Dimitri Dimoulis (2003:103), o Direito é um sistema denso e concreto, enquanto a Moral apresenta-se como um sistema rarefeito e genérico. De fato, o ordenamento jurídico é massivo e complexo, representado por um sem-número de leis, tendo no ápice a Constituição. A Moral inscreve-se facilmente na mente de cada um. Os mandamentos morais são incutidos de geração em geração e são enunciados simples, representando uma orientação geral para a sociedade. Ainda assim, a moralidade é também dinâmica e seus conceitos se transformam no tempo e no espaço. A religião, por exemplo, impõe certos paradigmas que podem variar mais ou menos entre as diversas crenças e entre os diversos povos. O dinamismo paralelo do Direito de traduz nas constantes mudanças legislativas e jurisprudenciais.

Nesse diapasão, em torno do presente tema, é oportuno que se recorde da compreensão da terminologia *bons costumes*, presente com assiduidade em normas jurídicas. Esses denominados bons costumes representam a concretização, em determinado local e em determinada época, da Moral aceitável ou vigente. Assim, serão considerados bons costumes as práticas que se amoldam aos princípios morais. No apropriado dizer de Inocêncio Galvão Telles, os bons costumes "*não representam verdadeiramente normas, mas afloramentos de normas na conduta das pessoas*" (2001:119). Em contrário, serão maus costumes as práticas que desrespeitam essas condutas morais aceitáveis. Muitos negócios jurídicos e vários outros fenômenos do Direito levam em conta, para sua validade e eficácia, por proposição do próprio ordenamento, esses bons costumes. Repele-se o negócio jurídico, por exemplo, na sua eficácia e validade, se não atender, entre outros requisitos, aos bons costumes.

3 REGRAS SOCIAIS OU DE CORTESIA

A vida em sociedade impõe certas regras de conduta que ficam a certa distância do Direito e também não pertencem à Moral, embora possam eventualmente fazer parte dela. São as denominadas regras sociais, usos decorrentes do decoro ou da polidez; também da higiene. Deve, nesse campo, também ser levado em conta o que se denomina a "linguagem do corpo". O corpo fala: num cumprimento, numa saudação ou numa ofensa. Essas regras, distintas das jurídicas e das morais, costumam ser denominadas regras sociais ou de cortesia, mas também podem ser referidas como máximas da vida social, normas de urbanidade, regras de decoro social, convenções sociais, hábitos consagrados etc. (Chorão, 2000:204; Reale, 1968:56).

Não é muito simples distinguir essas regras de menor espectro das normas morais, pois seus campos interpenetram-se, até mesmo atingindo o campo jurídico. Há autores que negam possam essas regras formar um terceiro gênero, qual seja, uma situação intermediária entre Moral e Direito. Não são raras normas jurídicas, é bem verdade, que interferem nessas condutas, impondo ou proibindo certos comportamentos sociais que *a priori* deveriam passar ao largo do Direito. É recente o exemplo de legislação francesa que proibiu vestes de cunho religioso nas escolas, atingindo, principalmente, o véu islâmico. Dessa forma, quando, a critério do legislador, esses usos interferirem na convivência social, podem ser transformados em lei.

Como regra geral, porém, ninguém pode ser obrigado a ser cortês, a vestir determinada indumentária, a cumprimentar outrem. Sob esse ponto de vista, essas regras de conduta são espontâneas e não coercíveis, da mesma forma que as regras morais. Os que desrespeitam essas regras sofrem reprimenda social, censura ou desprezo, mas não podem ser obrigados a agir desta ou daquela forma.

As regras sociais impõem determinada postura, comportamento, saudação ou vestimenta, dependendo do local e do nível social. Assim também a moda, que exige determinada modalidade de traje em local, hora e eventos apropriados. São todos, sem dúvida, princípios de *adequação social*, os quais, assim como o Direito e a Moral, completam a convivência e permitem que seja mais ou menos harmoniosa.

"*As chamadas regras de cortesia ou de trato social também pertencem, como o Direito e a Moral, ao mundo normativo*" (Telles, 2001:119). São simples normas de convivência destinadas a torná-la mais agradável e gozam também de sanção, que se traduz numa reprovação social.

O desrespeito a essas regras, que não tocam diretamente a Moral ou o Direito, mas podem relacionar-se com eles, acarreta o desajuste social perante o grupo. Assim, por exemplo, na maioria dos povos civilizados, não se admite que se inicie uma refeição sem lavar as mãos. É desajustado o indivíduo que comparece a evento em que convencionalmente se exige traje formal com sandálias e em andrajos. Esse desajuste, por vezes, é acintosamente utilizado por grupos que precipuamente desejam chocar e afrontar as regras sociais e por isso mesmo são marginalizados. Essas regras sociais, conhecidas do grupo, também guardam imperatividade e não podem ser desconhecidas do intérprete quando ora e vez apresentam reflexos jurídicos. Essas regras podem ser convertidas em normas jurídicas quando, por exemplo, estabelece-se em um templo religioso que é proibido o ingresso de pessoas com este ou aquele traje, ou em uma fábrica, quando se exige que os operários tomem banho ou troquem de uniforme antes de ingressar em determinado ambiente.

Conclui Jean-Louis Bergel (2001:50) que tudo isso não é somente instintivo, mas secretamente regulado. "*Se se lhe acrescenta a moral e a religião, constata-se que todas essas regras correspondem a fenômenos de psicologia social, resultante de uma pluralidade de sistemas normativos no seio de uma sociedade em cujo espaço social uns se produzem e os outros se instalam na consciência individual.*" São os chamados *folkways*, mencionados por sociólogos norte-americanos, maneiras de viver do grupo, de se vestir, alimentar, conversar, relacionar etc. Daí por que ao estrangeiro, que não é dado conhecer prontamente esses usos, não deve a sociedade reprová-lo, enquanto não inserido no seu contexto.

Como apontamos, embora essas regras sociais não sejam geralmente regras jurídicas, o Direito delas se utiliza, quando necessário, para adequar a interpretação do Direito ao caso concreto. "*O Direito tem como particularidade poder apropriar-se de qualquer outra regra social que seja*" (Bergel, 2001:51).

Recorda Miguel Reale (1968:57) que não é indispensável que essas regras de comportamento social ou cavalheirismo sejam praticadas com sinceridade. Assim, atendem às regras de etiqueta tanto aquele que cumprimenta o amigo com carinho na alma, como aquele que cumprimenta o inimigo mascarando o ódio, "*aliás, é o hipócrita quem mais se esmera na prática de atos blandiciosos*". Destarte, seja a lisonja verdadeira ou falsa, o que importa para o convívio é unicamente a exterioridade do ato social nesse caso; desimporta o seu conteúdo. Nesse ponto, coincide com o Direito, mas as regras de cortesia não possuem a bilateralidade e a atributividade, porque não se pode exigir o seu cumprimento.

O comportamento social é importante tema que deve ser aprofundado pela Psicologia, Sociologia e História. Trata-se de matéria de vasto interesse.

3

ORIGEM E FUNDAMENTO. DIREITO NATURAL E POSITIVISMO. TEORIA TRIDIMENSIONAL

1 O PERMANENTE CONFLITO. JUSNATURALISMO E POSITIVISMO

O ser humano nunca permanece neutro com relação aos fenômenos à sua volta. Com frequência, aquece e reaquece perguntas sobre sua origem e destino, sobre vida e morte. Assim também ocorre com relação às regras jurídicas, com o permanente questionamento sobre a noção da obrigatoriedade das normas e o fundamento do Direito. Essa postura é, na verdade, permanente; tão antiga quanto a Humanidade, atravessando todo o curso da História.

Como já acenamos no primeiro capítulo, o ponto crucial do tema sempre foi decidir e definir entre acatar as leis impostas pelos seres humanos, porque não existiriam outras acima delas, ou entender, por oposto, que existem leis superiores àquelas procedentes da autoridade humana, do governante ou do Estado. Esses dois posicionamentos sempre mereceram os mais variados e profundos estudos, críticas e contestações, com posições ora mais, ora menos extremadas, mas quase sempre antagônicas, sem negar que existem também teorias de composição.

Essas duas vertentes de pensamento podem reduzir-se a duas correntes, como já apontamos. Aquela que pode ser denominada *idealista*, rotulação convencional que congrega as doutrinas jusnaturalistas, as quais entendem que existe um direito superior e antecedente a toda lei positiva humana; e a corrente *positivista*, a qual abrange as inúmeras correntes cujos seguidores, de uma forma ou de outra, afirmam que o Direito emerge das pessoas, é um produto da história, do Estado ou do meio social, não existindo outras leis que não as vigentes em determinado local e em determinada época. Destarte, toda tradição do pensamento jurídico é voltada para a distinção entre direito natural e direito positivo, afora posicionamentos intermediários.

No positivismo estão presentes os estudos que levam em conta exclusivamente o fenômeno do Direito, isento de noções metafísicas. Nessa senda, podem ser vistos os escritos de Hans Kelsen, Alf Ross, Herbert Hart, Norberto Bobbio, pensadores do século XX, entre tantos outros, nomes com quem certamente o iniciante e o estudioso travarão contato mais ou menos profundo.

Advirta-se de início ao leitor que todos os jusfilósofos e filósofos em geral aqui referidos exigem estudo profundo, detalhado e sistemático para conhecimento de seus pensamentos. Neste apanhado introdutório, nestas primeiras linhas de estudo, sua menção é útil unicamente para o contato inicial com suas ideias, que deverão ser completadas, de acordo com os pendores e necessidades de cada um, no decorrer dos cursos de graduação e, principalmente, de pós-graduação. A Filosofia do Direito, que se presta a mergulhos mais profundos nos pensamentos desses filósofos, é disciplina a ser ministrada no final do curso jurídico, quando os espíritos já estão mais amadurecidos para absorver os temas do conhecimento que desafiam nossa ciência.

Para o juspositivismo, sem que essa afirmação tenha matiz absoluto, apenas existe o direito posto, por conseguinte, a denominação; daí por que pode ser vista a expressão como pleonástica. Esse direito representa exclusivamente a manifestação da sociedade ou do Estado, os quais impõem regras que devem ser coercitivamente seguidas. Nesse sentido, é o próprio poder estabelecido que dita as normas: *"o direito confunde-se com a legalidade vigente, e o Estado de Direito não é mais do que Estado de mera legalidade"* (Chorão, 2000:138).

O pressuposto do direito natural é outro, pois parte da existência do conceito de justo independentemente de qualquer lei ou imposição. O jusnaturalismo se superpõe à norma e a antecede. Nesse diapasão, mesmo por hipótese, perante a ausência de Estado ou de poder, o direito justo existe. As normas de direito positivo devem ser inspiradas em lei maior, a lei natural, que diz respeito à natureza das coisas e à natureza do ser humano que se confunde, nessa terminologia, com a sua cultura. Nesse sentido, como anota Mário Bigotte Chorão (2000:138), *"a legalidade vigente é aferida por critérios superiores de legitimidade jurídica e o Estado de Direito é verdadeiro Estado de Justiça (sendo esta pautada pelos fins essenciais da pessoa humana)"* (2000: 138). Acrescenta esse autor ainda que existe uma posição diversa para os valores, para a axiologia, já referida anteriormente.

Para os jusnaturalistas, os valores são algo proposto aos homens e suscetíveis de justificação objetiva e metafísica. Para o positivismo, quando se reconhece a existência de valores, estes têm origem na iniciativa dos seres humanos. Para o jusnaturalismo, o direito natural prevalece sobre o direito positivo sempre que ocorrer um conflito entre ambos. Prevalecerá a lei ideal superior. No positivismo, exclui-se qualquer norma derivada da natureza, qualquer que seja seu entendimento, existindo somente o direito posto, positivo. Esses dois posicionamentos são fundamentais para os governantes e, principalmente, para os magistrados e árbitros, no seu mister de julgar.

Essas vertentes, aqui colocadas em linhas muito gerais, possuem os mais diversos matizes dentre os múltiplos autores que se dedicaram ao tema, desde a história mais antiga.

O permanente anseio de justiça justifica as teorias do direito natural. É difícil para o indivíduo contentar-se com a ordem posta e com o direito imposto pelo governante e subordinar-se exclusivamente a eles. Afirma com propriedade Paulo Nader (2003:365):

> *"A ideia do Direito Natural é o eixo em torno do qual gira toda a Filosofia do Direito. O jusfilósofo ou é partidário dessa ideia ou é defensor de um monismo jurídico, visão que reduz o Direito apenas à ordem jurídica positiva."*

2 DIREITO NATURAL. EVOLUÇÃO

Aqui se faz apenas leve apanhado geral das doutrinas do direito natural, cujo estudo exige esforço monográfico de vasta profundidade.

A noção de um direito superior às leis humanas manifesta-se já nos textos gregos. Vimos que a Mitologia grega consagrara o simbolismo da Justiça por meio da deusa Dikê. A missão de Dikê era defender o direito entre os homens. Possuía duas irmãs, Eunomia, que representava a ordem e a segurança, e Eiroené, a paz. Dikê, Eunomia e Eiroené formavam o tripé de sustentação do direito.

A filosofia grega também relativizava as leis humanas. Para os sofistas, o direito natural tinha como base a natureza humana, em que deveriam se enfatizar a liberdade e a igualdade dos homens. Os sofistas invocam o direito natural para destacar o caráter arbitrário e artificial do Estado. Posteriormente, Sócrates, Platão e Aristóteles distinguiram o justo segundo a natureza e segundo a lei. O justo por natureza está no pensamento de cada um dos homens.

O direito natural orienta o sentido do direito positivo. Essa posição deu azo à concepção positivista, sob o fundamento de que os sentidos do homem não dão um conhecimento verdadeiro (Justo, 2001:95).

Essas orientações vão encontrar respaldo em Roma, com seus juristas e filósofos. Célebre é o texto de Cícero, em *De republica*, quando expõe que há um direito conforme a natureza do ser humano, presente como reta razão em todos os corações, que é igual em Roma e em Atenas, igual no passado, no presente e no futuro. Não era, portanto, desconhecida dos gregos e romanos a existência de uma justiça apartada da lei humana, admitindo-se, portanto, um direito natural, sobreposto às leis.

Entre os teólogos medievais, encontra-se outra explicação do direito natural. Para Santo Tomás de Aquino, que assumiu oficialmente a posição de prócer da Igreja, existe uma perfeita gradação entre três tipos fundamentais de leis: a *lei eterna*, razão divina que rege o universo e o comportamento humano; a *lei natural*, que é reflexo da lei eterna que o ser humano conhece por meio de sua razão; e a *lei humana*, criação do ser humano, legislação que é o instrumento para ordenar a convivência. Para essa corrente, a fonte do direito natural é a vontade de Deus. Assim, o direito natural é conhecido de todos, em qualquer local e em qualquer época. O direito natural busca assegurar o bem comum com a aplicação da justiça. Essa posição admite a supremacia do direito natural sobre as leis humanas, que podem deixar de ser obedecidas quando qualificadas como injustas. A lei humana, ainda que conduzida pelo governante ou pelo Estado, deve basear-se na razão, pois do contrário seria injusta. Não será lei se não visar ao bem comum, se não for executada por quem tenha competência e não for corretamente promulgada (Lima, 2002:209). O direito natural é formado por alguns mandamentos fundamentais de conduta, derivados da razão, mas presentes na lei eterna ou divina. Santo Tomás

> *"subordina a sua teoria de justiça ao conceito objetivo de lei, ou mais precisamente, de lex eterna, a qual ordena o cosmos de conformidade com a razão do Legislador supremo, assim como, numa comunidade, a lex humana representa a ordem dada por quem racionalmente a dirige de conformidade com o bem comum"* (Reale, 2001:11).

A doutrina tomista, intelectualista, foi contestada pela escolástica franciscana, na corrente de Santo Agostinho, voluntarista, que conclui que o direito natural é mera lei moral e não propriamente um direito. O direito natural reduz-se à pura vontade e a lei identifica-se apenas com a vontade do legislador. Essa posição iria favorecer, tempos depois, a sustentação do positivismo (Justo, 2001:99).

Conclui Ricardo de Angel Yagüez (1995:101) que, como resultado geral dessa postura, o direito natural cumpre três funções: (a) ser fundamento do direito positivo; (b) inspirar o conteúdo do direito humano, pois deve haver harmonia com o direito positivo; e (c) ser levado em conta quando da aplicação do direito positivo, da lei humana. Em síntese, essa ideia, da escola tradicional do direito natural, prega que a justiça deve ser feita em cada caso concreto.

Essa concepção, predominante até o século XVI, sofre profunda alteração a partir do século seguinte, quando o pensamento leigo e racionalista, principalmente por influência dos novos credos protestantes apartados da Igreja cristã até então tradicional e una, toma posição em toda a ciência. O direito natural, anteriormente entendido como uma obra de Deus passa a ser considerado como uma obra da razão humana.

O princípio do justo desvincula-se da vontade divina e o ser humano pode, por si mesmo, aplicar o direito natural. Hugo Grócio (1583-1645), holandês e protestante, perante a quebra do Cristianismo e estando prestes o desmoronamento da sociedade medieval, procura um laço de união entre as várias nações, para superar a quebra da unidade da fé, encontrando então uma base jurídica no direito natural. O eixo econômico deixa de ser o Mediterrâneo e passa a ser o Atlântico. Em seu tempo, tem início o capitalismo, as nações se formam com contornos modernos. Grócio é o principal preceptor dessa corrente racionalista, colocando o direito natural sob o prisma do direito das gentes, ou seja, o direito internacional. Sustentou que, perante a inexistência de regras positivas nesse âmbito, as mesmas pudessem ser aplicadas nesse nível de relações: haveria princípios absolutos, fornecidos pela razão humana, que são evidentes e imutáveis, decorrentes dessa razão humana, desvinculando a ideia divina. Pelas mesmas razões, essa posição também se aplicaria ao direito interno dos Estados. Segundo esse autor, o direito natural é ditado pela reta razão a qual indica que uma ação pode estar conforme ou desconforme essa natureza racional. Esses princípios racionais persistiriam válidos mesmo se não houvesse Deus. Essa diretriz passa a tomar feição ideológica, como forte argumento político para a derrubada dos antigos regimes feudais, contra o absolutismo e o poder reinol. A ideia é marcante na Revolução Francesa.

Aponta Montejano que, a partir do pensamento de Grócio, podem ser extraídas duas conclusões. Em primeiro lugar, inicia-se a separação entre lei natural e lei eterna: a lei do direito natural começa a vagar sem direção precisa, não mais vinculada a uma origem divina. Em segundo lugar, foi a partir de Grócio, do seu espírito racionalista, que se iniciou o descrédito do jusnaturalismo, pois esse sistema regularia detalhes da vida social, destruindo a universalidade e a imutabilidade no tempo do direito natural (2002:129). A posição de Grócio é de transição entre duas épocas, a concepção escolástica e a concepção racionalista do direito natural. Essa concepção racional individualista do direito natural também serve, por outro lado, para auxiliar a desmoronar os rígidos quadros corporativos e feudais.

> *"Esta é em síntese a doutrina nova do Direito natural, que se convencionou chamar 'de escola racionalista' em contraposição à clássica, tradicional ou escolástica. Entre ambas existe um traço comum: uma e outra partem da existência de um Direito, de umas regras de dever-ser superiores ao Direito humano"* (Yagüez, 1995:104).

Grócio pode ser classificado como o mentor da chamada escola clássica do direito natural, sob uma concepção sociológica, isto é, fundada na natureza social do ser humano. Podem ser classificados como membros dessa chamada escola clássica do direito natural, além de Hugo Grócio, Tomás Hobbes, Samuel Pufendorf e Christian Thomasius (Poletti, 1996:134).

Para Hobbes (1588-1679), o ser humano é um ser antissocial e para superar essa situação deve abdicar de seus direitos e colocar seu destino nas mãos do soberano, que exerce plenos poderes. Nesse ponto, sobressai sua opinião absolutista. Aí estaria um contrato prescrito pela lei natural. Sem dúvida que essa posição conduziu ao positivismo, tendo no Estado o emissor de todas as leis. Sua principal obra é *Leviatã*, além de outras como *Os elementos da lei natural e política*. Sua posição o coloca ao mesmo tempo como absolutista e liberal, no dizer de Ronaldo Poletti (1996:137).

John Locke (1632-1704) é tido como um jusnaturalista numa variante liberal de Hobbes. Em sua obra *Dois tratados sobre o governo* está o fulcro de seu pensamento. Para Locke, o ser humano não seria um ser antissocial. No estado da natureza, os seres humanos teriam ampla liberdade para escolher seus atos. Esse estado da natureza teria inconvenientes que levariam o indivíduo a abandoná-lo, fazendo um pacto para ingressar no estado social. Desse pacto surge o poder. Nesse aspecto, ao contrário de Hobbes, cujo absolutismo repelia, há direitos que precedem a instauração do Estado, direitos reservados que melhor seriam protegidos com a separação de poderes. A posição de Locke é essencial e sistematicamente liberal, por demais avançada para a época em que viveu. Revolta-se contra a tirania e apresenta um conceito moderno de propriedade. Já defendia, por exemplo, que os consumidores devem ter direito de escolha e que nenhum tributo pode ser imposto à sociedade sem sua aprovação. Ele era hostil aos monopólios que dominavam a Idade Média (Wootton, 2003:105). Defende a revolução e a revolta popular quando os abusos do governo se tornam intoleráveis. Muito cedo no curso da História, defendeu a igualdade de direitos. Foi, de fato, um espírito muito à frente de seu tempo. Suas ideias repetem-se até hoje em cada movimento ou sublevação popular por melhores direitos.

Voltando à origem do direito natural, as duas amplas posições, teológica ou escolástica e racionalista, contudo, discrepam. A posição mais antiga é também menos ampla, pois admite apenas certos princípios absolutos e fundamentais para reger todo o Direito, enquanto a posição racionalista se baseia no uso ilimitado da razão, a qual pode ilustrar qualquer meandro do Direito, qualquer detalhe de convivência. Como apontamos, com o protestantismo inicia-se a decadência do direito natural.

O direito natural, mormente aquele justificado pelos chamados contratualistas, teve em Rousseau (1712-1778) seu principal mentor, autor de *Do contrato social*. Seu pensamento ensejou a justificação do arbítrio e da força, distanciando-se da história, dando margem ao surgimento da chamada escola histórica, com Savigny e outros seguidores, os quais investiram contra as abstrações do direito natural. Para Rousseau, a concepção do direito natural adquire caráter revolucionário. Para ele, o estado social é injusto porque acaba com a felicidade do estado primitivo da pessoa que vivia na natureza. Em sociedade, o indivíduo que havia nascido livre encontra-se restrito. O direito positivo que regula esse estado de coisas está em oposição ao direito natural, concebido por esse autor como uma liberdade natural absoluta. Essa situação leva o ser humano a fazer a apologia da revolução e a criticar todas as formas de Estado (Montejano, 2002:134). Rousseau busca uma solução e a encontra no retorno ao estado da natureza, uma modalidade de associação que possa defender a pessoa, mas que o permita livre como nos primórdios da civilização, um pacto social. A sociedade decorrente desse contrato deve garantir a igualdade e a liberdade, pois ambas são absolutas. E, como submissão alguma é admissível, a associação deve fazer com que cada pessoa siga obedecendo somente a ela. Desse modo, cria-se algo como a vontade geral e, quanto mais se obedece a ela, mais obediente e livre será o ser humano. O legislador seria então o super-homem que dirigiria a vontade geral. A ideia de Rousseau é substituir a vontade individual, que desaparece, por uma vontade coletiva. Desse modo, somente a vontade geral pode dirigir o Estado. Afirma ele que essa vontade geral é sempre certa e tende para o benefício público. Rousseau é considerado o último grande jusnaturalista de sua época, pois desenvolve suas ideias destacando a ordem natural das coisas. Suas noções acabaram por inspirar as ideias da Revolução Francesa (Bittar, 2001:240). No entanto, ainda que essa não tivesse sido a intenção do autor, tal descrição contratualista do direito natural desemboca no positivismo e abriu caminho para o totalitarismo. *"Popularizadas suas ideias e levadas parcialmente em prática, são em boa parte responsáveis pelo descalabro da vida política de nossa época"* (Montejano, 2002:137).

Todo pensamento do direito natural, no entanto, teve o grande mérito de sublimar o conceito de justiça como centro gravitador do Direito. O Direito se impõe não unicamente porque emana de um poder soberano, mas porque se harmoniza com os princípios de justiça.

Todo esse posicionamento sofreu e continua a sofrer acerbas críticas, principalmente porque as escolas do direito natural teriam guindado à posição de verdadeiras regras de Direito princípios que são meros ideais. A posição seria, destarte, metafísica. Por outro lado, ainda, os opositores da doutrina sustentam que seus postulados são por demais vagos para conceder certeza do Direito, o que impediria sua utilização para resolver os casos concretos.

Bernardo Montejano (2002:188) expõe o dilema das duas posições: ou se busca na natureza das coisas, da qual participa o ser humano como animal racional, social e político, o fundamento da obrigatoriedade das normas, considerando-se o direito dentro de um enquadramento ético, ou se abandona a natureza das coisas, do ser humano e suas inclinações, optando-se pela normatividade fria, mantendo-se o culto a um formalismo estrutural e vazio, convertendo-se o direito em algo amoral ou imoral.

Durante muito tempo o direito natural restou esquecido, superado ou recusado pelo pensamento jurídico dominante. No século XIX o positivismo se impôs tão fortemente que quase decretou o desaparecimento da doutrina do direito natural. Há, no entanto, um reflorescimento contemporâneo do direito natural. Aponta Santos Justo (2001:126) que a Alemanha foi o principal palco desse renascimento, a partir de 1945, quando o direito natural adquire força na própria constituição tedesca. A execração do período que levara a Alemanha ao nazismo reforçou totalmente essa posição. Participa desse renascimento a filosofia dos valores, a axiologia, a qual, de certa forma, coloca a dignidade humana, por meio dessa valoração, como um dos pilares do Direito contemporâneo.

2.1 Existência do direito natural. Críticas. As cláusulas abertas

Verdade é que a doutrina do direito natural sempre terá apologistas extremados e detratores ferrenhos.

Ao sustentar o direito natural, sintetiza, por exemplo, Mário Bigotte Chorão (2000:141):

> *"Numa fórmula abrangente e sintética, pode definir-se o direito natural como a ordenação jurídica originada e fundamentada na natureza humana. Não se trata, convém advertir, de um direito apenas ideal, mas verdadeiramente real, que completado e desenvolvido (às vezes, porém contrariado) pelo direito positivo, é parte constitutiva, como elemento nuclear, da ordem jurídica da comunidade."*

E conclui que a existência do direito natural é atestada por inúmeros fatores, tais como a vivência interna do ordenamento, com aplicação de uma lei não escrita, conforme a dignidade do homem; o reconhecimento expresso do direito natural em várias legislações e sua consagração pelas declarações de Direitos, pelos direitos e garantias constitucionais, pela consagração legislativa dos direitos humanos.

Tamanho é o fervor em torno das correntes, que Wilson de Souza Campos Batalha (2000:384), ao se postar frontalmente contra o direito natural, usa de exagerada e surpreendente candência, incômoda mesmo para postura de um doutrinador, ao tratar do tema:

> *"O Direito natural, como preocupação eterna, não pode ter conteúdos empíricos, variáveis, contingentes, sendo puramente adiáforo e formal. O que se apresenta como Direito Natural com conteúdo concreto, nada mais é do que aspiração, tendência à reforma ou justificação conservadora do Direito existente, elevando-se à categoria de absoluto, universal, supraempírico o que é contingente, relativo, histórico, cultural, empírico. O Direito Natural concreto é portanto, absolutização do contingente, universalização do relativo, supraempirização do empírico."*

Palavras que querem significar, em resumo, que o Direito Natural é inútil e desnecessário; *adiáforo*, como preferiu rotular o autor.

Talvez a crítica mais difícil de ser rebatida quanto ao direito natural situe-se exatamente na afirmação de que o direito positivo é verdadeiramente um direito, um conjunto de normas, enquanto o direito natural é um conjunto de ideais de justiça que não podem ser aplicados como lei. Afirma Alessandro Groppali (2002:85), sustentando o positivismo, que no exercício da jurisdição, mesmo quando a lei atribui ao juiz a faculdade de decidir segundo a equidade, o magistrado não aplica os princípios superiores de justiça, mas sempre princípios de direito vigente, pois caso contrário haveria uma diferença de tratamento entre os vários indivíduos. A questão foi assim posta pelo autor italiano porque o juiz, tanto no ordenamento estrangeiro como no nosso, somente pode aplicar a equidade quando autorizado por lei. Dispunha o art. 127 do nosso Código de Processo Civil de 1973: *"O juiz só decidirá por equidade nos casos previstos em lei"*. O mesmo texto é repetido no CPC de 2015 (art. 140, parágrafo único).

No direito contemporâneo, contudo, estão presentes, com crescente frequência, as denominadas "*cláusulas abertas*", as quais permitem ao juiz decidir com elevado grau de discricionariedade. Essa discricionariedade, como veremos, não é, na verdade do julgador, mas participa do pensamento jurídico e social como um todo, dirigindo-se a todos os operadores de Direito. Lembre-se de que o art. 5º da Lei de Introdução às Normas do Direito Brasileiro (Decreto-lei nº 4.657, de 4 de setembro de 1942) dispõe que "*na aplicação da lei, o juiz atenderá aos fins sociais a que ela se dirige e às exigências do bem comum*". Ora, quando o juiz busca os fins sociais para os quais uma lei foi criada e quando procura identificar as exigências do bem comum para um caso concreto sob julgamento, inelutavelmente irá desgarrar-se da letra exclusiva e fria da lei e, no seu raciocínio, buscará um conceito de justo para o caso sob análise que nem sempre estará inscrito em um preceito legal, mas num princípio superior de justiça. A cláusula aberta, presente em dispositivos do Código Civil de 2002 e em leis extravagantes, é um convite ao magistrado para empregar a lei de forma mais equitativa e justa. É claro que essa postura legislativa abre válvula importante para o direito natural.

No Código Civil de 2002 florescem princípios que deságuam em cláusulas abertas, nas quais se abre larga discricionariedade do julgador, em princípio, para decidir o caso concreto. Assim, o art. 421 estatui: *"A liberdade contratual será exercida nos limites da função social do contrato. Parágrafo único. Nas relações contratuais privadas, prevalecerão o princípio da intervenção mínima e a excepcionalidade da revisão contratual."*

A seguir, temos no art. 422: *"Os contratantes são obrigados a guardar, assim na conclusão do contrato, como em sua execução, os princípios de probidade e boa-fé."*

Essa matéria é desenvolvida em nossa obra sobre teoria geral dos contratos, porém, em um primeiro contato, como se nota, a função social do contrato é princípio dirigido primeiramente aos próprios contratantes que elaboram o pacto, mas primordialmente ao juiz ou árbitro que examinará, ocorrendo lide, se o contrato atende a essa função. Esse conceito de função social, tido modernamente como cláusula aberta, expressão consagrada, mas que não define exatamente o fenômeno, impõe ao magistrado examinar se o negócio jurídico atende à necessidade média da sociedade e é por ela aceito. Ao definir a função social, certamente o julgador não ficará preso exclusivamente ao ordenamento positivo, pois de seu raciocínio participarão inúmeros princípios, de direito positivo ou não, e principalmente o contexto histórico e social no qual o contrato está inserido e gera seus efeitos. É inelutável que nesse exame extrapola-se o simples direito positivo. O mesmo ocorre no tocante aos princípios de probidade e boa-fé, aqui se tratando de boa-fé objetiva, quando, evidentemente, há noções mais profundas e metafísicas, além do direito posto pelo ordenamento. Assim como essa modalidade de boa-fé, não há outra forma de examinar a probidade de um sujeito se não se analisar o conceito geral do que a sociedade entende por conduta proba e aceitável no caso concreto, o que exige que sejam trazidos ao raciocínio preceitos não legislados. São inúmeras as denominadas "cláusulas abertas" nesse atual Código Civil, em todas as suas matérias. Veja-se, ainda, apenas a título de exemplificação, o art. 1.879 desse Código:

> *"Em circunstâncias excepcionais declaradas na cédula, o testamento particular de próprio punho e assinado pelo testador, sem testemunhas, poderá ser confirmado, a critério do juiz."*

Trata-se de absoluta inovação em nosso Direito, sem correspondência exata no direito comparado. O testamento sempre foi negócio jurídico dos mais solenes do direito, exigindo uma série ampla de formalidades para sua validade. No regime do código anterior, todas as formas ordinárias de testamento exigiam a presença de cinco testemunhas. Pois nessa redação, inserida nos princípios do testamento particular, dispensam-se simplesmente as testemunhas. O singelo escrito do agente pode valer como testamento, que assim será confirmado, *a critério do juiz*. Ora, esse critério estampa uma ampla discricionariedade. Perguntará o juiz a si próprio se as circunstâncias descritas nesse testamento podem ser tidas como excepcionais. Ou, sob outras palavras e sob o aspecto objetivo, perguntar-se-á quais as situações excepcionais que autorizam essa modalidade de testamento: o fato de o testador estar contaminado por moléstia altamente contagiosa; o fato de estar ele isolado da civilização, sem meios de contato etc. As conclusões para a resposta, que nada mais são do que exercícios do valor, flutuarão, certamente, dentro e fora do ordenamento positivo. Se o juiz se cingir unicamente ao ordenamento positivo nessas situações, suas decisões serão certamente restritivas, tenderão a refutar e restringir o que existe no sentido da lei e não atenderão aos princípios buscados pelo legislador. Por outro lado, a temperança será a melhor qualidade do magistrado, pois mesmo que se poste em posição francamente jusnaturalista, nunca poderá julgar de forma desvinculada do direito positivo, isto é, do sentido geral do ordenamento. A matéria merece profunda reflexão e fica em aberto, como abertos são os temas filosóficos. Lembre-se, a propósito, do afirmado por Paulo Nader (2003:370):

> *"Se a ideia do Direito Natural é útil no processo de aperfeiçoamento das instituições jurídicas, pode, em contrapartida, falsamente ser utilizada como instrumento de conservação de uma ordem jurídica injusta e ilegítima, por força de manobras de quem detém o poder."*

Nesse sentido, cabe ao jurista preservar os valores maiores do humanismo e da dignidade humana, tais como os preceitos garantidores do direito à vida, à liberdade, à personalidade. Com isso, há uma lei maior como aquela que mencionava Cícero, igual na Grécia e em Roma, que não admite ofensa aos direitos individuais de preservação da dignidade. É abjeto, portanto, qualquer sistema totalitário, não somente no tocante aos seus próceres, que ainda insistem em ir contra a História neste corrente século, como também quanto àqueles que de uma forma ou de outra os apoiam, sejam estes acólitos ou pelegos. Preservam-se, portanto, esses preceitos do direito natural que também são conhecidos como *direitos humanos* ou do ser humano, direitos inatos ou fundamentais, referenciados com magnitude em nossa Constituição.

Quando se trata dessas chamadas "cláusulas abertas", não se deve entender que o magistrado concluirá de per si por seu conteúdo e alcance. Se, por exemplo, alguma cláusula de um contrato ou o contrato por inteiro não atender às finalidades sociais, o conteúdo dessa conclusão será definido pela sentença, é verdade. No entanto, o julgador, seja magistrado ou árbitro, não encontrará sozinho o caminho que aparentemente lhe está aberto: nessa busca, valer-se-á do advogado que trouxe a problemática à discussão, o qual, por sua vez, foi açulado por alguém afetado pelo contrato, por um caso concreto que o sensibilizou a ponto de traduzir o tema numa petição inicial de uma demanda. Desse modo, nessas cláusulas ditas abertas, o julgador deverá ser um tradutor dos anseios da sociedade. Para isto se exige que seja alguém permanentemente antenado em todos os fenômenos sociais, ao seu meio, ao seu tempo e aos problemas que envolvem a sociedade. A decisão socialmente desajustada estará fadada a ter vida curta nos caminhos dos tribunais.

Ora, nessa singela amostragem com opiniões opostas, oposição que persiste de modo quase permanente, percebe-se como é ampla a divergência entre jusnaturalistas e positivistas. Ao mesmo tempo, nota-se, nessa ampla discussão, toda a grandeza da dialética do Direito, mormente tendo em vista os novos estudos que as cláusulas abertas introduzidas na novel legislação acarretam. Cabe ao iniciante inteirar-se dos princípios, aprofundar seu conhecimento com o estudo de juristas e filósofos, para que no futuro assuma sua própria posição, sem paixão exagerada, mas com fundamento estrutural e íntima convicção de procurar sempre o melhor na busca do que é justo, qualquer que seja o campo profissional em que venha a atuar.

Será muito importante, mormente para o juiz ou árbitro, sua posição jusfilosófica, como se verifica dos novos princípios, pois ela irá certamente influenciar suas decisões, mas sem dúvida a postura assumida também será fundamental para todos os operadores do Direito, advogados, procuradores, promotores de Justiça, pois atuarão sempre diretamente sobre a sociedade. Não há que se ter açodamento, porém: o conhecimento da técnica do Direito, de sua filosofia, de sua ciência, como em todas as ciências, requer um longo, permanente e interminável aprendizado, com avanços e retrocessos, com sistemáticas e periódicas alterações de rumos e posições, o que não traduz qualquer desdouro para o jurista. Não existe conhecimento perfeito e acabado. Mudamos todos a cada dia, mudamos nós, transforma-se a sociedade. Sempre será tempo de solidificar conceitos ou corrigir rotas e adotar uma nova postura perante os mutantes fatos sociais.

A tendência contemporânea é considerar o direito natural como um conjunto de princípios, e não propriamente como um direito normativo. Sua função atual é traçar as linhas mestras para conduzir o homem em sociedade, sempre sob o aspecto da dignidade. Deve haver hoje uma preocupação em conciliar os princípios do direito natural com o direito positivo e com o momento histórico. Daí por que sempre enfatizamos que o verdadeiro jurista deve ser um ser humano de seu tempo. E, por outro lado, só conheceremos verdadeiramente a História se nos postarmos dentro do período no qual os fatos ocorreram. Sob esse prisma, afasta-se a principal crítica ao direito natural, quanto à posição que vê neste um direito normativo.

Mário Bigotte Chorão (2000:148) descreve várias funções para o Direito Natural, conforme aliás aqui exposto. Dentre elas podemos destacar que o Direito Positivo deriva das leis naturais ou da natureza das coisas. Ademais, o ordenamento positivo, para ter legitimidade, deve-se conformar com o direito natural. Não lhe bastam a existência e a vigência formal, isto é, um processo legislativo de acordo com as leis vigentes. É essencial que a lei tenha validade intrínseca, isto é, que possa ser admitida eticamente pela sociedade. Ainda, como deflui do que expusemos, o direito natural cumpre o importante papel de orientar e ilustrar o caminho do direito positivo, sua elaboração e sua aplicação. Nesse sentido, deve ser entendido como um conjunto de princípios críticos. Também na integração das normas, perante as lacunas das leis, o direito natural cumpre seu papel bem como no aparo das arestas das leis injustas ou desviadas do sentido ético. Conclui o autor lusitano (2000:151): *"Em suma, o direito natural é um ponto de referência que o operador jurídico não pode deixar de ter permanentemente no seu horizonte."*

Os princípios e as declarações dos direitos do ser humano trazidos pela ONU são exemplos de positivação do jusnaturalismo em nível universal. O direito à vida, à honra e à liberdade são direitos inatos. Violá-los qualifica-se como crime contra a humanidade. Em 1998 foi criada a Corte Penal Internacional, decorrente do Tratado de Roma, aprovado por 120 países, ao qual não aderiram a China e os Estados Unidos. Do direito à vida, à honra e à liberdade são decorrentes todos os demais direitos fundamentais, sendo impossível elencá-los exaustivamente. Apesar de esses direitos serem reconhecidos internacionalmente, o que já é algo de extraordinário, nem por isso deixam de ser continuamente violados. Cumpre que se faça efetiva sua proteção, que nada mais é do que salvaguarda dos direitos naturais.

2.2 Compreensão da terminologia direito natural

A noção de direito natural deve partir do fundamento inicial, do que se entende por natureza. Muitas foram as explicações dadas em face das explicações do direito natural. A primeira ideia é no sentido de que o homem deva comportar-se segundo sua natureza, ou, mais especificamente, de acordo com a natureza das coisas. Ainda, o conceito de natureza humana possui um sentido metafísico, referindo-se à essência da pessoa e não à matéria ou a um fenômeno natural. Assim, a natureza possui conotação teleológica, se for levada em consideração a busca de um ser superior. Importante, então, saber se existe uma lei natural que impele o homem a agir segundo sua natureza, ou de conformidade com a natureza das coisas.

Nesse diapasão, a natureza do ser humano deve ser entendida sob forma dinâmica. O conceito de natureza humana possui também uma apreciação teleológica, pois, em síntese, o autor de toda essa natureza é Deus ou algum ser ou força superior, dependente da crença de cada um.

Nesses princípios, aponta Bigotte Chorão que a lei natural é *natural* não somente porque fundada na natureza, mas também porque conhecida da razão natural, isto é, estão ao alcance da razão o conhecimento, as inclinações naturais do homem, bem como os inafastáveis princípios morais e jurídicos básicos. Esses princípios são apreendidos com a experiência, sendo assimilados no curso da vida.

3 POSITIVISMO

Relembremos: o Direito Positivo é o conjunto de normas estatais vigentes em determinado país, em determinada época, *ius in civitate positum*. O Direito Positivo brasileiro traduz-se como o conjunto de leis atualmente vigentes no nosso país. Podemos também fazer referência histórica ao Direito Positivo do passado, como, por exemplo, o Direito brasileiro no período imperial.

Como já exposto, o positivismo coloca-se, como regra geral, no lado oposto do jusnaturalismo. Assim como existem várias escolas do direito natural, o positivismo também possui inúmeras e as mais variadas tendências e subtendências. Seria inconveniente nestas primeiras linhas o estudo detalhado delas.

O ponto de partida do positivismo é, de fato, afirmar que direito é apenas aquele existente nas leis criadas pelo ser humano e postas pelo Estado. O positivismo nega a existência de regras fora do direito positivo, isto é, fora do direito imposto pelos homens. Os estudiosos positivistas só creem naquilo que pode ser objeto de observação e experiência. O método positivista é composto primordialmente de três fases: observação, formulação de hipótese e experimentação. Essa experimentação não provoca fenômenos sociais, mas deve ser vista mais como uma confirmação do ocorrido nos citados fenômenos.

O direito positivo objetiva atingir os fins de justiça, mas, como observa Galvão Telles (2001, v. 1:50), quantas vezes se fica longe dos fins e dos ideais de justiça. *"Há leis que são contrárias ao bem comum, que são injustas, que não realizam verdadeiramente um fim de paz social."*

O positivismo nega em princípio a existência de juízos de valor, pois se prende exclusivamente aos fenômenos que podem ser observados. Faz apenas juízos de constatação. Desse modo, a lei é guindada à posição de valor único.

Observa Paulo Nader (2003:377) que o positivismo jurídico atingiu seu apogeu no início do século XIX e hoje se mostra em franca decadência:

> *"surgiu em um período crítico da história do Direito Natural, durou enquanto foi novidade e entrou em declínio quando ficou conhecido em toda sua extensão e consequências".*

Trata-se, como diz esse emérito professor e magistrado, de uma porta aberta aos regimes totalitários. Foi esse positivismo que permitiu o período do Estado cruel do nazismo e todos os males que advieram com ele na Alemanha da época, assim como o ferrenho comunismo da extinta União Soviética, que ruiu rapidamente como um castelo de cartas, tamanha a artificialidade de sua base social. A verdade é que a letra fria da lei, sem condicionantes superiores, é uma catapulta para o bem ou para o mal, sendo certo que a história demonstra que o falso bem pode se transformar mui rapidamente em desmedido mal, dependendo de quem manipula o ordenamento. Também o mau uso dos princípios do Direito Natural, como vimos, pode chegar aos mesmos caminhos. Os extremismos, quaisquer que sejam, devem ser afastados dos pensamentos e das ações.

Costuma-se situar no século XIX, contudo, a época positivista por excelência. Muitas são as correntes e os filósofos a serem citados e qualquer elenco nunca será exaustivo. É manifesta a influência do positivismo filosófico sobre o positivismo jurídico, concorrendo em muito a posição de Augusto Comte (1798-1857). Há também que se falar no neopositivismo, movimento que envolve pensadores do século XX, o qual acarretou um reflorescimento dessa corrente de pensamento.

Muitos, no entanto, situam na obra de Immanuel Kant (1724-1804) o divisor de águas entre a filosofia do direito natural e a escola do direito racional (Poletti, 1996:143). Ele revolucionou a filosofia e apesar de não ser diretamente ligado ao Direito, porque não era jurista, também influenciou a jusfilosofia, com a crítica do conhecimento e o exame dos pressupostos necessários para a ciência. Não deixou, porém, de se referir ao direito natural, dentro do humanismo de seu tempo. Ele recusa, porém, o direito natural no sentido clássico. Sua empreitada girou em torno do conhecimento. Suas principais obras (*Crítica da razão pura*, *Crítica da razão prática*, *Crítica do juízo*, entre outras) orbitam em torno desse tema. Para Kant, a experiência é o início do conhecimento, os sentidos absorvem dados e informações que a razão elabora e organiza. É desse pensador a noção do *imperativo categórico*, fundamentando a prática moral não na pura experiência, mas numa norma aprioristicamente inerente à racionalidade humana universal. Esse imperativo único não deriva da experiência, mas da pura razão. O imperativo categórico ordena incondicionalmente a prática do bem. A lei moral, dessa forma, impera de modo absoluto em nossas consciências. Kant preocupa-se em dar contornos mais precisos à diferença entre Moral e Direito, tema que enfrentamos nesta obra. Para ele, o direito natural ou privado é o Direito vigente no estado da natureza. São dados racionais colocados aprioristicamente. Toda obra de Kant baseia-se na divisão entre a razão prática e a razão pura, divisando-se, aí, duas esferas, a do conhecimento e a da verdade. No conhecimento das coisas impera a lei da causalidade; no campo da verdade, onde há imperatividade e finalidade, situa-se o Direito.

> *"Para a exata compreensão do papel desempenhado por Kant, torna-se indispensável considerar a sua origem na Escola do Direito Natural do século XVIII, uma característica básica desse tempo, o do direito natural, cuja semente plantada no século anterior acabou frutificando de forma indelével. Assim, apesar de Kant haver proporcionado a grande derrota do direito natural, da qual talvez o jusnaturalismo jamais se recupere, muitas das ideias kantianas ali tiveram sua base"* (Poletti, 1996:153).

As ideias de Kant não somente abrem espaço para o positivismo, mas também possibilitam o surgimento da escola histórica, a qual, por sua vez, antecede a escola sociológica.

Deve ser feita também menção, nesta passagem, a Hegel (1770-1831), um dos maiores filósofos modernos, cuja obra merece a mais detida atenção. Em Hegel estão muitas das raízes doutrinárias que sustentam a supremacia do Estado. Segundo ele, só é obrigatório como Direito o que é lei.

Foi a denominada escola histórica que, pela primeira vez, repeliu prefacialmente o direito natural. Para Savigny, o Direito é antes de tudo um produto dos costumes e das convicções de um povo e não propriamente a lei, formulada e positivada pelo legislador. Afirma Hermes Lima (2002:227) que Savigny e Puchta

> *"têm pela formação costumeira do direito o que já se chamou de verdadeira idolatria. Para ambos o costume é a expressão autêntica da consciência jurídica do povo".*

Para Montejano (2002:145), monografista argentino, a escola histórica caiu em erro oposto ao racionalismo, pois, para combatê-lo,

> *"exaltou os sentimentos irracionais, olvidando o papel da razão e da prudência na construção jurídica; atacou o arbítrio do legislador, mas erigiu em seu lugar o arbítrio das massas".*

A escola histórica entende o direito como História e assim faz nascer a moderna ciência jurídica. Estuda a imanência do sentido criador das manifestações históricas. Sob esse aspecto, a escola histórica descobre a historicidade do próprio povo. O Direito confunde-se com o espírito do povo.

Ihering alargou as ideias de Savigny, dando ênfase ao causalismo: nada acontece sem causa. Nesse sentido, dirige-se a vontade; a ordem social compõe-se de volições humanas. A vontade julga-se segundo o fim que se busca. O início do socialismo jurídico pode ser situado com Ihering. Com a escola sociológica, a crença principal foi o progresso social, e a evolução, o pluralismo político.

Com a escola histórica, aumentou o abismo entre a teoria e a prática do Direito, que vinha do início do jusnaturalismo. Aquilo que a razão representara para os adeptos do direito natural passou a ser substituído pelos fenômenos históricos. Essa postura significou um retorno ao estudo do Direito romano e propiciou que se elaborasse na Alemanha uma síntese do pensamento romano pelos chamados pandectistas. Esse trabalho acabou por desenvolver a elaboração do Código Civil alemão, resultado direto desse trabalho.

No contexto sob exame é importante mencionar a posição denominada sociologismo jurídico, nos Estados Unidos da América. Trata-se, na verdade, de um realismo empírico, próprio da índole e da formação da sociedade norte-americana. Vigente ali o *Common Law*, baseado em precedentes judiciais, o Direito e o pensamento norte-americanos são pouco afeitos a critérios conceituais. As decisões judiciais são baseadas em outros casos julgados. Não se raciocina sobre um Direito escrito e codificado. Desse modo, o pensamento jurídico norte-americano forjou-se exclusivamente sobre a experiência do *Common Law*, sem referência ao jusnaturalismo, pois para este não há espaço. Os estudos passaram a ter como base o *case method*, isto é, procura-se extrair dos casos julgados a razão de decidir dos casos futuros, sem estratégias metafísicas. Os casos precedentes são considerados formalmente como normas, independentemente do cunho axiológico que contivessem. *"Assim, o formalismo penetrou na doutrina jurídica americana"* (Poletti, 1996:168). Houve, porém, uma reação contra esse formalismo, no final do século XIX, com o pragmatismo de John Dewey (1859-1952), que tem do Direito uma concepção histórica e sociológica. No âmbito dos pensadores do Direito nos Estados Unidos da América, além de John Dewey, outros nomes, dentre tantos, devem ser necessariamente lembrados, como Roscoe Pound (1870-1964), Oliver Wendell Holmes Jr. (1841-1935) e Benjamin Nathan Cardozo (1870-1938). Estes dois últimos foram ministros da Suprema Corte, todos com inspiração pragmática dentro do contexto social norte-americano. Seu pensamento decorre da natureza do direito anglo-saxão, com base no direito consuetudinário e nos precedentes judiciais. Por essa razão, o pensamento jurídico norte-americano, realista e pragmático, é avesso a posições metafísicas e axiológicas.

Paralelamente, no século XX, o mundo jurídico do direito continental europeu é atingido enormemente pelo positivismo de Hans Kelsen (1881-1973), Alf Ross (1899-1979) e Herbert Hart (1907-1992). A influência desses autores no pensamento do século passado foi abrangente. Cumpre também mencionar o ilustre pensador italiano Norberto Bobbio, como representante do denominado neopositivismo.

De modo geral, quando os positivistas afirmam que a norma jurídica é apenas a norma válida, conseguem isolar o fenômeno jurídico da Moral, dos valores e da política e do poder. Nesse passo, o excelente livro de Luís Fernando Barzotto (2001:23), que analisa conjuntamente a obra dos três primeiros nomeados, aduz que "*se o positivismo é concebido como uma tentativa de isolar o direito da moral e da política, Kelsen, Ross e Hart são positivistas*".

Nesse trabalho de isolamento do positivismo, há um aspecto fundamental, realçado por Kelsen, mas não esquecido, de certa maneira, pelos demais, que é o conceito da *norma fundamental*. Essa terminologia é de Kelsen (*Grundnorm*). No ordenamento existe um encadeamento hierárquico de normas ou uma pirâmide que encontra essa norma fundamental no vértice, local mais alto. Essa norma fundamental deveria cumprir o papel de norma suprema e de estruturação de todo o Direito. Esses autores não tiveram sucesso ao tentar essa prova, tendo Kelsen, inclusive, já em provecta idade, modificado sua opinião inicial a respeito.

O conceito de norma fundamental é um dos pontos mais importantes do trabalho de Kelsen. É curial notar que essa norma fundamental não é uma norma de direito positivo. No pensamento de Kelsen, deve-se pressupor sua validade como um dado objetivo. Pressupõe-se no sistema um encadeamento de normas de molde que uma possibilite o nascimento de outras. Há, portanto, uma visão piramidal do ordenamento jurídico.

> "*A norma fundamental é válida, e portanto jurídica, se fundar num ordenamento já considerado como jurídico, e portanto válido*" (Barzotto, 2001:71).

Arnaldo Vasconcellos (2003:XIV) analisa que Kelsen,

> "*constrangido, teve ele de admitir o grande equívoco em que incidira ao manter, durante décadas, a doutrina segundo a qual a norma básica estava pressuposta no pensamento jurídico. Afirmou, então, que essa norma, ponto arquimédico de seu sistema doutrinário, encontrava-se baseado num ato de volição fictícia, pelo que realmente não existia*".

Afirma, porém, Miguel Reale (2001:199) que Kelsen, em sua última fase, não abandona propriamente o conceito de norma fundamental, mas o reformula:

> "*a norma fundamental transcendental deixava de ser um imperativo hipotético-transcendental formal, para passar a ser algo que de certa maneira já se vinculava à experiência*".

A teoria de Kelsen, com patente logicidade, põe em relevo o que há de mais puro no positivismo, mas é falha ao limitar o Direito às noções meramente conceituais. Esse é apenas um dos aspectos do fenômeno jurídico.

Ross, dinamarquês, deve ser considerado como integrante da chamada *escola escandinava*, que adota o realismo jurídico, ao lado de nomes como Hägerstorm, Lundstedt e Olivercrona. Essa escola inspira-se na filosofia empirista e abandona qualquer posição valorativa. Para Ross, a norma fundamental ou suprema encontra-se na própria constituição formal, é aquela ou são aquelas que permitem a emenda da constituição e sua reforma. Para Kelsen, a autoridade máxima do sistema é o poder constituinte originário, enquanto para Ross é o poder instituído. Em ambos os pensadores existe um sistema hierarquizado de normas.

Para Hart, o direito deve ser visto como um sistema de regras primárias, que são regras de comportamento; e regras secundárias, as quais conferem poderes ou se referem a outras normas.

Nesses três pensadores, Kelsen, Ross e Hart, há pontos evidentes de comunhão. Todos apresentam raciocínio de perfeita logicidade, qualidade maior do pensador e filósofo. Nenhum deles, porém, aceita de forma explícita os valores, o sentido axiológico do Direito e da própria vida humana. Kelsen engendrou a sua teoria pura do Direito desprovida de emotivismo, do pensamento mais íntimo, dos valores, enfim. Todas essas teorias naufragaram da metade para o final do século XX pelo seu hermetismo e aspereza e pelo fato de colocar em plano esquecido a natureza humana. Na realidade, ousa-se afirmar que essas teorias frígidas, que veem o ser humano como simples peça amorfa de uma grande engrenagem, assim encaram a sociedade e assim buscam explicar o Direito, olvidando-se de um sentimento essencial ao homem, o amor: *"A justiça deve, assim, a todo instante, ser informada e conformada pelo amor"* (Paupério, 1977:191).

No dizer de Barzotto (2001:138),

> *"para realizar o valor segurança, nas suas dimensões de certeza e previsibilidade, os positivistas assumiram a tarefa de construir um conceito de direito que fosse imune à incerteza derivada do pluralismo axiológico e da imprevisibilidade gerada pelo arbítrio estatal".*

Miguel Reale (2001:206) procura um entendimento mais profundo dessa chamada norma fundamental, ao dizer que ela, de certo modo, corresponde a uma norma de direito natural:

> *"Não podemos 'conhecer' o Direito Natural, mas não podemos deixar de 'pensá-lo' como suposto embasamento da ordem jurídica positiva. Trata-se, pelo visto de uma 'conjetura inevitável' porque, apesar de anunciada tantas vezes a sua morte, o Direito natural renasce de suas cinzas, sobretudo nas épocas de crises estruturais do Direito Positivo, como a que está ocorrendo em nossa época."*

3.1 Críticas ao positivismo. Neopositivismo

Não podendo aceitar os valores como fundamento do direito, o positivismo foi levado a propor fundamento jurídico para o próprio Direito, ou seja, um conceito autônomo e unidimensional, tentando reduzi-lo à esfera normativa:

> *"Já se tornou um patrimônio do pensamento jurídico universal a ideia de que o direito é um fenômeno complexo, que envolve não somente normas, mas fatos e valores e, portanto, não somente a validade, mas também a justiça e a eficácia concorrem à formação da noção de direito"* (Barzotto, 2001:146).

De qualquer modo, como já se acenou, todas as tendências positivistas soçobraram perante o totalitarismo e as ditaduras. Muitos que anteriormente adotavam exclusivamente a norma positiva como direito inclinaram-se por reconhecer direitos dos indivíduos contra governos absolutistas, tiranos, caudilhos, títeres, usurpadores, personalistas.

> *"Ao aceitarem a legislação dessas ditaduras totalitárias, quer fascistas, quer comunistas, como formas de direito, os positivistas se perderam. Proclamar que uma lei é uma norma, só porque Hitler assim o quis, viola o mais elementar senso de Direito"* (Friedrich, 1965:200).

> *"O que nos separa dos positivistas é, afinal, o irrealismo destes: para eles o legislador é aquela entidade que fabrica uma ordem ex nihlo. O Direito é concebido como produto acabado de um comando voluntário. Não se repara em que esse próprio 'comando' não pretende ser um simples comando avulso, mas preceito que se articula com certo universo de valores"* (Machado, 2002:216).

Ou como afirma A. Santos Justo (2001:120):

> *"Afirma-se que o positivismo jurídico é insustentável: o seu agnosticismo axiológico e a neutralidade científica (que esvazia a função do juiz transformando-o num puro técnico que se limita a aplicar a lei que lhe é dada) constituem uma experiência particularmente dolorosa que levou Mitteis a considerar o positivismo jurídico 'o pior abuso do pensamento jurídico' que se conhece na História do Direito Alemão."*

No mesmo diapasão perora outro lusitano, Bigotte Chorão (2000, v. 1:177):

> *"O saldo do positivismo jurídico é, sem dúvida, no tocante aos aspectos essenciais da compreensão do sentido e da realização prática do direito, francamente negativo. A atitude básica do juspositivismo perante a metafísica privou a ordem jurídica de fundamentos e critérios de legitimidade objetivos e consistentes, deu lugar ao relativismo axiológico e permitiu, enfim, que o direito se convertesse numa simples técnica nas mãos do Poder, para os mais variados fins, com frequência contrários à justiça e ao bem comum."*

De fato, sob essa aspereza do positivismo que já ressaltamos, no mundo atual cada vez mais dominado pela informática e inteligência artificial, a função do juiz poderia ser dispensada, uma vez que, colocando-se a hipótese legal, o direito positivo e a descrição do fato a ser julgado como premissas, o computador ditaria a sentença. A máquina não sente, não se emociona, não é corrupta; o julgamento seria perfeito sob o prisma formal e certamente injusto ou socialmente desajustado na maioria das vezes.

Ora, sabemos que a lei não pode cobrir todos os fatos e que na sentença deverá haver sempre um individualismo íntimo e pessoal do juiz que conduz a princípios mais elevados de raciocínio e saber quais extrapolam a letra exclusiva da lei. Ademais, subordinar o Direito ao controle privativo do ordenamento positivo é justificar qualquer regime político, por mais injusto e totalitário que seja. Sob o tema, Chaïm Perelman (2002:29) tece importantes considerações, próprias de quem conhece profundamente os escaninhos da arte de julgar e da arte do Direito, em sua obra sobre ética:

> *"Mesmo quando se trata de um juiz que se contenta em seguir as trilhas batidas da jurisprudência e que não deseja inovar na matéria, seu papel não é puramente passivo. De fato, como toda visão da realidade é em certa medida subjetiva, e isto ainda mais quando se trata antes de uma reconstituição do que de uma visão direta, o juiz íntegro será, mesmo involuntariamente, levado a fazer coincidir, em sua apreciação dos fatos, o direito e seu sentimento íntimo da justiça. Baseando-se em certos indícios ou negando-lhes a importância, levando em conta certos fatos ou interpretando-os de modo que se esvaziem de qualquer significado, o juiz pode fornecer uma imagem diferente da realidade e dela deduzir uma aplicação diferente das regras de justiça."*

Destarte, ainda que lamentavelmente medíocre e acomodado, o julgador nunca poderá prescindir do exame dos valores que o cercam. Por outro lado, o juiz vocacionado, vivaz, interessado, sintonizado e perspicaz aplicará o Direito dentro dos mais elevados padrões de Justiça e atenderá à expectativa da sociedade.

É oportuno, sobre esse tema, recordar Benjamin Cardozo, juiz que integrou a Corte Suprema norte-americana, magistrado por carreira e vocação, a comentar a decisão judicial:

> *"Considero a norma feita por um juiz como uma das realidades da vida... Os elementos não foram reunidos por acaso. Algum princípio, por mais que inconfessado, inarticulado e subconsciente, regulou a infusão. Pode não ter sido o mesmo princípio para todos os juízes em alguma época, nem o mesmo princípio para algum juiz em todas as épocas, mas houve uma escolha, não uma submissão ao decreto do Destino..."* (Morris, 2002:524).

Essa afirmação, dentro do contexto pragmático do direito norte-americano dos precedentes, é referência surpreendente e irrefutável ao mundo dos valores.

Sob o mesmo diapasão, acrescenta ainda Perelman (2002:29):

> *"Quanto à jurisprudência, na medida em que interpreta as leis, pode até ir mais além. É dela que depende a definição de todas as noções confusas, de todas as expressões equívocas do direito; para ela, será um jogo definir essas noções e interpretar essas expressões de forma que o sentimento da justiça do juiz não seja contrariado com demasiada violência pelas exigências da lei. Em certos casos, quando se tratou de leis cujo sentido dificilmente se poderia deformar, a jurisprudência se contentou mesmo, pura e simplesmente, em esquecer-lhes a existência e, de tanto não as aplicar, as fez cair em desuso."*

Muitas foram as leis, em nosso país, que foram assim esquecidas, ou que tiveram sua aplicação tangenciada pela jurisprudência, como, por exemplo, a Lei de Usura.

De qualquer forma, o positivismo não desapareceu, em que pese às acerbas críticas. Nos idos de 1929, sob uma nova perspectiva política, fundou-se o Círculo de Viena, cuja doutrina foi denominada neopositivista, com o propósito de reavaliar e revalorizar os pontos fundamentais do positivismo. Seus adeptos, contudo, rejeitam a posição metafísica e axiológica no Direito. Com a anexação da Áustria pela Alemanha, muitos de seus adeptos, como Kelsen, tiveram que emigrar para os Estados Unidos, onde fundaram a escola de Chicago.

Mais recentemente, tem-se observado que muitos seguidores do positivismo reconhecem a existência de valores superiores ao direito positivo. Nesse sentido, o novo positivismo não é uma ideologia necessariamente conservadora a serviço da ordem estabelecida, pois procura entender os valores, ainda que não os reconheça como integrantes do fundamento do Direito.

Norberto Bobbio, considerado um dos mais destacados representantes do neopositivismo, com posições que procuram compreender o direito natural, entende que o positivismo pode ser considerado como uma teoria geral do direito, um método científico e uma ideologia. O pensador turinês considera-se positivista quanto à teoria geral e ao método e jusnaturalista quanto à ideologia (Justo, 2001:109). Interessante notar que Bobbio (1997:72), em sua obra *Locke e o direito natural*, chega a conclusão semelhante à de Perelman, ora exposta, mas se recusa a admiti-la sob um prisma não positivista:

> *"Sabe-se que entre os magistrados, mesmo nos países de direito codificado e, portanto, mais sujeitos à influência do positivismo jurídico, desenvolvem-se ideias favoráveis a uma maior latitude de julgamento, a considerar a norma geral e abstrata uma diretriz em lugar de um comando rigidamente obrigatório."*

Acrescenta que esses movimentos expressam de fato elaborações doutrinárias pertencentes ao jusnaturalismo, mas afirma que as doutrinas que os suportam nada têm a ver com o direito natural:

> *"O que está sempre renascendo é a necessidade da luta da liberdade contra a opressão, da igualdade contra desigualdade, da paz contra a guerra. Essa necessidade independe daquilo que pensam os eruditos sobre a natureza do homem."*

A certeza da premissa ora relatada, coincidente com o que expusemos, torna difícil arrematar que essa conclusão independa dos princípios do direito natural ou do mundo dos valores.

De qualquer forma, a influência do positivismo foi enorme, mormente nas codificações, a começar pelo exagero da escola exegética e pelo consequente Código Civil francês. Muitas gerações de juristas e operadores do Direito formaram-se, e ainda se formam, sob orientação positivista. Desse modo, levando em conta o que ocorreu em nosso país, nem sempre é fácil e sem barreiras a aplicação axiológica do Direito.

Como já apontamos, o atual Código Civil brasileiro, de 2002, traz inúmeras disposições que atraem a posição axiológica, com as denominadas cláusulas abertas, as quais não só incentivam, mas também obrigam o juiz a decidir sob o pálio dos valores e do contexto histórico. De qualquer modo, ainda vivenciamos uma fase de transição e levará algum tempo para que essa novel disposição da lei e de outras que assim advierem seja definitivamente absorvida pelos julgadores e pela sociedade.

Não basta que o regime seja formalmente democrático. Há que se compreender que a democracia meramente formal ou técnica pode-se equiparar aos mais ferrenhos regimes autocráticos. A simples técnica jurídica, como tanto aqui explanado, não assegura a correta aplicação das leis e a proteção à dignidade. Em nosso país, muitos abusos ainda se praticam em nome dessa democracia didática, mais esquemática do que verdadeira, mal compreendida pelos que a conduzem e subserviente aos interesses dos poderosos. Por essa razão, a persistência do positivismo em tempos atuais demonstra certa ambiguidade, pois muitas atitudes do legislador, dos operadores do Direito e dos governantes mascaram atitudes eminentemente positivistas e até mesmo atentatórias à democracia, à liberdade, à dignidade humana enfim, sob o manto de valores contrários ao interesse social, escamoteados e plenos de subterfúgios corporativistas.

4 FATO SOCIAL, VALOR E NORMA. TEORIA TRIDIMENSIONAL. MIGUEL REALE

Embora afastemos, pelo que se expôs, as teorias positivistas, o retorno puro e simples aos velhos temas e princípios do direito natural não é mais aceitável, mormente porque o conceito de natureza em que se baseou o jusnaturalismo sempre foi questionável e ainda porque não podem esses princípios ser tidos como direito normativo. Se ainda é possível falar em direito natural, sua compreensão está muito afastada das ideias originais. Não se trata, como se viu, propriamente de um Direito, mas de certa ideia, de uma ideologia do Direito. A problemática e o pensamento jurídico devem ser levados inexoravelmente para o mundo dos valores.

Destarte, é fundamental que se compreenda o Direito como realidade cultural. Cultura, na acepção ora tratada, consiste em tudo aquilo que o homem acrescenta à natureza, por meio de sua inventividade. Como já apontamos, cultura e natureza são duas esferas distintas, mundos do *ser* e do *dever-ser*, respectivamente. A cultura é, portanto, o mundo construído pelo homem. Tudo que o homem faz e realiza é produto da cultura.

O Direito, ainda que em seu bojo existam dados naturais, como afirmado, pertence ao mundo da cultura, mundo das realizações humanas.

Muitas correntes de pensamento admitem que existe sempre uma expressão axiológica no direito positivo, pois sem o valor não existiria o próprio direito positivo. Isto porque o mundo da cultura, "*o mundo humano do direito só se pode reger à luz de uma ideia de finalidade ou de valor*" (Paupério, 1977:163). O ideal jurídico não pode se valer unicamente de princípios abstratos. Aliás, não se admite direito em abstrato, apartado da realidade histórica. Ou, em outras palavras, não há direito sobre realidades abstratas. De qualquer forma, "*nenhuma teoria que descarte a condição metafísica do homem, pode pretender alcançar a compreensão das exigências de sua vida em sociedade*" (Vasconcellos, 2003:XV).

O arquiteto e estrategista definitivo da teoria tridimensional do Direito foi, de fato, Miguel Reale, embora outros autores anteriormente a ela já tivessem feito referência. Sua vertente retrata uma posição relevantíssima para a consideração culturalista do direito. O direito evidencia-se perante a sociedade como normas, mas estas são apenas uma das faces do fenômeno jurídico, o qual somente pode ser visto em conjunto com outras duas dimensões: o fato social e o valor. Desde a década de 1940 o saudoso mestre da Faculdade de Direito da Universidade de São Paulo, o qual nos concedeu a honra de ser seu discípulo, estudou e estruturou essa teoria, como ele mesmo confessa no prólogo de sua obra *Fundamentos do direito* (1998:VIII), *fac simile* da segunda edição, que o tridimensionalismo já estava claramente conceituado em suas aulas de 1945, quando já empregava a terminologia. A originalidade de Reale reside na maneira como descreve o relacionamento entre os três elementos: fato social, valor e norma.

> "*A obra de Reale seria notável em qualquer país, mas para nós adquire relevância singular. Filiados à Europa, em termos filosóficos e jurídicos, ainda assim precisamos realçar a nossa criatividade no pensar, através de especulações próprias. De outro lado, a teoria realeana contribui de maneira decisiva para a compreensão do direito*" (Poletti, 1996:138).

Analisam-se os três elementos, *fato social – valor – norma*, dentro de uma implicação de reciprocidade e de polaridade. Adverte, no entanto, de início, Reale (1980:67), que poderia parecer a um estudioso superficial ou apressado que, nessa amplitude de ideias, "*os elementos apenas se justapõem, desprovidos de um travamento interno assegurador de sua unidade coerente*". Assim efetivamente não é dentro de seu conceito de tridimensionalidade e dialética, de implicação-polaridade.

Em linguagem mais singela, ao fato social atribui-se um valor, o qual se traduz numa norma. Nesse triângulo ou, mais propriamente, nessa dimensão tridimensional, sob qualquer das faces que se analise, sempre haverá essa implicação recíproca. Analisando-se pelo lado da norma, por exemplo, esta é fruto de um fato social ao qual foi atribuído um valor. Esse valor pode não ser, inclusive, o mais adequado ou o que melhor atende à sociedade. Sob o entendimento de Reale, há um mundo do *ser* que avalia a realidade social como efetivamente é; há um mundo de ideias e valores e um mundo do *dever-ser*, um modelo social almejado. A esse aparato técnico-jurídico-filosófico agrega-se a história. Nunca esses três elementos se apresentarão desligados do contexto histórico. Desse modo, nunca poderemos tachar uma lei do início do século passado, o Código Civil de 1916, por exemplo, como piegas ou retrógrada, como já se falou, porque essa lei somente pode ser analisada sob o prisma histórico em que foi criada, isto é, fins do século XIX e início do século XX. Nessa época, para exemplificar, os conceitos de família e propriedade privada eram totalmente diversos do pensamento e da legislação atuais. Os valores, portanto, eram outros. Os valores se expressam, destarte, dentro da história. Nossos próprios valores individuais alteram-se no curso da vida; mais efetivamente ainda, alteram-se para a sociedade no curso da história.

Destarte, a cultura é dinâmica e vai assumindo variadas formas. Admitir a historicidade do Direito implica rejeitar todas as teorias a-históricas, sem cair, todavia, nos excessos das correntes históricas do passado. O direito desenvolve-se num processo contínuo, sem prejuízo de seus valores permanentes. Não há fenômeno ou instituto jurídico que possa ser analisado fora do seu contexto histórico. Ainda que exista uma lei duradoura, vigente por muito tempo, sabemos que sua interpretação jurisprudencial varia de acordo com o momento histórico. Assim, por exemplo, ainda que nosso Código Civil de 1916 tenha tido vigência por mais de 80 anos, a orientação dos tribunais no início do século XX não foi a mesma dos últimos anos em inúmeros institutos, ainda que a lei tivesse se mantido sob a mesma redação. Por igual forma, as decisões de primeira hora lastreadas no atual Código de 2002 não terão certamente a mesma orientação dos anos do porvir. Qual será o rumo a seguir nos próximos anos, por exemplo, quanto à compreensão do que se entende por "função social do contrato"? Quais os direitos que devem ser atribuídos às uniões de pessoas do mesmo sexo, as denominadas uniões homoafetivas? Qual a compreensão que os tribunais darão ao poliamor? Somente os tribunais têm, basicamente, se preocupado com essa matéria de forma abrangente, e o futuro nos responderá definitivamente, traduzido pelas atuais e futuras decisões dos tribunais e pela futura legislação. Essa é a evolução histórica que altera, expande ou restringe os valores no curso da história. Não há aplicação do Direito que possa dispensar seu dinamismo histórico. Essa aplicação do Direito não tem a ver com disciplinas didáticas que especificamente estudam o Direito através da História, como a História do Direito, importante ciência auxiliar.

Ao fato será sempre atribuído um valor, uma vez que a reprodução da realidade social também é axiológica. O conteúdo do dever-ser será sempre um valor. Assim, por exemplo, semelhante ao que já expusemos, o constituinte de 1988 entendeu que os consumidores de nosso país estavam despojados de direitos e de meios de defesa contra os fornecedores de produtos e serviços. Por essa razão, a Constituição vigente entendeu que era oportuno e conveniente (juízo de valor) determinar que se elaborasse uma Lei de Defesa do Consumidor (art. 5º, XXXII), o que veio a efetivar-se com o Código de Defesa do Consumidor (Lei nº 8.078, de 11 de setembro de 1990). Assim devem ser vistas as normas e a própria estrutura fundamental de um ordenamento, suas leis constitucionais.

> "*A experiência histórica demonstra que há determinados valores que, uma vez trazidos à consciência histórica, se revelam ser constantes éticas inamovíveis que, embora ainda não percebidas pelo intelecto, já condicionavam e davam sentido à práxis humana*" (Reale, 1981:309).

Nesse sentido, Miguel Reale destaca os valores da *pessoa humana* como fonte primordial, destacando sua dignidade ética. Esse princípio da dignidade da pessoa humana é o que tem, de fato, nas últimas décadas, norteado a legislação e a jurisprudência. Não há que se aceitarem normas ou decisões judiciais que violentem esse princípio fundamental. Em outra passagem, descreve Reale (2001:44):

> *"A historicidade do homem é de caráter axiológico, visto que a existência humana se resolve numa contínua e renovada opção entre valores do mais amplo e variado espectro. No fundo, viver é optar, escolher entre fins opostos ou conflitantes, provendo-se de meios adequados à realização dos fins visados."*

Ao analisar a teoria tridimensional, Reis Friede (2002:105) afirma que

> *"a norma sempre possui um fim e um valor implícito, fazendo com que o Direito sempre projete uma realidade para: 1) mantê-la (norma como função conservadora do status quo); 2) reestruturá-la (norma como função evolutiva e reestruturadora das relações sociais); e 3) transformá-la (norma como função de alterar relações sociais)".*

Nem sempre, porém, haverá uma relação constante entre fato e norma. A população poderá estar descontente, por exemplo, com um governante e com o regime despótico e totalitário ou com uma democracia meramente temática e formal, o que implica valores descompassados com o fato, mas impostos pela norma. Desse modo, nem sempre o *dever-ser* está de acordo com as necessidades sociais. Quando os valores se desajustam a tal ponto de se tornarem intoleráveis, esgarçando-se os instrumentos legais do direito positivo, haverá movimentos sociais e revoluções para fim de alterar o ordenamento ou subverter o regime. Essa ideia, aliás, já fora exposta por Locke, séculos atrás. Assim, a explicação da teoria tridimensional expõe uma realidade que transcende o plano meramente normativo, situando-se também na esfera das ideologias e do poder, "*afastando o Direito da visão estreita da unidimensionalidade que o posiciona, de forma extremamente simplória, como uma realidade que se explica por si mesma*" (Friede, 2002:106). Tudo isso sobre o prisma histórico-cultural.

De acordo com a exposição de Reale (1981:67), todo fenômeno jurídico traduz-se num fato subjacente, que pode ser de natureza econômica, social, demográfica etc. Um valor confere determinada significação ou relevância a esse fato social, fazendo com que a ação humana se incline para determinada finalidade ou objetivo. Nesse diapasão, a regra ou norma representa a relação ou a medida que integra os outros elementos, o fato e o valor. Esses três elementos, fato social, valor e norma, não existem separados, mas coexistem numa realidade concreta, implicando-se reciprocamente. Não se pode pensar num desses elementos sem que nosso raciocínio implique nos outros. Essa mesma relação de implicação e polaridade vai ocorrer na atividade do operador do Direito, bem como com os operadores sociais. O julgador, advogado ou administrador interpreta uma norma ou regra para dar-lhes aplicação. Daí por que pode ocorrer que ao mesmo fato, à mesma questão jurídica e social, vários juízes deem soluções diversas, pois haverá uma diversa valoração do fato social e da norma para cada um deles. Caberá ao ordenamento criar estruturas para que o entendimento jurisprudencial seja unificado e outorgue-se segurança social. Há que se ter sempre em conta que a existência e o raciocínio humanos são feitos de escolhas; a axiologia é a ciência das escolhas.

Sob a teoria tridimensional de Miguel Reale, destacam-se algumas características do valor. Assim, os valores são *bipolares*, o que significa que para cada valor sempre há um contravalor ou desvalor, ou seja, há valores positivos e valores negativos. Bom-ruim, simpático-antipático, justo-injusto, aceitável-não aceitável. O valor da dignidade humana encontra o contravalor na indignidade. Outra característica, já aqui decantada, é a implicação; valor algum encontra-se isolado; há sempre uma *implicação recíproca* entre os diversos valores, fatos sociais e normas.

O ato de valorar é um exercício do livre-arbítrio, da liberdade do homem. Mostram Eduardo Bittar e Guilherme Assis de Almeida (2001:452) que

> *"Miguel Reale usa os três conceitos: pessoa, valor e liberdade. De forma inter-relacionada, a existência de um depende da existência de outro. Assim, a pessoa é o homem no exercício de sua liberdade, que implica, necessariamente, uma escolha entre diversos valores. Só é possível consumar a liberdade com um 'prévio' ato de valorar."*

A possibilidade de escolha concede ao homem sua dignidade. Ao ser humano do qual se lhe retira a possibilidade de escolher, nada mais lhe resta.

De certa forma coroando e sintetizando o exposto em sua doutrina, afirma Reale (1980:74) que,

> *"sendo a experiência jurídica uma das modalidades da experiência histórico-cultural, compreende-se que a implicação polar fato-valor se resolve, a meu ver, num processo normativo de natureza integrante, cada norma ou cada conjunto de normas representando, em dado momento histórico e em função de dadas circunstâncias, a compreensão operacional compatível com a incidência de certos valores sobre os fatos múltiplos que condicionam a formação dos modelos jurídicos e a sua aplicação".*

Ademais, sustenta Reale (2001:47) que há valores que, nascidos subjetivamente, como regra geral, uma vez revelados à consciência popular,

> *"adquirem objetividade e força cogente, não obstante a sua originária força subjetiva individual. Tais valores atuam, então, sobre os comportamentos humanos como se fossem modelos ideais, isto é, arquétipos inatos da conduta individual e coletiva. É o que acontece com os chamados direitos da pessoa humana, a qual se abre num leque de valores ideais, como o da liberdade, inclusive a de comunicar-se, de falar e decidir em assuntos privados e públicos; de salvaguarda do direito a uma vida condigna; de garantia da própria privacidade, de seu nome e imagem, bem como, no plano coletivo, o direito de autodeterminação reconhecido a cada povo".*

Esses valores ideais, quando disseminados na sociedade, ganham o mesmo foro e patamar normativo que no passado sustentaram os pensamentos jusnaturalistas. Contudo, ainda que valores ideais, de per si não podem sobreviver fora do contexto de implicação e polaridade com o fato social e a norma.

A propósito do direito natural, acrescenta Miguel Reale (2001:49) que,

> *"se os primeiros enunciados de Direito natural tiveram como fulcro a ideia de pessoa humana, estamos assistindo, nos últimos tempos, à universal aceitação de valores ecológicos, em virtude de estar a natureza cada vez mais ameaçada pelas conquistas das ciências e da tecnologia".*

Os valores atribuídos atualmente à preservação do meio ambiente, portanto, ganham quadrantes mais elevados de importância, tanto que se refletiram na legislação interna e estrangeira, com inúmeras normas editadas para sua proteção.

> *"A essa luz, confirma-se o sentido transcendental do Direito Natural, o qual deixa de fundar-se apenas na natureza* qua talis, *ou na* hominis natura, *a que se referia Cícero, mas sim na complicação dialética entre Natureza e Cultura. É nesse quadro de ideias que está se desenvolvendo, sob várias formas, um 'Direito pela natureza', com a finalidade de serem preservados os valores ecológicos"* (Reale, 2001:57).

Desse modo, Miguel Reale mostra-se sintonizado na realidade, consciente e presente aos fenômenos e dificuldades atuais do Direito e não desvinculado do ordenamento. Sem dúvida, a pior filosofia é aquela que se mostra distante da realidade ou incompreensível para o homem comum, defeitos que passam muito longe do pensamento tridimensional ora exposto.

Sintetiza com felicidade Paulo Nader (2003:384):

> *"A influência de Miguel Reale na filosofia brasileira, de um modo geral, e em particular na Filosofia do Direito, tem as suas causas, em primeiro lugar, na precisão, rigor lógico e originalidade de sua extensa produção científica e, de outro, por sua intensa participação na vida cultural brasileira, seja na condição de presidente do Instituto Brasileiro de Filosofia, seja como professor titular de Filosofia e ex-Reitor da Universidade de São Paulo."*

A essas palavras não podemos deixar de registrar o testemunho de quem foi seu aluno na tradicional faculdade das Arcadas, no Largo de São Francisco, na capital paulista, no último ano do curso de Direito: a exposição de Reale era mágica, magnética; não havia como se desprender do seu raciocínio, claro, objetivo, enlevante, inesquecível. Ter sido seu discípulo foi, sem sombra de dúvida, um privilégio.

4

NORMATIVIDADE

1 REGRAS, NORMAS E LEIS

Em todo corpo social, em qualquer âmbito, no seio da família, no ambiente de um grupo de amigos, no local de trabalho, na religião, na profissão ou no comportamento do ser humano com relação ao Estado, existem regras. Sem elas a convivência social é inimaginável. Estabelece-se assim uma ordem, ou, na verdade, várias classes de ordens, nem sempre a ordem que todos aceitam ou entendem a mais conveniente, mas sempre uma ordem. Essas regras, quais sejam, condutas prescritas, podem ou não ser seguidas.

Enquanto a regra for somente social, moral ou religiosa, sem a imposição coercitiva do ordenamento, seu descumprimento acarreta inconvenientes de ordem íntima, social ou comportamental: se há um grupo de pessoas de meu relacionamento e não os saúdo, com um aperto de mão ou outra saudação convencionalmente admitida, certamente esse desajuste de conduta, isto é, a atitude contrária ou não esperada pelo grupo social, trará uma reprimenda comportamental ao renitente. Provavelmente sofrerei o desgaste ou a quebra do relacionamento social ou de amizade. Ocorreu no caso, de fato, o descumprimento de uma regra de todos conhecida, daí por que, entre outras razões, trata-se de uma regra. Da mesma forma, esse esgarçamento de relações pode ocorrer no âmbito religioso, profissional etc.

Há, portanto, em sociedade, relações e regras mais ou menos complexas, mais ou menos necessárias, segundo a ordem a que pertençam, às quais os seres humanos naturalmente aderem. São regras de conduta que atuam acentuadamente na existência de cada um. A nossa vida desenvolve-se em um universo de normas. Como recorda o saudoso Norberto Bobbio (2003:24), a maior parte dessas regras se tornou tão habitual que nós nem mais notamos sua presença:

> *"Toda nossa vida é repleta de placas indicativas, sendo que umas mandam e outras proíbem ter certo comportamento. Muitas destas placas indicativas são constituídas por regras de direito."*

Dessa forma, seguimos contínua e permanentemente regras em nossas atividades habituais: "*abra a porta sem bater*"; "*proibida a entrada de pessoas estranhas*"; "*mantenha-se em fila*"; "*horário de atendimento das 8 às 18 horas*", "*mantenha-se em silêncio*" etc. Há ainda regras mais imperceptíveis, como chegar no horário convencionado para uma visita social; retirar-se convenientemente em horário socialmente aceito nessa mesma efeméride; chegar com certa antecedência para um espetáculo teatral; não ingressar na plateia quando já iniciada a representação cênica etc. Também, da mesma forma, trata-se de uma regra a ser cumprida a prescrição de um médico para o paciente de ingerir certo medicamento ou a orientação de um advogado ao seu cliente para portar-se de uma ou de outra forma numa próxima reunião de negócios ou no deslinde de uma questão de família. É evidente que a maioria da sociedade cumpre essas regras e sempre haverá aqueles que não o fazem, o que demonstra, de plano, um desajuste de convivência por parte dos refratários. Se deixarmos por um momento de olhar apenas para a atividade individual e transplantarmos o fenômeno para a História, teremos um quadro claro de normatividade igualmente impressionante.

> *"A História se apresenta então como um complexo de ordenamentos normativos que se sucedem, se sobrepõem, se contrapõem, se integram"* (Bobbio, 2003:25).

Todas essas regras são da mais variada natureza, mas todas apresentam um traço comum, porque são *proposições* que têm em mira influenciar e ordenar o comportamento do indivíduo e de grupos de pessoas no tocante a certos objetivos. Nas regras há sempre uma proposição de rumos, como se dissesse siga pela direita e não pela esquerda. Há sempre um conteúdo lógico na regra a ser seguida. A ausência de logicidade dificulta ou impede o seguimento da regra. Assim, por exemplo, entendemos como lógica a regra "*mantenha-se em silêncio*" nas proximidades de local onde se disputa partida de tênis; a mesma regra se mostraria ilógica e nunca seria aceita se colocada nas arquibancadas de um estádio de futebol. O fato é que toda regra necessita ser compreendida e aceita pelo corpo social. Se há um descompasso entre a regra imposta e a compreensão e aceitação da sociedade, a imposição está fadada a não se tornar eficaz. Daí por que muitas leis não são seguidas, isto é, restam ineficazes. Existe, na verdade, uma rejeição social à regra, à lei. A regra será dessa forma incoerente, deixando de traduzir uma conduta normal ou aceita.

Assim, as *regras de costume* ou usos genericamente aceitos referem-se à maneira como cada pessoa deve se comportar nas várias circunstâncias da convivência. Podem ser anotadas, nesse sentido, normas de etiqueta, higiene, decoro, cerimonial etc. Normalmente, como vimos, não haverá outra reprimenda à transgressão dessas regras que não uma desaprovação social ou um prejuízo íntimo.

Também as *regras de religião* atuam nas condutas pessoais, entre aqueles que professam a mesma fé, no relacionamento do homem com divindade ou entidade superior. Sua transgressão pode trazer uma reprovação íntima do próprio indivíduo ou do meio religioso. Há, no entanto, regras religiosas que coincidem com regras jurídicas e, portanto, também valores morais que são igualmente jurídicos. Veja o que falamos a respeito do direito natural em sua primeira fase.

Acrescentem-se ainda as *regras morais,* as quais se baseiam numa sociedade ideal e encontram eco na consciência de cada um e da sociedade. Sua transgressão implica reflexão ou punição íntima e pode também acarretar a reprovação social por meio do juízo da opinião pública, por vezes mordaz e rigorosa. Hoje, mais do que antes, essa reprovação pode ser potencializada pela imprensa e pelos atuais e dinâmicos meios de comunicação em geral. Há, nesse sentido, uma verdadeira pena imposta pela sociedade, proveniente da opinião pública e não do órgão estatal. Ocorre com frequência essa pena ser mais rigorosa daquela que poderia ser aplicada pelo órgão estatal, ocorrendo verdadeira execração pública. É claro que, a partir de determinado limite, essa reprovação passa a ter efeitos jurídicos, sujeitando os autores de eventuais danos, mormente de ordem moral, ao pagamento de indenização. Grande porção das regras morais também são regras jurídicas.

No entanto, quando a regra decorre de uma imposição e quando no seu descumprimento há uma sanção imposta pelo ordenamento, pelo Estado, a situação transforma-se: nesse sentido podemos dizer que a regra estatal é uma norma, uma regra jurídica, num âmbito mais específico. Nesse diapasão, estaremos, destarte, no âmbito das *normas jurídicas*. Essa explanação pouco tem de rigor técnico, mas se amolda à terminologia que coloquialmente utilizamos. É fato que cada autor terá, nesse tema de cunho filosófico, sociológico e jurídico, sua posição própria. Importa, contudo, para nós, nesse momento, um primeiro enfoque nestas primeiras linhas do estudo do Direito, sem maiores aprofundamentos ou divagações.

No mais das vezes, na linguagem usual, podemos utilizar regra e norma como sinônimos, embora o termo *norma* preste-se mais a um formalismo que a palavra encerra. Assim, por exemplo, mais se adapta ao uso vernacular dizer que não tirar o chapéu ao ingressar na residência de alguém é uma regra social, mais apropriadamente do que norma social. Embora não seja um conceito estrito, o termo *norma* encerra uma complexidade maior em sua compreensão.

No dizer peculiar de Goffredo Telles Junior (2002:17), o adjetivo *normal* significa, fundamentalmente, o que é conforme a regra. "*Estado normal e procedimento normal são modos de ser e de atuar de acordo com o que é regular e coerente, em consonância com padrões estabelecidos e modelos assentes.*" O mundo da cultura estabelece, por si só, as regras e os modelos a serem obedecidos. Por oposto ao sentido de normal, anormal será tudo aquilo que for contrário a concepções e convenções aceitáveis. Assim, exemplifica o mestre da USP, é normal o amor e o carinho dos pais com relação aos filhos; é anormal o abandono dos filhos pelos pais. Desse modo, uma ordenação normativa é constituída pelo conjunto de valores de uma comunidade.

Geralmente, no sentido de norma, acorre-nos a ideia de sanção, não como simples reprimenda social, mas como punição propiciada pelo ordenamento. Assim, por exemplo, existem normas que obrigam contribuintes, todos aqueles que se colocam nessa condição jurídica, a pagar imposto. Se o tributo não for pago, a norma ou um conjunto de normas imporá sanções, de molde que, coercitivamente, por meio do aparato do Estado, seja atingido o patrimônio do devedor a fim de que o débito tributário seja pago. Nada obsta, como se adverte, que norma e regra sejam utilizadas como sinônimos, embora as ideias que ambos os termos expressam não sejam exatamente idênticas.

Assim, as regras e as normas são instrumentos prescritivos, isto é, aconselham, induzem, preceituam, propõem, estabelecem, impõem ou proíbem determinado ato, certa conduta ou comportamento. As normas podem também, como veremos, simplesmente definir um instituto jurídico ou um fenômeno social. Nesse sentido, "*o ordenamento jurídico é um conjunto de prescrições, ou proposições prescritivas, que podem ser entendidas como conjunto de palavras destinadas a prescrever certos comportamentos*". Na oportuna observação de Hugo de Brito Machado (2000:71), o verbo *prescrever* aqui está no mesmo sentido que tem na frase "*o médico prescreveu para o paciente um remédio muito bom, que o curou rapidamente*". Essa prescrição jurídica ou, agora sim, mais tecnicamente, perante essa norma, há uma descrição de caráter hipotético, dirigida ao futuro, ou seja, a todas as hipóteses que se amoldarem à descrição de conduta. Nesse sentido, leva-se em conta o caráter democrático e de proteção à dignidade e aos direitos individuais do sistema estatal, que não permitem que a norma atinja condutas passadas, salvo, por hipótese, para beneficiar os envolvidos. Se a norma não for hipotética, mas elaborada visando atingir determinadas pessoas ou certas situações do passado, isto é, contiver efeito retroativo, como ocorre em regimes políticos que não garantem a dignidade e os direitos individuais, o preceito desvirtua-se e passa a ser mero simulacro de norma. Sob este último prisma, se for levado em conta que a norma pode atingir fatos pretéritos, deixa de ser apropriada a característica da hipotetividade. A matéria é de fundamento jusfilosófico. Daí por que há autores que não definem a norma como regra de conduta, porque existe a possibilidade de normas de efeito retroativo. Assim, nem toda norma teria uma prescrição *de futuro*. Desse modo, "*a norma de conduta estabelece uma linha ideal de comportamento: oferece-nos um modelo que orienta a conduta humana; por isso, necessariamente ser-lhe-á anterior, o que não sucede com a norma retroativa*" (Justo, 2001:137).

Sob esse diapasão, quando se fala de conduta descrita pela norma, há que se recordar do que explanamos sobre *tipicidade*, no Capítulo 1 deste trabalho. Quando se dá um passo além no raciocínio e se busca o conceito de *lei*, estaremos diante de uma especificidade mais restrita: a regra ou norma pode ser traduzida por uma lei, mas com ela nem sempre se confunde. Lei possui um conceito mais específico, como manifestação do Direito Positivo. A lei em sentido amplo é uma norma. Uma norma pode estar em mais de uma lei, parte numa, parte noutra. A palavra *lei* é a forma pela qual o ordenamento transmite e traduz suas normas. Acrescenta Hugo de Brito Machado (2000:72) que

> *"a diferença entre norma e lei fica bem clara quando se constata que a norma é um conceito de teoria Geral do Direito, ou de Lógica Jurídica, enquanto lei é um conceito de Direito Positivo".*

Etimologicamente, *lei* provém, muito provavelmente, de *eligere* (eleger), *legere* (ligar, entrelaçar) ou *legare* (transmitir, delegar, incumbir). A lei é, portanto, um mandamento escrito que transmite e indica ao homem determinada conduta ou posição (Telles Junior, 2002:38).

Não resta dúvida de que, coloquialmente, a palavra *lei*, assim como *regra* e *norma*, podem ser utilizadas tanto indiferentemente, como com outros significados equívocos, mas aqui o que se busca é dar a noção de nossa técnica jurídica, a qual, como se advertiu, varia enormemente entre os cultores do Direito.

As normas, portanto, objetivam a concretização do direito em suas descrições hipotéticas, adotando-se assim essa linha de conduta. Na norma existe a *hipótese ou previsão de uma conduta* e uma *estatuição ou injunção*, isto é, o estabelecimento de um resultado, a previsão de efeitos jurídicos para a hipótese prevista. Assim, por exemplo, de acordo com o art. 186 do Código Civil: "*Aquele que, por ação ou omissão voluntária, negligência ou imprudência, violar direito e causar dano a outrem, ainda que exclusivamente moral, comete ato ilícito*". Desse modo, esse dispositivo descreve (previsão: *ação ou omissão voluntária...*) o que constituirá o *ato ilícito* (estatuição) na conduta. Como vimos, a descrição da norma também recebe o nome de hipótese legal ou tipicidade. Assim, há que se entender que todos os conceitos de um ordenamento são normativos. Sob esse aspecto, a norma jurídica é um "*comando geral, abstrato e coercível, ditado pela autoridade competente. A ela corresponde a noção de lei em sentido material*" (Machado, 2002:91).

Nem sempre, porém, as descrições legais se apresentam de forma clara, traduzindo cristalinamente a previsão e a estatuição. Nesse exemplo, estamos diante de uma estrutura padrão, mas há normas que assim não se apresentam. Por vezes a estatuição precede a hipótese; ou então uma ou outra dessas características se encontra subentendida, invertida ou descrita em outro texto legal. Tudo isso porque mui raramente se pode examinar uma norma isoladamente, uma vez que com frequência se exige o conhecimento de outras normas e de institutos relacionados.

Ao se definir a norma como um comando, tradicionalmente se entende que nela há imperatividade. Contudo, há certas normas que não ordenam nem proíbem determinada conduta, pois atribuem um poder ou uma faculdade a alguém. Esse é o conteúdo precípuo, por exemplo, das normas processuais, a reger o direito de ação em sentido amplo. Não se deve, portanto, generalizar, salvo para um conceito amplo, no sentido de que as normas jurídicas constituem imperativos.

Como mencionado, do ponto de vista formal, uma norma é uma proposição. Desse modo, a Constituição, o Código Civil, o Código Penal ou o Código Tributário são um conjunto de proposições. Assim, sob esse prisma, as normas jurídicas pertencem à categoria geral das proposições prescritivas (Bobbio, 2003:72).

Destarte, quando se fala em normatividade, leva-se em conta que o Direito pode ser objeto de estudo e reflexão sobre a regra jurídica isoladamente, o exame da norma jurídica. Desse modo, é importante que no início do estudo do Direito seja feito o exame dessa teoria geral. Tudo se resume ao prisma enfocado: se partirmos do estudo da teoria geral para as normas existentes em determinado ordenamento, ingressamos no campo do direito positivo. Daí, então, quando nos reportamos ao direito de um país, sem outra discriminação, estaremos nos referindo às regras jurídicas vigentes em determinado lugar e momento histórico.

1.1 Ordenamento jurídico

Com muita frequência no estudo jurídico, como ocorre neste nosso texto, é feita referência ao *ordenamento*. Como regra geral, ordenamento jurídico é terminologia utilizada como sinônimo de direito positivo. Sob essa vertente, ordenamento jurídico e direito positivo, no sentido aqui visto, são tidos como possuindo conteúdos equivalentes. Nesse sentido nos referimos ao ordenamento civil brasileiro, ou seja, às normas de direito civil de nosso país. Sob esse diapasão, integram o ordenamento todas as normas jurídicas legislativas, judiciais, consuetudinárias e convencionais. Dessarte, ordenamento é o próprio direito positivo, organizado em forma de pirâmide, tendo a lei constitucional em seu ponto mais alto. Dessa maneira temos, em linhas gerais, a Constituição como lei maior; as emendas constitucionais; leis complementares; leis ordinárias; leis delegadas; medidas provisórias; decretos legislativos; resoluções, decretos e provimentos; normas convencionais em geral, como ordens de serviço e portarias e sentenças. Toda essa matéria classificatória deverá ser aprofundada no estudo do Direito Constitucional. Fazendo-se um caminho hierarquicamente ascendente, de acordo com a posição de Kelsen, das normas da base até se chegar à norma constitucional, no ápice da pirâmide, estaríamos perante a norma fundamental, prevalente mesmo sobre a Constituição, norma fictícia, sem existência material, a qual mais apropriadamente pode ser entendida como poder constituinte originário e que opera por meio de uma Assembleia Nacional Constituinte ou decorre de uma revolução. É claro que, em governo totalitário, o ditador ou soberano arvora-se o detentor do poder originário. A questão deverá ser estudada na história e na sociologia jurídica.

Para alguns autores, no entanto, essa identidade entre ordenamento e direito positivo é insuficiente porque no ordenamento pode haver muito mais do que normas emanadas do Estado. Para fins didáticos, porém, melhor que se entenda como a maioria, conforme aqui exposto. Conceito próximo e derivado do ordenamento jurídico é o de *ordem jurídica*. Esta é o efeito geral do Direito, que se traduz numa ordenação e organização de coexistência social. Não se trata de uma ordem qualquer, mas precisamente daquela que deriva da existência do ordenamento jurídico (Yagüez, 1995:177). Nesse sentido, podemos afirmar que, por exemplo, a ordem jurídica brasileira não admite, em princípio, a retroatividade das leis, a pena de morte e o aborto. Ordem jurídica é conceito que guarda assim uma característica ou especificidade do ordenamento jurídico, embora não seja estranha a utilização de ambas as expressões indiferentemente.

2 LEI OU NORMA E EXTENSÃO DA SUA IMPERATIVIDADE

Como aduzimos, a palavra *lei* pode ter várias compreensões, todas elas, de certa forma, relacionadas, daí sua equivocidade. A lei formula uma regra, ou, mais especificamente, uma fórmula para ordenar algo. Desse aspecto extrai-se uma noção genérica de lei. Nesse sentido, a lei da gravidade descreve igualmente uma fórmula. Trata-se de lei física, lei da natureza. Também a lei física é fórmula elaborada pelo homem para melhor compreender a natureza.

A lei não está na natureza, pois o homem a formula fazendo experimentações e observando a natureza. Desse modo, a lei física, elaborada pelo cientista, é resultado de uma abstração. Quanto mais o cientista pesquisar, maior será o número de leis do mundo do ser que elabora. Não é nesse sentido que nos ocuparemos da lei, como é evidente.

Por outro lado, as leis éticas dizem respeito à conduta e às ações do indivíduo e seu grupo na sociedade. O termo *ética* liga-se, portanto, diretamente à atividade humana. Ao mundo ético, cuja origem etimológica grega relaciona-se com os costumes, acorrem todos os atos humanos. Nesse passo, localiza-se no mundo da cultura, do "dever-ser". Assim, o *"não matarás"* caracteriza-se por ser uma lei ética, como também *"amar o próximo como a ti mesmo"*. Nas leis éticas existe a característica da imperatividade, sob o prisma da sociologia, característica que não existe nas leis físicas. Essas leis éticas, quando pertencentes a um ordenamento, tornam-se normas ou leis jurídicas. Nem toda lei ética é uma norma. Assim, como referimos, o fato de não cumprimentar alguém que conhecemos transgride uma lei ética ou social, mas não há norma que imponha coercitivamente a fazer essa saudação.

Na ciência do Direito, contudo, a palavra *lei* significa, como já acenamos, uma relação de imputação ou uma prescrição de conduta. O conceito de imputabilidade é essencial ao direito, pois indica o sujeito da relação jurídica, ou atribui a ele os reflexos e os efeitos da norma.

Há ainda que se referir a um conceito amplo e a um conceito restrito de lei em nossa ciência. Podemos entender lei em seu sentido formal, como o ato jurídico emanado de um órgão competente do Estado. Nesse sentido, a lei do ordenamento positivo pode conter ou não uma norma, isto é, uma prescrição com as características ora estudadas. Assim, por exemplo, um decreto de nomeação de um ministro ou de um funcionário público apenas formalmente se apresenta como lei, pois nesse ato não existe o conceito normativo. Esse decreto é lei apenas no sentido formal, na sua aparência externa. Quanto à forma, portanto, a lei é uma norma escrita de direito, promulgada pelo poder público. Nesta acepção ampla, compreende a lei propriamente dita, o decreto e o regulamento.

Em sentido material e próprio, sem que haja qualquer objeção doutrinária ponderável, *lei poderá ser entendida como sinônimo de norma*, nos mais diversos campos jurídicos, constitucional, civil, penal, processual etc. Trata-se daquele ato que materialmente contém os atributos e requisitos de uma lei. Ou, melhor dizendo, o caráter de normatividade. Em sentido amplo, portanto, lei é todo ato que se apresenta regularmente expedido por um órgão do Estado. Em sentido restrito, referimo-nos à lei apenas como aquele fenômeno que se apresenta com o conteúdo de norma.

No sentido que ora nos interessa, no Estado moderno no qual convivem os três Poderes, a lei é a norma escrita de Direito, aprovada pelo Poder Legislativo e sancionada pelo Poder Executivo. Os decretos e regulamentos são, como regra geral, expedidos pelo poder executivo, o que não obsta que os outros poderes também possam expedi-los, ainda que sob outra nomenclatura.

Desse modo, como anota Flóscolo da Nóbrega, *"para ter a virtude de lei, é necessário que preencha os requisitos previstos na lei fundamental do Estado, a Constituição"* (1972:103). Quanto à origem e promulgação das leis, há todo um aparato de competência, sobre as diversas matérias, incumbindo, no estado federativo, à União, aos Estados e aos Municípios promulgá-las.

Já postamos que o conceito de imperatividade, decantado como característica das leis, é algo que merece estudo mais detalhado e não pode ser entendido de forma peremptória. Aliás, em Direito, nada pode ser peremptório. Nada é, tudo pode ser. Toda afirmação peremptória em Direito é de risco. A regra geral descrita pela doutrina diz que o Direito é substancialmente constituído por imperativos, isto é, comandos, ordens. Como regra geral a afirmação é correta, segundo afirma Karl Engisch (1979:28), em obra tradicional. No entanto, é preciso alertar que, ao se examinar um Código ou os dispositivos de uma lei, nem todas as proposições que ali se encontram são normas imperativas. Mormente porque em um Código, como o Código Civil, por exemplo, as normas se entrelaçam frequentemente, umas se referem às outras, nem sempre, ou muito raramente, podendo ser vistas ou interpretadas de forma autônoma. Só da combinação delas entre si é possível obter um resultado eficaz para o caso concreto que se analisa. Isto porque, como já afirmamos, o Direito não permite que se raciocine abstratamente. O Direito dirige-se somente a realidades concretas. Desse modo, tomemos, por exemplo, nesse universo tão amplo, a dicção do art. 723 do Código Civil, que descreve as obrigações do corretor:

> *"O corretor é obrigado a executar a mediação com diligência e prudência, e a prestar ao cliente, espontaneamente, todas as informações sobre o andamento do negócio.*
>
> *Parágrafo único. Sob pena de responder por perdas e danos, o corretor prestará ao cliente todos os esclarecimentos acerca da segurança ou do risco do negócio, das alterações de valores e de outros fatores que possam influir nos resultados da incumbência."*

Dessa descrição legal, inúmeras ilações podem ser feitas, inclusive com os elementos que já foram vistos no Capítulo 3. Caberá, por exemplo, ao intérprete, o juiz ou o árbitro em derradeira análise, definir qual é a diligência e prudência que o negócio sob análise demanda. Há um juízo axiológico a ser feito no caso concreto, na análise da conduta do corretor. O mesmo se diga a respeito das informações que o corretor deve fornecer ao cliente sobre a segurança e os riscos do negócio, bem como sobre eventuais alterações de valores que possam influir nos resultados dessa corretagem. Nessa norma legal, portanto, há sem dúvida uma série de imperativos dirigidos à conduta do corretor. No entanto, de plano, é possível discernir que essa norma não pode ter existência isolada, sendo dependente de outras. A primeira pergunta que o iniciante fará é certamente demandar em que consiste o contrato de corretagem. Essa definição poderia estar ou não na lei. Em princípio, a definição não estará na lei. Trata-se de uma técnica jurídica: o legislador somente define quando a compreensão do conteúdo do fenômeno social pode dar margem a dúvidas. Quando o conceito é perfeitamente conhecido, a definição não estará presente ou estará apenas implícita na lei. Toda definição é, sem dúvida, perigosa, como diz conhecido brocardo: *"omnis definitio in iure civili periculosa est"*. As definições legais funcionam no ordenamento como elementos orientadores, porém não essenciais.

No caso da corretagem, todavia, instituto trazido à legislação pelo atual Código Civil de 2002, pois o anterior, de 1916, não o contemplava, a definição está presente no art. 722:

> *"Pelo contrato de corretagem, uma pessoa, não ligada a outra em virtude de mandato, de prestação de serviços ou por qualquer relação de dependência, obriga-se a obter para a segunda um ou mais negócios, conforme as instruções recebidas."*

Duas inferências podem ser imediatamente tiradas deste último dispositivo legal. Em primeiro lugar, esta última dicção completa o art. 723, quando a lei descreve as obrigações do corretor. De nada adiantaria saber de suas obrigações se não se soubesse quem pode ser identificado, no universo negocial, como corretor. A lei preferiu, nesse caso, definir. Em segundo lugar, não existe propriamente um imperativo, um comando coercitivo no art. 722, pois ninguém está obrigado, necessariamente, a atuar como corretor na intermediação de um negócio, pois esta pode dar-se de várias formas, como no mandato, na comissão ou em outro negócio dito inominado, isto é, sem rotulação específica. As normas essencialmente definidoras, portanto, não contêm imperatividade.

Ainda, as normas sobre o contrato de corretagem presentes no Código Civil não especificam as várias modalidades de corretagem, algumas delas reguladas por leis próprias, como os corretores de imóveis, de mercadorias, da Bolsa de Valores, de seguros etc. Essas outras leis aplicam-se, sem dúvida, a essas atividades de corretagem, sem prejuízo, no que couber, das normas gerais descritas no Código Civil. Vê-se, portanto, que a técnica jurídica não pode se reduzir a conceitos e a atividade singela e isolada, exigindo sempre um raciocínio complexo, com várias premissas. Daí também se verifica que a afirmação geral de a norma conter sempre um imperativo deve ser vista *cum granum salis*. Tanto as definições como as permissões e proibições encontráveis nas normas são regras não autônomas. Um aspecto, porém, deve ficar claro: sempre haverá um ou mais imperativos, no que se relaciona com o fenômeno jurídico examinado, ainda que existam descrições legais nas quais o imperativo não está presente, ou porque está implícito, ou porque está presente em outra norma. Nesse sentido, conclui Engisch (1979:29):

> *"Esses imperativos só se tornam completos quando lhes acrescentamos os esclarecimentos que resultam das definições legais e das delimitações do seu alcance, das permissões assim como de outras exceções. Os verdadeiros portadores do sentido da ordem jurídica são as proibições e as prescrições (comando) dirigidas aos destinatários do Direito, entre os quais se contam, de resto, os próprios órgãos estaduais. Essas proibições e prescrições são elaboradas e construídas a partir das proposições gramaticais no Código."*

Num outro aspecto, também, como lembra o jurista alemão, estará ausente o imperativo, quando, por exemplo, existe uma lei revogadora. Se uma lei, por exemplo, revogasse a proibição do aborto, de forma pura e simples, isso significaria o desaparecimento de um imperativo e essa citada lei não teria no seu bojo imperativo algum. Se a lei, no entanto, excluísse a proibição do aborto apenas em algumas hipóteses, no caso de aborto terapêutico, por exemplo, o imperativo de proibição permaneceria em alguns casos e a complexidade de integração e interpretação das normas remanesceria.

Outra classe de normas que deve ser lembrada são as normas *atributivas*, as quais conferem direitos subjetivos. Nestas, não há um comando ou proibição, mas uma faculdade atribuída a alguém. São exemplos terminados de normas atributivas os direitos e garantias constitucionais presentes na Constituição Federal. Assim, por exemplo, o direito de ir e vir, de reunião, de pleitear danos de natureza moral, os direitos de proteção à personalidade. Veja o que falamos, no Capítulo 1, sobre a distinção entre direito objetivo e direito subjetivo. No direito objetivo, que é norma, há comando; estão presentes os imperativos, como vimos. No direito subjetivo, que atribui uma faculdade a alguém, estão presentes as atribuições de direito. Nos direitos subjetivos há um espectro mais amplo do que simples permissões: não se pode qualificar como permissão, por exemplo, o direito de ação. Trata-se de algo muito mais amplo e que atua em outro patamar. De qualquer modo, os direitos atributivos presentes no ordenamento buscam tornar eficientes os imperativos contidos nas outras normas. Dessa forma, de nada adiantaria ter ação para fazer cessar a turbação ao direito de privacidade, manifestação que é de direito da personalidade, se a privacidade, em si, não fosse garantida por outra norma: *"A vida privada da pessoa natural é inviolável, e o juiz, a requerimento do interessado, adotará as providências necessárias para impedir ou fazer cessar ato contrário a esta norma"* (art. 21 do Código Civil).

Já posicionamos que a norma constitui, em princípio, um imperativo hipotético, tendo em vista fatos futuros. Na terminologia de Kant, haveria de ser feita a distinção com relação ao *imperativo categórico*. Neste sentido, o imperativo categórico distinguir-se-ia do hipotético porque o primeiro seria aquele que apresentasse objetivamente uma conduta necessária por si mesma, sem relação a outro fim. Os imperativos categóricos prescreveriam uma ação boa em si mesma, isto é, boa em sentido absoluto, que deveria ser cumprida incondicionalmente ou com nenhum outro fim, como por exemplo "não mentir". O imperativo hipotético exorta e coloca em prática uma possível conduta como meio para qualquer fim que se pretenda alcançar. Na filosofia de Kant, os imperativos hipotéticos seriam meros conselhos ou exortações para se alcançar determinado fim. Esse estudo, um marco da jusfilosofia, evidentemente, desvia-se de nossa linha, aqui meramente introdutória.

Na verdade, os imperativos jurídicos

> *"são 'hipotéticos' num sentido inteiramente distinto daquele que corresponde à terminologia kantiana. Eles são hipotéticos, não no sentido de que temos de seguir determinadas prescrições quando queremos alcançar certos fins, não nos impondo nada de vinculativo quanto aos mesmos fins, mas, antes, no sentido de serem conexionados a determinados pressupostos, em parte expressamente fixados, em parte tacitamente subentendidos"* (Engisch, 1979:41).

Como vimos, essas normas hipotéticas inserem-se num complexo onde há normas imperativas, atributivas e aquelas que as complementam, sem se subsumir a uma ou outra categoria, as quais podemos denominar de *normas enunciativas* ou complementares. Voltaremos a seguir a mencioná-las em classificação. Sob esse prisma, portanto, toda norma jurídica deve ser vista sob certas hipóteses. Assim, por exemplo, matar alguém é crime. O homicida deve ser condenado. Poderá, porém, não sê-lo, porque agiu em legítima defesa, porque não houve intenção de matar, não sendo esse ato punido como crime culposo etc. Nesse sentido é que, precipuamente, deve ser entendido o imperativo hipotético. Em torno desse diapasão deve ser vista a hipótese legal ou tipificação, categoria fundamental para qualquer raciocínio jurídico.

Quando se deseja qualificar um fenômeno ou uma conduta, é necessário verificar se ela se subsume, se tipifica, isto é, se amolda, a uma hipótese legal. No direito penal essa subsunção deve ser estrita, dentro do princípio pelo qual não há crime sem lei anterior que o estabeleça. Também no direito tributário existe essa essencial subsunção estrita à norma: não há obrigação tributária se não houver hipótese de incidência ou fato gerador. Ou, em outras palavras singelas para uma primeira compreensão, ninguém está obrigado a pagar tributo se assim não estiver previsto em lei; ninguém pode ser criminalmente condenado se não tiver praticado uma conduta descrita na lei. Deve haver uma relação de causalidade entre o fenômeno de fato ou conduta e a descrição da lei. Sob esse aspecto, o comando abstrato da lei se concretiza. Em outros ramos do Direito, mormente no Direito privado, as hipóteses legais permitem certa abrangência, extensão ou flexibilidade. Veja o exemplo que aqui citamos sobre o negócio de corretagem. Destarte, atente-se que:

> *"Diferentemente do que sucede com as leis naturais em que há uma relação necessária entre causa e efeito, estamos no mundo da cultura dominado pela contingência: nem sempre é possível aplicar os efeitos jurídicos quando os fatos previstos na norma se verificam. Há, aqui, uma valoração jurídica, uma criação do espírito humano, portanto, trata-se dum nexo de imputabilidade"* (Justo, 2001:140).

A imputabilidade consiste, como exposto, numa atribuição ou indicação de alguém dentro de uma relação jurídica.

3 CARACTERÍSTICAS DA NORMA

Mencionemos agora, de forma mais ordenada, as características da norma comumente elencadas pela doutrina, a maioria, contudo, das quais já referida. Tratando-se de matéria de elevada indagação doutrinária e filosófica, é evidente que há diferentes caminhos nos estudos sobre o tema.

3.1 Imperatividade

Vimos que essa característica não está presente em todas as normas. Contudo, sem dúvida, a norma jurídica típica será um comando legal, portanto, imperativo. Essas normas são uma proposição que não se apresenta como verdadeira ou falsa. Indicam, apenas, que certa conduta fica sujeita à sanção.

As disposições de caráter não imperativo, encontráveis no sistema, devem ser vistas como complementares aos imperativos legais, formando um conjunto, ou seja, o ordenamento. Da mesma forma devem ser entendidas as chamadas *normas supletivas ou dispositivas*, isto é, aquelas não obrigatórias e que somente atuam no silêncio ou omissão das partes. O campo mais fértil para as normas supletivas é o do direito privado, mormente o direito contratual. Nestas não há propriamente um comando, mas um complemento dos imperativos legais. Observa, quanto a esse aspecto, Paulo Dourado Gusmão (2003:83):

> *"Não fogem à regra da imperatividade as normas dispositivas ou supletivas, porque nelas a imperatividade está, segundo a vontade do legislador, na dependência de uma condição: a vontade das partes. Podem elas, no caso dessas normas, estabelecer regra diversa daquela prevista, como ocorre no direito dos contratos. Nesse caso, a imperatividade da lei se transfere para a regra formulada pelas partes."*

Nesse mesmo plano de ausência de imperatividade típica encontram-se as mencionadas *normas permissivas*, isto é, aquelas que atribuem uma faculdade e que se relacionam com os direitos subjetivos. Assim, quando o ordenamento assegura um direito de ação para qualquer direito violado, não está impondo, mas facultando.

Desse modo, no mesmo diapasão, aduz Ronaldo Poletti (1996:183) que *"a imperatividade, às vezes, não promana diretamente da norma, embora derive da sua essência (no caso de normas técnicas e pragmáticas)"*.

3.2 Hipotecidade

Veja o que já expusemos sobre essa característica. Para Kelsen, a regra de direito é um juízo hipotético do qual decorrem certas consequências. A norma define a conduta que evita a sanção. O roubo é proibido. Quem rouba será punido. Destarte, basta não roubar para não ser atingido pela norma. Segundo essa concepção, toda regra jurídica contém a previsão genérica, a hipótese, de um fato ou conduta, com o consequente enunciado do que ocorrerá em caso de transgressão. De plano, vimos que nem todas as regras jurídicas possuem essa característica. Portanto, essa característica, essa estrutura lógica somente está presente em parte das normas. Há normas, conforme descrito, que não possuem uma descrição hipotética, como aquelas que atribuem direitos subjetivos, as que definem institutos, as que são meramente supletivas, entre outras.

Daí decorre a afirmação de Miguel Reale (1981:95):

> *"O que efetivamente caracteriza uma norma jurídica, de qualquer espécie, é o fato de ser uma estrutura proposicional enunciativa de uma forma de organização ou de conduta, que deve ser seguida de maneira objetiva e obrigatória."*

Porém, mesmo sob essa concepção, é difícil admitir certas modalidades de normas que são apenas enunciativas, complementares ou outorgantes de direitos subjetivos. Desse modo, a nosso ver, essa afirmação estaria mais correta se apenas se referisse ao enunciado da norma, suprimindo-se a referência à obrigatoriedade, pois, como vimos, há normas não obrigatórias ou que se tornam obrigatórias apenas por vontade dos interessados.

Assim, verifica-se como é complexo unificar um conceito de norma e suas diversas características. À primeira vista, a conceituação de juízo hipotético contradiz a imperatividade da norma, contudo, parece perfeitamente possível compatibilizá-los, segundo o aspecto em que ora se investiga a norma.

3.3 Generalidade e abstração

A norma é geral e abstrata, no direito contemporâneo, pois não deve regular um caso em particular, mas todas as situações fáticas que se subsumem à sua descrição. É abstrata porque prescreve uma conduta; geral porque se destina a um número indeterminado de pessoas, número mais ou menos amplo. A generalidade permite que a norma alcance atos, ações, condutas de um número indeterminado de pessoas. *"Resulta da aplicação do processo lógico de abstração pelo qual são abstraídas as circunstâncias, os detalhes, as particularidades de ações e atos, isto é, como eles ocorrem na vida real, para regular-lhes naquilo que lhes for essencial"* (Gusmão, 2003:81).

Nesse sentido, a norma permite definir, com abstração e generalidade, o que se entende por contrato de compra e venda ou locação e por crime de furto ou roubo. Se examinarmos o curso da história do direito, porém, veremos que somente com as sociedades mais evoluídas se tornou possível elaborar normas abstratas e gerais. As sociedades mais antigas elaboravam normas descritivas e particulares, assim se colocando, por exemplo, o Código de Hamurabi.

Na generalidade das normas está a garantia do tratamento igualitário e imparcial. Daí por que a lei que se destina a um só indivíduo ou a um número restrito de pessoas só formalmente pode ser qualificada como lei.

Há, porém, quem critique essas características, a começar pela rotulação, duvidando se os termos *generalidade* e *abstração* devem ser tidos como sinônimos ou, ainda, se necessariamente devem ser vistos em conjunto. Bobbio afirma que essa classificação, presente sistematicamente na doutrina tradicional, é por um lado imprecisa, porque não esclarece com frequência se os dois termos, *geral* e *abstrato*, são sinônimos ou se possuem significados diferentes. Sustenta que deve ser admitida a categoria de normas concretas e individuais. Trataremos dessa hipótese a seguir. O mestre turinês conclui que a generalidade e abstração da norma têm origem ideológica e não lógica, *"isto é, julgamos que por trás dessa teoria haja um juízo de valor do tipo: 'É bom (é desejável) que as normas jurídicas sejam gerais e abstratas'"* (Bobbio, 2003:182). Ainda que, como sempre ocorre no pensamento do filósofo, absolutamente lógica essa posição, fiquemos, porém, por ora, com as opiniões mais correntes.

De qualquer forma, como resultado da generalidade, não há necessidade de o legislador continuamente se referir a casos particulares e concretos. As particularizações reduzem o espectro de atuação da lei: quanto mais o legislador descer a situações particulares na descrição legal, menor será evidentemente o alcance da norma. E mais confusa se mostrará sua aplicação. Sob esse prisma, comenta Inocêncio Galvão Telles (2001:123):

> *"Por força do seu atributo da generalidade, a norma jurídica, ao ser formulada, deve ter em conta o que na vida sucede com mais frequência, abstraindo das particularidades que concorram múltiplas hipóteses. Isto oferece a grande e dupla vantagem do prévio conhecimento das soluções jurídicas e da igualdade no tratamento das pessoas."*

Quando, por exemplo, o Código Civil estampa, no art. 819, que *"a fiança dar-se-á por escrito, e não admite interpretação extensiva"*, significa que todo e qualquer contrato de fiança, seja particular, bancária, civil ou mercantil, só pode ser elaborado e ter validade e eficácia se feito na forma escrita e o intérprete não pode estender o alcance de sua interpretação. Não se pode, por exemplo, majorar unilateralmente o valor da garantia que foi especificada no contrato.

Por vezes a generalidade poderá acarretar uma situação injusta ou iníqua no caso concreto. Trata-se do ônus da generalidade. Caberá ao juiz, sempre que possível, adaptar a norma à solução mais adequada, dentro dos limites do sistema, sem que se desprenda da aplicação do ordenamento. Voltaremos ao tema quando tratarmos da interpretação e da integração das normas.

Pode ocorrer que, por distorção do sistema, a generalidade da lei seja apenas aparente, escondendo ou camuflando a intenção do legislador de abranger um caso concreto ou alguns poucos casos concretos, beneficiando ou prejudicando uma única ou algumas pessoas. Nessa hipótese, estaremos perante uma lei apenas formal e não diante de uma verdadeira norma:

> *"Uma lei não pode nunca ser individual e concreta, pois doutro modo violar-se-ia o princípio da igualdade perante a lei, e com ele o princípio da igualdade dos encargos e vantagens, respectivamente impostos ou reconhecidos aos cidadãos. Só serão admissíveis diferenciações fundadas em elementos objetivos (a diversidade das circunstâncias, a 'natureza das coisas'), e são justamente esses elementos objetivos que permitirão conferir à categoria de situações visada pela norma o seu recorte e caráter genérico"* (Machado, 2002:93).

Como corolário da generalidade, pode ser também mencionada a *heterogeneidade* ou *heteronomia* da norma. Esta prevalece independentemente de os destinatários desejarem cumpri-la. A norma é, portanto, indiferente à vontade individual.

3.3.1 A sentença como norma individual

O poder envolve várias formas de manifestação normativa. A decisão judicial, emanada de um juiz, ou de árbitros, como manifestação de um poder estatal ou negocial em caso de arbitragem, também deve ser considerada dentro da normatividade em geral. A decisão judicial irá aplicar ao caso concreto o comando abstrato contido na lei. Ao fazer isso, a sentença converte-se numa norma, também emanada do Estado, devendo ser respeitada por todos. O juiz busca, em cada caso, o sentido mais apropriado da norma ou do conjunto de normas, dentro do ordenamento. O juiz é, por fim, o intérprete, o hermeneuta. Como conclui o magistrado Hamilton Elliot Akel (1995:131), em monografia sobre o tema,

> *"a decisão judicial não é a conclusão necessária de um silogismo, mas sempre uma 'decisão' que, como tal, pressupõe a possibilidade de optar por uma ou outras soluções. O processo judicial é o reino do discutível, do dual, do duelo dialético que abre caminho para uma escolha entre as várias soluções possíveis, porque a sentença não encerra nunca a justiça absoluta, mas um ponto de vista sobre a justiça".*

A concretização da norma pode ocorrer de vários modos, inclusive espontaneamente, com o cumprimento livre ou espontâneo por parte da sociedade. Quando uma lide, um conflito de interesses, é levada à decisão judicial, a sentença opera a concretização da norma abstrata para a questão sob exame. Na verdade, a sentença é o exemplo mais patente, embora não o único, da operosidade da norma e da transposição do comando abstrato para o caso concreto. O juiz deve comportar-se, dessa forma, como o interlocutor e o eco dos anseios da sociedade. Sentença desvinculada da axiologia social padece dos mesmos obstáculos da lei em geral que não atende a nossas necessidades. É para esse aspecto que constantemente devem estar atentos os julgadores: *"essa atividade criadora, que se revela em todos os momentos de criação da norma individual, é livre, mas não incondicionada. O sentimento individual de justiça do julgador não pode ser tomado como substituto do direito, mas sim como pedra de toque na interpretação, integração e correção do direito"* (Akel, 1995:132). O mesmo se diga do substitutivo da sentença judicial, que é a sentença arbitral.

3.4 Bilateralidade

A norma jurídica, ao descrever, estabelecer e impor condutas, caracteriza-se pela bilateralidade. Isto é, enlaçam-se e entrelaçam-se os direitos de um aos deveres de outrem. Também confere o direito a alguém de exigir que outro se comporte desta ou daquela forma. Sendo atributiva, a norma deve ser vista como estabelecendo uma reciprocidade de direitos.

Essa bilateralidade é a base da relação jurídica. Não há direito de alguém que não se oponha à obrigação ou dever de outrem. A norma jurídica possui, em princípio, ao menos dois destinatários: o sujeito de um dever, por um lado, o titular do correlativo direito, por outro lado (Telles, 2001:121).

3.5 Coercibilidade e sanção

O direito é instrumento de adequação social. Deve ser impositivo e efetivo, sob pena de estabelecer-se o caos em sociedade. Por isso, é inimaginável que não exista uma pressão sobre os indivíduos para que se comportem sob determinada maneira ou para que não pratiquem determinadas condutas. Essa pressão, a princípio psicológica e num segundo estágio efetiva, pelos instrumentos do Estado, traduz-se pela coerção. Desse modo, ao contrário das outras modalidades de normas, como as religiosas, morais, éticas, a norma jurídica é dotada de coerção. Se inobservada a regra jurídica, a sanção, chamada a operar, é imposta pelo Estado.

> *"A primeira das missões atribuídas à lei foi garantir a paz e a segurança. A lei constitui, no mundo das relações humanas, o ponto de partida para regular os imperativos de convivência ordenada e pacífica"* (Lima, 2002:119).

A coação é meio instrumental e não deve ser entendida como pertencente à norma, pois não é sentida permanentemente (Vasconcellos, 2001:15). É meio pelo qual se perfaz a norma na hipótese de transgressão. O ideal seria que a coação nunca fosse chamada a atuar, que as normas sempre fossem cumpridas. Tanto assim é que Arnaldo Vasconcellos (2001:1906) questiona se a incidência da coação na vida quotidiana tende a aumentar ou a diminuir. E conclui que grande parte dos estudiosos responde afirmativamente, no sentido de que cada vez mais haverá de imperar a solidariedade humana, aumentando o cumprimento espontâneo da norma. Para isso, no entanto, há necessidade de que se criem condições sociais e espirituais. A solidariedade requer uma base forte; requer meios econômicos e condições morais, como aponta esse autor.

O nível de transgressão das normas é um termômetro do desenvolvimento social de um povo: *"Quanto mais educado for um povo, quanto mais civilizado e quanto mais justo for o direito, menos uso da coação física terá de fazer a autoridade pública"* (Gusmão, 2003:84).

Da mesma forma, quando a autoridade estatal for desestruturada e não puder impor-se pela autoridade moral ou não souber aplicar corretamente os meios de coerção, maior será o desajuste da sociedade. E nós brasileiros sabemos muito bem disso. Pelo nosso passado e nosso presente. Na verdade, o Direito, ou melhor ainda, o ordenamento, deve operar simplesmente pelas normas, sem que se recorra à coerção ou coação física, isto é, mediante a denominada *adesão espontânea* da sociedade às normas. Quanto mais se recorre à coerção, mais problemáticos estarão a sociedade e o Estado que a regulam. Não se concebe estrutura estatal que permanentemente tenha que recorrer a meios coercitivos, ponto de sustentação dos regimes autoritários. Quanto mais amplo o efeito dissuasório ou a adesão espontânea, sob o prisma psicológico, melhor será a estrutura da sociedade. Leva-se em conta, como afirmamos, a coerência das normas e de todo o ordenamento. Um ordenamento ou direito positivo incoerente determina a permanente intranquilidade e insegurança social.

> *"Não há Direito sem a consciência permanente do valor que ele representa para a afirmação social da dignidade do homem. E nem, muito menos, sem o sentimento de que, aquilo que chamamos Direito, é algo de ínsito ao ser do homem, pela razão única e suficiente de sua humana superioridade. Fora desta situação, todo Direito tenderá a aparecer como dádiva, para os bons, ou castigo, para os maus"* (Vasconcellos, 2001:113).

Não se confunde a coercibilidade com a imperatividade. Como vimos, a imperatividade é conceitual e potencial e, como regra, está dentro do conteúdo da norma. A coercibilidade é externa à norma, embora relacionada a ela, e ganha contornos materiais na hipótese de violação. A coercibilidade é um corolário da imperatividade. Goffredo da Silva Telles (2002:43), contornando essa distinção com engenhosidade, propugna que a norma jurídica consiste em um *imperativo autorizante*. Esclarece que *autorizante* possui sentido estrito e peculiar:

> *"A norma jurídica é autorizante porque ela autoriza quem for lesado por violação dela a empregar, pelos meios competentes, as sanções da lei, contra o violador (violador efetivo ou provável), para fazer cessar ou obstar a violação, ou para obter, do violador, reparação pelo mal que a infringência causou; ou para forçar o violador a repor as coisas no estado em que estavam antes da violação; ou, por último, nos casos de crime, para submeter o violador às penas da lei e às medidas legais de segurança social."*

Sob esse aspecto, o mestre, de forma original, unifica os conceitos de imperatividade e coerção. Completando a ideia, o insigne professor da USP conclui que se unificam os conceitos jurídicos de lei aos de uma portaria, de um regulamento, de uma resolução ou de um contrato, bem como de uma decisão administrativa ou judicial. Todos podem ser vistos sob o prisma de normas autorizantes. Desse modo, não serão jurídicas as normas não autorizantes porque estas, quando violadas, não autorizam qualquer exigência para o seu cumprimento. Assim se colocam os mandamentos puramente religiosos, as regras exclusivamente morais e sociais, de educação, da moda, do folclore. São também normas imperativas, mas não são autorizantes, não possuindo o requisito básico da coercibilidade para serem consideradas normas jurídicas (Telles, 2002:46).

Orlando de Almeida Secco (2001:51) observa que se cumprem as normas basicamente por três motivos: (a) porque se tem plena consciência do dever (como, por exemplo, alistar-se como eleitor); (b) porque se é compelido a satisfazer a obrigação a fim de garantir interesse próprio (pagar uma dívida, por exemplo, a fim de receber o bem adquirido); (c) porque ocorrem as sanções pela transgressão (pagar o aluguel para não sofrer despejo; não roubar para não ser preso). Em quaisquer situações, estará presente de forma latente a coerção.

Nesses termos, é possível identificar a coerção e a sanção como duas faces da mesma moeda. A sanção é o instrumento constrangedor que atua de modo direto ou indireto. A sanção, modernamente, pode ser pessoal ou patrimonial. É por meio da sanção, a face externa e material da coerção, que a lei torna-se consequentemente obrigatória, pois não seria efetiva a obrigatoriedade, se não houvesse um meio constrangedor. Nem todos os doutrinadores concordam com essas afirmações, alguns distinguindo e colocando lado a lado a sanção e a coerção. Santos Justo (2001:143) entende que a coercibilidade

> *"não confere a juridicidade às normas e nem sempre está presente: é desnecessária nas sanções que operam automaticamente; não é possível nas normas que regulam os poderes dos órgãos supremos do Estado; não funciona em alguns Direitos por carência dum aparelho capaz de impor as suas normas; e não existe nas normas desprovidas de sanção. A sua função, que não deixa de ser importante, cumpre-se na contribuição para dotar as normas jurídicas de eficácia".*

Se, contudo, adotarmos a teoria do imperativo autorizante, poderemos mais facilmente contornar as dificuldades descritas pelo autor lusitano.

Curioso lembrar que o termo *sanção* possui dois significados. O vocábulo é equívoco. O primeiro é este que ora tratamos e o segundo diz respeito a uma das fases do processo legislativo. Neste último sentido, afirmamos: o Presidente *sancionou* a lei. Aqui, nesta hipótese, o sentido é de aprovação. Como característica da ciência do Direito, como vimos, o sentido de sanção é de reprovação.

Não se identifica o conceito de coação e coerção, embora, por vezes, sejam usados indiferentemente. *Coação* é vocábulo utilizado geralmente em dois sentidos. No primeiro sentido, tido como material, a coação é entendida como violência física e mental. Nesse sentido se entende o vício de vontade, que pode tornar nulo ou anular o negócio jurídico (arts. 151 a 155 do Código Civil). Se a coação física é exercida de tal maneira que não permita escolha ao agente, desaparece a vontade e o negócio jurídico é nulo. Trata-se da *vis absoluta*, da força absoluta. Se o agente sob coação na sua manifestação de vontade ainda tem escolha de dois caminhos, praticar ou não o negócio, o ato é anulável. Esse tema é por nós desenvolvido em nosso primeiro volume da obra Direito Civil.

Sob diverso ponto de vista, a coação deve ser entendida como força organizada para fins de estruturar e fazer cumprir o Direito. No dizer de Miguel Reale (1981:72), *"a astúcia do Direito consiste em valer-se do veneno da força para impedir que ela triunfe..."* Sob esse prisma de pressão psicológica é que pode ser entendida a coação sob o mesmo aspecto da coerção, sem que exista sinonímia. Lembra Maria Helena Diniz (1979:107) que

> *"a coerção não é privativa da norma jurídica. O cumprimento de normas morais pode também ser motivado pelo medo das consequências que decorrem de sua violação. Os castigos e recompensas ultraterrenos, os veredictos da opinião pública, a exclusão de certos círculos sociais, podem constituir uma coerção, que, não raras vezes, é mais forte que as sanções jurídicas".*

Essa pressão social, portanto, dá-nos claramente a ideia psicológica da coerção, não se identificando com os elementos materiais da coação. Há doutrinas, contudo, que entendem equivalentes os termos e outras que fazem distinções mais detalhadas entre ambos.

O sentido da sanção é neutralizar, desfazer ou reparar um mal causado por um ato ilícito. Por meio da citada pressão psicológica traduzida pela coerção, cria-se uma situação desfavorável para o transgressor. A sanção só pode ser aplicada de acordo com a lei. O juiz não pode aplicar qualquer sanção que não esteja prevista no ordenamento. Nem sempre foi assim, porém, no curso da história. Nas sociedades primitivas, a sanção não guardava proporcionalidade com a falta praticada. À medida que se abandona a pena privada e o *ius puniendi* passa às mãos do Estado, este se organiza para estabelecer as sanções. Em matéria de sanção, foi no direito penal que residiu a primeira forma. A sanção penal paulatinamente se espalha posteriormente ao direito privado. Desse modo, o direito privado herdou o princípio da reparação dos danos, inculpando o seu autor, ou alguém por ele, gerando o dever de indenizar. Em determinado estágio da história do direito privado, buscando o ordenamento indenizar o maior número possível de prejuízos, estabeleceu-se que terceiros, ainda que não causadores diretos dos danos, devem também responder pela indenização. O Código Civil estampa, destarte, várias situações da chamada responsabilidade pelo fato de terceiro. É por essa razão que, por exemplo, os pais podem responder pelos danos praticados pelos filhos menores e os empregadores, pelos danos praticados pelos empregados.

Quando a norma é completa, a sanção vem especificada em sua descrição, como normalmente ocorre nas normas de direito penal, daí ser também conhecida como *perinorma*, em virtude de a sanção constar do perímetro da norma. Em outras hipóteses a sanção não está presente na norma especificamente, mas se liga ao conjunto de todo o ordenamento, quando, por exemplo, diz que todo ato ilícito gera o dever de indenizar.

4 SANÇÃO E AUTOTUTELA

É oportuno distinguir, no curso da história, o processo de tutela, que decorre da sociedade e do Estado organizado e de autotutela ou autodefesa, nas sociedades mais primitivas. O reconhecimento da vingança privada e da autodefesa em certos ordenamentos primitivos era um traço marcante. À medida que se desenvolve a sociedade, a autotutela cede espaço para a heterotutela, ficando proibido e inadmissível que o ofendido possa ele mesmo fazer justiça de mão própria.

> *"Só o sistema da heterotutela garante, além da maior eficácia, também uma maior proporção entre o dano e a reparação, e assim satisfaz melhor algumas exigências fundamentais de todo viver social, dentre os quais está certamente a ordem, para cuja manutenção basta a garantia de que as normas estabelecidas se façam valer. Mas está presente também, e sobretudo, a igualdade de tratamento, que é melhor assegurada quando a sanção é atribuída a um órgão superpartes"* (Bobbio, 2003:162).

No ordenamento jurídico moderno restaram ainda resquícios de autotutela, como a autodefesa ou desforço imediato no ataque à posse e à legítima defesa penal. Nessas situações a lei permite a defesa de mão própria, dentro de certos limites, porque não há tempo hábil para recorrer-se ao organismo estatal. Contudo, essas situações apresentam-se como exceção absoluta dentro do sistema.

Por outro lado, quando a sociedade descrê no aparato do Estado, quando os instrumentos preventivos ou repressivos, isto é, coercitivos, estão desaparelhados ou desajustados, quando a Justiça é lenta, tardia, retrógrada ou inadequada, como infelizmente demonstra a história recente e contemporânea de nosso país, e assim preponderam e tripudiam os transgressores, do andrajoso àquele de colarinho branco; quando as iniquidades sobrepujam o sentido do justo, a sociedade, desprovida de tutela adequada, tende a voltar ao instinto primitivo da autotutela, colocando em risco sua própria sobrevivência e a manutenção do Estado.

> *"O medo das consequências da violação da norma jurídica é vão, impotente, quando a maioria dos cidadãos se recusa a observar a norma jurídica"* (Diniz, 1979:109).

Nessa situação, muito mais do que a norma, o próprio Estado, como organização, se torna incoerente. Parafraseando Ruy Barbosa, em famoso discurso: *de tanto ver vencer a iniquidades, o ser humano tem vergonha de ser honesto.*

5 A DENOMINADA SANÇÃO PREMIAL

Lembra Miguel Reale (1981:75) que no direito contemporâneo buscam-se técnicas mais aperfeiçoadas para obter-se o cumprimento das normas jurídicas, não unicamente pelas tradicionais sanções intimidativas, mas sim por meio de

> *"processos que possam influir no sentido da adesão espontânea dos obrigados, como os que propiciam incentivos e vantagens. Assim, ao lado das sanções penais, temos sanções premiais que oferecem um benefício ao destinatário, como, por exemplo, um desconto ao contribuinte que paga o tributo antes da data do vencimento".*

O prêmio contido na norma, porém, como assume parte da doutrina, não é modalidade de sanção, mas apenas uma prestação integrante da estrutura da norma ou complementada por outra norma. Assim deve ser visto, como exemplo geralmente referido à sanção premial, o desconto que o contribuinte obtém ao pagar um tributo à vista, não optando pelo pagamento em parcelas.

> *"Mesmo quando o prazo para o pagamento de um tributo, e a previsão de desconto para quem efetuar o pagamento antecipadamente, estejam em mesmo dispositivo de lei, na verdade aí existem duas normas. Uma, a que estabelece o prazo, que inclusive pode estar incompleta, pois a sanção correspondente pode estar em outro dispositivo. Outra, a que estabelece o prêmio, vale dizer, o desconto para quem efetuar o pagamento antecipado. E nessa norma que estabelece o prêmio, o pagamento antecipado outra coisa não é senão o que se tem denominado fato temporal ou pressuposto de incidência dessa norma"* (Machado, 2000:91).

O mesmo sentido está presente, sem dúvida, nas denominadas sanções premiais do direito penal, quando o réu, por exemplo, coopera com as investigações e apuração de crimes e com isso obtém redução de pena (delação premiada). Desse modo, não há que se colocar o prêmio como modalidade de sanção. O prêmio é um estímulo para o cumprimento da prestação ou de um dever jurídico e não integra o conceito de norma. Além disso, a sanção liga-se à ideia de não prestação, coerção e punição e a terminologia sanção premial contém uma contradição em seus próprios termos.

6 DEFINIÇÃO DE LEI

Já nos reportamos às dificuldades de qualquer definição. A esta altura de nossa exposição, estudadas as características das normas, é possível arriscarmos uma definição de lei. Quando do início de nossa obra *Direito civil*, volume 1, apresentamos a seguinte definição:

> *"Lei é uma regra geral de direito, abstrata e permanente, dotada de sanção, expressa pela vontade de uma autoridade competente, de cunho obrigatório e de forma escrita"* (Venosa, 2003:37).

É claro que definição alguma de lei será perfeita ou completa. Nessa dicção está presente a maioria das características da lei: generalidade e abstração, imperatividade representada pela sanção, forma escrita, autoridade competente etc. Vimos que a lei será sempre escrita, no que se distingue das normas. Cabe a cada um, é certo, elaborar sua própria definição, com os elementos que forem adotados.

7 CLASSIFICAÇÃO

As leis podem ser classificadas sob vários critérios. Advirta-se, de plano, que sendo este um trabalho exclusivamente doutrinário, nenhuma das classificações apresentadas pelos vários doutrinadores será exaustiva e isenta de críticas. Há, no entanto, categorias básicas presentes em todas as classificações; outras são próprias de alguns autores que adotam nomenclatura peculiar.

a) Quanto à origem legislativa de onde promanam.

Nos países sob estrutura federativa, as leis são *federais*, *estaduais* e *municipais*. Nos estados unitários, divididos em províncias, as leis são federais e provinciais; quando há distritos, há leis distritais etc. Quanto à hierarquia, podem ser ordenadas, de forma simplificada, a começar pela sobranceira Constituição; a seguir, as leis constitucionais, as leis ordinárias. Essa matéria deve ser desenvolvida no estudo do direito constitucional. Norma alguma poderá conflitar com a Constituição, a lei maior.

b) Quanto à duração, as leis são *temporárias* ou *permanentes*.

As leis temporárias são exceções dentro do ordenamento. Já nascem com um período determinado de vigência. São editadas, geralmente, para atender a situações fáticas emergenciais, transitórias ou circunstanciais. É o que ocorreu, por exemplo, na situação de pandemia que enfrentamos, com várias leis temporárias. Podem ser promulgadas sob determinada condição. Por vezes a lei possui nítido conteúdo emergencial, com todos os requisitos de uma norma temporária, mas o legislador maliciosamente não coloca um termo, de molde que formalmente deve ser vista como uma lei permanente. Nesta hipótese, somente com a revogação a lei deixará de ter vigência.

As leis permanentes, que são regra geral no sistema, são editadas para vigorar por tempo indeterminado, deixando de ter vigência apenas mediante outro ato legislativo que as revogue, implícita ou tacitamente.

As leis temporárias deixam de viger automaticamente na data nelas fixadas, isto é, o advento do termo, que pode estar contido em outra lei. Extinguem-se também quando desaparece a situação fática para a qual foram criadas ou quando ocorre o implemento da condição.

c) Quanto à amplitude ou alcance, as leis podem ser gerais, *especiais*, *excepcionais* e *singulares*.

Gerais são as leis que disciplinam um número indeterminado de pessoas e atingem uma esfera de situações genéricas. O Código Civil é um exemplo de lei geral.

São consideradas especiais as leis que regulam matérias com critérios particulares, diversos das leis gerais. Exemplo destas é a Lei do Inquilinato (Lei nº 8.245, de 18-10-91), que disciplina diferentemente do Código Civil a locação de imóveis. Apesar de regular fatos sociais sob um regime diverso, essas normas não se opõem às normas gerais, antes as completam.

São excepcionais as normas que regem, por modo contrário ao estabelecido na lei geral, fatos ou relações jurídicas que naturalmente estariam cobertos pela lei geral. Os atos institucionais, durante o movimento militar no Brasil, que teve início em 1964, suprimiram muitas das garantias constitucionais e são infelizes exemplos de leis excepcionais. Não há que se confundir, no entanto, a lei especial, pela qual o legislador tem por bem regular diferentemente um conjunto de relações jurídicas, com a lei excepcional, pois esta, daí por que denominada "lei de exceção", contraria, geralmente, todo um sistema preestabelecido.

A lei singular já foi por nós referida. Só podem assim ser rotuladas para compreensão didática, embora existam autores que a entendem também por norma. Vimos que a lei deve ter a característica da generalidade. O decreto que nomeia um funcionário público é formalmente uma lei, mas não tem o conteúdo de generalidade. No entanto, qualquer afirmação peremptória em direito é arriscada. A lei pode estabelecer um privilégio, que é um benefício singular, a uma pessoa ou a um grupo restrito. Ao privilégio fizemos referência no Capítulo 1. Não deixa de ter o conteúdo pleno de lei, por exemplo, a norma que concede pensão vitalícia a pessoa que desempenhou serviços extraordinários para a nação.

d) Quanto à força obrigatória, as leis podem ser *cogentes* ou *dispositivas*.

São *cogentes ou imperativas* as normas que se impõem por seu próprio conteúdo, ficando excluído qualquer arbítrio ou vontade dos interessados. São aplicadas ainda que pessoas eventualmente beneficiadas pela norma não desejassem sua aplicação. Impõem um comportamento positivo (*facere*) ou negativo (*non facere*).

São *preceptivas*, isto é, impõem uma conduta, as normas que, por exemplo, obrigam a indenizar quando for causado um dano. As normas penais são em grande parte *proibitivas*, porque vedam uma conduta.

Era exemplo de norma cogente, no Código de 1916, o princípio da imutabilidade de bens no casamento, norma que se alterou no atual Código, permitindo, sob determinadas condições e com autorização judicial, a alteração. É amplo e majoritário o número de normas cogentes no ordenamento. Cada vez mais, restringe-se o âmbito de vontade. Nas leis cogentes, não é permitido às partes interessadas dispor diferentemente. Qualquer disposição nesse sentido será ineficaz.

As normas dispositivas impõem-se supletivamente, daí por que são também denominadas *supletivas*. Cabe aos interessados valerem-se delas ou não. Perante a ausência de manifestação das partes, essas normas são chamadas a atuar, sendo, então, obrigatoriamente aplicadas pelo juiz. É no campo do direito privado que maiormente atuam as normas dispositivas. Como assevera Serpa Lopes (1962, v. 1:49), para editar tais normas o legislador inspira-se em duas ideias:

> *"a primeira consiste em reproduzir a vontade presumida das partes, regulamentando a relação jurídica, como se os interessados a houvessem confeccionado, eles próprios; a segunda, considerando antes de tudo as tradições, os costumes, os hábitos de interesse geral como no caso em que se estabelece um determinado regime de bens no casamento, na ausência de pacto antenupcial".*

Com a crescente interferência do Estado nas relações jurídicas privadas, reduz-se sensivelmente no ordenamento o número de normas dispositivas.

Nem sempre é simples a tarefa de distinguir, à primeira vista, uma norma cogente de uma norma supletiva. Impõe-se examinar em cada hipótese a finalidade da lei e a intenção do legislador, sob o aspecto da relação jurídica enfocada. Raramente, o legislador é expresso ou peremptório ao afirmar a disponibilidade ou cogência da norma. Geralmente, quando se cuida de interesses gerais, públicos, garantias de liberdades ou proteção da família, por exemplo, a norma é cogente. Quando o interesse for meramente individual, a norma deverá ser dispositiva.

Paralelamente a esse tema, é importante lembrar o conceito de *ordem pública*. Isto porque, quando presente a ordem pública, todas as normas que dizem respeito a ela são cogentes.

Leis de ordem pública são normas às quais, como regra, o Estado empresta maior relevância, dada sua natureza especial de tutela jurídica e finalidade social. Podem também estar presentes entre os direitos privados quando atuam na tutela de interesses coletivos. Seus efeitos e sua conceituação muito se aproximam das normas cogentes, não havendo razão para não se equipararem as duas categorias. A maior dificuldade reside no conceito de "ordem pública", que se utiliza de bases filosóficas. A melhor solução nestas primeiras linhas de estudo é equiparar as normas cogentes, impositivas ou absolutas, às leis de ordem pública, como faz Maria Helena Diniz (1982, v. 1:28). Quando o legislador valora determinada conduta de molde a entender que o particular não pode dela se afastar, passa a tutelar interesses fundamentais, diretamente ligados ao bem comum e à ordem pública.

As dificuldades em conceituar ordem pública, acentuadas por Colin e Capitant (1934), são matéria para a filosofia e sociologia do direito.

e) Quanto à sanção, as leis podem ser *perfeitas*, *mais que perfeitas*, *menos que perfeitas* e *imperfeitas*.

Perfeitas são aquelas normas cuja transgressão importa sanção de nulidade ou possibilidade de anulação do ato praticado. No direito penal, a transgressão da norma, tipificando um crime, importa a aplicação de uma pena. Assim, por exemplo, para a elaboração de testamento público, a lei exige os requisitos estabelecidos no art. 1.864 do Código Civil. Dentre os requisitos, exige-se a presença de duas testemunhas ao ato. Se faltarem essas testemunhas, o testamento será nulo. Por outro lado, o negócio jurídico praticado com dolo (art. 145 do Código Civil) fica sujeito à anulação, a qual é menos grave do que a nulidade, pois depende da iniciativa da parte.

Mais que perfeitas são as normas cuja violação dá margem a duas sanções: a nulidade do ato praticado, com possibilidade de restabelecimento do ato anterior, e também uma pena ao transgressor. A disposição do art. 1.521, VI, do Código Civil estabelece que não podem casar as pessoas já casadas. A violação desse dispositivo faz com que se decrete a nulidade desse casamento (art. 1.548, II, do Código Civil), sem prejuízo penal do infrator (art. 235 do Código Penal, crime de bigamia).

São *menos que perfeitas* as normas que trazem sanção incompleta ou inadequada. O ato vale, mas com sanção parcial, como ocorre na hipótese da viúva ou viúvo que contrai novo matrimônio, tendo prole do casamento anterior, não fazendo inventário do cônjuge falecido. O novo matrimônio será válido, mas perderá a mulher o usufruto dos bens dos filhos menores, além de se casar obrigatoriamente sob o regime de separação de bens (art. 1.641, I).

São *leis imperfeitas* as que prescrevem uma conduta sem impor sanção. Não existe nulidade para o ato, nem qualquer punição ou reprimenda. Exemplo dessa modalidade é a que determina prazo de dois meses, a contar da abertura da sucessão, para o início do processo do inventário (art. 611 do Código de Processo Civil de 2015). Leis estaduais, contudo, cominaram multa pela desobediência do prazo ou perda de benefício tributário. Outro exemplo é o das dívidas prescritas e das obrigações naturais, como as dívidas de jogo. Esses débitos devem ser pagos, porém o ordenamento não concede instrumento jurídico para obrigar o adimplemento (art. 814 do Código Civil). Como em toda obrigação natural, quando for feito pagamento, este é bom e eficaz e não pode ser repetido, isto é, não pode ser requerida sua devolução. No entanto, nessa modalidade de obrigações, o ordenamento não coloca ação à disposição do credor para a cobrança. Santos Justo recorda também que as normas constitucionais que consagram, por exemplo, direito à segurança social e atribuem ao Governo o direito de organizar, coordenar e subsidiar o sistema de seguridade social são exemplos de normas imperfeitas.

f) Também quanto à plenitude de seu sentido, as normas podem ser *autônomas* ou *não autônomas*.

São normas autônomas aquelas que se expressam com um sentido completo, ou seja, bastam-se por si mesmas para sua compreensão, independendo de outras normas. Assim, por exemplo, é o art. 3º do Código Civil, que fixa a incapacidade para os menores de 16 anos.

As normas não autônomas não possuem sentido completo e, para obter sua perfeita compreensão e efetividade, necessitam de outras normas para quais se remete o raciocínio. Essa remissão poderá ser explícita, quando a lei se refere expressamente a outro dispositivo legal, modificando, restringindo ou ampliando o sentido da norma original, ou simplesmente completando sua compreensão. Assim, quando o art. 6º do Código Civil dispõe que "*a existência da pessoa natural termina com a morte; presume-se esta, quanto aos ausentes, nos casos em que a lei autoriza a abertura de sucessão definitiva*", há dois fenômenos que devem ser buscados em outras normas nesse dispositivo: quando ocorre a ausência, no sentido técnico-jurídico, e quais são as hipóteses em que a lei autoriza a abertura da sucessão definitiva.

A remissão poderá, no entanto, ser implícita, pois, embora a norma aparentemente possa apresentar-se como autônoma, sua compreensão não se completa sem recorrer a outras disposições legais. Assim, quando o Código Civil, no art. 1.314, dispõe que "*cada condômino pode usar da coisa conforme sua destinação, sobre ela exercer todos os direitos compatíveis com a indivisão, reivindicá-la de terceiro, defender a sua posse e alhear a respectiva parte ideal, ou gravá-la*", há necessidade de que o destinatário da norma ou interessado saiba como é regulada a ação reivindicatória, a defesa da posse e em que consiste a parte ideal no condomínio. Sob esse prisma, raramente uma norma poderá ser compreendida de per si, daí por que, a nosso ver, essa classificação deve ser compreendida dentro desses limites.

> "*As normas não autônomas são, verdadeiramente, simples parcelas de um comando jurídico, apenas podendo ser tomadas em conta com referência a esse comando, em torno do qual gravitam*" (Telles, 2001).

Nas aplicações das normas em direito internacional privado, campo em que a matéria deverá ser aprofundada, quando há que se escolher em ordenamentos de países diferentes, recorre-se amiúde às remissões, que tomam o nome de *devoluções* ou *reenvios*.

g) Também devem ser lembradas as *normas interpretativas*.

A interpretação, como regra, não cabe ao legislador. Estudaremos, a seguir, a técnica de interpretação. Porém, excepcionalmente, a norma pode ter unicamente o caráter interpretativo de outra norma. A regra se limita a fixar o sentido juridicamente relevante de outra lei. Cuida-se da interpretação denominada autêntica. Não é muito comum nem aconselhável a edição de normas nesse sentido. Voltaremos ao tema.

As *definições legais*, às quais já nos referimos, devem ser entendidas como uma variante das normas interpretativas. Vimos que o legislador evita tanto quanto possível as definições, pois não cabe, em princípio, à lei definir. No entanto, quando presente na lei, a definição passa a ter caráter vinculativo e restritivo, pois, ao definir, o ordenamento deseja que não se amplie o conteúdo do instituto em questão. "*Embora em linguagem sintética, como aliás deve ser sempre a do legislador, delimitam certa realidade jurídica, cujos contornos e conteúdo se apresentam como obrigatórios*" (Telles, 2001:133).

h) Parte da doutrina refere-se, ainda, às *normas rígidas* e às *normas elásticas*.

Na norma rígida, o preceito impõe uma verdade jurídica, que não permite qualquer flexibilidade ao juiz. Assim era entendido todo o Direito no passado, mormente pela escola que gravitou inicialmente em torno do Código Civil francês de 1804. De certa forma, esse conceito identifica-se com o de cogência e imperatividade. Desse modo, não se admite qualquer flexibilidade à norma que estabelece a maioridade ou que fixa os prazos de prescrição ou decadência. As normas flexíveis permitem que o juiz tenha certa margem de discricionariedade, podendo, por exemplo, assim analisar a boa-fé em um contrato.

8 EXISTÊNCIA E VALIDADE. EFICÁCIA

A doutrina não logrou ainda estabelecer uma nítida diferenciação entre existência e validade. Deve ficar claro, de início, que algo pode existir, ter toda potencialidade para atuar, mas não atua. Podemos comparar a situação com um automóvel, no qual não se colocaram as rodas: a coisa existe, mas sem as rodas não se pode dizer que é um veículo. Mas esse mesmo veículo pode estar completo, com as rodas, o motor, mas não há como se dar partida nele; não há como fazê-lo rodar, que é sua função precípua. Assim, a coisa é um veículo, válido como tal, mas não preenche a sua finalidade, isto é, não possui eficácia. O veículo somente será eficaz quando puder transitar regularmente.

Assim também para os fenômenos do Direito, as leis e os negócios jurídicos. No âmbito dos negócios jurídicos, como estudamos em nossa obra sobre direito civil, primeiro volume, a distinção entre existência e validade é mais patente.

Dessa forma, a lei de âmbito federal existe quando regularmente votada pelo Congresso Nacional. Para sua validade, é necessário que todas as etapas legais de sua elaboração tenham sido obedecidas. Há um processo legislativo complexo a ser obedecido. Pode ser que a lei exista, porque foi aprovada regularmente pelo órgão legislativo, mas não seja válida porque não está, por exemplo, de acordo com a Constituição. No dizer de Hugo de Brito Machado (2000:76), "*o existir depende apenas da obediência ao princípio da competência e do procedimento adequado, enquanto valer depende da inteira harmonia com as normas superiores*". É claro que esta se trata de uma noção perfunctória que deve ser aprofundada em outros campos de estudo do Direito. Desse modo, "*na categoria da validade, examinam-se as condições existenciais da norma jurídica, o que requer o emprego de critérios técnicos, sendo tal abordagem, portanto, eminentemente formal*" (Vasconcellos, 2000:225).

A lei inválida pode gerar efeitos concretos ou materiais enquanto não declarada inválida pelos meios legais. Sob esse aspecto, destacam-se a validade formal e a validade material. A validade formal, pelo que expusemos, pode confundir-se com a própria existência da lei. Uma lei federal, de matéria de exclusiva competência do município, apresenta-se formalmente válida, mas sem requisitos materiais de validade. O mesmo se diga de lei elaborada por iniciativa de quem não tinha legitimação para fazê-lo. Essas leis não possuem conteúdo de validade.

Para que uma lei seja válida sob o prisma material, há de estar de acordo com a Constituição, norma superior. As normas inferiores devem ser avaliadas em confronto com as normas superiores. Para que a norma seja válida, deve estar integrada no ordenamento. Exige-se um processo de formação de conformidade com os requisitos do próprio ordenamento (Ferraz Junior, 2003:197).

Da mesma forma, como se nota, a lei pode ter existência de fato, sem, contudo, guardar a existência jurídica. A lei apresenta-se com o aspecto externo formal completo. Assim, por exemplo, se elaborarmos uma lei em uma faculdade de direito, com todos os aspectos formais corretos, o leigo não terá como distingui-la da lei verdadeira. A existência jurídica somente pode ser constatada por quem tenha conhecimento técnico, que possa observar os trâmites da lei, desde seu projeto, até sua final aprovação e publicação.

A publicação da lei, no *Diário Oficial*, é requisito fundamental para sua validade. É a forma pela qual o diploma legal se torna conhecido da sociedade. No nosso sistema, a publicação é condição própria da existência da lei. Porém, é apenas formalmente que podemos dizer que, publicada uma lei, ela se torna conhecida de todos. Trata-se, evidentemente, de instrumento que possibilita o conhecimento geral, uma verdade unicamente técnica, mas não real. Essa possibilidade de conhecimento geral é característica de sua publicação e esse aspecto não deve ser tratado como uma *presunção* de que a lei é conhecida por todos. Ninguém, por mais aplicado que seja, tem condições de ler todas as leis que são publicadas no país. A forma de publicação é regulada pelo direito positivo. O *Diário Oficial da União, dos Estados* e *dos Municípios* são os órgãos veiculadores das leis. Pode ocorrer que os municípios autorizem determinado jornal privado a ser seu órgão oficial das leis, quando no local não houver *Diário Oficial*. No entanto, qualquer outra publicação, que não no órgão oficial, não preencherá o requisito essencial da publicação da lei.

Uma lei, mesmo existente e tendo gerado efeito por longo período, pode não ser válida, porque contraria a Constituição ou normas superiores. Sua validade, no entanto, somente será contestada pelos órgãos do Poder Judiciário e, em última ou única instância, pelo Supremo Tribunal Federal. Até a decretação de invalidade ou inconstitucionalidade, a lei gera efeitos concretos.

8.1 Eficácia

Ultrapassados os planos de existência e validade da lei, cumpre que analisemos o terceiro plano, o da *eficácia*. Eficaz é qualidade de algo que produz o efeito esperado ou satisfatório. Ora, no exemplo dado acima do automóvel, este somente poderá ser eficaz se puder rodar pelas vias públicas. Da mesma forma, a lei somente poderá ser considerada eficaz se gerar efeitos e atuar sobre a sociedade. Sob esse aspecto, a lei deve estar *vigente*, em pleno vigor. A vigência, nessa ótica, é um aparato da lei escrita, pois nessa hipótese sua vigência é comprovada por meios materiais, como o processo legislativo, a promulgação e a publicação no órgão oficial. Nos ordenamentos que adotam a possibilidade de normas não escritas, a vigência é decorrência da eficácia da regra jurídica, o que deve ser observado pelo comportamento da sociedade, sendo um processo mais complexo. Vigência é, portanto, um termo que demarca o tempo de validade da norma.

Eficácia é efeito da norma, sua concreção sobre os fenômenos sociais. Uma lei que ainda não está em vigor existe, é válida, mas não tem eficácia. É o que ocorre quando a lei já foi promulgada e publicada, mas aguarda o chamado período de *vacatio legis*.

Art. 1º da Lei de Introdução às Normas do Direito Brasileiro:

> *"Salvo disposição contrária, a lei começa a vigorar em todo o País quarenta e cinco dias depois de oficialmente publicada."*

Esse período no qual a lei está com sua eficácia suspensa (*vacatio legis*) tem como finalidade preparar a sociedade e os operadores do Direito para o novo diploma legal, pois, com frequência, serão necessários não apenas o conhecimento da lei pelos técnicos, como também providências de ordem material. Quando, por exemplo, uma lei tributária exige novos formulários dos prestadores de serviços, há necessidade de tempo material para essa adaptação. Dependendo da maior ou menor complexidade e do alcance da lei, esse prazo pode ser reduzido ou estendido: os Códigos Civis brasileiros, de 1916 e de 2002, tiveram *vacatio* de um ano. O antigo Código entrou em vigor em 1º de janeiro de 1917 e o Código de 2002, um ano após sua publicação, que se deu em 11 de janeiro de 2002.

Sob outro prisma, como já acentuamos, há leis que, embora vigentes, não são absorvidas ou aceitas pela sociedade, que não as segue ou não as cumpre, e têm, sob tal prisma, amiúde, a compreensão do Judiciário. Volta-se ao tema da coerência da norma, mais de uma vez aqui referido. Cuida-se de um fenômeno de ausência de eficácia, cujo estudo transcende o aspecto eminentemente jurídico e possui cunhos éticos, filosóficos, antropológicos e sociológicos. Exemplo que nosso meio jurídico sempre menciona a esse respeito é nossa Lei de Usura, Decreto nº 22.626, de 7 de abril de 1933. Nunca a aplicação dessa lei foi rígida; o sistema bancário desde tempos esquecidos em nossa memória desgarrou-se do limite da taxa oficial de juros, e mesmo entre particulares sempre a aplicação dessa lei, que se reporta a juros, multa e matérias afins, foi tangenciada. Nem por isso deixa esse diploma legal de fazer parte do direito positivo brasileiro. Talvez a explicação esteja no valor que a sociedade atribui à norma. O aspecto da eficácia da norma, qual seja, em última análise, admissibilidade da lei no meio social destinado, induz que a regra jurídica deve ter necessariamente um valor admitido como aceitável. Ou seja, deve ser coerente com a realidade material e social. No dizer de A. Machado Paupério (1977:167):

> *"A norma, além de validade, há, assim, de possuir valor, isto é, além de ser válida formalmente, através da juridicidade, da positividade, da vigência e da eficácia, deve sê-lo também sob o ângulo material. Além da validade, a norma jurídica há de ter valor, através de seu conteúdo ético, próprio do domínio do dever-ser e concretizado pelos critérios de justiça e de legitimidade."*

Não sendo a norma, sob o prisma axiológico, aceita pelos destinatários, difícil ficará sua aplicação. *"Uma norma se diz socialmente eficaz quando encontra na realidade condições adequadas para produzir seus efeitos"* (Ferraz Junior, 2003:199). Assim, efetividade ou eficácia social é uma modalidade de eficácia.

Na eficácia, a norma é observada em instância de validade social. Quando a norma é efetivamente observada pelo grupo, diz-se que possui eficácia: *"Isso significa afirmar que, de fato, a norma desempenha satisfatoriamente sua função social, qual seja manter a ordem e distribuir justiça"* (Vasconcellos, 2000:228). Sob esse cenário, conclui esse mesmo autor (2000:230):

> *"Resta finalizar com a definição das seguintes posições: 1º – A validade social, ou eficácia, independe do poder institucionalizado do Estado; 2º – A norma jurídica que não se realiza como Direito não deixa, por isso, de compor o Direito positivo; 3º – Mediante a eficácia, impõe-se a força normativa do fático."*

É claro que, quando transplantarmos a problemática da norma para o nível axiológico, há que se ter uma noção clara do que é valor, matéria mais afeta à Filosofia. No valor há sempre uma possibilidade de escolha. Cada um e a sociedade como um todo escolhem, sob as mais variadas matérias, e os mais diversos problemas, qual o melhor caminho a seguir. Nesse sentido, podemos ilustrar com o papel o valor que a figura do pai de família, do *pater familias* (hoje tratado como *poder familiar*), desempenhou no curso da História. O relacionamento de pais e filhos neste século XXI é mui diverso daquele existente no direito romano e na nossa sociedade colonial e monárquica. Assim, se se admitia um castigo físico regular e imoderado dos filhos menores no passado, pelos pais e pelos mestres-escola, os valores atuais e as normas repreendem o pai ou professor que fizer isto no mundo contemporâneo. Gilberto Freyre, um de nossos principais sociólogos, descreve com maestria em suas clássicas obras, *Casa grande e senzala* e *Sobrados e mucambos*, o quadro de caudilhismo patriarcal existente no Brasil, até o início do século XX, o qual seguia, na verdade, uma tradição imposta pelos jesuítas que participaram de nossa colonização. O exemplo é patente para demonstrar que na dinâmica social transformam-se os valores. Na sociedade tecnológica, esses valores modificam-se mais rapidamente, o que exige sempre a presciência atenta e permanente do jurista e do sociólogo.

Vê-se, portanto, que a norma é disciplina das escolhas, *"que elimina opções desinteressantes ou inconvenientes, no propósito de privilegiar (e privilegia) aquelas tidas por necessárias à consecução dos objetivos primordiais do Direito, prescrevendo-lhes, por isso, sua constante observância"* (Vasconcellos, 2000:232).

Sob o aspecto exclusivamente material, a norma também poderá não ter eficácia: *ad impossibilia nemo tenetur*. Ninguém pode ser obrigado a coisas impossíveis. Neste caso, o aspecto não é propriamente de um valor inadequado, mas de uma impossibilidade material. Nesse sentido, seria ineficaz a norma que determinasse que todo empregado utilizasse aparelhos de proteção auricular, de modelo inexistente no mercado.

Outro aspecto lembrado é a perda de eficácia da norma pelo desuso. A norma deixa de ter aplicabilidade porque os valores sociais se alteraram. Tércio Sampaio Ferraz Jr. (2003:199) recorda sugestivo exemplo. Uma norma que proibisse o uso de camisas verdes em recintos públicos, tendo em vista o movimento totalitário integralista brasileiro de 1937, que tinha a camisa verde como símbolo. Completamente esquecido esse símbolo político na História, a norma teria perdido eficácia, isto é, seu sentido normativo. O mesmo não poderia ser dito da cruz suástica vermelha, símbolo do nazismo, que ora e vez retorna em novos movimentos.

Sob esse aspecto, há que se levar em conta normas que deixaram de ser eficazes pelo decurso do tempo. Também as leis, como regra geral de vida, envelhecem e perdem sua pujança e vigor inicial, pois não mais atendem aos novos valores da sociedade.

"*A norma jurídica também deve guardar uma sintonia com os fenômenos sociais de seu tempo, de maneira que uma norma jurídica de conteúdo divorciado da realidade social estará marcada para o insucesso*" (Magalhães, 2003:123). Esse mesmo autor recorda, com felicidade, como exemplo de obsoletismo legal, a norma do art. 240 do Código Penal, que previa o crime de adultério: "*ocorre que os anais forenses não registram essa espécie de crime há anos, de sorte que, sob o ponto de vista jurídico-penal, trata-se de modalidade em desuso, norma jurídica morta*" (ob. cit., loc. cit.). Na parte do direito civil, lembramos dos institutos da anticrese e da renda constituída sobre imóveis, totalmente obsoletos. Contudo, é conveniente lembrar que por vezes há institutos jurídicos que ficam adormecidos e latentes como norma durante muito tempo e de novo ressurgem e mostram alguma utilidade. Outro exemplo que é bem elucidativo é o do regime dotal no casamento. Esse regime que permitia a constituição de um dote, disciplinado com minúcias no Código Civil de 1916, não caiu ao gosto da sociedade brasileira, não tendo sido utilizado, tanto que o atual Código o suprimiu.

Toda essa problemática, relativa às normas obsoletas e inapropriadas, conduz diretamente à crítica do positivismo exacerbado, que estudamos no capítulo anterior, e induz diretamente à aplicação da teoria tridimensional ou de doutrinas axiológicas. Quando o juiz se defronta com uma norma inapropriada ou incoerente, no sentido ora tratado, é de ser lembrada a dicção do art. 5º da Lei de Introdução às Normas do Direito Brasileiro:

> "*Na aplicação da Lei, o juiz atenderá aos fins sociais a que ela se dirige e às exigências do bem comum.*"

Trata-se, sem dúvida, de uma posição axiológica a ser tomada pelo magistrado, na aplicação da lei, tanto para aquelas que já nascem mortas, em virtude de sua inadequação social ou material, como para aquelas que pereceram pela sua obsolescência, por terem perdido sua oportunidade e conveniência, após terem cumprido e esvaído seu papel. Essa inadequação da lei não é só social; pode ser material, como vimos. Uma lei que determinasse, por exemplo, que todo preso no território nacional devesse ser confinado em cela individual seria hoje materialmente inaplicável. Daí se conclui que, embora validade e eficácia sejam fenômenos distintos, devem caminhar paralelamente nas normas jurídicas.

Por derradeiro, neste tópico, cumpre mencionar os termos *vigência* e *vigor*. A tendência da doutrina é tratar ambos como sinônimos. No entanto, Tércio Sampaio Ferraz Jr. (2003:202) recorda da dicção do art. 2º da LINDB, que utiliza ambos os termos no mesmo dispositivo legal: *"Não se destinando à vigência temporária, a lei terá vigor até que outra a modifique ou revogue."* Há dois sentidos claros no texto. A vigência refere-se ao aspecto temporal da norma, isto é, período de vigência no qual a norma estará em vigor. Vigor tem, portanto, a ver com a força vinculante da norma, sua imperatividade. Vigor é, portanto, uma qualidade da vigência. Pode ser que uma lei revogada, sem vigência, por conseguinte, ainda tenha efeitos no futuro e por isso se mostre, ainda que parcialmente, em vigor. Cuida-se, por assim dizer, do rescaldo da norma revogada.

9 RETROATIVIDADE E IRRETROATIVIDADE DA NORMA

A norma deve ter, como regra geral, uma abrangência mais ou menos ampla, isto é, uma generalidade e abstração, para situações futuras. Daí também a sua característica de hipotetividade. A noção fundamental é que a lei, uma vez promulgada e publicada, só poderá atingir relações jurídicas que a partir de sua vigência ocorrerem. Em situações apenas excepcionais, porém, mormente no regime democrático, que garante os direitos individuais, há hipóteses nas quais as leis atingem fatos pretéritos. O efeito retroativo deve ser visto como exceção a confirmar a regra pela qual a lei é uma norma para o futuro. Se as leis atingissem ordinariamente os fatos passados, as relações jurídicas se tornariam instáveis e estaria instaurado o caos.

Sob esse prisma, a Constituição Federal de 1988 dispõe, no art. 5º, inciso XXXVI, dentro do longo elenco de direitos individuais, que *"a lei não prejudicará o direito adquirido, o ato jurídico perfeito e a coisa julgada"*. Cada um desses três institutos merece estudo monográfico e aprofundamento conceitual que refoge a estas primeiras linhas.

Contudo, como primeiro enfoque, entenda-se que *adquiridos* são os direitos que já se incorporaram definitivamente ao patrimônio jurídico da pessoa, que já estão sendo exercidos ou que já podem ser exercidos. Desta sorte, a lei não poderá tolhê-los. Assim, quem já se aposentou, ou sob a lei vigente adquiriu direito à aposentadoria, não pode ter seus direitos violados ou modificados por uma lei nova que, por exemplo, estende a idade para que seja concedido o benefício. No entanto, a conceituação de direito adquirido é por demais tormentosa e com muita frequência os tribunais são chamados a examiná-los, mormente o Supremo Tribunal Federal, a quem cabe decidir em última ou única instância sobre a constitucionalidade. A verdade é que essa é sempre uma questão em ebulição, dúctil e que atinge diretamente os interesses do Estado em confronto com os interesses e direitos individuais. Também não é menos verdade que todos os que se lançam a conceituar, definir e delimitar os direitos adquiridos enfrentam escolhos de difícil transposição.

Ato jurídico perfeito é aquele já praticado e que surtiu os consequentes efeitos. Um contrato elaborado sob lei que o autorize não pode ser invalidado porque lei posterior considere esse negócio ilegal.

A *coisa julgada* é o principal efeito da sentença. Trata-se da decisão judicial da qual não caiba mais recurso. Há instrumentos processuais que permitem, sob certas circunstâncias, alterar a coisa julgada: a ação rescisória no campo civil e a revisão criminal no campo penal. Essa matéria será estudada na ciência processual.

No entanto, o princípio da imutabilidade da coisa julgada modernamente também deve ser visto sob outra ótica. Não mais se pode afirmar, como no passado, que a sentença faz do negro, branco, e do branco, negro; que coloca uma pedra sobre a questão controvertida. Há realidades materiais que nos atingem mais recentemente, mormente sob influência da tecnologia, que nem o direito adquirido, nem o ato jurídico perfeito, nem a coisa julgada podem alterar. Sob esse aspecto, apenas como argumento inicial para meditação, lembre-se de uma sentença trânsita em julgado que tenha apontado a paternidade de uma pessoa, com base em exame incorreto do DNA. Ninguém pode ser qualificado como pai genético se verdadeiramente não o for. Imaginem-se os dramas sociais que uma decisão incorreta desse jaez pode ocasionar. Nossos tribunais já têm se ocupado da questão.

O fato é que tanto no que diz respeito aos direitos adquiridos como no tocante à coisa julgada há um novo horizonte a ser descortinado neste século, sempre, é verdade, buscando a proteção da dignidade humana, pedra de toque da aplicação do direito contemporâneo.

Por último neste tópico, recorde-se de que no campo criminal admite-se a retroação benéfica da lei, a *retroatio in mellius*. Assim, alguém que tenha sido condenado por uma lei da época da conduta, e a lei nova deixa de descrevê-la como crime, deve ser beneficiado. Se estiver cumprindo pena, será posto em liberdade. Ademais, todos os registros e consequências da condenação devem deixar de operar.

10 REVOGAÇÃO E CONFLITO DE NORMAS

Quando uma lei entra em vigor não tem, como regra geral, prazo de vigência, salvo a exceção restrita já vista das leis temporárias. Assim, tem aplicação o art. 2º da Lei de Introdução: "*Não se destinando à vigência temporária, a lei terá vigor até que outra a modifique ou revogue*".

Revogar significa tornar sem efeito algo até então existente. Destarte, somente lei existente pode ser revogada. Vimos que o art. 1º da citada LINDB dispõe que, salvo disposição em contrário, a lei começa a vigorar em todo o país 45 dias depois de oficialmente publicada. Embora ainda não vigente, a lei em período de *vacatio legis* já é existente, como vimos, e, apesar de não ser opinião uníssona, mesmo durante esse período, a lei em *vacatio* pode ser revogada, como já ocorreu em nosso ordenamento.

Como vimos, pode o legislador optar pela vigência imediata da lei, quando de sua publicação. Quando há período de *vacatio legis*, que pode ser maior ou menor que os citados 45 dias, é porque a lei necessita de prazo para os especialistas e interessados se adaptarem à nova norma e para que eventuais aprestos materiais com relação à nova lei sejam ultimados.

Revogação é termo geral que abrange a *derrogação* e a *ab-rogação*. Na derrogação, a lei nova apenas revoga parcialmente lei anterior. Na ab-rogação, a revogação atinge completamente lei anterior. Quando há derrogação, o ordenamento ficará com ambas as leis em vigor, cabendo ao intérprete, no mais das vezes, indicar quais os dispositivos da lei antiga que ainda remanescem vigentes e eficazes.

A revogação é, como facilmente se nota, questão de vital importância. Afinal, cabe à sociedade ter plena ciência da existência, validade e eficácia de uma norma. Como está descrito no próprio artigo aqui citado, uma nova lei pode modificar ou revogar outra lei. Começa aí um dos grandes e mais complexos problemas da ciência do Direito. Por vezes, como deveria suceder sempre, o legislador é expresso, mencionando, no bojo da nova lei, quais as leis ou artigos de leis revogados pela nova norma. Nesse aspecto, perante a *revogação expressa*, não haverá maior problema para o intérprete. Os dispositivos mencionados na lei nova fazem desaparecer do mundo jurídico a vigência e a eficácia da lei antiga. Podem remanescer efeitos de vigência da lei antiga, para atos praticados sob seu pálio, o que deve ser examinado no caso concreto. Assim, por exemplo, um contrato redigido sob lei antiga seguirá, em princípio, seus dispositivos. A questão, porém, não guarda essa tal simplicidade, pois há normas programáticas, mesmo em sede de contratos, que se aplicam de plano, mesmo para negócios jurídicos praticados sob a lei anterior. De qualquer forma, há que se preservar a vontade idônea manifestada sob a lei revogada.

Problema maior, por vezes de alta complexidade, ocorre quando a nova lei é omissa sobre a modificação ou revogação da lei antiga e a novel lei mostra-se contraditória ou confusa com a legislação antiga ou disciplina total ou parcialmente a matéria até então regulada. Trata-se da problemática da *revogação tácita*. Nessas hipóteses, há todo um trabalho de raciocínio, de interpretação e integração das normas dentro do ordenamento a fim de se concluir pela subsistência, modificação, derrogação ou revogação de lei antiga. A técnica inclui-se mais propriamente no tema da interpretação, que trataremos a seguir, mas se prende diretamente à normatividade e aqui não pode ser esquecida. Há que se verificar, nesse caso, as incompatibilidades da lei nova com a lei antiga. O tema é conhecido como *conflito de normas* ou *antinomias*. Haverá conflito de normas sempre que duas ou mais leis se contraponham. Se esse conflito é apenas aparente, ou real, isto será o objeto da interpretação. Em cada caso, o intérprete examinará a abrangência da lei nova, com relação a uma lei já existente. Do caldeamento dos julgados, ter-se-á, por fim, um quadro claro sobre qual lei deve ser aplicada.

Nesse prisma, expressa a Lei de Normas de nosso direito:

> "*A lei posterior revoga a anterior quando expressamente o declare, quando seja com ela incompatível ou quando regule inteiramente a matéria de que tratava a lei anterior*" (art. 2º, § 1º).
>
> "*A lei nova, que estabeleça disposições gerais ou especiais a par das já existentes, não revoga nem modifica a lei anterior*" (art. 2º, § 2º).
>
> "*Salvo disposição em contrário, a lei revogada não se restaura por ter a lei revogadora perdido a vigência*" (art. 2º, § 3º).

Desse modo, a lei nova pode também não revogar a lei antiga, mas complementá-la, acrescendo novos dispositivos à lei existente. Como também adverte esse dispositivo legal, o fato de uma lei posterior ser revogada não faz com que se restaure lei anteriormente revogada, fenômeno a que se dá o nome de *repristinação*. Assim, somente por dispositivo expresso em novo diploma legal é possível repristinar lei já revogada. Assim, por hipótese, se uma lei revogasse o atual Código Civil, não seria repristinado o Código de 1916, salvo se houvesse menção expressa do legislador.

Geralmente, no último artigo da nova lei encontra-se a expressão "*revogam-se as disposições em contrário*", a qual pode surgir isoladamente ou em conjunto com o elenco de leis que o legislador deseja expressamente revogar. Ainda que essa expressão de praxe não estivesse presente, por uma questão de princípio e lógica jurídica, ainda que não tivéssemos as normas mencionadas da LINDB, as disposições em contrário estariam revogadas. Daí por que essa expressão se mostra, na realidade, no mínimo desconfortável, para não dizê-la inútil.

Certamente, a primeira pergunta que o iniciante fará a respeito do tema é "por que o legislador não é sempre expresso?", indicando peremptoriamente no texto da nova lei quais os dispositivos e as leis que revoga. Aliás, é mais raro que seja expresso; poucas vezes o será. Como regra geral, opera-se a revogação tácita. Por várias razões isto ocorre. Primeiramente, como temos repetido exaustivamente, é muito difícil ser peremptório na ciência jurídica. O ideal é, sem dúvida, que a lei expresse qual lei ou leis ou artigos de lei que revoga. Há norma nesse sentido. O legislador cuidadoso assim o fará. Nem sempre há esse cuidado; porém, embora tenhamos uma lei que assim determine (Lei Complementar nº 107, de 26 de abril de 2001, com as alterações da Lei Complementar nº 95, de 26 de fevereiro de 1998), sucede, com frequência, que o legislador não tem ou não deseja ter condições, ao editar a nova lei, de avaliar todos os reflexos que ela ocasionará: por ausência de conhecimentos técnicos, o que ultimamente tem ocorrido infelizmente com persistência, ou porque o tema é por demais amplo e complexo. Assim, não se arrisca o editor da nova lei a revogar expressamente uma norma antiga e relega todo esse trabalho, de forma mais cômoda e com mínimo esforço, para os interessados e os tribunais. Sem dúvida, essa postura traz incertezas e insegurança, mas, amiúde, torna-se de fato inconveniente e inoportuna outra diretriz. A par dos senhores deputados e senadores, nem sempre afeitos à técnica jurídica, as assessorias jurídicas da Câmara e do Senado, bem como das assembleias legislativas estaduais, deveriam ser mais zelosas e escrupulosas a esse respeito.

Exemplo lamentável dessa ausência de esmero na elaboração da lei é o Código Civil de 2002: o art. 2.045 apenas revogou expressamente o Código de 1916 e a primeira parte do Código Comercial. Há dezenas de leis que ficaram no limbo, a cargo da jurisprudência, para decidir de sua vigência total ou parcial, como, apenas para citar os exemplos mais patentes, o Estatuto da Criança e do Adolescente, a Lei do Divórcio, a Lei de Condomínio e Incorporações e a Lei dos Registros Públicos.

A citada Lei Complementar nº 95/1998, alterada pela Lei Complementar nº 107/2001, é exemplo muito elucidativo, conforme já comentado, de lei descumprida pelos próprios legisladores. Seu art. 9º determina:

> *"A cláusula de revogação deverá enumerar, expressamente, as leis ou disposições legais revogadas."*

O Código Civil, que se coloca como exemplo mais retumbante, mercê sua capital importância no ordenamento de qualquer nação, deveria ter merecido o cuidado propugnado por essa lei. O legislador omitiu-se. Se uma norma desse nível e dessa importância não obedece ao próprio ordenamento, a uma lei complementar, o que dizer então de leis mais singelas e menos complexas. Trata-se de exemplo claro de desmazelo e despreparo do legislador. O intuito dessa lei complementar foi evidentemente facilitar o trabalho do intérprete e dar maior segurança à sociedade. Portanto, por vontade do próprio Estado, continuamos dependendo dos incertos e demorados sopros da jurisprudência, com incerteza sobre inúmeras leis que se colocaram no limbo, com a promulgação do atual diploma civil, fato que ocorre também praticamente com a maioria das normas por aqui editadas. Com isto, fica claro que a própria estrutura legislativa e judiciária do país admite que leis vigentes podem não ser cumpridas. É fato que esse quadro demonstra um despreparo técnico do legislador, com a conivência paralela do Poder Executivo, e uma passividade daqueles que têm por missão fiscalizá-los, pelo voto e pelos instrumentos jurídicos postos à disposição do indivíduo.

Sob a vertente da revogação, há sempre dois critérios fundamentais a serem considerados: o cronológico e o hierárquico.

O critério cronológico é aplicação do brocardo *lex posteriori derrogat priori*. A lei posterior derroga a anterior, sendo ambas do mesmo nível hierárquico.

Pelo critério hierárquico, uma norma inferior pode ser revogada por norma superior. Assim, as novas normas constitucionais tornam ineficazes todas as normas do ordenamento que conflitem com elas. Sendo a Constituição a lei maior, não há no seu bojo qualquer menção a revogação. Pelo mesmo princípio, uma norma inferior não pode revogar a superior. Desse modo, uma lei municipal não pode derrogar lei estadual ou federal.

10.1 Conflito ou concurso de normas

Como se apontou, o fenômeno da revogação das normas jurídicas pode dar margem a outro fenômeno, qual seja, o do conflito de normas. Haverá, destarte, conflito de normas sempre que disposições de duas ou mais normas se contraponham, de modo que a observância de uma implique o descumprimento de outra. Não ocorrerá essa problemática, como vimos, quando o legislador é expresso e aponta quais as leis que o novo diploma legal revoga. Portanto, na revogação expressa não há conflito. A questão surgirá quando a lei é omissa, bem como perante a vazia expressão *revogam-se as disposições em contrário*. Na revogação tácita, por conseguinte, poderá surgir a complexidade. O conflito pode ser total ou parcial. Será total quando as normas são totalmente antagônicas; parcial, quando isto não ocorre.

Aponta Oliveira Ascensão (2003:523) que, perante uma pluralidade ou concorrência de normas, dá-se o *concurso aparente* quando houver *especialidade*, *subsidiariedade* ou *consunção*.

Quanto à *especialidade*, a regra a ser lembrada é que, havendo norma geral e norma especial sobre mesma matéria, prevalece a especial, uma vez que a lei geral só revoga a especial quando assim expressamente o declarar. Assim, por exemplo, a Lei do Inquilinato se aplica às locações de imóveis, enquanto o Código Civil se refere à locação em geral. As normas se apresentam como gênero e espécie.

Ocorre a *subsidiariedade* quando os fatos previstos numa norma se sobrepõem a fatos da mesma natureza descritos em outra. Visto por outro lado, há, então, uma sobreposição de normas. As regras de interpretação devem definir, desse modo, a norma aplicável. Assim, por exemplo, a adoção era tratada entre nós tanto pelo Código Civil, quanto pelo Estatuto da Criança e do Adolescente (Lei nº 8.069, de 13 de julho de 1990). Várias situações semelhantes foram criadas pela edição do mais recente Código Civil. A questão interpretativa é saber se será aplicado exclusivamente o Código Civil, se ambos os diplomas se aplicam para situações diversas ou se o ECA terá apenas aplicação subsidiária. Nem sempre a conclusão será simples. Em síntese, o intérprete terá que definir se uma norma exclui outra ou se ambas convivem. O trabalho do hermeneuta será perguntar qual dos dois complexos normativos deverá ceder perante outro em cada caso.

Haverá *consunção* de normas quando "*o interesse tutelado por uma norma absorve o tutelado por outra norma*" (Ascensão, 2003:524). Nesse caso, o exegeta conclui que uma norma foi revogada. Ocorre o fenômeno quando norma de abrangência mais ampla absorve também os fatos descritos em norma de alcance mais restrito.

Se não houver concurso de normas, nem mesmo aparente, conclui-se pela permanência das normas sob enfoque em plena vigência. Todo esse trabalho requer, como se nota, ingente esforço do intérprete, com pleno conhecimento do sistema.

11 IGNORÂNCIA DA LEI

A lei, uma vez promulgada e publicada, presume-se de conhecimento de todos. O ordenamento entende que a norma legal é obrigatória e ninguém se escusa de cumpri-la. O provecto preceito encontra-se estampado no art. 3º da LINDB:

> "*Ninguém se escusa de cumprir a lei, alegando que não a conhece.*"

Como se nota, nosso ordenamento não presume propriamente a lei como conhecida de todos, mas não admite que se possa alegar que não seja conhecida. Há aspectos diversos a serem enfocados. Decorre do dispositivo que a lei, após publicada e decorrido eventual período de *vacatio legis*, torna-se obrigatória para todos. São muito conhecidos os brocardos ou aforismos em torno do tema: *nemo jus ignorare censetur* e *error juris non excusat*, os quais exprimem aproximadamente o mesmo conceito.

Contudo, leva-se em conta que o fato de a lei ser presumidamente de conhecimento de todos e, portanto, obrigatória retrata um dos grandes obstáculos técnicos de nossa ciência. Não há que se levar o tema exclusivamente para o âmbito da presunção, pois longe está toda a população e mesmo todos os juristas e técnicos de conhecerem todas as leis. A realidade, como a todos é evidente, mostra-se muito distante disso.

Joaquin Costa (1957:13), jurista espanhol que escreveu sobre o tema em meados do século passado, afirma que há mais de dois mil anos sustenta-se a afirmação dessa presunção,

> *"que constitui um verdadeiro escárnio e a maior tirania que se exerceu jamais na história: essa base, esse cimento das sociedades humanas é o que se encerra nesses conhecidos aforismos herdados dos antigos romanistas".*

A ninguém se permite ignorar as leis (*nemine licet ignorare jus*). Como consequência, presume-se que todos as conhecem, mesmo aqueles que delas não possuem conhecimento algum (*ignorantia legis neminem excusat*). Conclui o autor que é conhecimento geral que esses princípios contrariam a realidade das coisas; que se trata de uma ficção e que constitui uma afirmação falsa. Não há dúvida de que apenas uma insignificante parcela da sociedade conhece as leis e, ainda assim, aquelas leis que lhe tocam. Mesmo o mais solerte profissional do Direito não terá conhecimento de todas as leis vigentes de um ordenamento. Não faltam autores que reconhecem a falsidade dessa afirmação, desvinculada da realidade dos fatos.

Ocorre que o princípio da inescusabilidade do cumprimento da lei decorre do interesse social, pois não haveria forma de ordenar a sociedade se a cada momento houvesse necessidade de se comprovar o conhecimento da lei pelo destinatário ou interessados. Desse modo, essa norma é conveniente e oportuna, para assegurar certeza jurídica.

Destarte, como é facilmente perceptível, cuidando-se esse princípio, qual seja, do conhecimento presumido da lei, de um preceito tão contrário à razão e oposto à natureza e à verdade das coisas, nem o legislador nem os tribunais mantêm-se a ele apegados de forma estrita. Portanto, a aplicação desse princípio, por vezes, deve ser vista com temperamentos. Em princípio, a doutrina admite o erro e a ignorância da lei, erro de direito, ao lado do erro de fato, mormente quando o agente está de boa-fé, no âmbito dos negócios jurídicos. O que se entende é que a ignorância da lei não pode ser escusada para justificar a própria ignorância da lei (Espínola e Espínola Filho, 1999: v. 1, 79). Não há, na verdade, uma presunção de que a lei é conhecida, mas uma conveniência para que seja tida como conhecida. A aplicação do erro de direito é ampla, como relatamos no estudo do negócio jurídico, em nossa obra de direito civil, volume 1. Conclui-se que não se admite a alegação da ignorância da lei ou erro de direito para que o agente se livre das consequências do descumprimento da lei, mas, se tiver por objeto o erro de direito em um negócio jurídico, a alegação é válida e perfeitamente admissível. Assim, por exemplo, pode ser anulado o negócio jurídico quando um agente comerciante, por exemplo, importa mercadoria ignorando que sua comercialização está proibida no território nacional. Essa matéria relativa ao negócio jurídico não se amolda perfeitamente, contudo, aos amplos termos do art. 3º da LINDB. A regra geral criticada, em princípio, impõe-se sem outras considerações.

5
FONTES DO DIREITO

1 SENTIDO DA EXPRESSÃO

Fonte possui um sentido metafórico tradicional no estudo do Direito. Expressão que se tradicionalizou de há muito, atribuída à época de Cícero, significa nascedouro, nascente, origem, causa, motivação das várias manifestações do Direito. Trata-se de expressão absolutamente consagrada pela doutrina. Pode referir-se às fontes históricas. Nesse sentido, estudam-se as fontes do Direito brasileiro, ou seja, sua gênese nas Ordenações do Reino e nos monumentos jurídicos mais antigos que deram origem ao nosso Direito. O Direito, apesar de seu dinamismo, contém muitas ideias permanentes, que se conservam presentes no curso da História. Sob esse prisma, o estudo das fontes pode se limitar a esse campo, aos antecedentes históricos dos vários institutos jurídicos. Trata-se também de pesquisa fundamental para a cultura jurídica. Sem o exame das raízes históricas, qualquer estudo do Direito restará incompleto, sem sustentação lógica, por vezes, incompreensível. Como em todas as manifestações culturais, também no Direito a História é mestra da vida.

Noutro sentido, a doutrina trata das fontes materiais ou formais, isto é, dos meios pelos quais o Direito se manifesta em um ordenamento jurídico.

Entendem-se como *fontes formais* os modos, meios, instrumentos ou formas pelos quais o Direito se manifesta perante a sociedade, tal como a lei e o costume. São os meios de expressão do Direito. Criam o Direito, isto é, introduzem no ordenamento novas normas jurídicas.

Fontes materiais são as instituições ou grupos sociais que possuem capacidade de editar normas, como o Congresso Nacional, as assembleias legislativas estaduais ou o Poder Executivo, em determinadas hipóteses. Sob esse sentido, fonte é vista sob o prisma da autoridade que pode emitir legitimamente o Direito.

Ocupamo-nos, aqui, das manifestações formais do Direito. Qualquer que seja a acepção de fonte de Direito que se estude, contudo, estaremos perante um dos temas centrais da ciência jurídica. A teoria das fontes não se exaure por si, devendo ser complementada pela interpretação das normas jurídicas, pela hermenêutica, ciência da interpretação.

Destarte, a expressão *fontes do direito* partiu de um sentido metafórico e, por meio de longa tradição histórica, obteve um significado preciso na ciência jurídica, sempre na compreensão e no entendimento da origem, berço ou nascedouro do Direito. Procurar uma fonte de uma regra é buscar o ponto de onde ela brotou para a vida social.

Abrangendo tanto as fontes formais quanto as fontes materiais, Miguel Reale (1981:141) acentua que nesse tema há uma noção essencial, pois toda fonte implica uma *estrutura de poder*. Sem um centro genético de poder, não poderá haver uma solução normativa. Desse modo, conclui esse jusfilósofo que são quatro as formas de poder: *o processo legislativo*, *a jurisdição*, ambos expressão dos poderes do Estado, Legislativo e Judiciário, respectivamente; *os usos e costumes* jurídicos, poder decisório anônimo de um povo e, por último, a *fonte negocial*, expressão do poder negocial que se manifesta nos contratos, negócios jurídicos bilaterais, e nos negócios unilaterais como o testamento, como resultado da autonomia ou poder da vontade. Da noção e estrutura dos negócios jurídicos nos ocupamos em nossa obra introdutória de Direito Civil (volume 1, parte geral, Capítulos 17, 20 ss). Os estatutos e contratos sociais de pessoas jurídicas, modalidades de negócios jurídicos, também devem ser lembrados como importante manifestação normativa. As fontes decorrentes do processo legislativo variam em cada país, podendo as leis ser mais ou menos conforme a vontade da sociedade.

Tradicionalmente, fontes formais são a lei, os costumes, a doutrina e a jurisprudência, embora outros institutos também devam ser considerados, como veremos. Nem todos aceitam a doutrina e a jurisprudência como fontes. Miguel Reale (1981:140) entende por fonte, no aspecto que ora nos interessa, *"os processos ou meios em virtude dos quais as regras jurídicas se positivam com legítima força obrigatória, isto é, com vigência e eficácia"*.

Como já examinamos no Capítulo 3, a teoria juspositivista apenas entende a lei como fonte do Direito, dentro de um sistema hierarquizado de normas. Outros fatos ou atos poderiam ser considerados, quando muito, fontes subordinadas ou secundárias. É claro que dentro do positivismo há nuanças particulares entre os múltiplos autores, mas a ideia fundamental é essa. Em que pese o esforço do positivismo, a evidência demonstra que existem outras fontes formais ao lado da lei. O estudo das fontes é matéria fundamental da Filosofia e da Sociologia do Direito, e *"constitui objeto crucial de toda reflexão jurídica, em especial o estudo da ciência dogmática do direito"* (Siqueira Jr., 2002:165).

Assim, aqui se colocando de lado as fontes materiais que têm o Estado como poder emanador, objeto de nosso estudo no capítulo anterior, a doutrina tradicional costuma classificar *a lei e o costume* como fontes formais *primárias ou imediatas* e *a doutrina e a jurisprudência* como fontes *secundárias ou mediatas*. Há, porém, outros fenômenos a serem considerados. A Lei de Introdução às Normas do Direito Brasileiro (Decreto-lei nº 4.657/1942), que não é simplesmente uma introdução ao Código Civil, mas a todo ordenamento jurídico brasileiro, apresenta em seu art. 4º como fontes: a lei, a analogia, os costumes e os princípios gerais de Direito.

Entendem-se por fontes diretas, imediatas ou primárias aquelas que, de per si, têm potencialidade suficiente para gerar a regra jurídica. As fontes mediatas ou secundárias são as que, não possuindo o mesmo vigor criativo das primeiras, esclarecem, contudo, os espíritos dos aplicadores da lei e servem de precioso substrato, auxílio ou adminículo para a aplicação global do Direito. Desse modo, estabelecendo-se ao lado da *lei* e do *costume*, estes como fontes primárias, a *doutrina*, a *jurisprudência*, a *analogia*, os *princípios gerais de direito* e a *equidade* postam-se como fontes secundárias, segundo essa visão, sem que estritamente todos estes últimos institutos possam considerar-se fontes típicas. Advirta-se, porém, que não há unanimidade na doutrina quanto a essa classificação.

A *lei* e o *costume*, sem dúvida, podem exclusivamente ser considerados fontes formais do Direito. Os outros institutos gravitam em torno da noção de estratégias para aplicação do Direito.

À lei e à normatividade em geral dedicamos o capítulo anterior. Ocupam-nos agora outros aspectos, mormente das outras fontes a serem aqui examinadas.

Há também outra classificação utilizada na doutrina que se refere às *fontes voluntárias e não voluntárias*. Voluntárias são aquelas que explicitam uma vontade dirigida especificamente à criação de uma norma jurídica. São então decorrentes de fontes voluntárias nesse sentido a lei, a jurisprudência e a doutrina. As fontes não voluntárias surgem independentemente de se buscar a criação de uma norma, como o costume e os princípios gerais de direito.

Digna de menção também é a corrente que entende que não é a lei, o costume ou os demais fenômenos que constituem fontes de direito, mas sim a incidência da norma. Segundo esse pensamento, o Direito incide quando a norma é efetivamente aplicada. Nesse sentido, a ideia se afina com o conceito do direito subjetivo, que não nasce da norma, mas de sua materialização. Essa posição, de postura lógica, não chega a desbancar ou conflitar com a doutrina tradicional.

2 A LEI: SISTEMA DO *COMMON LAW* E SISTEMA ROMANO-GERMÂNICO

Em nossa obra *Direito civil*, volume 1, Capítulo 5, traçamos um panorama sobre os vários sistemas ou famílias jurídicas, mormente o sistema romano-germânico e o sistema do *Common Law*. Ao sistema romano-germânico, ou do direito civil ou direito continental, em contraposição ao direito das ilhas britânicas, filia-se o direito brasileiro, tendo em vista suas origens lusitanas.

O exame da lei como fonte do Direito possui enfoques diversos conforme vista sob o prisma do *Common Law* ou do direito civil, de origem romano-germânica.

No sistema romanista, a lei prepondera como o centro gravitador do Direito. Essa tradição preponderou definitivamente após a Revolução Francesa, quando a lei passou a ser considerada a única expressão do direito nacional. As outras fontes subordinam-se à lei, de forma mais ou menos acentuada. Ainda, neste nosso sistema, a posição enfatizada da lei é reforçada pela presença da codificação. Para o jurista de formação romância, todo raciocínio jurídico terá sempre em mira, quase sempre como ponto de partida, o Código, seja civil, penal, processual etc., ou leis que muito se aproximam de codificações, como consolidações, estatutos ou microssistemas. Os códigos representam a legislação integral ou principal de determinados campos do Direito, como, por exemplo, o Código Civil atual representa o tronco principal e abrangente de todo direito privado.

No sistema do *Common Law*, dominante principalmente em países de língua ou influência inglesa (Inglaterra, Austrália, Nova Zelândia, Índia, Quênia etc.), a lei é vista como apenas uma dentre as várias fontes. Seu papel não se sobrepõe às demais modalidades, como o costume, a jurisprudência, os princípios gerais. Fenômeno marcante desse sistema é o fato de a lei e o direito de origem jurisprudencial conviverem como dois sistemas distintos dentro do mesmo ordenamento. Ainda quando existam códigos, e muitos desses países os têm, essas fontes são vistas como consolidações do direito consuetudinário anteriores à codificação, sendo interpretadas com base em precedentes jurisprudenciais. Não há que se entender que esse sistema inglês seja costumeiro, na acepção estrita da palavra, mas jurisprudencial, baseado em *cases*. Há países que adotam sistemas mistos, com mais ou menos influência do sistema de direito civil, como, por exemplo, Escócia e Israel, matéria que exige estudo mais aprofundado.

O isolamento inglês com relação à cultura continental, em particular ao movimento de codificação que grassou na Europa no final do século XVIII e século XIX, contribuiu para manter o *Common Law* fiel às suas origens, ao seu esquema de precedentes, no qual a lei não impera de forma soberana, mas sempre é colocada em paralelo com a jurisprudência. A própria Constituição norte-americana assume um papel diverso nesse sistema jurídico, figurando como um superpoder de controle por parte dos juízes com relação ao Congresso, isto é, sobre a legislação (Monateri, 2002:394). Nesse diapasão, o juiz inglês ou norte-americano produz, descobre, elabora o Direito, independentemente da obra do legislador, que pode apenas concorrer para sua convicção, não sendo a lei seu ponto central de raciocínio.

O juiz do sistema civil romântico parte da lei para qualquer reflexão que faça para sua decisão, recorrendo às outras fontes, tais como costumes, princípios gerais, jurisprudência, analogia, equidade como complemento ou adminículo de sua convicção. Isto como regra geral, conforme veremos. Advirta-se, porém, que um ou outro sistema chega às mesmas conclusões sob idênticos ideais de justiça. Não se pode afirmar que um sistema seja mais justo ou mais adequando que outro. Os dois sistemas são expressões culturais e históricas de cada povo, que cada vez mais sofrem influências recíprocas. A esse respeito, conclui em magnífica síntese Guido Fernando Silva Soares (2000:39):

> *"A questão é de método; enquanto no nosso sistema a primeira leitura do advogado e do juiz é a lei escrita, e, subsidiariamente, a jurisprudência, na Common Law o caminho é inverso: primeiro os cases e, a partir da constatação de uma lacuna, vai-se à lei escrita. Na verdade, tal atitude reflete a mentalidade de que o case law é a regra e o statute é o direito de exceção, portanto integrativo. Ademais, é oportuno recordar que o direito do Common Law teve um desenvolvimento diverso nos Estados Unidos da América, pois este país teve uma Constituição escrita que se coloca no topo da pirâmide normativa. Desse modo, a nação norte-americana possui na realidade um direito misto, com muita influência do civil law. De qualquer modo, a tendência das últimas décadas, mormente com a globalização e a integração econômica da União Europeia, é também a crescente influência do direito escrito no ordenamento britânico. Há também o outro lado, pois muitos dos institutos do direito inglês foram absorvidos pelo direito da comunidade continental. Por essa razão, o sistema puro do* Common Law *na Inglaterra seria aquele do tempo da rainha Vitória"* (Soares, 2000:39).

Ainda, a doutrina, os escritos dos juristas, possui nos países de orientação românica um papel totalmente diverso do que ocorre no *Common Law*. Este busca sempre soluções práticas que geralmente não se amoldam aos manuais, monografias e tratados de Direito, como os temos em nosso país, na América Latina e na Europa continental. Toda essa matéria deve ser aprofundada no estudo do Direito Comparado, disciplina que cada vez mais ganha importância no mundo globalizado. O profissional e o operador do Direito deste século devem estar familiarizados com o Direito dos povos, cada vez mais mesclados e miscigenados.

3 DO COSTUME À LEI

Nas sociedades primitivas, antes que se conhecesse a escrita, as normas se traduziam pela repetição de práticas que se entranhavam no espírito social e passavam a ser entendidas como obrigatórias ou normativas. De início, o direito confundia-se com a prática religiosa, não havendo uma nítida distinção, a qual somente ocorre com civilizações mais desenvolvidas. A obrigatoriedade de uma norma tinha algo de mágico e de divino. A família romana mais antiga era, antes de tudo, uma instituição religiosa, dentro da qual se cultuavam os deuses-lares, sob o comando do *pater familias*. Recorde-se que atualmente ainda existem culturas que sincretizam o direito e a religião, como a muçulmana. No Direito Romano, desde a fundação de Roma (753 a.C., data presumível) até meados do século V a.C, o costume foi a única fonte do direito. A Lei das XII Tábuas surge como uma representação dos costumes. A partir de então os costumes passam a desempenhar papel menor no Direito Romano.

Na Idade Média o costume volta a ser a fonte mais importante e passa a perder esse papel quando os Estados modernos se estruturam.

Enquanto costumeiro, o Direito ainda não se apresenta com um caráter claro de normatividade. O costume se forma de modo anônimo, imperceptível até chegar ao ponto de ser admitido como obrigatório pela sociedade. O costume também pode decorrer do poder de um chefe, que imponha sua vontade, aceita pela maioria.

Esse período de direito costumeiro é o mais longo da Humanidade. O direito escrito é relativamente novo em nossa História. De início, o costume não se desvinculava da lei escrita, tida como manifestação do primeiro, como ocorre, por exemplo, com a Lei das XII Tábuas.

O direito civil romano, ao lado do *jus gentium*, o maior legado de Roma para a civilização, é fruto do trabalho dos pretores. Desse aspecto nos ocupamos em nossa obra de direito civil (volume 1, cap. 3). Foi um longo transcorrer da História até que a lei escrita preponderasse. Foram necessários vários séculos, nos quais os costumes se confundiam e se mesclavam com as leis. A lei escrita definitivamente assoma nosso sistema com as codificações do final do século XVIII e início do século XIX, mormente com o Código Civil francês.

Em Portugal, o costume imperou até as Ordenações (Afonsinas, Manuelinas e Filipinas), as quais consagraram o costume como fonte ao lado da lei. Perde o costume esse papel com o Código Civil lusitano de 1867, que não menciona o costume como fonte, o que ocorre também com o Código vigente do século XX. Pelo atual Código, o costume não é considerado fonte do direito, excluindo-se expressamente os costumes *contra legem* e *praeter legem*.

A importância do costume foi decantada e esmiuçada pela já referida *escola histórica do direito*, nascida na Alemanha, no início do século XIX. Essa escola combatia o racionalismo e a tendência de codificação que florescia na Europa. Os participantes dessa escola, que teve em Savigny um dos principais próceres, defendia o costume como a principal das fontes; o espírito ou consciência do povo como origem do Direito e a comparação do Direito com a linguagem (Nader, 2003:153). Nesse sentido, a formação do Direito, com base costumeira, seria lenta, gradual e progressiva, ocorrendo de modo imperceptível e inconsciente, da mesma forma como as outras manifestações culturais, a religião, a moral, a política. Para os partidários da escola histórica, o costume teria proeminência absoluta sobre as demais fontes do direito. Essa posição, ligando o Direito exclusivamente à História, afastava os princípios do direito natural, que se baseavam na existência de um padrão universal.

4 O COSTUME COMO FONTE

Em que pese a prevalência da lei, mesmo no nosso sistema, o costume desempenha papel importante, principalmente porque a lei não tem condições de predeterminar todas as condutas e todos os fenômenos. O uso reiterado de uma prática integra o costume. Os usos situam-se em nível mais restrito com relação ao costume.

Sem que possamos precisar exatamente a origem ou seus autores, o uso reiterado de uma conduta ou atividade ganha *status* de costume. O uso transforma-se em costume quando a prática reiterada torna-se obrigatória na consciência social. Nem todo uso é costume; quando o uso torna-se obrigatório, converte-se em costume. É difícil dar prova concreta de sua existência, custoso buscar a gênese de sua elaboração e, na grande maioria das vezes, não é fácil provar sua presença, mormente nos sistemas de direito escrito.

O costume brota da consciência coletiva, de um grupo social mais ou menos amplo. Exige-se que o costume tenha amplitude, isto é, que seja geral, largamente disseminado no meio social. Não é necessário, porém, que a sociedade como um todo tenha dele consciência. O costume pode ser setorizado. Seu maior campo de atuação é, sem dúvida, o provecto direito comercial, com suas práticas, todas elas de origem costumeira. Assim, por exemplo, no setor atacadista de cereais em região central da cidade de São Paulo, há costumes próprios dos negociantes do local, só por eles conhecidos. Assim também ocorre com setores da agricultura e da indústria. Geralmente, o costume é setorizado em parcela da sociedade.

Para que o uso possa ser considerado costume é fundamental que ocorra uma *prática constante e repetitiva*, durante prazo mais ou menos longo de tempo. O costume leva tempo e instala-se quase imperceptivelmente no seio da sociedade. Assim nasceu, por exemplo, toda a teoria da letra de câmbio e dos títulos de crédito, cuja origem está nas feiras e nas cidades medievais. Há um momento no qual o legislador entende ser necessário que o costume seja trasladado para a lei. Aliás, esse é o fenômeno que ocorreu nas sociedades mais antigas, como acentuamos.

Para que se converta em fonte do Direito, *dois requisitos* são enunciados como imprescindíveis ao costume: um de *ordem objetiva ou material*, o *corpus*, qual seja, o uso continuado, a exterioridade, a percepção tangível de uma prática ou conduta; outro de *ordem subjetiva ou imaterial*, o *animus*, a consciência coletiva de obrigatoriedade da prática. Este último requisito é o aspecto distintivo do uso e de outras práticas reiteradas, como as religiosas ou morais.

Os costumes não devem ser confundidos com as chamadas cláusulas de estilo, simples praxe ou repetição automática, inserida nos contratos e em outros negócios jurídicos. Assim, por exemplo, costuma-se colocar no fecho do contrato: *"assinam o presente em duas vias de igual teor para a mesma finalidade"*, ou algo semelhante.

O fundamento do costume é controvertido. Para alguns, trata-se da vontade tácita do legislador; para outros, é a consciência popular, como sustentou a escola histórica.

Quando se lastreia o costume na vontade tácita do legislador, a maior dificuldade reside no fato de não se distinguir se o costume decorre de um legislador democrático ou totalitário. A Escola Histórica lastreou o costume na criação espontânea do espírito do povo, assim como as demais manifestações culturais, a arte, literatura, poesia etc.

Há os que entendem que o costume opera por uma autorização do ordenamento estatal, não podendo ser considerado fonte, já que a única genuína seria a lei. O fato é que a questão é tormentosa e ainda continua em aberto.

O costume obriga quando há um sentimento geral de obrigatoriedade. Uma das principais barreiras ao costume é justamente a dificuldade de se identificar a prática reiterada, dependendo do caso concreto, o que traria incerteza e insegurança. Porém, o costume possui a grande vantagem de assimilar perfeitamente as necessidades sociais, algo que nem sempre o legislador logra conseguir. O costume tem sua razão de ser justamente em sua espontaneidade brotada da sociedade, o que não ocorre comumente na lei. É fato que as sociedades atuais, convivendo sob Estados fortemente organizados e hierarquizados, relegam pouca margem criativa para os costumes.

Pode-se concluir que é a consciência da obrigatoriedade que dá força ao costume. Quando esse uso reiterado e consciente é aceito pelos tribunais, estará o costume solidificado como fonte do Direito. O costume nasce de sua própria eficácia. *"No costume, ao contrário da lei, a eficácia constitui um prius em relação à vigência que lhe é um posterius"* (Poletti, 1996:206). Na repetição da prática é que se percebe o aspecto material do costume, seu elemento externo objetivo, ao lado do qual se coloca a consciência da sua obrigatoriedade.

A influência dos costumes nos sistemas jurídicos de direito escrito é reduzida, mas sua influência não pode ser subestimada e tem crescido consideravelmente, na medida em que se percebe da profusão muito grande das leis, que mais confundem do que esclarecem. O atual Código Civil brasileiro, mais do que o estatuto anterior, faz várias referências aos usos, que se colocam na base dos costumes. Essa lei, também, acentua a utilização do costume como fonte subsidiária de interpretação em várias oportunidades (arts. 569, II, 596, 599, 615, 965, I, 1.297, § 1º). O costume, por vezes, torna-se instrumento precioso para o preenchimento de lacunas no Direito escrito.

No direito contratual e nas práticas mercantis, o recurso ao costume das partes e do local da celebração será meio importante para sua interpretação. É justamente nesses dois campos jurídicos que o costume se aplica mais acentuadamente. Ronaldo Poletti recorda ainda o papel importante dos costumes no direito internacional público, que de pouco valem os tratados internacionais perante as guerras e no direito constitucional, pois nosso regime é baseado no sistema norte-americano, cujos costumes desempenham importante papel (1996:208).

Apesar de o costume ser considerado fonte sob nosso ordenamento, de acordo com o art. 4º da Lei de Introdução ao nosso direito, é ele, sem dúvida, fonte formal, porém fonte subsidiária, uma vez que o legislador estatuiu que, na omissão da lei, o juiz decidirá de acordo com a analogia, os costumes e os princípios gerais de Direito.

Considerado dessa forma entre nós, como fonte subsidiária ou secundária, o costume deverá gravitar em torno da lei, não podendo, em princípio, a ela ser contrário. Sob esse ângulo, os costumes podem ser *secundum legem*, *praeter legem* e *contra legem*.

O costume segundo a lei já foi transformado em lei e portanto deixou de ser costume propriamente dito. Para alguns, não existe essa categoria, pois se lei existe, costume não há. Segundo outros, essa modalidade se caracterizaria pelo fato de a própria lei remeter sua interpretação ou compreensão aos costumes. Sob este último aspecto, não resta dúvida de que o costume atua efetivamente como fonte formal, embora sua aplicação decorra de um mandamento legal.

O costume *praeter legem* (*praeter* = além de) é exatamente aquele descrito no art. 4º da LINDB, que serve para preencher as lacunas da lei: "*Quando a lei for omissa, o juiz decidirá o caso de acordo com a analogia, os costumes e os princípios gerais de direito.*" Trata-se de um dos recursos de que se serve o juiz quando a lei for omissa. A maioria dos sistemas de direito escrito tem nos costumes sua principal fonte subsidiária.

O costume *contra legem* é o que se opõe, se mostra contrário à lei. Denomina-se *costume ab-rogatório*, pois coloca a lei à margem. Quando torna uma lei não utilizada, denomina-se *desuso*. Discute-se se é possível a prevalência de um costume desse jaez, pois a supremacia de um costume sobre a lei deixaria instável o sistema. Embora existam opiniões divergentes, a doutrina se inclina pela rejeição dessa modalidade de costume. Em princípio, somente uma lei pode revogar outra. Esta posição, como tudo em Direito, não pode ser peremptória. Como se nota, a matéria se revolve em torno do chamado desuso da lei.

Alguns autores veem no art. 5º da LINDB uma válvula que permite ao juiz aplicar um costume contrário a disposição de lei: "*Na aplicação da lei, o juiz atenderá aos fins sociais a que ela se dirige e às exigências do bem comum.*" De qualquer modo, ainda que se admita o costume ab-rogatório, só pode ser visto como uma exceção no sistema. Clóvis Beviláqua (1980:39) já afirmara que o costume aplicado dessa forma seria inconveniente por tirar do aparelho jurídico a supremacia da lei e a certeza das prescrições legais, mas conclui com absoluta razão:

> "*Todavia, se o legislador for imprevidente em desenvolver a legislação nacional de harmonia com as transformações econômicas, intelectuais e morais operadas no país, casos excepcionais haverá em que, apesar da declaração peremptória da ineficácia da ab-rogatória do costume, este prevaleça* contra legem, *porque a desídia ou incapacidade do poder legislativo determinou um regresso parcial da sociedade da época, em que o costume exercia, em sua plenitude, a função de revelar o direito, e porque as forças vivas da sociedade não se divorciam, nesse caso das normas estabelecidas na lei escrita.*"

Sob qualquer premissa, a aceitação do costume contra a lei é, de fato, uma questão séria de política, pois coloca em conflito o poder normativo do Estado, com seu poder jurisdicional. "*Esse conflito, porém, deve ser admitido. Não propriamente um conflito entre dois poderes estatais, simplesmente, mas um conflito entre a vontade do estado e a vontade da nação*" (Machado, 2000:68). O que ocorre na prática é a inércia da autoridade estatal na aplicação de determinadas leis. O mesmo autor aqui citado, Hugo de Brito Machado (2000:69), lembra que é notório o beneplácito, conivência e condescendência das autoridades policiais na repressão ao chamado jogo do bicho, tipificado em nossa legislação como contravenção penal. Nesse sentido, punir os corretores do jogo do bicho, quando não se punem as autoridades e os banqueiros contraventores, não atende ao sentimento uníssono da sociedade. Caso específico no qual o costume ab-roga a lei. O mesmo se diga a respeito da famigerada mercancia e cotação de moeda estrangeira no chamado câmbio paralelo, cuja cotação está diariamente nos jornais. Um dia, quando suas autoridades o forem, este país será menos piegas e mais honesto consigo mesmo!

No estágio atual do nosso Direito, porém, vivendo nosso ordenamento de pletora de leis, não existe relevância maior para a posição do costume como fonte do Direito. O princípio geral pelo qual os juízes devem conhecer o Direito (*iura novit curia*) dispensa as partes de provar a existência da lei ou do direito invocado, o que não ocorre com os costumes. O art. 376 do Código de Processo Civil determina que a parte que alegar direito costumeiro deverá provar o teor e a vigência, se assim for determinado pelo juiz. Essa instabilidade é, de fato, como vimos, o maior obstáculo para o costume imperar em nosso sistema.

4.1 Usos

O uso traduz-se também por uma prática social reiterada. Não atinge o *status* de costume porque apresenta apenas o aspecto material, o *corpus*, faltando-lhe o aspecto subjetivo, o *animus*, a consciência da obrigatoriedade.

Há, contudo, uma tênue linha divisória, nem sempre bem perceptível, entre o uso e o costume. O Código Civil espanhol traz importante disposição a respeito, estatuindo que *"os usos jurídicos que não sejam meramente interpretativos de uma declaração de vontade, terão a consideração de costumes"* (art. 1.3, § 2º). Desse modo, como aponta Lasarte (2002:57), há determinados usos que se equiparam ao costume, tendo a virtude de gerar normas jurídicas. O art. 3º, nº 1, do Código Civil português também estabelece que *"os usos que não forem contrários ao princípio da boa-fé são juridicamente atendíveis quando a lei o determine"*.

Não se pode negar que, mesmo em nosso ordenamento, amiúde o uso desempenha esse papel. Nesse sentido, o uso deve ser entendido como modalidade de norma jurídica e como tal compreendido como fonte mediata do Direito (Gomes, 2001:223).

Nosso ordenamento também faz várias referências aos usos, os quais servem de subsídio importante para o deslinde de casos concretos, mormente no campo negocial contratual. O uso deve se amoldar ao ordenamento sem contrariá-lo, pois também, em princípio, não se admite o uso *contra legem*. O uso deve também ser uma manifestação da boa-fé objetiva, regra importante na interpretação contratual. Em torno dos usos e da boa-fé objetiva o Código Civil de 2002 abriu amplos caminhos. O art. 113 é orientador fundamental para a interpretação no nosso sistema: *"Os negócios jurídicos devem ser interpretados conforme a boa-fé e os usos do lugar de sua celebração."* O alcance desse dispositivo será examinado nos capítulos seguintes, ao tratarmos da interpretação. São inúmeras as outras referências que o vigente Código Civil faz aos usos, todas elas atinentes ao direito contratual (arts. 11, 429, 445, § 2º, 529, 569, I, 628, parágrafo único, 658, parágrafo único, 695, 699, 700, 701, 724, 753, 872). Desse modo, o uso desempenha um papel importantíssimo em nosso Direito para o deslinde de questões contratuais. No entanto, sua importância também se faz presente em outros campos do Direito. O julgador deverá examinar a forma corriqueira como os contratantes se portam em determinado segmento, sua linguagem peculiar, o alcance regional da prática, as unidades de medida comumente utilizadas pelas partes nem sempre de acordo com o sistema métrico etc.

O uso terá uma importância secundária, sem dúvida, quando a prática reiterada afeta somente um grupo restrito, em torno do qual acorrem certos negócios jurídicos. Porém, como ocorre com frequência no mundo globalizado, toda a sociedade é afetada por decisões e modos de proceder, como acontece nas relações de consumo, muda a perspectiva e o julgador deve levar esse aspecto na devida conta. Não há que se entender que os usos estabelecidos pela sociedade não possam prejudicar justamente os próprios membros que os criaram (Lasarte, 2002:58).

Sob qualquer perspectiva, os usos desempenham papel relevante tanto na interpretação como na integração da vontade negocial. Grande é sua aplicação no âmbito internacional, assim como o costume.

5 JURISPRUDÊNCIA

O substantivo *jurisprudência* é um coletivo. Significa, modernamente, um conjunto de decisões dos tribunais. Desse modo, não há que se entender que um acórdão ou uma sentença seja jurisprudência; fazem sim parte da jurisprudência. Cuida-se do direito vivo; da resposta que os juízes e tribunais superiores dão às quezílias que atormentam a nação. Fenômeno absolutamente dinâmico como a sociedade, os vários institutos jurídicos trazem respostas diversas nos vários períodos da história. Assim, por exemplo, a jurisprudência sobre matéria de posse ou propriedade do início do século XX é totalmente diversa dos julgados do início do século XXI. Isto porque a compreensão e proteção a esses institutos e a legislação constitucional que os preserva modificaram-se basilarmente no decorrer de um século e continuam a se modificar. O casamento, as uniões sem casamento e seu desfazimento vêm sofrendo aceleradas modificações sociais. A resposta dos tribunais em suas decisões procura sempre amoldar-se às transformações sociais. A decisão mais injusta é aquela anacrônica, a que se vale de valores do passado ou que tenta prever valores do futuro. O juiz justo é o que decide de acordo com sua sociedade e seu tempo.

A jurisprudência pode ser vista sob um *sentido amplo*, como a coletânea de decisões proferidas por juízes e tribunais sobre determinada matéria, fenômeno ou instituto jurídico, podendo, dessa forma, agasalhar decisões contraditórias. Em *sentido estrito*, costuma-se referir à jurisprudência como o conjunto de decisões uniformes, isto é, no mesmo sentido, acerca de determinada questão. Na verdade, ambos os padrões de exame da jurisprudência se tocam, pois cabe ao operador do Direito estar ciente de todas as correntes jurisprudenciais.

Sob tais premissas, embora a jurisprudência seja fonte subsidiária, seu papel é fundamental na produção do Direito. Ainda que não seja obrigatória, sua contribuição é importantíssima para a formação viva do Direito, no preenchimento de lacunas da lei e na sua interpretação. Sob esse prisma, os tribunais, mormente entre nós o Supremo Tribunal Federal e o Superior Tribunal de Justiça, possuem um peso efetivo na atividade jurisdicional.

Como já apontamos, no sistema do *Common Law*, os precedentes, o *case study*, têm função primária como fonte do Direito. Ali, portanto, os exemplos dos julgados exercem função muito mais relevante.

O termo *jurisprudência*, no Direito romano, significava a sabedoria dos prudentes, os sábios do Direito. Tinha como significado a própria Ciência do Direito, e ainda hoje a palavra pode ser empregada nesse sentido.

Os julgados não possuem força vinculativa. Por isso, salvo denominadas súmulas vinculantes, que devem ainda ser vistas como exceção no sistema, a jurisprudência não pode ser considerada fonte primária de Direito. Contudo, é inafastável que um conjunto de decisões sobre um tema, no mesmo sentido, na mesma direção, influa na mente do julgador, que tende a decidir da mesma maneira. Cada vez mais, no universo do direito de origem romano-germânica, a jurisprudência tende a ascender como fonte primária. No entanto, não se deve esquecer que o juiz decide de acordo com a lei e não pode fazê-lo contra disposição legal.

Outro aspecto importante a ser considerado é o fato de a jurisprudência exercer enorme influência sobre o legislador. Sendo um retrato vivo das necessidades sociais, o legislador absorve as decisões para converter em lei a orientação jurisprudencial. Muito das inovações constantes do Código Civil de 2002 representa consolidação legal daquilo que a jurisprudência decidira no século passado. *"Em muitas matérias, portanto, a jurisprudência antecipa-se ao legislador, chegando mesmo a abalar conceitos tradicionais"* (Montoro, 2000:354). Há, pois, um poder criador vital no papel da jurisprudência que o iniciante perceberá à medida que for aprofundando sua teoria e sua prática nos campos do Direito. A jurisprudência se firma como um lençol que paulatinamente vai cobrindo os fatos sociais. A repetição contínua e constante de julgados em determinada direção é fonte importante do Direito.

Ainda que não mencionada a jurisprudência em textos legais como fonte, é inafastável esse seu papel. Trata-se, como se vê, de fonte informativa e ilustrativa. A lei e as condições sociais de sua promulgação envelhecem, perdem a atualidade, distanciam-se dos fatos originários; cabe aos tribunais dar novos matizes, novos caminhos na aplicação da lei. É papel da jurisprudência atualizar o entendimento da lei, abrir horizontes, dando-lhe uma interpretação atual que atenda às necessidades do momento dos fatos. A jurisprudência é dinâmica. O juiz deve ser arguto pesquisador das necessidades sociais, decidindo como um homem de seu tempo e do seu meio, não se prendendo a premissas ultrapassadas ou preconceitos renitentes. Aí se coloca toda a grandeza do papel da jurisprudência.

Nesse diapasão, também a jurisprudência pode ser considerada *secundum legem*, *praeter legem* e *contra legem*. Quando a jurisprudência busca tangenciar a lei ou mesmo julgar contra ela, é porque o julgador se defronta com lei injusta dentro do ordenamento ou lei que conflita com os princípios fundamentais atentando contra a dignidade humana. São inúmeros os exemplos dessa ocorrência no curso de nossa história jurídica. Veja, por exemplo, o galgar de direitos dos casais sob união estável, outrora denominada concubinato, no curso da vigência do Código de 1916, no século passado. Essas conquistas jurisprudenciais foram sintetizadas na legislação, a começar pelo texto constitucional.

Há pontos de contato entre a jurisprudência e o costume, mas ambos não se confundem. A prática reiterada do costume é da sociedade, brotando de forma espontânea enquanto os julgados traduzem uma prática reiterada dos tribunais, pelo trabalho da vontade dos julgadores.

Embora não caiba aos tribunais ditar normas, operou-se paulatinamente no país um deslocamento da visão judicial, com a expedição de *súmulas* de jurisprudência dos tribunais, em especial do precursor que foi o Supremo Tribunal Federal. Julgados repetitivos podem servir de fonte importante nos tribunais. A súmula é um enunciado que resume uma tendência de julgamento sobre determinada matéria, decidida contínua e reiteradamente pelo tribunal. Essas, mormente as dos tribunais federais superiores, convertem-se em verdadeiras fontes formais de Direito. Maior imperatividade ganham as mencionadas súmulas vinculantes.

Embora não possa ser tecnicamente assim considerado, na prática essas súmulas tiveram o condão de dar certeza e segurança a inúmeros fatos e negócios jurídicos. Contudo, não se trata de norma impositiva e não deve o operador do Direito curvar-se à súmula, se entender que é hora de mudar. Nem mesmo os membros do tribunal que expediu a súmula estão a ela vinculados, embora seja ampla a importância desse instituto. As súmulas vinculantes devem obedecer a esse mesmo princípio filosófico.

Houve maior crítica aos que defendem a súmula vinculante, cujo principal escopo é efetivamente diminuir os acúmulos de processos nos tribunais, permitindo que questões idênticas sigam a mesma orientação judicial, dada por referida vinculação, por todos os juízes e tribunais. Talvez o maior entrave não seja o engessamento do Judiciário como comumente se diz, mas o fato de que nem sempre estarão no mesmo ramerrão todos os julgados que se entendem idênticos e repetitivos. A súmula vinculante já faz parte de nossa legislação. Discutem-se ainda, em projetos de lei, alterações de rumo de sua aplicação.

A matéria esteve muito tempo em discussão e, por fim, foi aprovada por Emenda Constitucional que ousadamente pretendeu reestruturar o Judiciário. No texto aprovado, art. 103-A, § 1º, a súmula vinculante "*terá por objetivo a validade, a interpretação e a eficácia de normas determinadas, acerca das quais haja controvérsia atual entre órgãos judiciários ou entre esses e a administração pública que acarrete grave insegurança jurídica e relevante multiplicação de processos sobre questão idêntica*". Essa matéria deve ser aprofundada nos estudos de direito constitucional e processual.

Se, por um lado, a súmula vinculante permite o julgamento rápido e simultâneo de centenas de processos, por outro, corre-se o risco de se petrificar o poder criativo da jurisprudência, principalmente dos juízes de primeiro grau, primeiros receptores das modificações sociais. Resta aguardar o rumo que os tribunais superiores darão a esse novel instituto, bem como a eventuais modificações legislativas. Não há leis boas ou más: bons ou maus são aqueles que as aplicam.

Embora seja inegável o valor da jurisprudência, não pode ser levada a um pedestal sobranceiro na criação e no exercício do Direito. O profissional que se valha exclusivamente dela nos seus estudos e trabalho terá, sem dúvida, uma visão incompleta e superficial dos fenômenos jurídicos. A orientação dos tribunais, mormente para o advogado, é mero estudo complementar, que nunca pode prescindir do exame da lei e da doutrina. Ainda, não podem o advogado e o juiz, assim como o árbitro, mostrar passividade, simplesmente acompanhando o séquito das decisões, se entenderem que chegou o momento de inovar e decidir diferentemente. A interpretação do Direito, como processo intelectual do julgador, é algo de íntimo e solitário que não se escraviza pelo que os demais julgadores decidem sobre as mesmas questões. O juiz arguto, perspicaz e estudioso, de qualquer instância, saberá quando é momento de mudar e qual o caso concreto que merece essa mudança.

Não se deve esquecer que o papel dos juízes e tribunais, bem como dos árbitros quando convencionado o juízo arbitral, é de jurisdição, isto é, dizer o direito (*juris dicere*) e não criá-lo. Nessa tarefa, o julgador coloca-se na posição de intérprete e não de legislador. Ocorre que, na prática, com frequência, perante leis lacunosas ou desajustadas, ou com a omissão do ordenamento, o juiz passa de intérprete a legislador. No entanto, qualquer que seja o aspecto em que se encare essa atividade, o papel do juiz é sempre condicionado à aplicação da lei; nunca é livre e arbitrário. Como observa Paulo Nader (2003:170):

> *"Os juízes devem ser guardiões da lei e o seu papel consiste, conforme assinala Bacon, em ius dicere e não em* ius dare, *isto é, a sua função é a de interpretar o Direito e não a de criá-lo. Esta opinião não exclui a contribuição da jurisprudência para o progresso da vida jurídica, nem transforma os juízes em autômatos, com a missão de encaixar as regras jurídicas aos casos concretos. É através dela que se revelam as virtudes e as falhas do ordenamento."*

Por outro lado, não é conveniente que o país conviva por período muito longo com jurisprudência conflitante sobre o mesmo tema. As súmulas dos tribunais superiores, principalmente as não vinculantes, podem evitar essa problemática. Ocorre que nem sempre a resposta do Judiciário é rápida. Essa situação acarreta insegurança e uma posição de antipatia da sociedade para com o Poder Judiciário. Cumpre que cada Estado soberano se estruture procedimentalmente para que ocorra, tanto quando possível, a unificação da orientação jurisprudencial. O meio mais eficaz constante atualmente de nosso ordenamento é o recurso especial, que deve ser interposto, entre outras situações, perante a divergência de dois ou mais tribunais, sendo de competência do Superior Tribunal de Justiça, corte que tem, primordialmente, essa função unificadora. Como visto, as súmulas também exercem esse papel, sendo uma decorrência de uma sucessão de julgados em cada tribunal.

Há vários repertórios de jurisprudência publicados no País, hoje sumamente dinamizados, tendo em vista a possibilidade de consulta *on line*, inclusive diretamente nos tribunais. Dignas de nota, por participar de tradição centenária do direito brasileiro, são a *Revista dos Tribunais* e a *Revista Forense*, ao lado de outros repertórios também de importância. Afora essas coletâneas periódicas, também todos os tribunais brasileiros têm sua publicação oficial, voltadas maiormente para sua jurisprudência, com destaque todo especial para as revistas do Supremo Tribunal Federal e Superior Tribunal de Justiça.

6 DOUTRINA

Doutrina provém de *doceo*, ensinar. O fruto do estudo de nossos professores de Direito, juristas, jusfilósofos, estudiosos, operadores jurídicos em geral traduz-se em obras de doutrina: monografias, manuais, compêndios, tratados, pareceres, artigos, ensaios etc. Todo esse trabalho intelectual que constitui a doutrina possui um papel ímpar no universo jurídico do sistema romano-germânico. A doutrina, embora não seja fonte direta do Direito, opina, orienta, critica, interpreta, mostra caminhos ao magistrado, sugere modificações ao legislador, constrói e destrói mitos e dogmas. A opinião maior é no sentido de negar mesmo à doutrina a categoria de fonte do Direito.

Na realidade, no nosso sistema, a doutrina forma a base dos conhecimentos jurídicos de nossos profissionais, pois é ela quem os instrui nas escolas de Direito. A doutrina atua diretamente sobre as mentes dos operadores jurídicos por meio de construções teóricas que atuam sobre a legislação e a jurisprudência. Somente por meio da obra de estudiosos temos acesso à visão sistemática do Direito. A simples leitura de textos legais, por si só, assemelha-se a um corpo sem alma, por vezes complexo e inatingível.

É na obra dos doutrinadores que se encontram muitos dos caminhos trilhados pelo legislador e pelo juiz. Situações, entre tantas, como responsabilidade sem culpa, responsabilidade por fato de terceiro, abuso de direito, teoria da imprevisão, enriquecimento sem causa, isto para ficar apenas no direito privado, possuíam palpável base doutrinária em nosso meio antes que fossem lançados à jurisprudência e à lei. Os estudos dos juristas estão sempre a arejar a jurisprudência e os textos legais, aclimatando-os às mais recentes necessidades sociais. O cientista do Direito, antes de mais nada um cientista social, deve ser um investigador: sua busca da verdade e da melhor solução deve ser isenta de paixões, mas atenta à realidade. Sua responsabilidade social é ampla, pois é um formador de opiniões.

O valor da obra jurídica baseia-se no fato de não se limitar a repetir conceitos estratificados no sistema, nem lições cansadamente repetidas por outros, mas de buscar novas soluções, avaliar os caminhos do direito comparado, criticar a injustiça e as lacunas de nosso sistema legislativo, enfim, preparar o espírito para as reformas que se fizerem necessárias e dar alento aos julgadores para partirem para voos mais elevados e decisões socialmente mais profundas, não os deixando relegados a meros escravos aplicadores da lei ou seguidores de conceitos ultrapassados pelo desenvolvimento social e tecnológico.

A doutrina, portanto, do escrito ou manual mais singelo ao mais completo tratado, traz sempre um novo sopro alentador à aplicação do Direito. Trata-se da denominada *autoridade moral* da doutrina. Nenhuma das fontes subsidiárias deve ser levada à supremacia, porém. Nem sempre o direito dos cientistas, fechados em seus gabinetes ou universidades, é o melhor e mais efetivo para a sociedade. Como lembra Ronaldo Poletti (1996, p. 213), "*a justiça é incompatível com a frieza dos escritórios, onde elaboradas, em abstrato, as normas. A lei lógica não é, necessariamente, a lei justa*". Acrescentamos nós que mui raramente os trabalhos estampados em dissertações de mestrado e teses de doutorado, que proliferam em nossas faculdades por imposições didáticas e governamentais, atingem um nível de praticidade que possibilite atuar diretamente como fonte, sendo geralmente escritos prolixos, obscuros e inúteis para os operadores do Direito. As modernas necessidades dos operadores do Direito em nosso país e no mundo ocidental exigem que as obras jurídicas exprimam, além de base teórica sólida, uma profunda experiência e aplicabilidade prática. Nosso iniciante jurídico não está, como no passado, preparado para aliar a teoria profunda dos velhos tratados e manuais à nova prática judiciária. Melhor será a obra quanto mais ligar a dogmática à prática, sem firulas, espasmos ou devaneios de inútil eruditismo, incompatíveis com nossa era.

Já referimos que o papel doutrinário é absolutamente secundário no sistema do *Common Law*: não há um lugar de destaque para a doutrina nesse sistema, tal como a entendemos nós. Não é importante recorrer aos doutos nesse sistema, o qual se vale basicamente do estudo dos precedentes. Os manuais e tratados de Direito não guardam maior importância para o jurista inglês ou norte-americano, ao contrário do que ocorre para o jurista brasileiro ou europeu continental. Tendo em vista o contato permanente com o direito continental, no entanto, tem crescido na Inglaterra a importância da doutrina, nos chamados *books of authority*.

Por nosso lado, no entanto, como decorrência dos rumos do chamado direito continental europeu, é inimaginável para nosso jurista a compreensão de qualquer fenômeno jurídico sem o recurso ao estudo da doutrina. É grandiosa a obra doutrinária europeia, mormente do século XVIII em diante, com tratados e manuais que formaram todas as gerações seguintes de juristas ocidentais, mercê de grandes escritores alemães, italianos, franceses, suíços, belgas, espanhóis, portugueses, entre outros. Trata-se de um trabalho contínuo seguido pelas novas gerações. Continua enorme a produção intelectual jurídica nessas nações. Toda a América Latina, com maior ou menor profusão de obras, concede a mesma importância à doutrina. O Brasil, principalmente a partir das primeiras décadas do século XX, teve profícua produção jurídica, tendo como base, inicialmente, os mestres dos países europeus. As universidades, sem dúvida, devem ser os maiores redutos dos trabalhos jurídicos, mas devem incentivar obras de aplicação prática. Digna de menção é a produção intelectual jurídica da Argentina, uma das mais importantes em língua espanhola. Os juristas argentinos, em sua grande maioria, sabem aliar com fluidez os conhecimentos teóricos de absoluta solidez, às necessidades práticas do juiz e do advogado, e não se perdem nos caminhos do tecnicismo ou eruditismo inútil, algo que nem sempre conseguimos em nosso país.

A moderna doutrina encontra seu nascedouro, sem dúvida, na Idade Média, com o florescimento das escolas de Direito como as de Bolonha, Pádua, Toulouse, Oxford, Coimbra. Essas escolas trouxeram para a cátedra "*o predomínio das elucubrações e pesquisas de origem doutrinária, que dali saíram como material prestante, a iluminar a criação e a aplicação do direito*" (Paupério, 1998:159). Nunca deve ser esquecida a obra de compilação de Justiniano, do século VI, que serviu de base para todo Direito ocidental: o *Digesto* é compilação extraída das obras dos principais juristas, de toda história anterior de Roma. No direito romano era conhecida como *jurisprudentia*, a opinião dos prudentes, que legaram importantes obras, como Gaio, Papiniano, Paulo, Ulpiano e Modestino. A doutrina, em Roma, era fonte formal do Direito.

Todo esse trabalho doutrinário forma uma base sólida de conhecimento para o iniciante e o versado nas letras jurídicas. A doutrina se mescla à jurisprudência para oferecer um quadro histórico e social atual e apontar os caminhos aos tribunais. Não se concebe profissional do Direito no universo romanista, em qualquer campo, que não tenha sólida formação por meio da leitura dos juristas clássicos e mais modernos. A doutrina humaniza e suaviza os problemas sociais e jurídicos porque faz com que os compreendamos. Compreender é o primeiro passo para solucionar.

> *"Na verdade, sendo a doutrina o estudo científico do direito a que se dedicam os jurisconsultos, a sua influência na vida jurídica é importantíssima: na construção de institutos jurídicos, na determinação dos princípios gerais do direito, na feitura e na interpretação das leis, na integração das lacunas, na codificação do material normativo, na formação dos juristas etc. Esta influência depende da valia intrínseca dos jurisconsultos, da sua autorictas ou saber socialmente reconhecido"* (Justo, 2001:204).

Lembra Orlando Gomes (1983:64), a influência da doutrina é percebida em três sentidos fundamentais:

> *"(1º) pelo ensino ministrado nas faculdades de Direito; (2º) sobre o legislador; (3º) sobre o juiz. Pelo ensino, forma-se os magistrados e advogados, que se preparam para o exercício dessas profissões pelo conhecimento dos conceitos e teorias indispensáveis à compreensão dos sistemas de direito positivo. Inegável, por outro lado, a influência da obra dos jurisconsultos sobre os legisladores, que, não raro, vão buscar, no ensinamento dos doutores, os elementos para legiferar. E, por fim, notável a sua projeção na jurisprudência, não só porque proporciona fundamentos aos julgados, como porque, através da crítica doutrinária, se modifica frequentemente a orientação dos tribunais".*

De qualquer forma, sempre é oportuno ter em mente que a doutrina, por mais sábia que seja a opinião do jurisconsulto, ilustra, ensina, propõe, mas não obriga.

O argumento de autoridade que se lança nos processos consiste na citação de opiniões doutrinárias que são utilizadas pelos advogados e procuradores nos seus petitórios e pelos magistrados e árbitros em suas decisões. Essas citações funcionam como subsídio para o intérprete. Por essa razão, as citações doutrinárias devem ser feitas guardando razoável necessidade e oportunidade. Excesso de citações, de doutrina ou jurisprudência esvazia o conteúdo e diminui o vigor da redação, seja obra doutrinária, petição ou sentença.

A doutrina ocidental seguiu, basicamente, dois modelos, o alemão e o francês. Os juristas alemães são mais dados a comentários a artigos de lei, adotando a fórmula de códigos interpretados, enquanto os franceses preferem estudos sistemáticos, no que são acompanhados pelos italianos, espanhóis e portugueses. A distinção possui raízes históricas, pois os alemães sempre cultivaram um direito acadêmico e um direito prático, o que cessou na França com a codificação. Atualmente, os demais países, inclusive o nosso, utilizam-se de ambos os métodos, embora ocorra prevalência maior dos estudos sistemáticos.

Paulo Nader (2003:182) anota que entre nós existem quatro métodos de exposição doutrinária: análise dos institutos; comentários por artigos de leis; verbetes e comentários a decisões judiciais. Enfatiza-se que, para a melhor compreensão do fenômeno, a análise doutrinária do instituto sempre dá uma visão mais coerente e profunda da questão. As outras modalidades (comentários a artigos de lei, verbetes e decisões jurisprudenciais) devem ser complementares.

Assim, recorre-se a um verbete no dicionário ou enciclopédia jurídica apenas para um primeiro conhecimento do instituto; recorre-se ao comentário de um artigo de lei ou ao exame de julgados quando o fenômeno jurídico já é perfeitamente conhecido. A obra sistemática exige muito do doutrinador, que deve ter um conhecimento amplo da ciência jurídica e uma longa vivência prática. Por mais técnico e acadêmico que seja um doutrinador jurídico, se lhe faltar a experiência da advocacia ou do dia a dia das cortes como magistrado, dos litígios e dos contatos emocionais diretos de casos da vida trazidos pelos envolvidos, a doutrina se mostrará artificial e, por vezes, desastrosa. A doutrina, para ser útil, deve ser clara, concisa, direta, lógica e permanentemente ligada aos fenômenos sociais e à proteção da dignidade.

7 ANALOGIA

O ideal seria o ordenamento jurídico preencher todos os acontecimentos, todos os fatos sociais. Sabido é que isto é impossível. Sempre existirão situações não descritas ou previstas pelo legislador.

O juiz nunca pode deixar de decidir por não encontrar norma aplicável no ordenamento, pois vigora o postulado da *plenitude da ordem jurídica*. Art. 126 do Código de Processo Civil, de 1973, aplicável também no estatuto processual vigente:

> *"O juiz não se exime de sentenciar ou despachar alegando lacuna ou obscuridade na lei. No julgamento da lide caber-lhe-á aplicar as normas legais; não as havendo, recorrerá à analogia, aos costumes e aos princípios gerais de direito."*

O art. 140 do CPC atual prossegue com a mesma ideia, embora não mais se refira expressamente à analogia, costumes e princípios gerais de direito. Contudo, essas modalidades de raciocínio pertencem ao pensamento ortodoxo do direito de influência da Europa continental e continuam aplicáveis.

O magistrado deve decidir sempre. Na ausência de lei que regule a matéria sob exame, o julgador recorrerá às fontes subsidiárias, vários métodos, entre os quais a analogia está colocada. Advirta-se que a analogia não constitui propriamente uma técnica de interpretação, como a princípio possa parecer, mas verdadeira fonte do Direito, ainda que subsidiária e assim reconhecida pelo legislador no art. 4º da Lei de Introdução. O processo analógico faz parte da heurística jurídica, qual seja, a descoberta do Direito. A analogia, ao lado dos princípios gerais, situa-se como método de criação e integração do Direito.

Cuida-se de um processo de raciocínio lógico pelo qual o juiz estende um preceito legal a casos não diretamente compreendidos na descrição legal. O julgador, juiz togado ou árbitro, pesquisa a vontade da lei, para transportá-la aos casos que o texto legal não compreendera expressamente.

> *"A analogia situa-se entre a identidade e a diferença. Na identidade todas as notas conceituais são as mesmas, na diferença, todas as notas conceituais são diversas; na analogia, algumas notas conceituais são as mesmas e outras diversas"* (Batalha, 2000:356).

Conceitua Paulo Nader (2003:188): *"A analogia é um recurso técnico que consiste em se aplicar, a uma hipótese não prevista pelo legislador, a solução por ele apresentada para um caso fundamentalmente semelhante à não prevista."*

Somente haverá esse processo de aplicação do Direito perante a omissão do texto legal. A analogia pode operar de duas formas: analogia legal e analogia jurídica.

Pela *analogia legal, analogia legis*, o aplicador do Direito busca uma norma que se aplique a casos semelhantes. A analogia legal parte da semelhança da espécie submetida ao exame com a situação descrita no dispositivo legal. Como na hipótese do *leasing* ou arrendamento mercantil, que constitui, em princípio, uma locação, com opção de compra a final. Na hipótese de omissão do texto legal, o intérprete pode valer-se dos princípios da compra e venda e da locação para solucionar o caso concreto. O julgador investiga institutos que possuem semelhança com a situação apresentada.

Não logrando o julgador um texto legal semelhante para aplicar ao caso concreto, ou sendo os textos semelhantes insuficientes, recorrerá a um raciocínio mais profundo e mais complexo. O intérprete, magistrado ou árbitro, tentará extrair do pensamento jurídico dominante, de um aparato de normas, uma conclusão particular para o caso em testilha. Esse processo denomina-se analogia jurídica.

A analogia jurídica fundamenta-se no conjunto de disposições de um ordenamento, do qual o aplicador extrai princípios para nortear determinada situação não prevista na lei. A *analogia juris* na realidade deixa de ser simples método de aplicação para invadir a seara dos princípios gerais de Direito.

A analogia não se confunde com a interpretação extensiva, que será vista no Capítulo 7. Na interpretação extensiva existe uma previsão legal, mas com uma insuficiência de descrição. A má redação da lei dá margem à interpretação extensiva. Nesta hipótese não há lacuna, como ocorre no raciocínio analógico.

Tradicionalmente, não se permite o uso da analogia no Direito Penal, que requer tipicidade legal estrita. Em princípio, segundo alguns, no campo criminal seria admitida a analogia para beneficiar o réu (*analogia in bonam partem*).

A analogia é um procedimento de semelhança, mas especialmente a analogia jurídica requer cuidado maior do intérprete e conhecimento profundo da ciência jurídica. Para o uso da analogia, é necessário que exista lacuna na lei e semelhança com a relação não prevista pelo legislador. A seguir, no derradeiro estágio do raciocínio, o julgador procura uma razão de identidade entre a norma encontrada ou conjunto de normas e o caso contemplado. O maior risco na aplicação analógica, principalmente na *analogia juris*, é o aplicador dar voos mais elevados e tornar-se legislador alternativo.

8 PRINCÍPIOS GERAIS DE DIREITO

Conceituar princípios gerais de Direito é tarefa árdua que se espalha em inúmeras teorias, nem sempre conclusivas. A matéria é de ordem filosófica. A enumeração das fontes do direito costuma encerrar-se com a menção a esses princípios. Nosso legislador, a exemplo de outras legislações, coloca os princípios gerais de direito como fonte subsidiária, no citado art. 4º da Lei de Introdução às Normas do Direito Brasileiro, como último elo a que o juiz deve recorrer perante a lacuna legal. Como recorda Paulo Nader (2003:193), apesar de o legislador se referir ao juiz nessa hipótese, na realidade está se referindo à sociedade em geral. Os princípios gerais de direito são, em última instância, uma regra de convivência. Também são referidos simplesmente como *princípios fundamentais* ou denominações similares.

Por meio desses princípios, o intérprete investiga o pensamento mais elevado da cultura jurídica universal, buscando orientação geral do pensamento jurídico. Cada autor, sob diversas correntes de pensamento, procura dar sua própria posição sobre o tema. O legislador, propositalmente, vale-se de conceito bem amplo. Para alguns autores, esses princípios são *normas jurídicas universais ditadas pela razão*; para outros, são *princípios que servem de fundamento e informam o Direito positivo de cada povo* (Yagüez, 1995:275).

É tarefa inútil, por ser impossível, definir e catalogar esses princípios. São regras oriundas da abstração lógica que constitui o substrato comum do Direito. Por ser um instrumento tão amplo e com tamanha profundidade, sua utilização é árdua para o julgador, pois requer vivência e traquejo com conceitos abstratos e concretos do Direito, além de elevado nível cultural.

Para citarmos algumas correntes já aqui acenadas, ora os autores propendem para identificá-los com o direito natural, ora com princípios de equidade, ora com princípios fundamentais da organização social e política do Estado. Para a corrente legalista ou positivista, os princípios gerais de Direito são aqueles norteadores do ordenamento, extraídos das diversas regras particulares. Para os jusnaturalistas, esses princípios se identificam com o Direito natural, como reflexos de leis permanentes da natureza humana e da natureza das coisas. Para outros, esses princípios apresentam um fundamento decorrente da própria estrutura política do Estado, estando na base do direito legislado ou do ordenamento positivo (Batalha, 2000:364).

De início é fundamental ressaltar sua importância, reconhecida pelo próprio legislador não só como fonte material, mas também como inspiração para as fontes materiais, para sua atividade legislativa.

João Franzen de Lima (1977:135) propõe o critério já acolhido por Beviláqua, invocando os famosos *brocardos* de Ulpiano aos expor os *iuris precepta*, que podem resumir toda uma filosofia, no plano global do Direito: *honeste vivere, neminem laedere, suum cuique tribuere.* Viver honestamente, não lesar ninguém e dar a cada um aquilo que é seu. A invocação desses princípios, pelo julgador, seja juiz ou árbitro, perante a lacuna da lei, ou mesmo na sua interpretação, constitui ideal da mais elevada justiça.

A enumeração desses princípios, contudo, longe está de ser exaustiva. Mesmo os autores que entendem que esses elementos decorrem do Direito Natural, o que também é uma realidade, compreendem que o Direito Natural apenas auxilia na compreensão do fenômeno, sem esgotar a matéria.

Não se confundem, ademais, os princípios gerais de direito com brocardos ou aforismos jurídicos, como a princípio possa parecer. Uma posição nesse sentido estreitaria demais sua compreensão e extensão. A palavra *brocardo* deriva de Bucardo, Bispo de Worms, que no início do século XI organizou uma coletânea de regras, que recebeu o nome de *Decretum Burchardi* e que depois passaram a ser conhecidas como brocardos (Nader, 2003:196). Essas fórmulas amplas e genéricas, tantas vezes repetidas na história do Direito, embora úteis, não possuem significado mais profundo, sendo por vezes ilusórias. Não pode o jurista confiar nelas, embora não deva desprezá-las.

Rubens Limongi França (1971:201), em alentada monografia sobre o tema, apresenta várias conclusões, mas termina por aceitar a ideia de fundamentar esses princípios no Direito Natural e de explicitá-los, apenas como exemplos, pelos brocardos citados, acrescentando outros de origem romana, particularizados a situações específicas. Conclui o saudoso monografista que, tendo o julgador atingido a compreensão de um desses princípios, aplicará a ideia suprema do justo.

Para Miguel Reale (1981:300),

> *"princípios gerais de direito são enunciações normativas de valor genérico que condicionam e orientam a compreensão do ordenamento jurídico, quer para sua aplicação e integração, quer para a elaboração de novas normas. Cobrem, desse modo, tanto o campo da pesquisa pura do Direito quanto o de sua atualização prática".*

Santos Justo (2001:217) destaca que esses princípios gerais constituem uma espécie de paredes mestras ou pilares fundamentais do ordenamento jurídico positivo. São retirados de sucessivas abstrações da ciência jurídica, que o juiz aplicará na lacuna da lei. Salienta ainda esse autor lusitano que essa ideia foi acolhida pelo Código Civil italiano de 1865, pelo Código espanhol e pela Lei de Introdução às Normas do Direito Brasileiro.

Na estrutura do Estado, no direito constitucional, se assim desejarmos, encontraremos essas chamadas vigas mestras ou princípios gerais do ordenamento: princípio da dignidade humana, da função social da propriedade, da igualdade perante a lei, do *nullum crimen nulla poena sine lege* etc. O Código Civil de 2002 consagrou dois importantes princípios de direito contratual, cuja influência, contudo, não deve limitar-se aos negócios jurídicos: o interesse social do contrato e a boa-fé objetiva, afora princípios que, de uma forma ou de outra, já estavam presentes no ordenamento anterior, como a coibição do abuso de direito e do enriquecimento sem causa. Todos esses princípios são base estruturadora do raciocínio jurídico e atuam, inelutavelmente, como fontes.

Mesmo que se queira afastar a compreensão desses princípios como pertencentes ao Direito Natural, sua importância decorreria do fato de serem ideias fundamentais e informadoras da organização jurídica do Estado. Numa ou noutra conotação, ressalta-se a importância dessa fonte.

Como se nota, os princípios gerais de direito se revelam ao jurista dentro da amplitude do sistema, pelo método indutivo, por meio do exame da matéria abordada e dos institutos jurídicos semelhantes.

Ricardo Yagüez (1995:276) enfatiza com propriedade que os princípios gerais têm como explicação o "*horror ao vazio*" que é característica do direito moderno. De fato, como fonte subsidiária, cabe a utilização dos princípios perante a lacuna da lei. Recorre-se aos princípios, como também às demais fontes subsidiárias, para que uma questão não fique sem solução. Repensa, porém, esse autor que esses princípios não devem ser entendidos como simples enunciados abstratos, mas como normas concretas, tal como as leis e os costumes, ainda que, pelo fato mesmo de serem princípios, não possam ser enunciados mui facilmente. Desse modo, podemos abstrair da nossa legislação contemporânea que a *proteção à dignidade humana* é um princípio geral e, como tal, deve ser aplicado como norma efetiva e concreta. Nesse sentido, ressalta-se que os princípios gerais podem atuar primeiramente como orientadores da função interpretativa e, na ausência de dispositivo legal, aplicados diretamente como fonte do Direito. Alguns princípios são tão evidentes e necessários que o legislador os traz para o texto legal, como o princípio da isonomia, pelo qual todos são iguais perante a lei. A maioria dos princípios, no entanto, são inferências do sistema, não constando de textos legais. Note-se também que há princípios mais ou menos amplos. Os princípios da isonomia e da dignidade humana, por exemplo, são princípios gerais; o princípio segundo o qual *pacta sunt servanda*, os contratos devem ser cumpridos, é princípio especial do campo contratual, assim como tantos outros. Há princípios que se aplicam universalmente e outros que são próprios da cultura jurídica de uma nação ou de um sistema jurídico. Assim, no dizer de Miguel Reale (1981:313), "*os princípios gerais de Direito põem-se, dessarte, como as bases teóricas ou as razões lógicas do ordenamento jurídico, que deles recebe o seu sentido ético, a sua medida racional e a sua força vital ou histórica*".

9 EQUIDADE

Equidade é forma de manifestação de justiça que tem o condão de atenuar, amenizar, dignificar a regra jurídica. Como lembram Stolze Gagliano e Pamplona Filho (2002:25), a equidade, na concepção aristotélica, é a "*justiça do caso concreto*". O conceito, porém, admite profundas reflexões. A regra jurídica é geral e, em determinadas situações, pode não atender aos ideais de justiça no caso concreto. Como assevera Mario Bigotte Chorão (2000:95), a noção de equidade *"aparece insistentemente no campo jurídico, mas envolta, com frequência, numa certa névoa de imprecisão e ambiguidade"*.

O conceito de equidade interliga-se ao conceito do próprio Direito, uma vez que enquanto o Direito regula a sociedade com normas gerais do justo e do equitativo, a equidade procura adaptar essas normas a um caso concreto. O termo provém de *aequitas, aequitatis*, derivado, por sua vez, de *aequus*, justo. O termo, em linguagem da nossa ciência e mesmo vulgar, vem sendo utilizado para significar igualdade e justiça, ou então, em significado mais restrito, *justiça aplicável a um caso concreto*.

São frequentes as situações com que se defronta o julgador ao ter que aplicar uma lei, oportunidade em que percebe que, no caso concreto, afasta-se da noção do que é justo. O trabalho de aplicação do Direito por equidade é de precipuamente aparar as arestas na aplicação da lei dura e crua, para que uma injustiça não seja cometida. A equidade é um trabalho de abrandamento da norma jurídica no caso concreto. A equidade flexibiliza a aplicação da lei. Por vezes, o próprio legislador, no bojo da norma, a ela se refere.

A equidade não é apenas um abrandamento da norma em caso específico, mas também deve ser um sentimento que brote do âmago do julgador. Seu conceito é filosófico e, como tal, dá margem, evidentemente, a várias concepções.

Nosso Código Civil de 1916 não se referiu diretamente à equidade, a qual não constitui propriamente uma fonte do Direito, mas um recurso, por vezes necessário, para que não ocorra o que Cícero já denominava *summum ius summa iniura*, isto é, que a aplicação cega e automática da lei leve a uma iniquidade. Esse Código não ignorava a equidade, pois a ela se referia no art. 1.040, IV, permitindo que os árbitros no juízo arbitral pudessem decidir por *equidade*. No art. 1.456 também fora feita referência ao tratar da interpretação do contrato de seguro. É tradição do compromisso e do juízo arbitral que os árbitros possam ser autorizados a decidir por equidade, isto é, com o mais elevado senso de justiça, sem estarem amarrados estritamente à letra da lei, como consta de nossa atual lei sobre a matéria (Lei nº 9.307/96, art. 11, II).

Entenda-se, no entanto, que a equidade é antes de mais nada uma posição filosófica para a qual cada aplicador do Direito dará uma valoração própria, mas sempre com a finalidade do abrandamento da norma. Como se nota, há muito de subjetivismo nesse aspecto.

O Código de 2002 não menciona a equidade como forma direta de aplicação do Direito, porém, esse atual diploma faz referência, em várias oportunidades, à fixação da indenização ou pagamento de forma equitativa, o que implica raciocínio por equidade por parte do legislador (arts. 413, 479, 738, 928, parágrafo único, 944, 953, parágrafo único). Vejamos um desses dispositivos. Lembre-se de que, no sistema de 1916, o valor do prejuízo, na responsabilidade civil extracontratual, sempre foi tido como o valor a ser indenizado. Essa regra geral é exposta no vigente Código, no art. 944, *caput*: *"A indenização mede-se pela extensão do dano."* No entanto, o parágrafo único desse dispositivo estatui: *"Se houver excessiva desproporção entre a gravidade da culpa e o dano, poderá o juiz reduzir, equitativamente, a indenização."* Nesta hipótese, em síntese, o julgador estará usando da equidade. Assim também ocorre nos outros artigos de lei aqui mencionados.

O Código de Processo Civil dispõe no art. 140, parágrafo único (art. 127 do CPC/1973), que *"o juiz só decidirá por equidade nos casos previstos em lei"*. Essa regra visa impedir que o julgador se transforme em legislador. Contudo, com muita frequência, a equidade participa imperceptivelmente do raciocínio do julgador. Assim, já se decidiu que

> *"a proibição de que o juiz decida por equidade salvo quando autorizado por lei, significa que não haverá de substituir a aplicação do direito objetivo por seus critérios pessoais*

> *de justiça. Não há de ser entendida, entretanto, como vedando que se busque alcançar a justiça no caso concreto, com atenção ao disposto no art. 5º da Lei de Introdução"* (*RSTJ* 83/168).

No âmbito do processo civil, podemos lembrar a hipótese do art. 85 do Código de Processo Civil (art. 20 do CPC/1973), quanto à fixação dos honorários de advogado nas causas de pequeno valor, nas de valor inestimável, naquelas em que não houver condenação ou em que for vencida a Fazenda Pública e nas execuções, embargadas ou não, *"em que se delega ao prudente arbítrio do julgador a estipulação do quantum debeatur"*, como recordam Stolze Gagliano e Pamplona Filho (2002:26). Esses autores também recordam que nos procedimentos de jurisdição voluntária o juiz não está obrigado a observar o critério da legalidade estrita, podendo adotar, em cada caso, a solução que reputar mais conveniente e oportuna (art. 723, parágrafo único, do CPC; art. 1.109 do CPC/1973).

Em síntese, a equidade se traduz na busca constante e permanente do julgador da melhor interpretação legal e da melhor decisão para o caso concreto. Trata-se, como se vê, de um raciocínio que procura a adequação da norma ao caso concreto. Em momento algum, porém, salvo quando expressamente autorizado por lei, o julgador pode decidir exclusivamente pelo critério do justo e do equânime, abandonando o texto legal, sob o risco de converter-se em legislador. Essa posição deve ser frontalmente combatida, mormente com relação àqueles que veem nessa prática o famigerado "direito alternativo", ponto de ilegalidade e de absoluta insegurança das relações sociais. A equidade pode, destarte, ser entendida mais como um método de interpretação e integração do que como método criativo do Direito.

Conclui-se com Bigotte Chorão (2000:105) que a temperança e o cometimento integram o raciocínio da equidade:

> *"a equidade não é indício de uma sintomatologia patológica, mas, ao contrário, manifestação fisiológica de saúde jurídica, precisamente, um complemento exigido pela universalidade da lei e um meio necessário para ajustar a ordenação jurídica, na medida do possível, às circunstâncias mutáveis da vida social. A melhor doutrina procura conjugar equilibradamente as exigências da norma (justo legal) e do caso (justo concreto) e encontrar, enfim a justa via média entre o normativismo abstrato e o decisionismo casuístico".*

10 FONTES NÃO ESTATAIS: PODER NEGOCIAL E PODER NORMATIVO DOS GRUPOS SOCIAIS

Entendidas as fontes subsidiárias do Direito dentro de seus limites, algumas nem mesmo, como vimos, verdadeiras fontes, mas formas de raciocínio para aplicação da lei, resta lembrar, sob os mesmos aspectos, o mundo negocial, dos contratos, os negócios jurídicos em geral e o poder normativo dos grupos sociais.

Nos contratos e nos negócios jurídicos unilaterais como o testamento, há sem dúvida uma rica fonte jurídica. O contrato é o negócio jurídico bilateral mais típico. Cuida-se, na verdade, de normas individuais, elaboradas no interesse privado. Nesse campo, as normas contratuais são as mais relevantes. Um contrato altera a relação social entre as partes que dele participam. No campo contratual ergue-se sobranceira a autonomia da vontade, como baluarte do direito privado e poder de criação do Direito. Nesse universo, o ser humano gera formas e modelos jurídicos de ação, vinculando-se a direitos, deveres e obrigações. No campo internacional, o negócio jurídico assume a denominação de *tratado*, além de outras denominações, com a mesma estrutura funcional.

Todo esse aparato negocial será estudado no curso jurídico, na disciplina Direito Civil. Essas manifestações negociais, originadas do indivíduo ou de um grupo de pessoas, giram em torno da estrutura que vai estudar a legitimação e a capacidade para participar dos negócios, a forma permitida ou exigida para tal (verbal, escrita, com mais ou menos formalidades), o objeto lícito, isto é, permitido pelo ordenamento e o papel mais ou menos amplo da vontade em cada negócio. Há contratos nos quais o âmbito da vontade se restringe ao máximo, como nos chamados contratos de adesão, sem que, contudo, deixe de existir a vontade. Toda essa matéria, riquíssima em detalhes, é por nós examinada nos volumes 1 e 2 de nossa obra *Direito civil*.

É inafastável que esse poder negocial é fonte criadora do Direito. Assim se postam os indivíduos quando produzem sua própria regulamentação jurídica tanto no contrato como no estatuto social.

Nesses termos, leve-se em conta que qualquer grupo mais ou menos organizado, do mais rudimentar ao mais sofisticado, que pretenda a consecução de um fim deve regulamentar condutas. Essas condutas não são definidas exclusivamente pelo ordenamento positivo, mas, também, como estamos vendo, pelos próprios interessados. Essas disposições visam complementar ou suplementar o ordenamento, regulando o peculiar interesse de cada um. Não se admite, como princípio, que a regulamentação da vontade contrarie o ordenamento. Nesse sentido, postam-se os regulamentos, regimentos, estatutos, contratos sociais das pessoas jurídicas em geral. Existe sempre um conjunto de regras que regula a vida interna de cada grupo. Assim, ao lado do *poder negocial*, coloca-se o *poder normativo* dos grupos sociais, ambos postados no mesmo diapasão da manifestação de vontade individual ou do grupo. São repercussões claras da autonomia da vontade. Assim, ao lado do contrato, do testamento, citados como exemplos dos mais elucidativos e correntes, coloca o direito estatutário, isto é, manifestações de grupos que se autorregulam, como, por exemplo, no âmbito esportivo e religioso (Marques, 1999:104). *"O fato é que, por terem livremente convencionado, homens e grupos dão nascimento a formas ou modelos que os vinculam"* (Poletti, 1996:212).

6
CODIFICAÇÃO E TÉCNICAS LEGISLATIVAS

1 A CODIFICAÇÃO

Temos feito continuamente referência aos Códigos, principalmente ao nosso Código Civil. É fundamental o papel que os Códigos representaram para o Direito, a partir das codificações modernas, do final do século XVIII e início do século XIX.

A palavra provém de *codex*, que para os romanos designava uma coleção de leis. A codificação de Justiniano, inclusive o seu Código, dentre suas obras monumentais, e todos os Códigos que permearam nessa época e em épocas posteriores, como o gregoriano, hermogeniano, teodosiano, não se tratavam verdadeiramente de Códigos tal como os conhecemos hoje. Esses Códigos antigos eram compilações do Direito conhecido, mais uma coleção, um apanhado de normas, o que vigorou até o início do século XIX.

Um Código é obra magnífica criada pelo homem. Trata-se de lei organizada, sintética, sistemática, científica, estabelecida para ordenar um ramo importante e fundamental do Direito. Cada lei é, por si, um fragmento do ordenamento jurídico. O Código é uma lei. Possui geralmente a mesma posição hierárquica das demais leis, contudo, por sua grandeza e amplitude, desempenha papel mais importante e fundamental dentro do ordenamento, pois em torno de cada Código gravitam múltiplas e incontáveis relações sociais. Destarte, o Código não pode ser visto como uma lei singela; não é uma simples regra ou um conjunto de regras. Dentro do ordenamento, caracteriza-se por conter uma globalidade ordenada de regras; uma pluralidade de regras. Um Código caracteriza-se por ordenar um núcleo da vida social, com concentração de regime jurídico sobre institutos que se interligam.

Os Códigos evitam que o ordenamento contenha uma série muito grande de leis, proveniente de momentos históricos e políticos diversos, trazendo com isso instabilidade ao sistema. O Código, tanto de direito material, como o civil e o penal, como de direito adjetivo, como os Códigos de processo, faz com que exista um tronco principal de raciocínio em cada área jurídica, em que as soluções encontram-se ou, pelo menos, partem os raciocínios para aplicação e interpretação da lei. Um Código proporciona homogeneidade substancial e formal ao pensamento jurídico e à prática judiciária. Não se deve entender que a codificação, terminologia que se utiliza para essa finalidade, estratifica o Direito e impede sua evolução, pois de tempos em tempos torna-se necessária a alteração dos Códigos, o que é feito com frequência, ou sua completa substituição, obra que é mais complexa.

Após ter transformado os costumes em leis, o legislador moderno parte para tarefa mais ambiciosa: reunir em um texto único e conexo todo o direito em vigor, ao menos o direito de determinado compartimento ou área jurídica.

Como temos apontado, essa ideia não foi privativa da era moderna, pois Justiniano realizou o projeto ambicioso cuja obra serviu de base para o direito ocidental da posteridade. Mas como vimos, há que se distinguir essas obras da Antiguidade e o conceito de codificação que temos desde séculos mais recentes. Destarte, uniformizar o Direito foi o desiderato de muitos governantes, desde Hamurábi até Justiniano, Carlos Magno, Napoleão e muitos outros. Essa ambição, em muitas situações, não chegou a se concretizar, pois muitos governantes estavam à frente de sua época.

O Código da era moderna regula unitariamente um ramo do Direito, enquanto nos Códigos antigos e medievais a tendência era regular todos os campos. Desse modo, a Lei das XII Tábuas e as Ordenações do Reino não poderiam hoje ser entendidas como Códigos. A ideia da moderna codificação é fazer conter em um único diploma legal a disciplina fundamental de determinada área jurídica, tarefa que atualmente se mostra impossível e mesmo nos séculos passados nunca se aperfeiçoou totalmente nesse sentido.

O código moderno é sistemático e científico, pois os antigos eram empíricos e não sistematizados. Muitos dos antigos códigos eram meras compilações ou justaposições de leis. A *compilação* obedecia geralmente apenas a um critério cronológico ou apresentava uma divisão tosca de matérias. Por vezes, os compiladores eram criativos a ponto de suprimir ou adicionar normas, o que não lhes suprimia o caráter de compilação. Projeta-se atualização abrangente do atual Código Civil, algo que em absoluto não nos entusiasma como oportuno, tendo em vista, mormente, o espectro exagerado, por demais prolixo, quebrando a unidade sistemática do texto atual.

Outro instrumento legal que pertence à história da codificação é a *consolidação de leis*. A consolidação apresenta-se como um passo à frente da compilação, mas não chega a ser um Código. Na consolidação, o legislador não se limita a compilar leis anteriormente existentes ou a justapô-las. Coloca-as de forma ordenada, adapta as redações, cria capítulos e sequências lógicas, mas tendo como base sempre uma legislação já existente a qual, como regra, não altera substancialmente. Exemplo dessa criação em nosso país é a Consolidação das Leis Civis, de Teixeira de Freitas, antes que se tornasse possível a promulgação de nosso Código Civil. A Consolidação das Leis do Trabalho continua vigente entre nós, promulgada que foi em 1º de maio de 1943, com contínuas modificações, principalmente pela Lei nº 13.467/2017. No entanto, esse diploma trabalhista possui um caráter misto, pois não se restringiu apenas a reproduzir normas então existentes, visto que nele foram introduzidas muitas inovações.

1.1 Vantagens e desvantagens. Presente e futuro da codificação

Hoje a discussão da codificação não diz mais respeito a suas vantagens ou desvantagens, mas ao seu âmbito, alcance, compreensão e extensão. Contemporaneamente, a crise da codificação implica uma opção: codificar amplamente, de forma mais compreensiva possível, uma área jurídica ou, então, relegar aos códigos os princípios gerais e permitir que leis mais singelas regulem os fenômenos relacionados, de forma mais ou menos ampla. É nesse diapasão que surgem diplomas legais mais abrangentes, mas que não se identificam como Códigos, que a doutrina mais recente denomina microssistemas, aos quais faremos menção.

Não resta dúvida de que a presença de um Código no ordenamento traz enormes vantagens, além de ser um pilar e um marco da cultura jurídica nacional. Apresenta-se como um corpo lógico e ordenado, propiciando melhor compreensão do Direito. Facilita o trabalho do intérprete que dele parte para a aplicação do Direito, ainda que tenha que recorrer a leis complementares ou extravagantes, como se denominam as que complementam ou suplementam os Códigos. Além disso, a presença de um Código dá segurança e facilita o aprendizado dos iniciantes e o trabalho da doutrina. As partes gerais do Código Civil e do Código Penal, por exemplo, trazem as normas que verdadeiramente estruturam o pensamento jurídico e a aplicação do Direito nessas áreas. Como afirma com propriedade José de Oliveira Ascensão (2003:358):

> *"Muitas orientações gerais, que só penosamente se poderiam detectar através de uma seriação de leis, tornam-se facilmente apreensíveis graças à própria estrutura sistemática dum código."*

Cada período histórico tem seu próprio momento para determinadas realizações. As codificações, portanto, somente surgem quando o Direito de um povo se encontra devidamente amadurecido. Poucos foram os chefes de governo que puderam ver a tarefa da codificação realizada.

O Direito é contínuo acumular de experiências e a codificação somente pode surgir após um embasamento histórico ponderável. Há necessidade de substrato cultural de monta para uma codificação. Um Código surge de um conjunto estável de leis vigentes, do amadurecimento de um projeto, bem como de técnicos capazes de captar e reproduzir no texto da lei as necessidades de seu tempo.

Toda lei nasce, de certa forma, defasada, pois o legislador tem o presente e o passado como laboratório, não lhe sendo dado antever o futuro. As leis são elaboradas para os fatos sociais conhecidos, numa realidade que cada vez mais rapidamente se altera. Toda a grandeza de uma codificação reside, entre outros aspectos, justamente no fato de poder ser adaptada, pelo trabalho diuturno dos juízes e doutrinadores, aos fatos do porvir. Essa faceta é que dá o caráter de permanência a um Código, contribuindo para a aplicação ordenada do Direito, em busca da paz e da adequação sociais, fins últimos do ordenamento.

O legislador ou o governante nem sempre raciocina de forma ampla e com o desprendimento da dignidade de sua função e crê que, ao elaborar uma lei, o faz para sempre. Confundem o caráter de permanência da lei com o sentido de perenidade, olvidando-se, muitas vezes, sendo isso próprio do pecado da soberba, de que seu nome desligar-se-á muito em breve da lei que criou, passando a legislação a ter vida própria, a partir de sua imediata vigência. O Código francês, sempre lembrado como Código de Napoleão, é exceção, pela grandeza da figura humana, da obra e pelo momento histórico em que surgiu.

Codificar, por outro lado, é tarefa árdua, custosa e trabalhosa. Por sua própria natureza e essência, deve ser meticulosa, e, em virtude disso, requer um caminho demorado de elaboração. Não deve ser objeto de crítica a demora na promulgação de um Código. Leis elaboradas de afogadilho, açodadamente, da mais simples à mais complexa, trazem geralmente resultados desastrosos e dificultam sua aplicação, perdendo a finalidade e ocasionando incerteza social.

Um Código deve ser uma obra rara, pomposa e solene, pois perderá todo seu prestígio se for alterada constantemente (Dekkers, 1957:337). Isto não significa que o Direito deva manter-se preso a legislações ultrapassadas. Vários países já passaram pela experiência de substituição de Códigos. Nosso Código Civil de 2002 é exemplo. Note-se que, no intervalo entre a promulgação de um Código e outro, a jurisprudência desempenha papel fundamental para dar coloração atualizada aos dispositivos legais interpretados. Quanto mais envelhecida uma lei, maior será o desafio do intérprete e aplicador do Direito. É muito usual que o intérprete passe a extrair conclusões das normas por vezes sem qualquer previsão do legislador na época do nascimento da lei.

Um Código é consequência de um racionalismo dedutivo e não se adapta a sistemas que têm como Direito uma amálgama de religião e costumes. Nos sistemas do *Common Law*, como vimos, há um papel secundário para a lei escrita, ainda que neles também existam Códigos.

O Ser Humano quer imortalizar-se por meio de uma codificação, mas é a codificação que imortaliza o homem.

Como vimos, a codificação da era moderna foi fruto de causas ideológicas que viam no Código a razão última e definitiva do Direito. O momento político do surgimento desses

Códigos não pode ser olvidado. A codificação dos idos do século XVIII coincide com um rompimento com o velho regime, com os paradigmas da Idade Média e com a unificação política dos países da Europa que passam a ter as feições políticas atuais. Desse modo, além de ser o retrato de uma ideologia, os Códigos também são instrumentos que se mostraram úteis para reforçar a unidade nacional, ainda instável. Assim surgem o Código francês e o italiano, suíço, belga, português, alemão, entre tantos outros, alguns já substituídos no curso do século XX. É também oportuno lembrar que a legislação até a codificação era esparsa e caótica e as novas nações não tinham como conviver com essa instabilidade.

Há, atualmente, fortes opositores à codificação, mas sob razões totalmente diversas daquelas apontadas para as primeiras codificações da era moderna. Hoje, discute-se se é possível continuarmos com Códigos que enfeixam largos horizontes do Direito, convivendo com uma multiplicidade de leis em todos e nos mais variados setores, por vezes não muito bem identificáveis. Cada vez mais os fenômenos jurídicos interpenetram-se e não são mais exclusivamente de Direito Civil ou de Direito Penal, por exemplo, mas absorvem princípios de vários campos jurídicos. São diversas, portanto, neste início do século XXI, as razões que concorrem para o declínio do Código oitocentista.

Aponta-se como maior desvantagem da codificação sua rigidez, dificuldade maior de sua modificação, o que impediria o dinamismo do Direito. Como se trata de uma obra sistemática, a alteração de dispositivos de um Código exige capacidade técnica e cuidados, sob pena de ser perdida sua logicidade. Por essa razão, prefere o legislador editar leis complementares ou extravagantes a alterar o Código. Nesse diapasão, a multiplicidade de leis confunde mais do que esclarece. Há, de fato, um impasse legislativo e doutrinário de difícil escolha. No entanto, a maior dificuldade atual é, sem dúvida, a convivência harmoniosa dos Códigos com os *microssistemas*, conforme mencionamos. Alguns preferem denominar *estatutos* a essas normas, no entanto, esse termo é utilizado tradicionalmente para designar uma lei que trata de um setor específico e facilmente identificável do universo jurídico, uma atividade, carreira ou profissão, como o Estatuto dos Funcionários Públicos Civis da União ou dos Estados ou o Estatuto do Idoso ou do Torcedor. Leis que ordenam determinado setor de atividade ou serviço denominam-se leis orgânicas, como a Lei Orgânica dos Municípios e a Lei Orgânica do Ministério Público.

Um microssistema legal ou estatuto tem por peculiaridade ser uma lei abrangente, reguladora de um amplo campo social, sem que possa ser conceituado como Código, por lhe faltar a sistematização técnica, a grandeza, pomposidade, amplitude, generalidade e princípios mais elaborados de lógica jurídica. De há muito o ordenamento jurídico brasileiro convive com essas leis. Esses microssistemas caracterizam-se por ser multidisciplinares, isto é, possuem princípios de Direito Material Privado e Público, Direito Processual, Direito Público, inclusive com disposições penais. As sucessivas *leis do inquilinato*, promulgadas desde a primeira metade do século XX, sempre retiraram a locação de imóveis da esfera do Código Civil. O vigente diploma inquilinário (Lei nº 8.245/91), por exemplo, a exemplo das leis anteriores, possui a primeira parte ou título com disposições acerca das locações (direito material); a segunda parte com disposições processuais a regular as ações de despejo, de consignação de aluguel e acessórios da locação, revisional de aluguel e renovatória. Essa lei também tipifica contravenções penais e crimes relacionados com a locação nos arts. 43 e 44 e ainda algumas questões administrativas. Portanto, em toda essa matéria locatícia, não se aplica o Código Civil, nem o Código de Processo Civil, no que estiver nela estabelecido. Os Códigos são aplicados apenas supletivamente. Como se nota, há uma superposição ou interpenetração de normas, cabendo ao intérprete aplicá-las conforme a situação fática, mas os princípios gerais codificados sempre devem ser lembrados. Muitos são os diplomas legais com essas características, os quais modernamente ganham adeptos a ponto de defender sua única utilização em detrimento dos

Códigos. Assim se coloca, por exemplo, o Código de Defesa do Consumidor (Lei nº 8.078/90), uma das leis mais importantes em nosso ordenamento, a qual introduziu entre nós muitas inovações de Direito Material, Direito Processual e Administrativo. É exemplo típico de lei abrangente, de um amplo microssistema.

Desse modo, há vasta legislação em todo Direito Ocidental disciplinada em microssistemas, Lei de Falências e posteriormente de Recuperação de Empresas, legislação da Previdência Social, legislação dos acidentes do trabalho, Estatuto do Menor e do Adolescente, Código Aeronáutico etc. Contudo, persiste a importância dos Códigos, mormente para as vertentes mais importantes do campo jurídico, principalmente os princípios estruturais. Sem essas normas que por natureza pertencem aos Códigos, a aplicação do Direito sofreria com incertezas e instabilidades. Nenhum microssistema sobrevive sem essa base.

Não se deve esquecer de que a Constituição é também um Código, embora não nos refiramos a ela como tal. As constituições representam verdadeiros Códigos da estrutura-base do Estado. Nossa Constituição de 1988 é por demais detalhada e trouxe inúmeros princípios inovadores sobre o Direito Civil, tanto que se apelidou de *Constituição Cidadã*, dando margem ao que muitos denominam *Direito Civil Constitucional*.

A Constituição é uma lei política. Trata-se da lei fundamental de uma ordem jurídica. Estabelece a estrutura e a organização do Estado, fundamenta a ordem jurídica e estabelece os direitos fundamentais.

Em matéria de codificação, contudo, em todas as nações ocidentais, a base estrutural do pensamento jurídico é sempre o *Código Civil*, a manifestação mais espetacular de sistematização jurídica, pois nele, além de estar presente a base histórica do Direito Romano, é o Direito Civil que confere ao sistema a definição dos princípios fundamentais da ordem jurídica. Se a Constituição confere os direitos fundamentais à sociedade e ao Estado, o Código Civil é a constituição do cidadão. Em síntese: não é possível o raciocínio jurídico, em qualquer tema, sem os fundamentos do Direito Civil. Os princípios da personalidade, capacidade da pessoa natural ou jurídica, estrutura dos negócios jurídicos, conceituação de bens, prescrição e decadência pertencem à teoria geral do Direito Civil, e fazem parte, na realidade, da teoria geral do Direito.

A tendência atual dos Códigos é sistematizar as matérias mais gerais e dotadas de maior estabilidade, deixando para a legislação avulsa ou para os microssistemas ou estatutos as matérias que estão sujeitas a alterações mais rápidas ou mais intensas. Nosso Código Civil de 2002, por exemplo, deixou para a legislação autônoma, para um microssistema, toda a problemática da fertilização assistida e os problemas correlatos que envolvem um universo de situações, como identificação de paternidade, direitos hereditários, possibilidade de úteros de aluguel etc., questões de cunho material, processual, penal e administrativo.

2 EFEITOS DA CODIFICAÇÃO

A codificação é um dos espetaculares efeitos alcançados pela escola do Direito Natural. A questão era porque não converter em Direito Positivo aquele Direito ensinado nas universidades, um Direito que já se apresentava ordenado, pesquisado e que fora Direito Positivo no passado, ou seja, o velho Direito Romano. Pretendeu-se transformar em Direito vigente e real algo que na época era um Direito ideal. A escola do Direito natural permitiria realizar essa ambição. No século XVIII a codificação possibilitaria também, pela intervenção do legislador, acabar com os arcaísmos que impediam o progresso do Direito, arraigando então a multiplicidade de costumes. Nisso a codificação distingue-se da *consolidação*, que apenas se limita a colocar lado a lado as normas então vigentes.

Essa codificação oitocentista, derivada do Iluminismo, difere muito, como já acentuamos, das codificações antigas, mas todos os códigos modernos receberam influências marcantes do trabalho de Justiniano. Como lembrado, o *Corpus Juris Civilis* (Código, Digesto, Institutas, Novelas) é uma coletânea de leis anteriores, não tendo a sistemática da moderna codificação. Em nosso *Direito Civil*, v. 1, Capítulo 3, traçamos um apanhado geral sobre essa grandiosa obra.

A codificação que surgiu a partir de fins do século XVII e no século XVIII era um conjunto de normas sistemáticas e unitárias que procurava ser completa, abrangendo todo o Direito de determinado campo, todos os fatos sociais, algo que logo se descobriu como impossível.

Cristalizam-se nos Códigos vários séculos de filosofia e materializam-se na lei os ideais burgueses que rompiam com o sistema feudal, como a propriedade e a liberdade contratual. Mais tarde, no curso do século XIX, os Códigos introduzem a Parte Geral, como fez o Código alemão, estruturando o negócio jurídico e a personalidade. Os Estados Unidos ganharam a Constituição escrita, mas, pela natureza do seu Direito, não houve um processo de codificação, como já apontado.

Acusou-se a codificação de ser responsável pela fragmentação do Direito europeu e de uma ruptura da família jurídica romano-germânica. Porém, o Direito ensinado nas escolas não era um Direito aplicável, um Direito vigente (David, 1973:49). Na realidade, nunca existiu um Direito uniforme na Europa. Essa tarefa é contemporânea, com a União Europeia, ainda em fase de elaboração.

A codificação reduziu os direitos a certos grupos bem definidos. O Código de Napoleão e, posteriormente, o Código Civil alemão tiveram papel preponderante nesse sentido.

Reconhece-se, no entanto, ao menos para a época de sua promulgação, que a princípio houve efeitos negativos com os Códigos. Já acentuamos o papel da escola da exegese no tocante ao Código francês. O Direito passou a ser aplicado de forma mais racionalista, esquecendo-se dos sentidos do Direito justo e da equidade ensinados nas universidades. Passou-se a ver os Códigos como uma palavra definitiva, com extremo apego à letra da lei. Quando do surgimento dos primeiros Códigos, a hermenêutica, como já analisamos, viu-se restrita, uma vez que se entendia que bastava a exegese dos mais recentes textos para a aplicação do Direito ao caso concreto. Essa posição trouxe nova onda positivista ao Direito que em nada auxiliou sua evolução. Era natural que assim ocorresse, porque a codificação moderna era algo de inovador, absolutamente revolucionário.

Mesmo atualmente, quando da promulgação de lei, nota-se primeiramente um apego exagerado ao seu texto. À medida que passa o tempo, as interpretações tornam-se mais flexíveis.

Com o advento das codificações, porém, deixou-se de considerar o Direito como uma simples norma de conduta social para ser visto como uma realidade essencialmente supranacional.

Para que um Código atinja plenamente suas finalidades, exige-se a concorrência de vários fatores. De um lado, é necessária a existência de um governante culto, ou ao menos cercado de pessoas cultas, liberado do excessivo tradicionalismo, ansioso por consagrar novos princípios de justiça, de dignidade. Doutro lado, faz-se necessário o surgimento de uma compilação legal de um país culturalmente influente e populoso, capaz de se impor às pequenas nações como um paradigma. Por não atender a esses requisitos é que o Código Civil da Prússia, de 1794, o primeiro a surgir, e o Código Civil da Áustria, de 1811, ambos precursores das grandes codificações, não lograram maior difusão, nem conseguiram influenciar outras nações. Foi exatamente por cumprir essas demandas que, principalmente, o Código francês desencadeou as codificações do século XIX e o Código alemão, as do século XX.

3 A CODIFICAÇÃO DOS SÉCULOS XVIII E XIX

Os Códigos acabaram por frutificar em praticamente todos os países civilizados. Houve ingentes discussões à primeira época, digladiando-se correntes a favor e contra a codificação. É célebre a polêmica travada na Alemanha entre dois professores de Heidelberg, Thibaut e Savigny. O primeiro publicou famoso opúsculo *Da necessidade de um direito civil para a Alemanha*, o qual sustentava que deveriam ser unificadas todas as leis vigentes nos vários Estados alemães. Essa posição atendia a um desejo nacionalista para a unificação da Alemanha. Savigny opôs-se a Thibaut, escrevendo *A vocação do nosso tempo para a legislação e jurisprudência*. Savigny postava-se nessa obra como opositor à codificação e também das leis em geral. Entendia que as leis impediam o crescimento e o desenvolvimento do Direito. A legislação deveria ser reduzida ao mínimo possível. As leis avulsas poderiam ser modificadas mais rapidamente, o que não ocorreria com os Códigos. Era a base da escola histórica já referida, com sua aferrada posição em relação ao costume, como fonte do Direito. O Código alemão somente foi promulgado após o falecimento de Savigny.

O fato é que atualmente essa celeuma está superada. Os Códigos da época moderna cumpriram valioso papel, inspirando a melhor aplicação do Direito nos anos que se seguiram a suas promulgações. Como aponta Galvão Telles (2001:203), os códigos foram sendo paulatinamente atualizados, sempre que houve necessidade ou conveniência. "*Desde que estas premissas sejam respeitadas, o código pode servir e serve como elemento de unificação do Direito e como seguro guia da prática jurídica.*"

É sempre importante voltar no tempo nesse assunto e ter em mente as condições históricas nas quais foi promulgado o Código francês do início do século XVIII. Com a Revolução de 1789, os franceses desejaram livrar-se de todos os paradigmas do *Ancien Régime*, consagrando uma nova ordem política. Nessa esteira, vem a codificação com o propósito elevado de fundar toda uma nova ordem social privada. Essa codificação que assim surgiu refletiu claramente os valores de uma nascente sociedade capitalista. Dessa forma, o Direito foi reduzido a letra da lei, intenção que, como vimos, teve pouco tempo de sobrevivência. Preponderou a escola da exegese, no sentido de que toda aplicação jurídica somente poderia decorrer da lei. "*A justiça resta mecanizada, reduzida a mera aplicadora de uma lei que se pretende plena de soluções*" (José Levi Mello do Amaral Júnior, in Martins-Costa, 2002:67). A escola da exegese tornou a norma legal intangível, ficando a própria justiça subordinada à lei. Essa situação foi sendo modificada pela realidade e pelos julgados, de forma contínua e permanente e, hoje, os princípios da exegética são mera referência histórica.

Atualmente, altera-se a postura em relação à codificação. Não mais se discute acerca das vantagens da codificação, mas os Códigos deixam de desempenhar exclusivamente o papel fundamental que tiveram no passado. O positivismo adquire novos contornos. Nenhum jurista de nosso sistema vê nos Códigos a única fonte do Direito. Mesmo no Direito Penal, são conferidos cada vez mais poderes abertos ao juiz para a conceituação do delito e a aplicação da pena, em área onde deve imperar a estrita legalidade.

O intercâmbio internacional, por meio de congressos, cursos, palestras, comunicação eletrônica, incita nova forma de encarar o Direito em um plano universalista, com a tendência de um direito supranacional. O direito positivo abandona o provincianismo que o prendeu por tantos séculos, porque até o século XIX tendia-se a menosprezar os direitos estrangeiros, mormente pela doutrina francesa.

Os Códigos civis francês e alemão, sem dúvida os mais importantes no curso da História, apresentam diferença de método e estilo, como apontamos. Enquanto os franceses dedicaram-se mais a exegese, os alemães continuaram seus trabalhos e estudos nas universidades, sobre textos do Direito Romano. Tanto é assim que acaba por triunfar na Alemanha a chamada escola dos *pandectistas*, que conseguiu elevar os princípios romanísticos a um patamar nunca dantes alcançado. A elaboração do Código Civil alemão faz-se sobre a base pandectista. Desse modo, a técnica de redação de ambos os diplomas legais não é semelhante.

Hoje não vivemos mais a fase das grandes codificações modernas, daí por que se apresenta o Brasil de forma surpreendente ao promulgar um novo Código Civil no início do século XXI.

4 A CODIFICAÇÃO BRASILEIRA

Nosso país possui uma longa tradição codificadora, mas somente veio a ter seu Código Civil em 1916, oriundo de um projeto de autoria de Clóvis Beviláqua, já no período republicano, quase um século depois da disposição programática da Carta Imperial de 1824, na qual se previa o Código Criminal e Civil. Às inúmeras vicissitudes de elaboração do nosso Código Civil, dedicamos o Capítulo 7 de nosso *Direito Civil*, volume 1.

O Código Civil de 2002, fruto originário de um projeto de 1975, a par de inúmeras críticas que sofreu, representa, sem dúvida, um novo divisor de águas, mormente tendo em vista o raciocínio jurídico, a aplicação das cláusulas abertas que pontuam por todo esse diploma legal. Cláusulas abertas são textos legais que permitem ampla mobilidade do juiz na aplicação da lei, matéria que deve ser aprofundada no estudo do Direito Civil. Esse diploma foi promulgado em 10 de janeiro de 2002, com vigência a partir de 11 de janeiro de 2003. Foram feitas inúmeras alterações em seu texto original.

As maiores inovações em matéria de Direito Civil no país ocorreram, sem dúvida, antes da promulgação desse Código, com a Constituição de 1988. Foi com essa Carta que a união estável, a família sem casamento, ganhou reconhecimento definitivo. A partir de 1988 a família é vista sob novas vestes, não mais se distinguindo direitos entre a filiação legítima e ilegítima. Essa Constituição também permitiu a indenização por danos morais, algo que permanecia no limbo e nunca fora admitido pelos tribunais superiores até então. Tantos outros princípios foram introduzidos nesse texto constitucional, como os relacionados à posse e à função social da propriedade urbana e rural, à proteção aos direitos da personalidade, à ecologia, que, como apontamos, elevaram seu reconhecimento como Constituição cidadã e seu estudo é defendido, por parte da doutrina, como um Direito Civil constitucional ou, ao menos, constitucionalizado.

Nosso Código Comercial é de 1850 e ainda se encontra parcialmente vigente no tocante ao Direito marítimo, pois o Código Civil de 2002 derrogou o restante até então em vigor. O mais recente Código Civil incluiu normas sobre o Direito de empresa e absorveu grandemente o âmbito do provecto Código Mercantil. O Código Comercial foi promulgado quando ainda o comércio no país era incipiente, mas derrogou muitas das normas ainda então vigentes pelas Ordenações.

Quanto à esfera criminal, a Constituição outorgada pelo Imperador em 1824 previa também a elaboração de um Código Criminal, que foi sancionado em 1830. Com a Proclamação da República, foi editado em 1890 um novo Código Penal, alvo de acerbas críticas pelas numerosas emendas que apresentava, tendo sido modificado por inúmeras leis que acabaram compiladas na Consolidação das Leis Penais, pelo Decreto nº 22.213, de 14 de dezembro de 1932. Por meio do Decreto-lei nº 2.848/40 entrou em vigor o Código Penal que ainda é nossa lei criminal básica. Houve tentativa de substituição desse diploma em 1969 com novo Código que sofreu inúmeras críticas e, depois de sucessivos adiamentos, acabou sendo revogado em 1978. A Lei nº 7.209, de 11 de julho de 1984, reformulou o Código Penal de 1940, introduzindo diversas inovações, como resultado de um influxo liberal e de melhor proteção à dignidade humana. A legislação penal também deve ser dinâmica. Há inúmeras leis especiais de cunho criminal no ordenamento pátrio. De há muito se reclama uma alteração radical de nossa legislação penal, ao lado das estruturas judiciárias repressivas. Não é de hoje que nossa lei penal não mais atende aos reclamos de justiça da sociedade e permite que a violência e o crime organizado desestruturem as instituições.

No âmbito processual, a Constituição de 1891 permitira que os Estados tivessem sua própria legislação processual, mas poucos foram os que tomaram essa providência, continuando, para eles, em vigor a legislação anterior.

Famoso foi o Decreto nº 737, de 25 de novembro de 1850. Essa norma, conhecida como Regulamento 737, serviu, na verdade, como Código de Processo Civil e teve aplicação até na República, quando foram poucos os Códigos processuais promulgados pelos Estados, conforme autoriza a Constituição de 1891. Esse regulamento somente foi efetivamente substituído pelo Código de Processo Civil de 1939. Esse Código procurou introduzir conquistas modernas da processualística no ordenamento brasileiro, como a oralidade, colocando o juiz como diretor do processo. Em poucos anos, porém, sobressaíram suas deficiências, principalmente no tocante às medidas de urgência.

O Código de Processo Criminal do Império foi grande vitória legislativa dos liberais, logo após a abdicação de D. Pedro I. Foi promulgado em 1832. Esse diploma introduziu novidades em nossa legislação, como o tribunal do júri e o *habeas corpus*, até então inexistentes em nosso ordenamento. Após a unificação da legislação processual com a Constituição de 1934 e com o advento da Carta de 1937, foi promulgado pelo Decreto-lei nº 3.689, de 30 de outubro de 1941, nosso atual Código de Processo Penal que entrou em vigor em 1º de janeiro de 1942. Esse diploma sofreu várias alterações legislativas, mas ainda continua em vigor, mostrando-se arcaico, inábil para aplicar devidamente a justiça penal, válvula aberta para a impunidade. A execução penal é regida pela Lei nº 7.210, de 11 de julho de 1984 (Lei de Execução Penal).

A elaboração de um Código exige, além de maturidade e cultura jurídica, certa estabilidade de princípios e o perfeito conhecimento do âmbito de atuação das normas. Por essa razão é que até hoje não temos um Código trabalhista e um Código administrativo, e há muita dificuldade para que o Código Tributário Nacional seja efetivamente assim considerado.

Toda essa matéria referente às respectivas codificações deverá ser paulatina e detidamente examinada nas respectivas disciplinas e dentro da História do Direito. Aqui apenas se dá notícia dos códigos mais importantes do país. A codificação civil, penal e processual somente pode ser devidamente compreendida dentro do contexto das respectivas disciplinas e um aprofundamento a esta altura dos estudos jurídicos seria, sem dúvida, açodado.

O século XXI vive o ocaso das codificações. A tendência legislativa é a promulgação de estatutos ou microssistemas, relegando-se os códigos apenas para as teorias gerais. A era tecnológica e a pletora de novos campos jurídicos apontam para essa irremediável conclusão. De qualquer forma, a base de toda legislação será sempre histórica, levando-se em conta a era das grandes codificações.

5 TÉCNICAS DE CODIFICAÇÃO. TÉCNICA LEGISLATIVA

Há uma técnica na redação das leis que foi sendo criada com a experiência, com poucas discrepâncias no mundo ocidental, no direito de origem romância. Assim, a lei deve apresentar-se com conteúdo e forma. São dois os aspectos da técnica legislativa que podemos distinguir: a elaboração das leis por meio de um processo legislativo, geralmente disciplinado na Constituição e em leis complementares, e a apresentação formal da norma, sua exposição redacional. É deste último aspecto que ora nos ocupamos. Para essa manifestação formal, não há regras rígidas, embora as Leis Complementares ns. 95 e 107 tenham traçado algumas normas a esse respeito.

Os códigos, como apontamos, não apresentam diferença hierárquica com relação às demais leis, mas sim em relação à matéria tratada, quanto à sua estrutura orgânica. O Código, por sua natureza, possui importância qualitativa e quantitativa mais ampla para a sociedade, para o jurista e para o intérprete.

Enquanto a lei em geral é referida por seu número e respectiva data de promulgação, como temos feito nesta obra, tal não acontece com os códigos, simplesmente citados como Código Civil, Código Penal, Código de Processo Civil etc. Citam-se os "artigos" do Código, entre nós, que seguem numeração contínua. O artigo é a unidade básica de uma lei. A técnica exige que trate de apenas um assunto e que estabeleça, em princípio, uma regra geral.

Para maior facilidade, os códigos estão geralmente divididos em livros, capítulos, títulos e seções, que representam agrupamento de artigos dentro de certos compartimentos ou áreas. Os artigos podem ser subdivididos em parágrafos, incisos e alíneas, numerados os incisos ou representadas por letras em ordem alfabética, as alíneas. As leis em geral, dependendo de sua sofisticação, também podem apresentar essas subdivisões.

É usual, entre nós, numerar os artigos de qualquer lei, do 1º ao 9º pelos ordinais, e a partir do art. 10, pelos cardinais, assim como a numeração de parágrafos. Assim, nos referimos ao § 1º e ao § 10. Essa prática foi levada para o bojo da lei (Lei Complementar nº 95/98, art. 10). Os incisos, dentro dos artigos, vêm representados pelos algarismos romanos. Os incisos devem estar diretamente conectados com o *caput* do artigo. O mesmo se diga a respeito de alíneas e itens que o artigo pode conter. É de boa técnica englobar em um mesmo artigo várias normas, quando possuem vínculo de dependência, colocando-as em parágrafos ou alíneas, estas sempre se referindo ao texto do artigo.

A menção dos artigos é feita pelos numerais, e, quando há parágrafos ou alíneas, deve ser citado o número do artigo. Quando o artigo possui vários parágrafos, usa-se o sinal gráfico "§". Quando o artigo possui um só parágrafo, denomina-se, por extenso, "*parágrafo único*". As alíneas são representadas por letras minúsculas e os itens por algarismos arábicos. Essas disposições, surgidas com a experiência, constam atualmente de lei (Lei Complementar nº 95/1998).

Os parágrafos têm por finalidade explicar ou modificar a regra constante do artigo ao qual se submetem. Possuem função de escrita secundária e não devem estabelecer regra geral. As alíneas, incisos e itens devem ter apenas uma função esclarecedora ou enunciativa.

As codificações, dada sua magnitude, apresentam quase sempre um texto que se denomina "*exposição de motivos*". Trata-se de uma peça ampla, de profunda análise, que procura colocar o meio jurídico em sintonia com um novo Código. Geralmente é texto apresentado pelo Ministro da Justiça ao Presidente da República. Trata-se de um texto eminentemente didático.

Há certos códigos, como o italiano e o suíço, que apresentam ao lado dos artigos notas marginais, para facilitar o manuseio, uma vez que tais notas, curtas e diretas sumariam o conteúdo de um artigo ou de um conjunto de artigos. Nada impede, contudo, que o editor e o anotador de um código que não possua originalmente tais notas se encarreguem de fazê-las, com objetivo didático. É fato que cada código tem sua própria concepção técnica e o codificador deve gozar de liberdade formal e metodológica.

As leis, dependendo de seu grau de magnitude, são subdivididas em várias partes: preâmbulo, epígrafe, corpo ou texto, disposições complementares, cláusulas sobre sua vigência e cláusulas de revogação. No final, o fecho e assinatura. Leis mais singelas não possuem todas essas divisões.

O art. 3º da Lei Complementar nº 95/1998 estatuiu que a lei será estruturada em três partes básicas:

> *"I – parte preliminar, compreendendo a epígrafe, a ementa, o preâmbulo, o enunciado do objeto e a indicação do âmbito de aplicação das disposições normativas;*
>
> *II – parte normativa, compreendendo o texto das normas de conteúdo substantivo relacionadas com a matéria regulada;*
>
> *III – parte final, compreendendo as disposições pertinentes às medidas necessárias à implementação das normas de conteúdo substantivo, às disposições transitórias, se for o caso, a cláusula de vigência e a cláusula de revogação, quando couber."*

Essa lei sofreu alterações pela Lei Complementar nº 107, de 26 de abril de 2001.

O que temos visto é que nem sempre o legislador segue sua própria cartilha, como disposto nessa lei, ora modificando a ordem estabelecida, ora omitindo requisitos nela contidos.

O *preâmbulo* compreende as disposições preliminares suficientes para identificação do ato legislativo. Preâmbulo, etimologicamente, significa aquilo que marcha antes, que se apresenta anteriormente. Na Idade Média, o preâmbulo apresentava-se como algo mais completo, até mesmo com alusões estranhas à finalidade da lei. Resquício desses preâmbulos mais elucubrados ainda temos nas nossas constituições. O texto do preâmbulo de nossa Constituição de 1988 é exemplo:

> *"Nós, representantes do povo brasileiro, reunidos em Assembleia Nacional Constituinte para instituir um Estado democrático, destinado a assegurar o exercício dos direitos sociais e individuais, a liberdade, a segurança, o bem-estar, o desenvolvimento, a igualdade e a justiça como valores supremos de uma sociedade fraterna, pluralista e sem preconceitos, fundada na harmonia social e comprometida, na ordem interna e internacional, com a solução pacífica das controvérsias, promulgamos, sob a proteção de Deus, a seguinte CONSTITUIÇÃO DA REPÚBLICA FEDERATIVA DO BRASIL."*

Esse preâmbulo tradicional, de origem histórica, não exatamente aquele descrito na lei aqui referida, que não se faz presente de forma completa comumente em qualquer lei, representa, também, uma enunciação do contexto político, social e filosófico sob o qual a lei foi redigida.

O preâmbulo não é fundamental para a lei, pois não integra o texto legislativo. É, porém, elemento que pode dar notícia ou apontar caminhos para a interpretação. O preâmbulo pode ser dividido em várias partes.

Na maioria das vezes, esse preâmbulo somente contém uma simples *epígrafe*, que significa o que vem escrito por cima (*epi*, sobre; *graphô*, escrever). Trata-se do indicativo identificador da lei. Contém a modalidade da norma (lei, decreto, medida provisória) e seu número e a data. A numeração não tem limites e, como vimos, as leis em geral costumam ser identificadas por essa epígrafe.

A Lei Complementar nº 95, no art. 4º, dispõe que *"a epígrafe, grafada em caracteres maiúsculos, propiciará identificação numérica singular à lei e será formada pelo título designativo da espécie normativa, pelo número respectivo e pelo ano de promulgação"*.

A epígrafe vem geralmente seguida de uma *ementa*, qual seja, um título que demonstra o alcance da lei, a matéria tratada. *"A ementa será grafada por meio de caracteres que a realcem e explicitará, de modo conciso e sob a forma de título, o objeto da lei"* (art. 5º).

Assim, por exemplo, a epígrafe e a ementa da lei que denominamos *"Lei do Inquilinato"*:

> "LEI Nº 8.245, DE 18 DE OUTUBRO DE 1991. *Dispõe sobre as locações dos imóveis urbanos e os procedimentos a elas pertinentes.*"

A finalidade da ementa é facilitar a consulta e predispor o leitor a previamente conhecer o conteúdo amplo da lei. Por vezes a ementa vem acompanhada da expressão *"e dá outras providências"*. Nessa hipótese, é indispensável que essas "outras providências" relacionem-se diretamente com o objetivo da lei. Por vezes, o legislador age de forma maliciosa e insere no bojo de uma lei uma disposição que nada tem a ver com a matéria enfocada. Trata-se de um ardil que não enobrece o legislador.

Referimo-nos aqui à Lei Complementar nº 95, que em sua ementa estatui:

> *"Dispõe sobre a elaboração, a redação, a alteração e a consolidação das leis, conforme determina o parágrafo único do art. 59 da Constituição Federal, e estabelece normas para a consolidação dos atos normativos que menciona."*

Essa lei é complementar porque regulamenta o citado parágrafo único do art. 59 da Constituição que dispôs: *"Lei complementar disporá sobre a elaboração, redação, alteração e consolidação das leis."*

Também é usual colocar-se exordialmente a autoridade que expediu a lei, com registro do fundamento legal que a permite: *"O Presidente da República, no uso de suas atribuições legais, especificamente com base no art. ... decreta..."*; *"O Presidente da República. Faço saber que o Congresso Nacional decreta e eu sanciono a seguinte lei."*

Não é mais comum, atualmente, que as leis contenham justificativas ou consideranda. No entanto, dependendo da importância da lei, o legislador pode entender necessário explicar as razões pelas quais a lei é editada. Esses considerandos ou considerandas, apesar de não integrarem a lei ou texto normativo, também são subsídios importantes para a interpretação.

O *texto* ou *corpo* da lei, que o legislador denomina *parte normativa*, constitui verdadeiramente a norma, cujas unidades básicas, como apontamos, são os artigos.

Há leis que apresentam um capítulo ou livro final denominado *"disposições complementares"*, *"disposições finais"* ou *"disposições transitórias"*. São normas que tratam de direito intertemporal, de adaptação das antigas normas para a mais moderna e têm aplicação mais ou menos efêmera. São disposições importantíssimas na fase de transição de um diploma legal para outro. O Código Civil de 2002, por exemplo, apresenta o que denomina Livro Complementar - Das Disposições Finais e Transitórias, arts. 2.028 a 2.046. Esses artigos adaptam prazos e princípios de validade ao novo Código, cuidam de institutos que não mais são regulados no novo Código etc.

Ao final a lei pode conter cláusulas de *vigência* ou *revogação.*

Já vimos que não é essencial que o texto da lei indique sua vigência, pois, de acordo com o art. 1º da LINDB, a lei começa a vigorar em todo o país 45 dias após sua publicação oficial. No entanto, o mais comum em nosso ordenamento é que a lei contenha cláusula de vigência, determinando seu início já na data de sua publicação, ou concedendo um prazo mais longo de *vacatio legis*, como ocorre com leis mais complexas e importantes. Nesse sentido, o art. 8º da Lei Complementar nº 95 estatuiu:

> *"A vigência da lei será indicada de forma expressa e de modo a contemplar prazo razoável para que dela se tenha amplo conhecimento, reservada a cláusula 'entra em vigor na data de sua publicação' para as leis de pequena repercussão."*

A cláusula de revogação é a referência expressa que a lei faz à legislação que revoga. Já fizemos referência a esse aspecto ao tratarmos do normativismo. Expusemos como é vaga e vazia de sentido concreto a expressão muito utilizada *"revogam-se as disposições em contrário"*. Veja o que falamos sobre derrogação e ab-rogação. O legislador brasileiro tem revelado irritante insegurança e má técnica jurídica ao assim dispor. O art. 9º da lei citada, alterado pela Lei Complementar nº 107, dispõe expressamente: *"A cláusula de revogação deverá enumerar, expressamente, as leis ou disposições legais revogadas."* Exemplo gritante de desobediência legal a esse dispositivo foi, como já apontamos, o Código Civil de 2002, que apenas revogou expressamente parte do Código Comercial e deixou no limbo inúmeras leis esparsas.

A lei apresentará normalmente um *fecho*, que indica o local e data da assinatura, podendo conter os anos passados da Independência e da Proclamação da República, como uma homenagem da nação a esses dois eventos; e a assinatura da autoridade que a promulga. Na esfera federal existe a chamada referenda, qual seja, a assinatura de Ministro ou Ministros de Estado, que acompanham a assinatura do Presidente da República. Essa referenda não é essencial, mas continua sendo praxe nos atos legislativos federais, no que são acompanhados pelos atos estaduais, com os secretários respectivos, assinando ao lado do Governador.

7

TÉCNICA JURÍDICA. APLICAÇÃO DO DIREITO. INTERPRETAÇÃO E INTEGRAÇÃO DAS NORMAS. ARGUMENTAÇÃO

1 APLICAR O DIREITO

Nestas linhas já ficou esclarecido que o Direito pode materializar-se espontaneamente. A maioria dos membros da sociedade obedece a normas sem que haja necessidade de se recorrer à coação. Se assim não fosse, certamente o aparato do Estado não estaria preparado para permanentemente exercer sua pressão e a convivência se tornaria um caos. Há fatos sociais contemporâneos que demonstram que, em segmentos populacionais marginalizados onde o Estado se mostra ausente, prepondera o total desrespeito ao ordenamento e criam-se verdadeiros feudos fora da legalidade. Assim, tem-se visto o esfacelamento das grandes metrópoles.

O Estado deve acorrer, por meio de seus múltiplos órgãos, para as situações de descumprimento da norma. Assim, por exemplo, se existe uma proibição "não pise na grama", vamos entender que normalmente, de acordo com o nível de educação da sociedade, ninguém ou apenas algumas pessoas desobedecerão ao preceito. Desse modo, o Direito se perfaz, na maioria das situações, quase imperceptivelmente, mas todos sabemos, consciente ou inconscientemente, que está sempre presente. Da mesma forma, em espectro mais amplo, existe, por exemplo, a obrigação tributária para cada pessoa natural ou jurídica apresentar sua declaração de rendimentos ao Fisco. Como se sabe, a maioria das pessoas cumpre essa obrigação. O descumprimento por parte dos remissos ou renitentes fica por conta da patologia do Direito, que existe em níveis diferentes, mas em qualquer sociedade. Disto, como já apontado, conclui-se que o Direito se aplica de forma ampla espontaneamente, sem a interferência material da estrutura do Estado.

É certo que nessa obediência espontânea à norma também existe o trabalho do operador do Direito: o advogado aconselha, opina, interpreta a norma tributária, por exemplo, sobre a melhor forma de apresentar a declaração de rendimentos e o seu conteúdo. Como defensor da ordem jurídica que deve ser, o advogado, da mesma forma que o Administrador, também aconselha que não se "pise na grama". Assim também o Administrador, ao impor as obrigações tributárias, estará materializando também suas disposições, igualmente interpretando o ordenamento aplicável.

No entanto, embora seja fundamental essa ampla atividade de aplicação pré-processual ou administrativa do Direito, para nossa ciência, não é exatamente essa maneira de cumprimento das normas que ocupa a maior atenção. Há um ponto culminante, em outro nível, que a sociedade percebe e onde o jurista apreende a verdadeira materialização ou concretização do Direito: na decisão judicial. A sentença representa o cume da manifestação e concretização do Direito. É por meio da decisão judicial que se declara o Direito aplicável ao caso concreto. Na sentença, o conceito abstrato da norma materializa-se sobre uma relação jurídica posta à frente do intérprete e deve assim ser obedecido e cumprido. Os efeitos consequentes da sentença, que se traduzem subsequente e maiormente no processo de execução, são complemento dessa materialização. O processo executório apresenta uma série de atos materiais a fim de que seja satisfeito o direito concretizado na sentença. O processo executório pertence aos meios ou instrumentos do Estado para aplicar a coerção. O principal efeito da sentença, para alguns processualistas o único efeito verdadeiro, é a declaração do direito; outros efeitos (constitutivos, condenatórios, mandamentais), inclusive os executórios, podem ou não vir a ocorrer. Essa matéria deve ser aprofundada no estudo do direito processual e na teoria geral da ação. Como o Direito está já materializado na sentença, o cumprimento espontâneo pelas partes do que ali foi decidido evita, inibe e impede o processo executório. Desse modo, não se confundem os efeitos materiais externos da execução da sentença com a concretização do direito que ocorre com a declaração nela contida.

Toda a técnica para que seja atingido esse ponto culminante (a decisão judicial, sentença ou acórdão, devendo ser mencionada também a decisão arbitral) faz parte da aplicação do Direito. Aplicar o Direito nesse diapasão constitui e participa de um processo; portanto, uma série de procedimentos mentais, raciocínios, que apenas o profissional versado nas letras jurídicas tem condições de fazer, embora o leigo possa fazê-lo empírica e inconscientemente.

No substrato ou na base de cada decisão, de cada sentença, de cada acórdão, do mais simples ao mais complexo, há todo um alicerce, um universo e uma retaguarda de conhecimentos, sem os quais esse ponto culminante seria inapropriado ou impossível. Tanto mais simples quão justa será a decisão quanto maior for o conhecimento do operador do Direito, juiz, árbitro ou advogado. Conhecimento não só jurídico, é importante que se afirme.

Exige-se, portanto, do operador do jurídico não só a amplitude de conhecimentos da ciência jurídica em si, como também o trânsito fácil e aberto pelas ciências auxiliares, a Filosofia, a Psicologia, a História, a Ética, a Política etc. Tudo isso ao lado de uma sensibilidade ímpar, para perceber os anseios das partes, suas mazelas e virtudes. A arte de aplicar o direito, mormente na sentença, exige uma completude de conhecimentos que somente o Direito pode trazer. O maior problema do ser humano ainda é o próprio ser humano. Conhecê-lo e bater-se sempre por sua dignidade é a regra de ouro de todo julgador. Só pode ser aplicador do Direito quem se disponha a conhecer a sociedade, suas grandezas e tibiezas, suas virtudes e defeitos.

Daí por que nem sempre o profissional essencialmente acadêmico, apenas preso aos alfarrábios ou novidades das bibliotecas, será um eficaz operador do Direito. Exige-se do advogado, do juiz, principalmente, e de todas as demais profissões jurídicas que não sejam apenas essencialmente técnicos, mas também curialmente práticos; que sejam letrados, mas também profanos; que sejam espiritualizados, mas também mundanos, para que sua atividade de intérprete, aplicador da norma e julgador seja justa e perfeita. Não há outra forma de conhecer os anseios e as palpitações da sociedade e sem esse enfoque, apenas com os conhecimentos encastelados da academia ou na toga, difícil será aplicar o direito justo e necessário ao caso concreto. "*A teoria não se desvanece em noções abstratas e vazias, mas se integra à práxis, como instrumento a serviço do homem*" (Schnaid, 2004:36).

Desse modo, também não se admite o juiz enclausurado, fora do contato social. Cuida-se, na verdade, do *saber* e do *fazer*, que devem surgir paralelamente. O saber pelo saber, sem aplicação prática, se assemelha a um corpo inerte, sem alma, inútil. A prática, simplesmente, desvinculada do conhecimento teórico ou técnico é superficial, enganosa, perigosa e tendenciosa. A ciência busca o conhecimento não pelo simples conhecer, mas para procurar ações em benefício do ser humano e sua dignidade.

> *"A práxis não exclui o conhecimento teórico e o científico, mas o conhecimento resultante é vivido e humano, e isso não se obtém nos gabinetes"* (Schnaid, 2004:271).

Ao estudarmos as fontes do Direito, vimos que ao lado da lei e do costume, fontes propriamente ditas ou primárias, as chamadas fontes secundárias ou auxiliares contribuem para a aplicação no caso concreto e, especificamente, a analogia, a equidade e os princípios gerais de direito são técnicas de aplicação. É importante sobrelevar, nesse passo, o papel dos princípios gerais na técnica de aplicação do Direito. Como enfatizamos no Capítulo 5, esses princípios cumprem mais de um papel na ciência do Direito, sendo assim difícil formular uma teoria geral para eles. Contudo, independentemente de outras vertentes, os princípios gerais de Direito cumprem papel fundamental na interpretação/aplicação do Direito: *"a interpretação do direito é (deve ser) dominada pela força dos princípios. Os princípios cumprem função interpretativa e conferem coerência ao sistema"* (Grau, 2003:193).

Os princípios gerais fazem com que todo o sistema jurídico se integre e participe do raciocínio do intérprete. Por essa mesma corrente de pensamento, conclui-se que o julgador não aplica normas livremente, mas sempre vinculado ao sistema, ainda que o ordenamento lhe faculte o que se convencionou denominar discricionariedade. Justamente por deter um poder discricionário, o juiz possui margens de decisão e deve manter-se dentro delas; caso contrário transformar-se-ia em legislador, tornando-se arbitrário. Desse modo, por exemplo, quando o juiz analisa em caso concreto a *função social do contrato*, erigida como cláusula aberta, segundo denominação corrente, no art. 421 do vigente Código Civil, essa função social estará em última análise dentro dos princípios gerais que participam do ordenamento. Não haverá função social reconhecível para um contrato se não se amoldar às finalidades e compreensão de nosso ordenamento jurídico. Tudo isto levando em conta, particularmente, o historicismo do contrato e a influência da História no Direito e sua dinâmica, pois o que é função social admitida hoje poderá não sê-lo amanhã. Desse modo, o que se denomina ordinária e superficialmente como discricionariedade judicial deve ser entendido como poder de criação da norma jurídica para o caso concreto. O julgador, ao concretizar o direito, cria a verdadeira norma para o caso sob exame, como resultado de um complexo raciocínio de aplicação e interpretação.

Cumpre ao julgador, e antes dele ao advogado, administrador e outros profissionais, diagnosticar o caso concreto. Nesse passo inicial, buscará a norma ou conjunto de normas que podem ser aplicadas. Advirta-se, de início, que nem sempre há um único caminho a seguir. O fato social pode comportar mais de uma solução, tanto sob o prisma de direito material, como sob o prisma processual. Assim como o médico pode optar por várias modalidades de tratamento ou escolher dentre vários medicamentos para procurar a cura da mesma moléstia, também ocorre com o Direito para a solução das pendengas. Sucede que, como na Medicina, também o Direito apresenta caminhos de solução mais ou menos eficazes, mais ou menos traumáticos para cada questão, aspectos que nem sempre podem ser aferidos de início. A vertente é de escolha; nem sempre uma escolha é mais acertada do que outra. Há que se optar pelo caminho mais batido ou aquele menos desbravado, dependendo da posição mais ou menos conservadora do intérprete. Nem sempre todos os resultados de uma escolha podem ser previstos. Há sempre o imponderável na prática do Direito, embora possam ocorrer resultados constantes e absolutamente previstos. Cabe sempre ao intérprete ponderar os riscos, ao escolher o caminho, como em qualquer outra atividade ou ciência.

Por outro lado, nunca se deve esquecer de que o Direito deve ser contemporâneo à realidade: *"o juiz decide sempre dentro de uma situação histórica determinada, participando da consciência social do seu tempo, considerando o direito todo, não apenas determinado texto normativo"* (Grau, 2003:38).

A decisão anacrônica, como já referimos, é injusta, tanto aquela que utiliza valores do passado, como a que procura lucubrar e prever valores do futuro, ainda desconhecidos ou incertos. Essa "totalização" ou completude do direito, que impede que eventuais lacunas na lei impeçam o julgamento, deve ser vista também sob o prisma histórico: o Direito é total e completo para o momento que se vive, em que se decide. O passado, traduzido pela História, é fundamental para compreender o presente, mas são os valores do presente que devem ser levados em conta.

Sob esse diapasão, aplicar e interpretar o Direito é operação una, interligada. Não há como aplicar o Direito sem interpretá-lo. A interpretação do Direito só tem razão de existir para aplicá-lo ao caso concreto. Ninguém interpreta por mero diletantismo e mesmo o trabalho que se faz na doutrina, nos mais diversos escritos, tem essa finalidade. Existe, portanto, no binômio aplicação-interpretação um fenômeno de implicação e polaridade, utilizando-se, nessa hipótese, a terminologia consagrada por Miguel Reale. Por essa razão, deve ser desprezada a doutrina mais antiga que via na interpretação do Direito uma técnica isolada, mormente tendo em vista, hoje, a técnica que se convencionou denominar de nova retórica. Da mesma forma, não se interpreta ou se aplica o Direito isoladamente, pois nele não há compartimentos estanques. O texto isolado de uma lei pode nada significar ou pode dar noção totalmente errônea do seu sentido.

Interpretar o Direito não significa simplesmente tornar clara ou compreensível a norma, mas principalmente revelar seu sentido apropriado para a vida real. Interpretar é, de fato, a ponte que liga o abstrato ao mundo real. O intérprete é um renovador, pois atualiza a extensão e compreensão da norma para o presente:

> *"O seu trabalho rejuvenesce e fecunda a fórmula prematuramente decrépita, e atua como elemento integrador e complementar da própria lei escrita. Esta é a estática, e a função interpretativa, a dinâmica do Direito"* (Maximiliano, 1961:26).

O maior trabalho renovador é, sem dúvida, dos juízes de primeiro grau e operadores do Direito do mesmo nível, aqueles que travam o primeiro contato com os fatos, com a causa, com as partes, com as questões sociais vivas e com a problemática de aplicação do Direito. Por essa razão, como apontamos no Capítulo 5, as projetadas súmulas vinculantes representam uma ameaça para o poder criador do Direito, merecendo um cuidado especial do legislador, o qual deve engendrar mecanismos maleáveis.

A interpretação não é exclusiva do Direito; está presente na vida: nas artes, no trabalho, na convivência social: *"o intérprete dá nova vida ao fato ou ao objeto de arte ou à norma jurídica. Dá, no fundo, a verdadeira vida. Nem sempre o autor é o melhor intérprete de sua obra. O intérprete, não raro, descobre aspectos não percebidos pelo autor"* (Poletti, 1996:281). Isto é o que ocorre nas artes, na música, na dramaturgia e não é diferente no Direito.

1.1 Processo de aplicação

O processo de aplicação do Direito pode ser dividido em várias fases, todas no raciocínio do intérprete, embora nem sempre se apresentem como compartimentos facilmente identificáveis.

Hermenêutica é como se denomina a técnica de interpretação. Costuma-se identificar os vocábulos *hermenêutica* e *interpretação*. Há, no entanto, diferença de grau. Interpretar é fixar o sentido e o alcance de uma norma. Hermenêutica, em sentido técnico, é a denominação da teoria científica da interpretação, aquela que tem por objetivo o estudo e a sistematização dos métodos e processos aplicáveis para determinar o sentido e a aplicação das normas. A hermenêutica estabelece critérios e técnicas de interpretação. A hermenêutica representa a teoria, a interpretação, a prática que aplica os princípios da primeira. Não se confundem, embora, por extensão semântica, ambos os termos possam ser usados indiferentemente. A palavra *hermenêutica* é de origem grega e provém do deus Hermes, da mitologia grega, que era considerado o intérprete da vontade divina.

Descrito o fato social, cabe ao hermeneuta diagnosticá-lo. Esse *diagnóstico do fato* levará em conta todas as circunstâncias sociais que o cercam. Assim, examinará se se trata de fato ocorrido na zona rural ou urbana; se entre pessoas cultas ou de pouca instrução; se sob pressões econômicas ou psicológicas, em época de fartura ou escassez etc. Todo esse quadro deverá ser transmitido pelas partes envolvidas, quando não sabido como fato notório, cabendo ao juiz investigá-lo mais ou menos profundamente, inclusive induzindo a produção de provas não acenadas pelos interessados.

Na etapa seguinte, identificado e compreendido o fato, o aplicador buscará dentro do ordenamento quais as normas aplicáveis; verificará se há hipótese normativa para o fato. Trata-se do *diagnóstico do Direito*, da busca do Direito aplicável ao caso concreto.

A seguir, o julgador passará para a *crítica formal e substancial* das normas escolhidas. Examinará os textos legais, seus meandros, sua validade e sua aplicabilidade ao caso concreto. Como aduz Eduardo Lorenzetti Marques (1999:127), *"de forma genérica pode-se afirmar que, enquanto a crítica formal refere-se à avaliação da existência e validade da norma, a crítica substancial preocupa-se principalmente com a sua eficácia"*.

O juiz, ao concretizar a norma, passa a ser o intermediário entre a norma e a vida. É, porém, um aplicador do Direito, um executor da norma, embora materialize a norma para o caso concreto, para as partes envolvidas, e não um criador, como temos enfatizado.

Na etapa seguinte, o exegeta passará propriamente à interpretação, utilizando-se de métodos e critérios aceitos, para concretizar a norma abstrata em norma concreta para a situação sob análise.

Exegese é termo que significa interpretar um texto de lei ou grupo de normas em particular, uma particularização da hermenêutica e, na linguagem figurada, pode também ser utilizado como sinônimo de interpretação.

Ao lado e paralelamente à interpretação, coloca-se o inarredável e importante processo de integração, quando se encontrar o intérprete perante uma lacuna, ausência de norma, aparente ou real, ou uma antinomia, isto é, normas contraditórias. Como já acentuamos, não se admite que qualquer caso fique sem julgamento. O Direito deve ser entendido como um todo, uma plenitude, e nessa totalização cabe ao intérprete preencher as lacunas com o processo de integração, algo que já acenamos no Capítulo 5. A integração consiste em assimilar o Direito dentro de um sistema, de modo que possa ele ser aplicado de forma lógica. O preenchimento de lacunas deve também obedecer a técnicas aceitas, certos critérios. Assim deve-se dar também, por exemplo, quando se importa um instituto jurídico do direito estrangeiro e o intérprete deve "aclimatá-lo" ao nosso sistema, como ocorreu com o *leasing* e a alienação fiduciária. Desse modo, podemos ver os fenômenos da aplicação, interpretação e integração como elementos do mesmo processo.

Afirmou-se com insistência que a sentença representa um silogismo, no qual a premissa maior está na lei, a menor, na descrição do fato e o corolário, na sentença. Trata-se apenas de uma verdade esquemática, que se mostra distante da realidade, na grande maioria das situações. O trabalho do julgador não se restringe, em absoluto, a uma operação de lógica formal tão singela, pois na aplicação do Direito ingressam fatores psíquicos, sociais, históricos, pedagógicos, econômicos, entre tantos outros. Imagine se o juiz poderia apenas ser um silogista, por exemplo, em uma decisão sobre busca e apreensão e guarda de menores, matéria que envolve profunda sensibilidade e emotividade, ou na decretação de uma falência que envolve a perda de centenas de empregos. Só o mau juiz, aquele não vocacionado, apático, acomodado ou medíocre, poderá entender sua atividade, especialmente no ponto culminante da sentença, como silogística, próxima das ciências exatas. De nada adiantará toda técnica, certamente, *"se o jurista não estiver iluminado, no íntimo de seu ser, pela vontade inabalável de ser justo"* (Schnaid, 2004:312).

2 INTERPRETAÇÃO

Não há como aplicar sem interpretar. A partir desse raciocínio, parte-se para outro ponto ou outra pergunta: há sempre necessidade de interpretação? Ou, por outro aspecto, há normas que dispensam a interpretação? A nós parece que a resposta já está perfeitamente delineada nestas linhas. Não há como se aplicar o Direito, qualquer direito, qualquer norma, qualquer texto legal sem interpretar. Ou, sob outro prisma, interpretar é aplicar o Direito; aplicar o Direito é interpretar. Há uma implicação de polaridade nesse processo.

Desse modo, afasta-se o sempre lembrado aforismo: *in claris cessat interpretatio* (perante a clareza da lei, cessa a interpretação). Trata-se de brocardo hoje totalmente vazio de sentido, popularizado em eras priscas, quando se entendia que o juiz deveria aplicar a lei como seu escravo, não podendo fugir do seu estrito texto. Esse brocardo é de origem medieval e foi adotado pelos primeiros codificadores para frear o poder interpretativo dos juízes, o qual surgira com a sutileza dos glosadores. Alguns códigos chegaram a proibir expressamente a interpretação dos textos pelos juízes, algo que se desvaneceu rapidamente perante a realidade.

O fato é que toda redação ou manifestação jurídica, obscura ou clara, deficiente ou perfeita, ambígua ou incontroversa, é suscetível de interpretação. Ainda, leve-se em consideração que o conceito de clareza é relativo, dependendo de quem examina o texto ou a norma. A primeira dificuldade já surge, portanto, ao se tentar determinar se a lei é clara, pois a clareza para uns geralmente não coincide com a clareza para outros, ou, de outro prisma, o que pode ser claro para alguns não o será para todos. Aduz com propriedade Alípio Silveira (s/d, v. 1:131):

> *"A própria clareza é, aliás, um conceito absolutamente relativo: uma lei que seja clara nos seus termos pode às vezes ser ambígua ou obscura no fim que tem em vista, e uma que o foi por largo tempo e que não deu lugar a dúvidas, pode tornar-se ambígua ou duvidosa mais tarde, por virtude do aparecimento de novas relações, quando às quais nasça a incerteza de saber se são ou não reguláveis pela norma até então pacificamente aplicada."*

Haverá interpretação mais ou menos complexa, mais ou menos profunda, mas sempre há interpretação, pois de outra forma não haverá aplicação do Direito. No entanto, a interpretação mais detida se faz quase sempre necessária, mormente quando lei nova é editada, situação na qual ainda não se pode avaliar exatamente seu alcance. É evidente que quando o legislador é cuidadoso, na redação e no sentido do texto, mais singelo será o processo interpretativo. Desse modo, não há que se entender a interpretação como sinônimo de *interpretação difícil*. *"Não devemos contentar-nos com a clareza aparente, que pode ser ilusória"* (Telles, 2001, v. 1:239).

Os textos, por mais claros que possam parecer de início, revelam ambiguidades, insuficiências e contradições, mormente no cotejo sistemático do ordenamento. Assim, a aplicação da regra de direito, como tal geral e abstrata, exige que da passagem desse estado para a concretização, isto é, a uma situação de fato, ocorra a etapa da interpretação, pela própria lei, pelas autoridades administrativas, por meio do costume, jurisprudência e principalmente pelo juiz, ou árbitro, se for o caso. É esse o campo da interpretação, sempre colocado paralelamente à aplicação do Direito.

> *"As proposições em penumbra da linguagem usada pelo legislador propositalmente, serão iluminadas posteriormente por ocasião do caso concreto, pela interpretação do juiz ou do administrador público"* (Schnaid, 2004:271).

Como aduz com toda propriedade Inocêncio Galvão Telles (2001, v. 1:240), a técnica interpretativa é difícil e exige predicados do especialista. Embora exista toda uma vantagem no domínio da técnica da interpretação, isso não basta. É necessário que o intérprete revele experiência e vocação, bem como intuição no sentido crítico, pois a hermenêutica, mais do que técnica ou ciência, é *uma arte*. A temperança e a serenidade são virtudes maiores do intérprete: deve ser ao mesmo tempo tradicionalista e ousado, na busca do que melhor amoldar-se ao espírito da lei e do sentido do justo. Carlos Maximiliano (1961:59) acentua que o talento do hermeneuta mais se manifesta quando as leis são claras, não sendo ambíguas nem defeituosas:

> *"É sobretudo com as regras positivas bem feitas que o intérprete desempenha o seu grande papel de renovador consciente, adaptador das fórmulas vetustas às contingências da hora apresente, com apreçar e utilizar todos os valores jurídico-sociais verdadeiro sociólogo do Direito."*

O trabalho do intérprete é de produção científica e requer muita pesquisa e dedicação. O intérprete é, na verdade, um decodificador, percorrendo caminho inverso ao do legislador:

> *"Interpretação é ato de inteligência e de cultura. Somente o espírito capaz de compreender é que se acha apto às tarefas de decodificação. Ao sujeito cognoscente não basta, assim, a capacidade de articulação do raciocínio, pois a cultura – ou conhecimento da vida e da realidade – é um fator essencial à busca de novos conhecimentos"* (Nader, 2003:257).

O trabalho de interpretação exige criatividade, assim como se exige do músico quando executa uma peça, ou do ator, no palco. Como na sociedade em geral, há melhores ou piores intérpretes, de música, de teatro e da... lei. O próprio crivo da sociedade se encarrega de marginalizar o mau intérprete. Concretizar o Direito, ou melhor, dizer o Direito aplicável ao caso concreto é não só uma arte, mas também o ponto culminante do intérprete e, portanto, o momento mais crucial da atividade do magistrado ou árbitro, no qual repousa a palavra de jurisdição.

3 OS MÉTODOS DE INTERPRETAÇÃO

São diversos os métodos de interpretação e vários os enfoques dados pela doutrina a essa matéria. É absolutamente assente na ciência jurídica que a técnica de interpretação das leis constitui uma síntese necessária de vários processos. Assim, dentre os vários métodos a serem mencionados, não há que se dar prevalência absoluta a um em detrimento dos demais. Um método pode ser mais apropriado que outro em determinado caso concreto, mas poderá não sê-lo para outro. Destarte, ao lado da interpretação gramatical, deve ser levada em conta, por exemplo, a interpretação sistemática e histórica. A utilização desses vários métodos deve sempre ser vista com esse cuidado.

O direito romano surgiu de um longo caldeamento de gerações, dos costumes primitivos aos editos dos pretores e à jurisprudência dos jurisconsultos, à doutrina dos prudentes. Com a Revolução Francesa, buscou-se o rompimento com todo o passado, inclusive com relação ao direito romano, o que, na realidade, nunca foi obtido. O Código Civil francês, de 1804, pretendia bastar-se por si, proibindo-se qualquer forma de interpretação, o principal fator do dinamismo do direito romano. A escola da exegese, surgida com a codificação francesa, que abraçou essa corrente, não admitia a existência de lacunas e a interpretação era limitada, severa e literal. Prendia-se exclusivamente ao texto da norma. O método exegético puro reduzia a tarefa do jurista ao comentário do Código artigo por artigo. Para essa escola, as palavras da lei representavam a vontade do legislador. Esse liberal-individualismo, nos seus primórdios, prendia-se exclusivamente ao texto da lei, fazendo do juiz um aplicador frio e autômato. Defendia-se essa posição em nome dos direitos individuais que surgiam na época, na realidade, defesa dos direitos patrimoniais. Com isto, abandonou-se o costume como fonte. Os fatos, porém, jogaram por terra esses princípios, impossíveis de serem aplicados de forma exclusiva.

A escola da exegese entendia ser a lei, principalmente os códigos, a fonte suficiente do Direito, nada deixando ao arbítrio do intérprete. Nunca se abandonou, contudo, o método gramatical. Toda essa posição surgia numa época em que se rompia com os desmandos e privilégios da nobreza no Antigo Regime e era plenamente justificável, como uma atitude de reação. Essa concepção literalista da interpretação foi abandonada em breve tempo porque se mostrou, evidentemente, contrária à natureza e às exigências da vida social.

Na Alemanha, desenvolve-se, paralelamente à exegese, a já mencionada Escola Histórica, sob a proeminência de Savigny. Sob seus desígnios, o Direito somente poderia ser visto no curso da História. Importa examinar os reflexos da sociedade e não somente o texto legal. Se, por um lado, o Iluminismo dos franceses apontava para a razão, o Historicismo valia-se da imaginação, do sentimento e da sensibilidade, para auscultar as necessidades sociais de cada época, como manifestação espontânea. Os alemães só vieram a ter seu Código Civil em 1900, fruto de elaboração científica e dos estudos dessa escola histórica. Esse Historicismo redundou num cientificismo exagerado, que encarava o Direito de forma racional e universal e não como algo histórico e nacional. Posteriormente, novamente com o positivismo, recrudescem o formalismo e o apego às fórmulas legais e à codificação. Veja o que falamos no Capítulo 3, inclusive sobre a posição de Kelsen que muito influenciou o século XX e escolas que se seguiram, principalmente a que potencializava os valores.

Escolas mais recentes admitiram o livre raciocínio do intérprete. Contemporaneamente, há que se entender que as normas de direito são instrumentos práticos, que combinam princípios de ambas as escolas e muito mais. Interpretar não é apenas compreender o sentido gramatical da lei, mas também penetrar no seu sentido mais profundo e em todo substrato que está por detrás da norma. As normas não são instrumentos positivos ou negativos, devendo ser aplicadas ao caso concreto segundo certos valores para a boa aplicação do Direito. Por outro lado, o sentido da aplicação da lei deve adequar-se à sociedade. Estará fadada a ter vida curta a interpretação não aceita de forma geral pela sociedade. Por isso mesmo, o juiz tem certa liberdade de apreciação, subordinado à hierarquia jurisdicional.

3.1 Argumentação e retórica

A prática do Direito consiste fundamentalmente na argumentação e todos sabemos que jurista de escol é aquele que possui o dom da retórica e da argumentação. A retórica é a arte da eloquência, da oratória. A argumentação integra o conteúdo da retórica. O fato é que, no entanto, poucos juristas leram sobre as teorias da argumentação geral ou jurídica e a exercem instintivamente como dom inato. Argumentar significa, em linhas gerais, *"oferecer um conjunto de razões a favor de uma conclusão ou oferecer dados favoráveis a uma conclusão"* (Weston, 1996:13). Por outro lado, de forma mais simplificada pode-se afirmar que a *retórica é a arte de bem falar*, para persuadir, convencer. A argumentação transmite-se pela retórica.

Os argumentos, portanto, procuram sustentar pontos de vista com fundamento em razões apresentadas. Nesse sentido, para se alcançar qualquer conclusão, os argumentos são essenciais. A sucessão e o encadeamento dos argumentos devem ser vistos como uma forma de investigação científica. Aplicam-se a qualquer campo do conhecimento. Defendem-se argumentos para convencer e para concluir. Há toda uma técnica a ser estudada em torno da argumentação cujo âmbito refoge às lindes desta obra. Não só os cursos superiores, mas também os cursos secundários devem se ocupar dessa disciplina, o que não tem ocorrido.

> *"Na vida comum, os homens todos argumentam sempre, em verdade o fazem a cada passo. A argumentação subordina-se com grande frequência às necessidades da ação e serve aos fins práticos da vida; ela serve aos propósitos do diálogo e comunicação entre os homens; ela contribui para induzir o interlocutor à ação que dele esperamos, ou para explicar-lhe os nossos pontos de vista, ou para levá-lo eventualmente a compartilhá-los"* (Oswaldo Porchat Pereira, in Carrilho, 1994:150).

A argumentação, a exemplo dos silogismos exclusivamente formais, também parte de premissas. No campo jurídico, mais acentuadamente do que em qualquer outro, essas premissas devem ser precisas, específicas e concretas. A argumentação pode valer-se de analogia, de exemplos, de argumentos de autoridade; argumentos dedutivos, indutivos etc.

O argumento *ab auctoritate*, por exemplo, goza de posição importante na argumentação e retórica jurídica, pois diz respeito à opinião dos jurisconsultos, cientistas sociais, estudiosos em geral, que formam a doutrina e desempenham papel importante em nosso sistema jurídico. Tanto mais será valioso o argumento quanto mais acatado e respeitado for o doutrinador.

Várias outras modalidades de argumentos podem ser utilizadas com frequência, como o argumento *por absurdo* ou o *a contrario sensu*, entre vários outros, utilizados comumente em sociedade por todos nós, às vezes imperceptivelmente, cujo estudo deve fazer parte de doutrina específica.

A lógica formal auxilia e integra a retórica e a argumentação, mas não deve ser aplicada isoladamente. Trata-se, sem dúvida, de um raciocínio aberto e democrático. Assim, ao analisarmos uma conduta criminosa, de furto por exemplo (art. 155 do Código Penal), devem ser colocadas todas as premissas possíveis para que seja levada a cabo a conclusão da sentença: qual foi a *res furtiva*, qual o seu valor, de onde foi surrupiada, a quem pertencia, onde estava, qual a idade do agente autor da conduta, quais seus antecedentes, quem participou dessa conduta, qual a finalidade do furto, se houve escalada ou rompimento de obstáculo para o furto etc. Todos esses elementos são fundamentais no exame do delito de furto e devem ser objeto de argumentação para se chegar à absolvição ou condenação do agente e à fixação de sua pena, se for o caso. Essa argumentação em torno do tipo penal e das circunstâncias da conduta punível será objeto do trabalho do promotor de justiça, como órgão da acusação, da atividade do advogado defensor e finalmente por parte do juiz, na sentença, com sua motivação.

Os argumentos devem persuadir um auditório, mais ou menos amplo e, principalmente, o próprio orador. As definições são também matéria importante para a argumentação: para saber se houve, no exemplo citado, escalada ou rompimento de obstáculo, deve ser conhecida a definição dessa terminologia.

Nos argumentos não devem ser admitidos termos vagos e imprecisos. Há que se ter cuidado também com as *falácias*, que são erros e incorreções, bem como informações incompletas ou deformadas na arte de argumentar, que o argumentador bisonho pode utilizar. Anthony Weston (1996:110) lembra, a esse respeito, os argumentos *ad misericordiam*, que é apelar para a compaixão para receber um tratamento especial (*fulano é muito desamparado, portanto, é o merecedor de determinado cargo público*), ou *ad populum*, que é apelar para as emoções da multidão (*o povo não quer que fulano seja eleito*). Também, lembramos, é falacioso o argumento *ad terrorem*, quando se procura convencer pelo extremo do prejuízo que quase certamente não ocorrerá (*se a lei não for cumprida com determinada interpretação, paralisar-se-ão todos os serviços públicos*). Toda essa matéria requer um estudo em maior profundidade, geralmente descurado pelos operadores do Direito.

As teorias da argumentação jurídica têm "*como objeto a reflexão, obviamente, as argumentações produzidas em contextos jurídicos*" (Atienza, 2003:18). O campo da argumentação, que ora nos preocupa, é o da aplicação das normas jurídicas aos casos concretos, atividade levada a cabo não só por juízes, mas também pelos advogados, promotores, por árbitros, administradores e mesmo particulares, na direção de entidades e pessoas jurídicas em geral.

Por outro lado, em aspecto que hodiernamente não pode ser descurado, o jurista contemporâneo não pode mais ficar adstrito à velha retórica que até meados do século XX permeava no bacharelismo deste país, cujos ranços insistem ainda em se fazer presentes.

Maria Helena Cruz Pistori (2001:175) destaca que a linguagem jurídica ainda hoje apresenta *prolixidade*, *hermetismo vocabular*, *preciosismo* e *argumentação previsível*. Com isto, esquece-se da lição de Aristóteles, de adequação do discurso ao público, algo que especificamente Perelman, com sua nova retórica, pretendeu equacionar, como apontaremos. O texto simples pode ser profundo e claro. O hermetismo e o preciosismo do texto mascaram, no mais das vezes, a tibieza dos argumentos. Algo que deve ser lembrado tanto nos escritos de doutrina, como no trabalho da jurisprudência. O autor dos argumentos deve chegar ao seu público, pois é impossível fazer com que o público em geral chegue até o autor. Não só o ensino acadêmico, a doutrina, mas principalmente a sentença é um ato de comunicação. Assim como não pode mais o professor da academia pressupor que seus auditórios conheçam Grego e Latim, Filosofia Clássica, História e Sociologia profundamente, porque mudou nossa realidade de ensino, assim também o juiz, uma vez que sentença se dirige a um auditório muito semelhante, aos jurisdicionados que carregam, como é curial, o perfil da nação.

Comunicar-se com a linguagem compreensível pelo auditório é inserir-se no contexto social. Aliás, esse fenômeno é elementarmente perceptível no que se refere à vendagem de livros e na audiência de películas cinematográficas ou programas radiotelevisivos. Tanto maior será a dimensão do público do escritor, do cineasta e do comunicador, quanto melhor for compreendida sua mensagem, sua capacidade de comunicação, enfim, seus argumentos. Assim, por exemplo, de nada adianta apresentar um concerto de música de câmara, se o auditório e seus ouvidos estão preparados culturalmente apenas para ouvir música popular. Não é diferente na argumentação jurídica, como fizeram ver os autores da chamada nova retórica.

Argumentar, portanto, significa

> "*tecer argumentos, aduzir os raciocínios que constituem uma argumentação. No sentido jurídico, a palavra é usada sobretudo transitivamente, em termos de alegar, trazer como argumento, e é um modo específico de raciocinar que procede por questionamentos sucessivos, razão pela qual alguns autores da Antiguidade também denominaram a parte do discurso retórico à argumentação de questiones*" (Ferraz Jr., 2003:331).

Há todo um procedimento e algumas regras estabelecidas, como vimos, com mais ou menos etapas em torno dessa argumentação, conforme nos transmitiu a filosofia antiga.

Nesta obra introdutória, parece-nos apropriado tratar desta matéria neste capítulo de aplicação e interpretação do Direito, embora o tema da argumentação e da retórica espraie-se por vastos campos do conhecimento, não sendo privativo da ciência jurídica.

3.1.1 A nova retórica

A partir de meados do século XX, surge então um conjunto de novas correntes de pensamento sob a denominação de *Teoria da Argumentação Jurídica*, com vários integrantes, como, entre outros, Viehweg, Toulmin, Robert Alexy e Chaïm Perelman, este com seu famoso *Tratado da argumentação*, ao qual e a quem dedicamos mais atenção, por ser perfeitamente inteligível e de fácil compreensão ao iniciante. Nestas primeiras linhas apenas se apontam os caminhos fundamentais tratados por essa corrente, cada autor com vertente própria, cujos trabalhos merecem e devem, sem dúvida, ser examinados mais profundamente, em estágio mais avançado de conhecimentos jurídicos. O que normalmente se entende na atualidade por teoria da argumentação jurídica tem sua origem nessas obras, que compartilham e têm em comum, em síntese, a rejeição da lógica formal como instrumento do raciocínio jurídico.

No curso do século XX, mormente após a Segunda Guerra Mundial, os juristas perceberam que os conflitos jurídicos não poderiam continuar a ser objeto de simples equações lógicas; meras subsunções dos fatos às leis postas pela autoridade, sem a consideração de valores e aspectos particulares de cada caso, numa sociedade extremamente desigual. Não poderia mais ser admitido o positivismo cego ou o jusnaturalismo exagerado.

> *"O direito, ao lidar com o fator humano, com os dramas e conflitos sociais, em direta abordagem desta realidade cultural, com muito mais razões, não poderia se furtar a mudança do paradigma de racionalidade que movia a produção teórica"* (Sudatti, 2003:45).

Em 1953 foi publicada a obra de Theodor Viehweh, *Tópica e Jurisprudência*, com a ideia fundamental de reivindicar o interesse para a reestruturação do pensamento jurídico. Essa obra repercutiu enormemente nos centros jurídicos europeus, tendo sofrido elogios e críticas. Manuel Atienza (2003:57) ressalta, contudo, algo de importância no trabalho desse autor: *"a necessidade de raciocinar também onde não cabem fundamentações conclusivas, e a necessidade de explorar, no raciocínio jurídico, os aspectos que permanecem ocultos se examinados de uma perspectiva exclusivamente lógica"*.

A nova argumentação posta-se em posição contrária à lógica formal e utiliza-se do raciocínio retórico ou dialético. A questão fundamental, no campo que ora examinamos, passa a ser a forma de raciocínio dos operadores do Direito e, em especial, do julgador. Abandona-se definitivamente o acanhado horizonte do silogismo para a aplicação e a interpretação e parte-se para a ampla discussão dialética. Um auditório, dessa forma, torna-se essencial para a teoria de Perelman, auditório este que deve ser convencido. A argumentação deve ser imparcial para convencer o auditório; essa, aliás, a precípua atuação do advogado perante o juiz. Mas também deve ser a posição de todo operador do Direito, mormente do julgador, pois todos estão na faina de convencer auditórios. Conclui-se que em Direito é impossível agradar a todos, atingir a unanimidade. Todos os adeptos da teoria da argumentação rejeitam o modelo de lógica dedutiva, por seus estreitos limites.

Pela argumentação, uma decisão será consistente quando se fundar em premissas que não entrem em choque com o ordenamento. O julgador não pode, assim, contrariar o Direito, devendo ajustar as provas à realidade. A decisão deverá ser coerente tanto do ponto de vista narrativo como do ponto de vista normativo. A norma deve ajustar-se à descrição dos fatos.

Na verdade, a aplicação da lei sempre teve uma base argumentativa, com maior ou menor ênfase no curso da História, embora os intérpretes não o afirmassem. Nunca, ou raramente, na época moderna, aplicou-se a lei cegamente, como vaticinava o rigor da escola exegética de primeira hora. As teorias que buscaram limitar a interpretação por parte do juiz à letra da lei têm suas justificáveis razões históricas, como vimos.

Chaïm Perelman, nascido na Polônia, mas radicado desde jovem na Bélgica, é o mais frequentemente citado membro dessa escola que se pode denominar de *nova retórica*, embora existam outros nomes de escol já citados, com trabalhos surgidos após a metade do século XX. É claro que toda jusfilosofia não fica imune a críticas e a de Perelman sofre muitas, inclusive de Robert Alexy, também argumentarista, que constrói novas bases nesse discurso. Manuel Atineza (2003:78) lança, inclusive, dúvidas acerca de Perelman ter efetivamente lançado as bases de uma teoria da argumentação, capazes de cumprir suas funções e de que seus argumentos apresentem utilidade.

A nova retórica, em geral, parte do princípio de que a interpretação jurídica, tradicionalmente derivada do liberalismo, necessitava rever suas bases. Era necessário que se propusesse uma nova formulação para a interpretação, com novas perspectivas para a semiótica jurídica. Entende-se como *Semiótica do Direito* o estudo ou observação das transformações de significado das palavras empregadas nesse campo, no tempo e no espaço.

A obra de Perelman não se apresenta sistematizada, não tendo ele se preocupado em elaborar um manual ou uma tese. Na verdade, faleceu ele antes que pudesse realizar essa obra. Seus escritos estão fragmentados em muitos artigos e alguns ensaios. Foi em 1958 que esse autor, em parceria com sua assistente Lucie Olbrechts-Tyteca, divulgou o *Tratado da argumentação: a nova retórica*, onde se encontra o fulcro de suas ideias. Essa obra atingiu paulatinamente os meios acadêmicos e Perelman tornou-se o mais conhecido representante dessa denominada nova retórica, a qual, na verdade, só mais recentemente encontrou ecos em nosso País, sem grande sensibilidade, porém. Sua posição sempre foi de um pensador não dogmático, daí sua forma de transmitir suas ideias. Sua liberdade de pensamento pode ser percebida em sua obra. Trata-se, sem dúvida, de uma posição a permitir novos estudos, nunca algo que esse autor desejasse que fosse dogmático. O seu trabalho é fruto, como de outros autores, do clima do pós-guerra no século XX, quando se buscou uma racionalidade mais histórica e menos abstrata ou lógica.

Como aponta Cláudia Sevilha Monteiro (2003:7), os regimes totalitários, o nazismo, o fascismo e os regimes impostos ao Leste europeu influenciaram os autores da Teoria da Argumentação, desenvolvida dos anos 50 em diante, época em que se abria também, por idênticas razões, a crise do positivismo e do racionalismo. Algo de muito profundo deveria ser feito pelos estudiosos para que o Direito se humanizasse e não mais pudessem ser justificados por qualquer ordenamento do planeta os desmandos do totalitarismo. Aponta-se a argumentação de Perelman como modelo propulsor desse movimento, embora não tenha sido seu precursor, nem o menos criticado. Seu maior rival é Descartes e seu método racionalista que limita o uso da razão às situações evidentes e às estreitas regras de cálculo. Seu aliado é Aristóteles, cuja retórica o inspira. Essa retórica não é mera ciência de contemplação, mas visa, efetivamente, alcançar finalidades práticas. No campo da aplicação e interpretação do Direito, sua finalidade possibilita a sentença ou decisão mais adequada.

A originalidade desse belga por adoção é ter, portanto, reabilitado a velha retórica aristotélica. Desse modo, sua nova retórica tem inescondível origem clássica. A argumentação, desde a Antiguidade, sempre esteve ligada ao Direito. A retórica e, consequentemente, a argumentação já ocupavam importante espaço nos escritos de Aristóteles e Cícero. Portanto, existe um fenômeno de implicação entre argumentação e Direito. O fato de a nova retórica colocar-se contra a lógica formal não significa que a elimine totalmente do raciocínio jurídico. Os silogismos com relação à indução e à dedução não ficam eliminados, mas reserva-se para eles apenas um compartimento, a atuar juntamente com outros métodos, dentro da globalidade do raciocínio.

Esse método da argumentação apoia vasto campo científico, a Ética, a Lógica, a Educação, a Psicologia, sendo de grande utilidade no Direito, superando a insuficiência da Lógica Formal. O trabalho de Perelman é fundado, sem dúvida, em valores democráticos e no pluralismo. A argumentação só pode desenvolver-se com o elemento humano, tendo sua dignidade como razão de ser, não podendo ser impessoal ou automática. A Lógica Jurídica proposta pelo autor ocupa-se de raciocínios não formais. Nisso se afasta do positivismo pela retórica e se posiciona na chamada lógica da argumentação. O Direito não pode ser reduzido a um aglomerado de leis, pois a norma deve necessariamente ser interpretada para ser aplicada.

O texto de Perelman (2002:477) é simples e de fácil compreensão. Sua teoria parte, em síntese, da afirmação de *"que um sistema de direito não se apresenta de modo tão formal e impessoal quanto um sistema axiomático, lógico ou matemático"*. Como assevera Mieczyslaw Maneli (2004:4), seu discípulo e pessoa de sua convivência, *"ele escrevia de tal forma que qualquer pessoa que tivesse uma educação básica, bom senso e boa vontade em aprender poderia entendê-lo. Ele era profundo, mas escrevia para pessoas comuns"*. Essa, na realidade, é a grande virtude do orador ou escritor, já apontada aqui: ser simples e profundo, qualidades que se tornam essenciais no mundo atual. A linguagem empolada, hermética, o preciosismo desnecessário da linguagem, os termos complexos ou arcaicos cansam o auditório e tornam o orador enfadonho e incompreensível. Essa apreciação, fundamental para o professor, também é essencialmente válida e fundamental para o legislador e para o julgador.

O raciocínio dialético pertence ao plano das opiniões. Cria ele, como apontado, a figura de um auditório universal, a quem se dirige a argumentação. Levam-se em conta também um auditório específico e a ausência de auditório, quando então o interlocutor dialoga consigo mesmo, imaginando a presença de um auditório. Este último identifica-se com a figura do juiz, pensador e julgador solitário na elaboração da sentença.

Destaca essa teoria que o orador deve conhecer seu auditório, sob pena de não ser compreendido. Deve existir uma ligação entre o orador e o auditório, de tal modo que a qualidade do auditório determina o tipo de argumentação escolhida, bem como o comportamento do orador. Essa posição é importante para a sentença: o juiz deve elaborar seu discurso de modo que os destinatários do comando da sentença possam compreendê-lo. A argumentação do advogado ou do Ministério Público dirige-se a auditórios específicos, à parte *ex adversa* e seu advogado e ao juiz. Desse modo, a atuação dos argumentadores não pode deslocar-se do litígio e do interesse envolvido no processo. A escolha dos valores e dos argumentos tem por finalidade convencer os auditórios.

O pensamento de Perelman (2002:481) acompanha a tendência dos tribunais na flexibilização dos julgamentos e, nesse caso, quanto maior o grau de flexibilização, maior a necessidade de uma argumentação plena. Nesse sentido, avulta sobremaneira a importância, aliás nunca negada, da motivação das sentenças e decisões judiciais em geral. Na motivação é que se encontra a descrição do raciocínio judicial.

Ao rejeitar a assimilação da decisão judicial a um silogismo simples, sustentando que no Direito a lógica formal deve ser vista paralelamente a uma lógica não formal, assevera o autor:

> *"O dispositivo da sentença, a parte que contém a decisão do juiz, é precedido pelo enunciado dos considerandos, ou seja, das razões que motivaram a decisão. O raciocínio judiciário se*

apresenta, assim, como o próprio padrão do raciocínio prático, que visa a justificar uma decisão, uma escolha, uma pretensão, a mostrar que elas não são arbitrárias ou injustas. A sentença será justificada se resultar dos considerandos que ela é conforme o direito."

Sob esse prisma, acrescente-se, ademais, que essa motivação é garantia democrática: a decisão não motivada ou com motivação reticente ou lacunosa lança uma série de dúvidas sobre a aplicação do Direito. Ainda, sustenta Perelman (2002:515), com razão, que o estudo da Lógica Jurídica pelos jovens estudantes deve vir acompanhado do estudo da Retórica, a arte de persuadir, sem a qual a Lógica será incompleta e arriscada: *"A lógica jurídica, para ser bem compreendida, deve situar-se num âmbito mais geral, que é o da teoria da argumentação."*

Daí por que pretendeu Perelman formular critérios de uma argumentação racional que possa ser eficaz para todo um auditório de espíritos razoáveis. Importante a aplicação dessa argumentação à atividade do juiz. Nesse sentido, a afirmação de Perelman (1999:90) de que *"o juiz esclarecido é aquele que decide depois de ter ouvido o pró e o contra. Poderíamos dizer que a retórica, mais do que formar o pleiteante, deve formar o juiz"*. Em outra passagem, acrescenta: *"o juiz não pode considerar-se satisfeito se pôde motivar sua decisão de modo aceitável; deve também apreciar o valor desta decisão, e julgar se lhe parece justa ou, ao menos, sensata"* (2000:96).

Também a dogmática jurídica, representada pela doutrina, desempenha papel importante nas controvérsias e na oposição de ideias. Seu papel é fornecer argumentos que municiarão as mentes dos advogados e principalmente dos juízes para eleger suas posições (Perelman, 2000:111). Por outro lado, é importante lembrar que as transformações jurisprudenciais que ocorrem nas decisões possuem suas raízes fora dos tribunais, pois acontecem na própria sociedade: *"Como o direito tem uma função social para cumprir, não pode ser concebido, de modo realista, sem referência à sociedade que deve reger"* (Perelman, 2000:241).

Quando o auditório é desconhecido, o orador pode mentalmente construí-lo como uma presunção sua, elaborando-o da forma mais próxima possível da realidade (Monteiro, 2003:61). Nesse caso, o intérprete argumenta consigo mesmo. Para isso deve conhecer o ambiente cultural em que atua. Trata-se, como se percebe, de posição que pode ser tranquilamente adaptada à atividade do magistrado ou árbitro, na arte de julgar, bem como na arte do advogado e demais operadores jurídicos, ao argumentar. Desconhecendo o ambiente cultural para o qual se destina a sentença, esta estará desajustada no tempo ou no espaço.

Para Perelman, o recurso aos princípios gerais de Direito identifica-se, segundo aliás doutrina de peso, com os fundamentos do Direito natural (Monteiro, 2003:106). Destaca também o autor que nas últimas décadas foi dedicada importância crescente aos princípios gerais.

A posição de Perelman é de preservação dos ideais democráticos, de pluralismo de ideias e dedicada ao pensamento do direito ocidental. Como acentua M. Maneli (2004:3), *"a contribuição de Perelman para a filosofia contemporânea e para as ciências sociais deve, como de costume, ser avaliada tendo em vista a tradição ocidental e o clima intelectual dominante na segunda metade do séc. XX"*.

A questão do auditório, porém, não fica muito clara na exposição de Perelman. Ele propõe três tipos de auditórios racionais. O primeiro, que denomina auditório universal, formado por todas as pessoas razoáveis, adultos e capazes; o segundo é aquele que se forma com um único interlocutor e o terceiro é constituído por uma única pessoa, que argumenta consigo mesma. Estes dois últimos, porém, só se admitem se traduzirem a racionalidade ampliada do auditório universal. Para o autor, o auditório universal é uma norma de argumentação objetiva. Os auditórios podem variar conforme os critérios e os campos aos quais se destinam. Os objetivos da argumentação são alcançados quando os destinatários aderem às teses apresentadas. Desse modo, como já acentuado, o orador deverá estar adaptado ao auditório. Atienza

(2003:82), porém, é muito crítico da posição de Perelman nesse aspecto e o acusa de falta de clareza conceitual, a qual, do ponto de vista prático, traduzir-se-ia em um conservadorismo ideológico. Essa, contudo, não é uma verdade que deflui de sua obra.

Outro ponto importante das ideias de Perelman diz respeito ao *princípio da inércia*. Ainda que se abandone a lógica formal, não há que se mudar por mudar. O discurso e, por consequência, as decisões deverão permanecer no mesmo sentido enquanto não surgir necessidade de mudança. A utilização de meio já existente não requer justificação; somente a mudança de uma prática deve ser justificada. Esse princípio da inércia dá uma contribuição substancial à problemática de justificação das normas (Alexy, 2001:140). Muitos criticam esse ponto do doutrinador, por ser excessivamente conservador. Mas não há que se esquecer de que o Direito deve ser conservador na maioria das oportunidades e cabe ao intérprete ter a sensibilidade de avaliar o momento de mudar. Mudanças bruscas e inesperadas no campo jurídico são especialmente traumáticas, porque tumultuam a sociedade. Assim, devem o advogado e o juiz perceber quando é chegado o momento de modificar a orientação jurisprudencial porque se transformaram as situações sociais. O advogado transmite toda sua excelência quando sustenta que é hora de mudar. O juiz, ainda que exerça função conservadora por natureza, deve estar constantemente antenado e sentir os anseios sociais de mudança e transformação, dando pronta resposta. O verdadeiro cientista não se conforma com a inércia, porque sobrevive de descobertas e estas imprimem o dinamismo em sua existência. Não é diferente no campo do Direito.

A filosofia de Perelman, de qualquer forma, nos possibilita

> "*construir uma teoria razoável e racionalista de direitos humanos e de interpretação da lei sem se referir a ideias como 'direito natural' ou 'ditados da razão pura' e sem mencionar o 'direito divino'*" (Maneli, 2004:5).
>
> "*De acordo com o pensamento retórico, não há virtude em ser teimoso, defender um curso equivocado ou continuar uma política cuja experiência não tenha crédito ou não sirva a interesses reais. Não devemos perseguir nada pelo bem da 'firmeza', da 'coerência', da 'coesão' ou, ainda, pelo bem dos 'princípios'*" (Maneli, 2004:19).
>
> "*A Nova Retórica é a única filosofia que enaltece aqueles que hesitam, refletem e em seguida modificam o seu curso de ação. De acordo com a filosofia política retórica, a única virtude moral e social é a nossa capacidade de reconsiderar, de entrar novamente num diálogo, de manter a mente aberta, de ser flexível, de estar aberto a sugestões e estar disposto a seguir conselhos novos e razoáveis. Esse recurso retórico contradiz a tradicional e quase bíblica advertência de ir adiante e nunca se desviar nem para a esquerda nem para a direita. A Nova Retórica pode ser a única filosofia que elogia aqueles que meditam, hesitam, são relutantes, duvidosos, mas derradeiramente capazes de agir prudentemente*" (Maneli, 2004:19).

Conclui Cláudia Monteiro (2003:82), sobre a teoria da argumentação em geral:

> "*A argumentação é um momento prévio à própria decisão. Argumenta-se para fundamentar um discurso dirigido à decisão, o que pressupõe, portanto, a interlocução entre sujeitos que argumentam, ou entre um sujeito e seus auditórios, como na retórica perelmaniana.*"

Assim, a teoria da argumentação liga-se facilmente à teoria das decisões, mormente as decisões judiciais. Daí sua importância na interpretação e aplicação do Direito, na técnica jurídica, enfim. Argumentação e decisão são elementos essenciais do Direito.

Na introdução de sua *Teoria da argumentação jurídica*, Robert Alexy (2001:18) já acena com o mote de sua obra ao afirmar, referindo-se à sentença, que

> *"em grande número de casos, a afirmação normativa singular que expressa um julgamento envolvendo uma questão legal não é uma conclusão lógica derivada de formulações de normas pressupostamente válidas, tomadas junto com afirmações de fatos comprovada ou pressupostamente verdadeiros".*

Desse modo, afasta-se a sentença como um raciocínio exclusivamente lógico. Há situações nas quais essa lógica, travestida em silogismo, é possível: veja-se, por exemplo, uma sentença não contestada de ação de despejo por falta de pagamento de alugueres. Assim, coloca-se como premissa legal que todo inquilino ou locatário deve pagar aluguel. Como segunda premissa, tem-se que o inquilino não pagou o aluguel. Portanto, a conclusão na sentença é que o réu-inquilino deve ser despejado.

O silogismo judicial formalista, contudo, só pode ser aplicado quando não existir controvérsia, quando todas as premissas são pacíficas. É cada vez mais raro que isto ocorra na prática. Como se percebe, cabe razão a Alexy, porque além dessas poucas situações singelas encontráveis no universo social, quase todas as sentenças vão exigir um exame mais profundo. Mesmo outros casos de revelia, aquela situação em que o réu não comparece a juízo, não se defendem, pode ocorrer que a situação não seja exclusivamente forma, não seja tão simples. Nosso Código de Processo Civil contém dispositivo por demais rigoroso para com o revel, ao afirmar, no art. 344, que, *"se o réu não contestar a ação, será considerado revel e presumir-se-ão verdadeiras as alegações de fato formuladas pelo autor"*. Essa afirmação legal, porém, não pode significar uma obrigação do juiz em sempre decidir pela verdade dos fatos alegados pelo autor, pela procedência do pedido; isto é, não se pode impor ao julgador decidir contra a racionalidade. Tanto assim é que a jurisprudência, após justificável rigor inicial, passou a decidir nesse sentido: *"o juiz, apreciando a prova dos autos, poderá mitigar a aplicação do art. 319 do Código de Processo [anterior], julgando de acordo com seu livre convencimento"* (*Revista Forense*, 293/244); *"o efeito da revelia não induz procedência do pedido e nem afasta o exame de circunstâncias capazes de qualificar os fatos fictamente comprovados"* (*Rev. do STJ*, 53/335).

E Alexy completa sua afirmação ao sustentar que a situação narrada ocorre, pelo menos, por quatro motivos: (1) imprecisão da linguagem do Direito; (2) possibilidade de conflitos entre as normas; (3) o fato de que é possível haver casos que requeiram uma regulamentação jurídica, que não cabem sob nenhuma norma válida existente; e (4) a possibilidade, em casos especiais, de uma decisão que contraria textualmente o estatuto (loc. cit.). Importa, portanto, que o aplicador seja racional e não somente lógico em sua decisão. Em cada situação, há que se adaptar o discurso jurídico ou a atividade linguística pela qual o Direito se manifesta. Esse é um dos sentidos pelos quais pode ser entendida a argumentação jurídica.

Em qualquer situação, todavia, que se queira examinar a argumentação jurídica, não se prescinde dos elementos tradicionais de interpretação aqui examinados, literais, lógicos, sociológicos, históricos, teleológicos, sem excluir, evidentemente, a analogia, a equidade e os princípios gerais de direito. A argumentação ou o discurso jurídico, qualquer que seja a corrente doutrinária que se adote, não prescinde das técnicas de aplicação e interpretação jurídicas, mesmo porque se trata de uma forma de integrá-los todos.

Também é importante citar, dentro da argumentação, os trabalhos de Jürgen Habermas, como um dos primeiros a enfrentar o tema em época contemporânea. A teoria da argumentação, sob o ponto de vista linguístico, recebe ordinariamente a denominação de Teoria do Discurso. *"No Direito, ela se apresenta como Teoria do Discurso Jurídico; é o caso, por exemplo, do Direito, Retórica e Comunicação, de Tércio Sampaio Ferraz Jr., e da Teoria Discursiva do Direito do próprio Habermas*" (Monteiro, 2003:182). O discurso é sempre dirigido para o melhor entendimento do interlocutor, daí a importância de se compreender o que Perelman pretendeu ao estabelecer a noção de auditório.

Conclui com felicidade Ariani Bueno Sudatti (2003:16):

> *"O discurso jurídico surge como a materialização, a própria revelação do 'raciocínio jurídico', nos parecendo imprescindível verificar os mecanismos pelos quais ele se dá a conhecer. Acreditamos mesmo que a teoria da argumentação como componente vital à prática pluralista e portanto democrática. Afinal, 'competência argumentativa' não condiz com apatia. Fomenta a participação sempre ativa dos indivíduos na transformação e construção da sociedade (ou ordenamento jurídico) em que vivem."*

Desse modo, no mundo jurídico contemporâneo ocidental, qualquer que seja a técnica de interpretação e integração das normas a ser utilizada, a argumentação e a retórica devem desempenhar papel fundamental.

3.2 Interpretação autêntica

Pode ocorrer de o próprio legislador editar lei para interpretar outra. Cuida-se da interpretação autêntica, de lei interpretativa. Nem sempre, como se sabe, o autor da obra é seu melhor interlocutor.

> *"Lei interpretativa vem a ser aquela que, por expressa determinação sua ou pela sua intenção reconhecível, determina o sentido de uma lei anterior, a fim de esta ser aplicada com esse sentido"* (Telles, 2001:241).

O legislador vale-se desse procedimento quando entende que uma lei anteriormente editada está confusa ou recebendo interpretação inconveniente, inoportuna ou deslocada. É fato que, por vezes, a lei interpretativa mais confunde do que esclarece. A intenção interpretativa da lei deve resultar claramente do texto, demonstrando essa intenção por parte do legislador. Note que a lei interpretativa, como regra geral, não pode atingir fatos pretéritos, perfeitos e acabados, direitos adquiridos. Portanto, não pode alcançar os efeitos já produzidos da lei anterior, ainda que com a interpretação não desejada pelo legislador. A lei interpretativa representa um risco, mormente para o legislador de menor cuidado, pois sob seu manto podem ser introduzidos elementos novos e ser alterado o sentido da lei interpretada. Ainda que a lei não possa ter efeitos retroativos, a norma retroativa pode incidir a meio caminho, enquanto o direito colimado na lei interpretada ainda não se completou, mas está em fase de aquisição, o que pode mostrar-se altamente inconveniente, na prática.

A lei interpretativa, nesse diapasão, integra-se e confunde-se com a lei interpretada, as duas passando a constituir um único instrumento legal. É solução que só pode ser buscada excepcionalmente pelo legislador, tendo em vista seus evidentes inconvenientes. Com a promulgação, a lei desgarra-se do poder criador e de seus autores e pode ter consequências muito mais amplas do que as buscadas originalmente.

3.3 Interpretação doutrinária

A interpretação feita pelos jurisconsultos, mestres e doutrinadores em geral, nos tratados, manuais, compêndios, monografias, ensaios, artigos, tem a mesma posição que a doutrina como fonte do Direito e, com ela, na maioria das oportunidades, confunde-se. Busca esclarecer, apontar caminhos ao intérprete. O trabalho doutrinário é importante para elucidar os meandros da lei. É evidente que a doutrina pode apontar vários caminhos e a jurisprudência majoritária indicará o mais aceitável. A doutrina valer-se-á dos vários meios de interpretação e geralmente se reporta à lei em tese e não a determinado caso concreto.

3.4 Interpretação judicial

A resposta dos tribunais que se traduz em sentenças e acórdãos, a jurisprudência, é a interpretação última e aquela que dá vida ao Direito. Como vimos, é nesse momento culminante que o juiz materializa e concretiza o Direito, aplicando-o ao caso em quizila, dando uma resposta à sociedade. Trata-se, sem dúvida, da verdadeira interpretação, pois toda a técnica e todos os sistemas interpretativos dirigem-se, em última *ratio*, ao juiz, ou árbitro, quando este for o caso. Tudo aquilo que se estuda em hermenêutica ou exegese não teria razão de ser, não fosse essa atividade do intérprete. A jurisprudência majoritária ou dominante indica a tendência de interpretação, em determinado momento da história, acerca desta ou daquela lei.

3.5 Normas de interpretação

O aspecto do trabalho do juiz na aplicação da lei traz à baila a questão que envolve as normas interpretativas. A legislação costuma editar normas dirigidas exclusivamente ao intérprete, regras legais de interpretação. Exemplo claro e que primeiro aflora é o texto do art. 5º da Lei de Introdução às Normas do Direito Brasileiro: *"Na aplicação da lei, o juiz atenderá aos fins sociais a que ela se dirige e às exigências do bem comum."*

Essa norma é dirigida ao intérprete e por ele deverá ser levada em consideração, qualquer que seja a técnica ou regra de hermenêutica que aplique. Em que pese a várias opiniões sobre a natureza e o alcance desse dispositivo, trata-se, sem dúvida, de um texto legal que deve ser interpretado como os outros. Entendem alguns que essas regras legais interpretativas funcionam como mero conselho ou exortação ao julgador, o que reduz em demasia a grandeza do tema. O fato é que especificamente esse art. 5º, que vem no bojo de lei do ano de 1942, representou um divisor de águas da legislação brasileira em matéria de interpretação, pois retratou o rompimento do nosso ordenamento com a escola da exegese, sob a qual fora editado ainda nosso Código de 1916, que exigia o estrito cumprimento legal por parte do juiz, quase como um autômato. A partir desse texto, entendeu o legislador, como já vinham entendendo os tribunais de então, que ficava o intérprete autorizado a voos mais altos e mergulhos mais profundos na aplicação justa da lei, na medida em que se atendesse aos fins sociais da lei e ao bem comum, conceito dúctil e flexível. O intérprete, desde então com autorização expressa da lei, deixava de ter atitude passiva e passava a ser um investigador daquilo que mais se aproximasse da realidade concreta e das necessidades e anseios da sociedade. Em síntese, deveria prevalecer o interesse social sobre o interesse meramente individual, se ambos conflitassem. Essa norma, inserida no bojo da Lei de Introdução, é de vital importância para nosso Direito.

No ordenamento brasileiro são encontráveis algumas outras normas interpretativas, em alguns compartimentos do Direito, que não devem ser tidas como meras exortações, mas meios eficientes para o juiz aplicar a lei. A interpretação dos negócios jurídicos em geral e dos contratos especialmente apresentam técnicas próprias de interpretação. No Capítulo 21 de nosso *Direito civil*, volume 1, para onde remetemos o leitor, traçamos um quadro dessa interpretação, a qual, de certa forma, não refoge aos princípios gerais de hermenêutica, com a particularidade de que o negócio jurídico emana de uma, duas ou poucas vontades e, como regra, seus efeitos só atingem os participantes, enquanto a lei expressa um comando geral e abstrato.

O Código Civil de 2002, repetindo conceito do diploma revogado, traçou princípio geral de interpretação no art. 112: *"Nas declarações de vontade se atenderá mais à intenção nelas consubstanciada do que ao sentido literal da linguagem."* O legislador temperou, na verdade, as duas correntes conhecidas de interpretação contratual, a da declaração (objetiva) e da vontade (subjetiva), para dar proeminência a esta última, sem exclusividade. O sentido gramatical é importante, mas o julgador deve, na dúvida, voltar-se mais para investigar a real intenção das partes.

Outras regras interpretativas da vontade negocial são encontráveis no Código Civil. O art. 113, já por nós mencionado, realça a boa-fé objetiva e os costumes que devem nortear a interpretação dos negócios jurídicos em geral: *"Os negócios jurídicos devem ser interpretados conforme a boa-fé e os usos do lugar de sua celebração."*

O art. 114 refere-se aos negócios gratuitos ou benéficos e à renúncia de direitos: *"Os negócios jurídicos benéficos e a renúncia interpretam-se estritamente."* Assim, presume-se que, na doação de um imóvel, os móveis e objetos que nele se encontram não fazem parte da doação. Quem renuncia apenas ao recebimento de juros de uma dívida não renuncia ao capital, por exemplo.

Com relação à vontade do testador em ato de última vontade, o art. 1.899 enuncia que, *"quando a cláusula testamentária for suscetível de interpretações diferentes, prevalecerá a que melhor assegure a observância da vontade do testador"*.

Toda essa matéria deve ser desenvolvida no campo dos contratos e dos negócios jurídicos, contudo essas disposições dão ideia clara de que o próprio legislador, em várias oportunidades, aponta caminhos para a interpretação, embora não deva ser profícuo ou prolixo nessas regras.

3.6 Elementos ou meios de interpretação: gramatical, lógica, racional, teleológica, histórica, sociológica, sistemática

A técnica ou arte de interpretação vale-se de vários meios, elementos ou procedimentos, que devem aflorar no raciocínio do intérprete, perante um caso concreto. Esses meios devem ser utilizados harmonicamente e não têm qualquer sentido isoladamente.

O primeiro elemento que surge, o ponto de partida da interpretação, é, sem dúvida, o texto da lei, seu sentido *gramatical ou literal*. A palavra, considerada isoladamente ou no contexto, apresenta uma clareza apenas ilusória. O exame do texto, a maior ou menor clareza dos vocábulos, os tempos verbais, os advérbios, é a primeira análise nessa interpretação gramatical. Sabemos que nem sempre os significados das palavras apontam caminho seguro para o intérprete. Nem sempre, portanto, o elemento vernacular será suficiente para traduzir o sentido amplo buscado ou atingido pela lei. Pelo elemento literal, contudo, já se pode afastar aquilo que a lei não contemplou, passando-se a examinar as possibilidades positivas, isto é, o que pode ser abrangido pela lei. O processo literal é sempre o início da interpretação, mas nunca pode ser limitado exclusivamente a ele, pois, na maioria das vezes, a interpretação isoladamente gramatical conduz a resultados desastrosos. O intérprete deve sempre ter em mente que as palavras podem ter um significado técnico e um vulgar. A palavra em um contexto pode não ter o mesmo sentido técnico. Lamentavelmente, o legislador tem sido descuidado na técnica legislativa, apresentando, com muita frequência, leis com redação defeituosa, o que amplia o trabalho do intérprete.

Analisará o hermeneuta também o sentido lógico, o qual também está ligado ao sentido gramatical ou literal. A *interpretação lógica* tem em vista a conclusão que faz sentido, daquela que não o faz. A interpretação lógica e a literal são meios que se completam. No processo lógico, o que se procura é desvendar o sentido e o alcance da norma, compatibilizando-a com o ordenamento. Há uma lógica interna pela qual o intérprete submete a lei a ampla análise dentro de si mesma; a lei é estudada no seu corpo, por inteiro, todos os seus artigos. Há uma lógica externa que procura ver a lei no contexto dos fatos, do ordenamento, uma lógica do razoável, como apontado por Recaséns Siches (1970:164). Entende esse autor que o Direito deve ser interpretado segundo suas finalidades, não podendo a conclusão ser contrária à lei.

A busca do sentido lógico também deve valer-se de outros elementos: *histórico, sistemático* e *teleológico*. Todos esses procedimentos, com mais ou menos ênfase, integram-se no raciocínio do intérprete e não devem atuar isoladamente.

O *elemento histórico* deve examinar o momento, a época em que a lei foi editada. As condições políticas e sociais que fizeram a lei surgir. Assim, por exemplo, se o intérprete deve julgar algo em torno do nosso extinto "Plano Collor", deve-se reportar à época em que esse plano e as leis consequentes foram editados. Leis editadas em época de escassez devem receber interpretação diversa das leis surgidas em época de fartura. O deslocamento histórico do julgamento leva a uma errônea interpretação e a uma decisão desajustada. Sob o prisma histórico, o exegeta deve, pois, analisar os trabalhos preparatórios da lei, os anteprojetos e projetos, as emendas, as discussões parlamentares, a fim de ter um quadro claro das condições nas quais a lei foi editada. Da mesma forma, deve levar em conta a legislação anterior que tratava da matéria e o sentido novo da mais recente norma.

Sob o prisma do *elemento sistemático,* leva-se em conta que o ordenamento possui unidade e coerência e que norma alguma pode ser vista isoladamente. As normas relacionam-se por conexão, subordinação e analogia. Assim, não pode conflitar a norma estadual com a norma federal, esta, por sua vez, subordina-se à Constituição. Todas devem estar subordinadas aos princípios gerais que orientam o ordenamento e o sistema. Uma norma liga-se frequentemente a outra, em conexão mais ou menos próxima. A analogia, como vimos, além de ser considerada por parte da doutrina como fonte do direito, é primordialmente um elemento ou procedimento de aplicação da lei.

O *elemento teleológico ou racional* busca o sentido maior da norma, o seu alcance, sua finalidade, seu objetivo prático dentro do ordenamento e para a sociedade. Constitui a razão de ser da lei, a *ratio legis*. Se uma lei, por exemplo, foi editada com o sentido de diminuir ou evitar a inflação monetária, para restringir o consumo, nesse sentido deve ser interpretada. Busca-se o sentido social para o qual a lei foi editada.

> "A ratio legis *revela a valoração ou ponderação dos diversos interesses que a norma jurídica disciplina e, sendo o intérprete um colaborador do legislador, a sua importância é fundamental*" (Justo, 2001:329).

4 INTERPRETAÇÃO QUANTO À EXTENSÃO OU RESULTADO: DECLARATIVA, RESTRITIVA (AB-ROGATÓRIA, ENUNCIATIVA) E EXTENSIVA

O resultado da interpretação pode levar a três modalidades de compreensão. Na *interpretação declarativa*, o intérprete traduz em linguagem concreta, por vezes mais acessível, o que foi dito pelo legislador. Nessa situação, a técnica é mais singela, porque o legislador usou dos termos e formações gramaticais adequadamente. O intérprete chega à conclusão de que as palavras da lei expressam exatamente o que foi desejado pelo legislador.

Ocorre a *interpretação restritiva* quando a lei diz mais do que pretendeu. Nesse caso, quando da materialização, o intérprete restringe o alcance que aparentemente a lei possui. Assim, por exemplo, o legislador diz "servidor público", quando na realidade se referia a funcionário público de determinado setor. Ao restringir a aplicação da lei, segundo alguns, estaria o intérprete ab-rogando parte dela.

Na *interpretação extensiva* ocorre o contrário da anterior. Nesse caso o legislador foi também impróprio, pois, pretendendo abranger hipótese mais ampla, disse menos do que pretendeu. O intérprete alargará, portanto, a compreensão legal, estendendo o campo de abrangência. Veja o exemplo anterior: o legislador se refere a *funcionário público*, quando pretendeu significar *servidor público*, que tem abrangência muito maior.

5 INTEGRAÇÃO

Como já acenamos, o sistema jurídico deve sempre ser considerado em sua integralidade. Já foi tempo no passado no qual, perante a lacuna, o juiz deixaria de decidir. O julgador contemporâneo não pode deixar de aplicar o Direito no caso que se lhe apresenta. Desse modo, perante a possível ausência de norma, deverá utilizar-se dos procedimentos de interpretação do sistema para integrá-lo e apresentar a prestação jurisdicional. O ordenamento é inevitavelmente lacunoso, porque o legislador não pode prever todas as situações que se multiplicam na sociedade e, atualmente, o incrível e rápido avanço tecnológico. Por outro lado, o legislador pode entender oportuno e conveniente deixar o fato ou fenômeno social em branco, relegando as decisões justamente para o trabalho integrativo dos tribunais.

Desse modo, sob tal prisma, não existem lacunas ou vazios no Direito. Como já citado, o art. 4º da nossa Lei de Introdução é princípio norteador ao intérprete: *"Quando a lei for omissa, o juiz decidirá o caso de acordo com a analogia, os costumes e os princípios gerais de direito."* Ao estudarmos as fontes, ficou acentuado que o costume é fonte subsidiária entre nós e, ao lado da analogia, dos princípios gerais e também da equidade constituem formas de raciocínio para a aplicação e integração do Direito. Não se pode afirmar que sempre serão encontrados costumes ou será sempre possível a analogia para a aplicação no caso concreto. Daí por que, como foi enfatizado, a importância do conceito e da extensão dos princípios gerais de Direito e da equidade nesse processo.

A esse trabalho mental, o qual redunda na materialização do Direito no caso concreto, perante a omissão da lei, dá-se o nome de integração. *"Em síntese, podemos dizer que há 'interpretação', em sentido estrito, quando existe uma norma prevendo o caso; recorre-se à 'integração' quando não existe essa norma explícita"* (Montoro, 2000:380).

As lacunas podem ser de várias espécies: *voluntárias*, quando a inexistência de norma é proposital pelo legislador, e *involuntárias*, quando o legislador efetivamente não previu a situação. Por vezes, essa omissão é absolutamente clara e manifesta; por vezes, o sistema apresenta normas que apenas aparentemente se aplicam. Em outras oportunidades, a integração faz-se necessária porque as disposições legais se chocam, são contraditórias, ocorrendo as chamadas antinomias.

A doutrina tradicional, imbuída dos princípios positivistas, entendia haver uma nítida separação entre interpretação e integração. A interpretação atuaria sobre o texto da lei, seria reprodutiva ou declarativa. A integração seria um passo à frente, de criação, quando isso fosse possível. Modernamente, entende-se que os processos de interpretação e integração, para a aplicação do Direito, fazem parte de um único processo, com maior ou menor ênfase para um ou outro aspecto, tendo em vista os vários meios que ora auxiliam a interpretação, ora a integração, como o histórico, sociológico, analógico etc. Esse o chamado sentido amplo para a descoberta do Direito (Justo, 2001:357).

Talvez a maior questão nessa matéria, tendo em vista a teia enredada do nosso ordenamento jurídico, seja mesmo o diagnóstico quanto à efetiva existência de lacuna, no caso concreto. Essa posição, por parte do julgador, é a base de lançamento do seu raciocínio para aplicação do Direito de acordo com os princípios aqui estudados. No entanto, já é de se supor um ingente raciocínio para definir a existência desse ponto omissivo no ordenamento. A constatação da existência da lacuna, assim como a existência de uma antinomia real já são questões fundamentais para a eclosão do raciocínio integrativo do julgador. *"A lacuna não aparece, para o hermeneuta, como uma evidência, mas exige demonstração"* (Ferraz Jr., 2003:299). Nem sempre, uma vez constatada a lacuna, será possível o seu preenchimento pelo intérprete, pois há limites, no ordenamento, para essa atividade integradora, impostos pelo próprio legislador.

6 O DESAJUSTE DA SENTENÇA E A FUGA AO JUDICIÁRIO. ARBITRAGEM

Não há melhor local para tratar de assunto que nos desafia do que neste capítulo dedicado à aplicação do Direito.

Por tudo que se viu e por tudo que se decanta em torno da interpretação e da aplicação das normas, a figura do juiz e, consequentemente, do Poder do Estado ao qual ele pertence é colocada em absoluta proeminência. Como reiteradamente afirma a doutrina, é do juiz e do Poder Judiciário a palavra final para a materialização e concreção do Direito. A sentença transforma a realidade e o destino das partes. O fato é que por tanto tempo essa posição vem sendo repetida, que poucas vezes percebemos que nem sempre essa é a realidade ou que essa não mais é ou deve ser a realidade constante.

Embora tanto se diga em torno de litigiosidade reprimida e de facilitação de acesso ao Judiciário, o que se nota, na atualidade, é crescente tendência, em alguns segmentos sociais, de evitar tanto quanto possível as cortes. São vários os fatores e as causas que concorrem para isso, não apenas aquela mais apontada como a morosidade do Judiciário. Talvez, possa-se também afirmar que a argumentação das decisões judiciárias não tem sido convincente. Para isso concorrem a pletora de feitos, o despreparo do magistrado, seu noviciado, sua postura excessivamente conservadora ou apatia perante os fatos sociais etc.

Todos os que têm contato com o meio empresarial, com grandes conglomerados financeiros, que atuam em todo globo, sabem que a empresa multinacional ou a grande empresa mui raramente se utilizará do Poder Judiciário para suas questões fundamentais. Há, na verdade, nesse meio, uma verdadeira idiossincrasia em torno da ação judicial. Não se concebe, por exemplo, que duas marcas famosas de refrigerantes, de todos conhecidas, que se digladiam mundialmente em torno do mercado, possam litigar uma contra a outra. Não se concebe que empresas montadoras de veículos, que atuam em todo o globo, litiguem da mesma forma. Na verdade, muitas querelas surgem entre elas: seus advogados simulam todas as possibilidades de litígio, que nunca vêm a ocorrer.

Há uma razão muito clara para isso. Não fosse a morosidade, imprevisibilidade e vicissitudes da ação judicial, qualquer processo entre empresas desse nível expõe a marca, deprecia o produto e prejudica o mercado de cada uma delas. Por isso mesmo, a razão primeira dessa fuga ao Judiciário é eminentemente mercadológica. Desse modo, podemos afirmar, sem risco de exagero, que as grandes questões jurídico-econômicas contemporâneas não são relegadas ao juiz, não formam jurisprudência, não vão dar ao Judiciário, que continua julgando questões de menor ou outro grau de importância. Mas há, efetivamente, outras razões ponderáveis para essa postura, como, por exemplo, retaliação do mercado e vantagem para os concorrentes que não participam da refrega. No entanto, em tantas questões concretas que enfrentamos com empresas desse jaez, mormente para a situação do direito pátrio, essa fuga ao Judiciário também se revela pela instabilidade de nossa jurisprudência, ausência de credibilidade nas instituições, parca confiabilidade no Judiciário (não só deste país, diga-se), demora excessiva na decisão e, fundamentalmente, todas as questões que envolvem esses grandes grupos de produção e serviços trazem matérias que necessitam de elevado conhecimento técnico e exigem também conhecimentos de macro e microeconomia. Lembre-se do que ocorreu no país durante as privatizações, quando liminares impeditivas espocavam em todo o país e o governo federal mantinha procuradores de plantão para cassá-las. Essa situação é exemplo claro do que ocorre com o sistema judicial nacional e concorre para sua incredibilidade.

O juiz togado não está preparado, como regra, para decidir questões do nível descrito. Se não lhe faltar experiência de vida, o que ocorre com os jovens magistrados, falta-lhes vivência nos vários e cada vez mais sofisticados campos tecnológicos, principalmente questões da grande empresa. Por mais que se valha de peritos, o que por si só já retarda sua atuação, sua decisão será deslocada, senão na técnica, nas necessidades do mercado, com repercussões desastrosas para o consumidor, o que também traduz importantes necessidades sociais. O risco é, portanto, de ser proferida sentença desajustada, ainda que toda a diligência e técnica interpretativa sejam utilizadas. Em menor grau, o mesmo pode ser aplicado às emotivas questões de família, que exigem um perfil todo especial do operador do Direito, que, antes de ser jurista, deve ser humanista.

Essa a razão pela qual, de há muito, valem-se as empresas, que atuam no mercado mundial, da arbitragem e antes desta, de uma ampla fase de negociação, conciliação e mediação em que se busca de todas as formas uma solução para o impasse. Todo contrato acima de determinado nível de importância será unicamente decidido por árbitros e nunca por juízes togados. Ainda que não exista contrato, nesse nível econômico, as partes tendem exclusivamente para o compromisso arbitral. Nosso país ficou largo tempo marginalizado a respeito da arbitragem, pois no sistema do Código de 1916, embora presente o compromisso arbitral, não se obstava o acesso ao Judiciário. Somente com a Lei nº 9.307, de 23 de setembro de 1996, o Brasil integrou-se a esse sistema internacional, mercê desse diploma legal que torna compulsória a arbitragem quando convencionada pelos interessados. Traçamos um amplo quadro da arbitragem, com comentários a essa lei, em nosso *Direito civil*, volume 2, Capítulo 10.

Com a arbitragem, as partes têm possibilidade de optar por um tribunal arbitral, que pode estar sediado em qualquer país; portanto, uma justiça que acompanha o interesse das partes; escolher árbitros de sua confiança, versados na matéria em testilha; obter uma decisão rápida e, principalmente, manter a questão em sigilo. Por essa razão, em nosso texto nesta obra, sempre colocamos o árbitro como intérprete, ao lado do juiz. Sua função de julgador é a mesma, porém com menor burocracia processual e, geralmente, podendo decidir por equidade, quando as partes autorizarem, o que é característica tradicional do juízo arbitral.

É verdade que qualquer questão de direito disponível pode ser submetida à arbitragem, embora apenas mais recentemente venha sendo ela incentivada para ser utilizada por toda sociedade. Não podem ser submetidas à arbitragem as matérias de direito indisponível, mormente as questões de família. Todos sabemos que sentenças em questões de família, principalmente envolvendo menores, são trágicas, trazendo mais problemas do que soluções. Nem sempre o juiz de família tem disponibilidade para uma plena negociação com as partes, que requer contato direto, contínuo e muita dedicação. Mas, em princípio, toda questão pecuniária é passível de arbitragem e a decisão arbitral possui a mesma força executória da sentença judicial.

A arbitragem, porém, representa apenas o final do processo que denominamos fuga ao Judiciário. Antes de ser atingida arbitragem, que é um julgamento, há todo um procedimento de *negociação e conciliação*, os quais podem e devem ser aplicados em todos os campos do

Direito, inclusive no direito de família, com auxílio de operadores do Direito, pedagogos, psicólogos, sociólogos, médicos, biólogos, profissionais de todas as áreas enfim. Já há experiências positivas em nosso país e em breve teremos regulamentação maior dessa atividade, que será compulsória em muitas situações, colocando a sociedade mais próxima da Justiça e diminuindo sensivelmente a pletora de feitos do Judiciário. Não podemos mais assistir inertes à situação de o Judiciário deste país ser o repositório cartorial de todas a querelas da sociedade, e assim ineficiente, moroso e desacreditado.

Desse modo, há que se entender que existem e devem existir outras formas de se concretizar o Direito, desde os conselhos acatados pelas partes em uma negociação, passando pela transação ou acordo que se obtém na conciliação perante negociadores leigos ou judiciais até a decisão arbitral e a glorificada sentença judicial. Nesse diapasão, negociadores e conciliadores também materializam o Direito, ao obter das partes dissidentes comprometimento e novas regras de conduta. É certo que toda técnica hermenêutica pertence ao especialista, mas não é dado só a ele aplicar a justiça no caso concreto. Cada vez mais que nos conscientizarmos desse fato, mais teremos possibilidade de termos uma sociedade mais justa e menos desigual.

8

RELAÇÃO JURÍDICA. DIREITOS SUBJETIVOS. TUTELA DE DIREITOS

1 RELAÇÃO JURÍDICA

Aponta-se com insistência que onde houver sociedade há direito (*ubi societas ibi ius*). A vida em sociedade produz uma série de relações, que, quando banhadas pela juridicidade ou protegidas pela ordem jurídica, transformam-se em relações jurídicas. Desse modo, surgirá ou poderá surgir uma relação jurídica no momento em que duas pessoas se encontram ou mantêm qualquer forma de contato. Em princípio, numa ilha deserta, onde houver uma só pessoa, sem qualquer contato com outrem, tal como no imortalizado romance *Robinson Crusoe*, não há relação jurídica, a qual se estabelecerá no momento em que uma segunda pessoa se fizer presente. A partir daí, haverá direitos de cada um a serem respeitados, bem como obrigações a serem exigidas: cada um estabelecerá seu território, sua posse sobre determinadas coisas, enfim, ocorrerão relações jurídicas. É certo também que relações de outras naturezas podem ocorrer, sem um cunho jurídico.

> *"As relações jurídicas são relações sociais a que o ordenamento jurídico dá importância tal que as qualifica de modo a protegê-las e prever-lhes as consequências"* (Poletti, 1996:227).

Destarte, a relação jurídica é aquela relação social que a ordem jurídica entende como relevante, ou, em paralelo, uma relação social regulada pelo Direito. Como bem aponta Inocêncio Galvão Telles (2001:149), *"a relação jurídica é uma noção abstrata, uma forma do pensamento científico-jurídico"*. E conclui pela definição: relação jurídica é *"a relação social tutelada pelo Direito mediante a atribuição de um poder a um dos sujeitos e a imposição de um correspondente dever ao outro"*. Nessa definição, presentes estão os requisitos de bilateralidade e atributividade. A relação jurídica é conceito básico para qualquer estudo de fenômenos jurídicos. É por meio da relação jurídica que nós identificamos o elenco de pessoas envolvidas nos vários fenômenos, os sujeitos do direito, sobre os quais entrelaçam-se as regras jurídicas.

A teoria da relação jurídica teve seu condutor maior na pessoa de Savigny, no século XIX, dentro da chamada escola histórica, o qual de forma clara conceituou a relação jurídica como *"um vínculo entre pessoas, em virtude do qual uma delas pode pretender algo a que a outra está obrigada"* (apud Nader, 2003:291). Há autores que preferem situar a relação jurídica nas normas, as quais se debruçam sobre os fatos.

Como se nota, nem sempre a noção de relação social será suficiente para a exata compreensão da relação jurídica. As relações jurídicas são muito variadas e decorrem de inúmeras fontes. Assim, é relação jurídica tanto a que se estabelece pela paternidade como aquela que flui de um contrato de empréstimo. Tendo em vista as multifacetas que podem assumir os fenômenos jurídicos, as relações jurídicas transitam da mais simples às mais complexas. Podem envolver dois ou mais sujeitos, uma única conduta ou uma série de condutas. Desse modo, a relação jurídica pode ser subjetiva ou objetivamente singular ou complexa.

São elementos da relação jurídica os *sujeitos*, o *vínculo* que os une e o *objeto*. Nessa relação, ficam bem nítidos os elementos de bilateralidade e atributividade do Direito.

O chamado *vínculo de atributividade* é o liame que une ambos os sujeitos ou partes da relação jurídica. Pode ter origem no acordo de vontades ou na lei. Há um sujeito ativo que em princípio é titular ou beneficiário de um bem; um sujeito passivo, que deve dar, fazer ou não fazer alguma coisa; e um vínculo que une um ao outro e caracteriza, verdadeiramente, essa modalidade de relação. Um dos sujeitos pode exigir validamente que outro cumpra uma obrigação, pratique uma conduta ou se abstenha de algo. Nesses termos se sustenta que existe, destarte, um sujeito ativo e um sujeito passivo na relação jurídica, ou seja, *sujeitos de direito*. Essa noção de atributividade é moderna e, ainda que possa ser extraída nos princípios do direito romano, o velho direito não chegou a criar uma teoria acerca da relação jurídica, pois via o Homem sob uma forma concreta e não como elemento ou parte de uma relação jurídica.

O objeto da relação jurídica pode ser uma atividade de um outro sujeito, mas nunca será o próprio ser humano, que sempre será partícipe da relação ou simplesmente estranho a ela. Nos chamados direitos personalíssimos, direito ao próprio corpo, à vida, à honra, à liberdade, há um duplo aspecto, físico e espiritual. A garantia impõe a todos o dever de não lesar e respeitar a vida, a liberdade e a honra alheia. O objeto da relação é exatamente esse dever de respeito atribuído a todos (Nóbrega, 1972:161).

Como aponta Giuseppe Lumia (2003:99), "*na densa rede de relações que constituem o ser social do homem, as relações jurídicas ocupam um lugar particularmente importante por serem as mais estáveis e as mais bem garantidas*".

Nem todas as relações na sociedade são obviamente jurídicas. Já apontamos, nestas linhas, que há normas éticas, morais e de mera convivência que não são jurídicas. Meras relações de amizade e regras de cortesia ficam fora do espaço jurídico, como mencionamos. São jurídicas as normas que ligam os agentes de forma intersubjetiva sob o prisma do ordenamento jurídico. O Direito atua no âmago da realidade social como uma forma de adequação. Sem ele, estabelecer-se-ia o caos inimaginável.

Há relações sociais que preexistem ao próprio direito e o direito lhes reconhece juridicidade. Veja-se, por exemplo, a relação entre homem e mulher que se portam como casados, sem que exista o vínculo legal do casamento. Essa relação social gera importantes efeitos jurídicos, ainda mais porque a atual Constituição Federal a reconhece como entidade e, portanto, confere juridicidade a união estável. Também, em situação semelhante situa-se o nascimento, que gera a relação de filiação e paternidade, com as inúmeras consequências jurídicas que daí advêm. Como em numerosas outras situações, há uma relação da vida prática, para a qual o Direito reconhece múltiplos efeitos jurídicos. Desse modo, tanto o ordenamento pode reconhecer uma relação preexistente e banhá-la com a juridicidade como, em outras situações, a própria norma instaura a relação jurídica tal como ocorre com a relação tributária, decorrente do poder impositivo estatal e que não pode subsistir independentemente da norma.

São as relações jurídicas que movimentam o Direito. Sobre elas atuam as normas jurídicas. São as necessidades do ser humano de relacionar-se que levam às relações sociais e às relações jurídicas. Cabe ao ordenamento admitir e dar juridicidade às relações sociais, ou repeli-las e colocá-las na ilegalidade. É a política do Direito que indica ao legislador quais as relações sociais que obterão regulamentação jurídica. Nem todas as relações sociais admitem regulamentação, como vimos, ao nos referirmos às regras sociais.

A alteridade, ínsita ao Direito, traduz-se por essa intersubjetividade, ou seja, a relação entre sujeitos. Esses sujeitos, que participam da relação, são também denominados partes, termo que se utiliza para distingui-los dos terceiros, estranhos a essa conexão jurídica. Advirta-se, de plano, que não existe sistematização ou unanimidade de conceitos doutrinários nesse campo, o qual é eminentemente acadêmico, embora com importantes reflexos no ordenamento.

Os sujeitos ou agentes de direito fazem parte das relações jurídicas, que podem ser pessoais ou reais. O direito só existe para o ser humano, e não há direito fora do sujeito da relação jurídica. Os animais podem ser objeto de relações, mas não são titulares de direitos. No passado, os escravos não podiam ser sujeitos de direito. O vínculo obrigacional traduz a relação pessoal. Alguém se compromete a pagar, emprestar, prestar serviços, fornecer materiais, construir uma casa. Essas relações criam vínculos obrigacionais, uma relação entre credor e devedor, um podendo exigir que outro cumpra a obrigação. Esse vínculo obrigacional, que é pessoal, tem como objeto um dar, um fazer ou um não fazer. Já apontamos os vínculos conjugais e familiares que também acarretam importantes relações jurídicas.

Essa relação pode, por outro lado, recair sobre os bens, coisas, móveis e imóveis. Nesse sentido surge o conceito-base de propriedade. O proprietário, titular de um domínio sobre a coisa, estabelece uma relação jurídica na qual o bem é o objeto da relação, mas que o vincula como sujeito ativo perante toda uma sociedade que deve respeitar essa propriedade. Daí surge a noção de que o direito real traduz-se *erga omnes*, isto é, pode ser oposto perante todos. Ou, sob outra face, o direito real deve ser respeitado por todos.

A propriedade é o direito real mais amplo; dele decorrendo os demais direitos reais, os quais sempre terão uma amplitude menor do que a propriedade. No acatado dizer de Miguel Reale (1981:217), o direito de propriedade e os direitos reais em geral são *ao mesmo tempo um ter e um excluir*. É, portanto, a comunidade mesma o sujeito passivo dessa relação. Há nesse aspecto, na expressão do mestre, *um direito passivo virtual*, que nos parece sem dúvida uma concepção mais apropriada. A ideia de um sujeito passivo universal na relação da propriedade não fica muito clara na prática, embora seja a melhor explicação teórica.

Nesse diapasão, podem ser claramente distinguidas essas duas modalidades de relação, as que impõem obrigações e as que atribuem poderes. Nem sempre, contudo, essa distinção se apresenta clara na prática, pois cada vez mais, modernamente, mesclam-se os direitos pessoais e os direitos reais, implicando-se reciprocamente na mesma relação. Assim, na compra e venda de um imóvel, há relação tradicionalmente pessoal, com cada parte podendo exigir algo da outra: o vendedor deve entregar a coisa e receber o preço; o comprador deve pagar o preço e receber a coisa. Se o que se comprometeu a entregar não o fizer, o moderno ordenamento processual municia o comprador com instrumentos eficazes para que o cumprimento dessa obrigação ocorra e para que o comprador se torne titular de um direito real, um poder sobre a coisa, o que somente o contrato não possibilita. O mesmo ocorre se o comprador se recusar injustamente a receber a coisa, podendo ser constrangido juridicamente a fazê-lo. No passado, nosso ordenamento processual não permitia essa execução eficaz das obrigações e o seu descumprimento implicava apenas uma quase sempre ineficiente indenização por perdas e danos. Como se nota, nas relações jurídicas há pretensões e obrigações recíprocas. Essas pretensões são a tradução dos direitos subjetivos, já apontados, mas que ainda aqui serão mais esmiuçados. Assim, pretensão e obrigação possuem entre si uma íntima correlação, "*no sentido de que à pretensão de um sujeito (situação jurídica ativa) corresponde uma obrigação do outro sujeito (situação jurídica passiva)*" (Lumia, 2003:106). No mesmo diapasão, ao poder de uma das partes corresponde a sujeição de outra. Os direitos subjetivos podem assumir várias facetas, positivas ou negativas. Também o direito de se manter inerte ou de calar em determinadas situações traduz uma das faces do direito subjetivo. Nem sempre o direito subjetivo será uma faculdade positiva de agir. Poderá ser uma faculdade de se abster. Calar-se ou não fazer também podem ser faces de exercício de direitos subjetivos.

É importante lembrar que sujeitos das relações jurídicas podem ser as *pessoas naturais*, os seres humanos, bem como as denominadas *pessoas jurídicas*, uma criação subjetiva da ciência jurídica, as quais também figuram como sujeitos de direitos. Essas noções estruturais são fundamentais.

Em nossa obra *Direito civil: parte geral*, volume I, nos Capítulos 9, 10, 13 e 14, também publicada por esta editora, traçamos um panorama amplo dos sujeitos de direito em geral, com amplo discurso sobre as pessoas jurídicas. A leitura desses textos é essencial para a complementação da compreensão dos sujeitos de Direito. Toda essa matéria é básica para o conhecimento da relação jurídica. Há necessidade, a cada momento, de ser identificado o sujeito da relação e sua capacidade para o ato ou negócio jurídico.

Também a teoria dos atos e dos negócios jurídicos é tratada nesse volume citado. A relação jurídica tem sempre como causa os fatos, atos e negócios jurídicos. As noções acerca desses fenômenos também são básicas.

A personalidade da pessoa natural começa com o nascimento com vida, embora a lei preserve alguns direitos do nascituro (art. 2º do Código Civil). As modernas técnicas de fertilização artificial trazem à baila, atualmente, os eventuais direitos dos embriões preservados, questão que ainda fica em aberto. A personalidade das pessoas jurídicas inicia-se com o registro de seus estatutos ou contratos sociais, embora existam relações jurídicas que envolvem as chamadas pessoas jurídicas ou sociedades irregulares.

O Código Civil traça toda uma estrutura para a capacidade das pessoas, tanto naturais como jurídicas. A maioridade plena da pessoa natural é alcançada, de acordo com o Código Civil vigente, com 18 anos, havendo que se distinguirem os absolutamente incapazes e os relativamente capazes a partir dos 16 anos de idade. A capacidade das pessoas jurídicas é traçada basicamente pelos seus atos constitutivos, os quais podem ser alterados, de acordo com os princípios de cada entidade e desde que não afrontem a lei. Como se verifica do tomo dedicado à Parte Geral do Direito Civil, são inúmeras as teorias que pretendem justificar a existência das pessoas jurídicas (veja o Capítulo 14).

Na relação jurídica sempre deve ser visto o objeto que ela tem em mira. Trata-se do bem de vida colimado na relação. O objeto da relação jurídica pode ser material ou imaterial. Podem ser bens ou ações. Podem constituir-se numa conduta que será exigida do sujeito passivo, como na prestação de serviços ou no contrato de trabalho. Quantos aos bens, cuja estrutura é dada pela parte geral do Código Civil, reportamo-nos ao Capítulo 15 de nossa citada obra. O objeto da relação jurídica pode ser, portanto, uma pessoa, uma prestação ou uma coisa. No poder familiar, por exemplo, é uma pessoa que se coloca como objeto da relação. No passado, os escravos eram simples objeto da relação jurídica, não podendo ser sujeitos de direito. Nos contratos, *a prestação* é o objeto da relação e nos direitos reais, a propriedade ou os direitos reais limitados. Desse modo, muitos entendem que, além da clássica divisão entre direitos obrigacionais e direitos reais, há direitos pessoais que não se confundem exclusivamente com os direitos obrigacionais, que pessoais são porque relativos apenas às pessoas que deles participam.

A relação jurídica tem sempre em vista um objeto imediato, que é a prestação devida pelo sujeito passivo, uma conduta e um objeto mediato, que é o bem de vida colimado, um móvel ou imóvel, bem material ou imaterial. Assim, por exemplo, no contrato de compra e venda, o objeto imediato é a entrega da coisa que o vendedor deve fazer e o objeto mediato é a própria coisa.

Quanto à duração, há um momento no qual as relações jurídicas se extinguem. Em princípio, pode haver relações permanentes, mas não há, no direito moderno, relações jurídicas perpétuas. As relações obrigacionais ou pessoais extinguem-se quando cumpridas suas finalidades. Em um contrato de compra e venda, por exemplo, pago o preço e entregue a coisa ao adquirente, extingue-se o contrato. Nos direitos reais, há um sentido maior de permanência; enquanto a propriedade for utilizada e eficaz para o proprietário, a relação jurídica permanece. Quando o proprietário abandona a coisa, por exemplo, desaparece a relação de propriedade. No direito de família, também as relações são mais ou menos duradouras, dependendo do estado de família de cada um, isto é, do papel representado na família. Assim, na relação de filiação, existem relações jurídicas complexas enquanto o filho for menor de 18 anos; com a maioridade as relações serão mais tênues. O não exercício de um direito pode acarretar sua extinção, isto é, a inércia do titular por um certo tempo: é o que se estudará com a prescrição e a decadência, inclusive sua distinção, que é tarefa árdua (veja o Capítulo 31 de nosso Direito Civil, v. 1). O Código Penal e o Código Civil apresentam regulamentação e prazos de decadência e prescrição. Não é da conveniência social que o direito possa ser exercido sem limite de tempo. Situações como essas existem, mas de forma excepcional no sistema.

A teoria da relação jurídica deve ser vista, também, tendo em mira os *fatos, atos* e *negócios jurídicos*, que por muitos são tidos como fatos propulsores dessa relação. A categoria dos fatos jurídicos é fundamental para a compreensão do Direito, sendo por nós estudada na obra citada, nos Capítulos 17 e seguintes.

2 DIREITOS SUBJETIVOS

Estabelecida a noção de direito objetivo como sendo o complexo de normas jurídicas que regem a sociedade, prevendo uma sanção em caso de violação, cumpre que adentremos mais profundamente a noção de direito subjetivo.

Costuma-se referir ao direito objetivo como o ordenamento, qual seja, o conjunto de todas as normas vigentes no Estado. O direito subjetivo é usualmente conceituado como uma faculdade, um poder, uma prerrogativa do indivíduo para fazer valer, precipuamente, o que está estabelecido no direito objetivo. Nesse sentido alegamos que temos o direito de ir, vir, fazer, pedir etc. Quando digo que *tenho direito*, estou referindo-me ao direito subjetivo. Quando particularizo que o Código Civil disciplina um direito de uma ou de outra maneira, estou fazendo referência ao direito objetivo. O direito subjetivo apresenta-se sempre em uma relação jurídica.

O sujeito ativo na relação jurídica é sempre portador de um direito subjetivo, enquanto o sujeito passivo tem um dever jurídico. Este terá sempre um encargo em favor do sujeito ativo. O direito subjetivo surge geralmente traduzido em uma pretensão, daí ser referido como *facultas agendi*, na doutrina tradicional. A faculdade de agir não pode ser entendida como um sinônimo de direito subjetivo, mas como uma de suas modalidades. Os direitos subjetivos são mais amplos. A faculdade é uma forma de exercício do direito subjetivo.

O direito objetivo e o direito subjetivo, embora de natureza distinta,

> *"se juntam, formam uma unidade, que é a do próprio direito, em razão do fim que ambos tendem a realizar, qual seja a disciplina e o desenvolvimento da convivência, ou da ordem social, mediante a coexistência harmônica dos poderes de ação que às pessoas, desse modo, são reconhecidos, conferidos e assegurados"* (Ráo, 1991:479).

A norma que integra e constitui o direito não teria qualquer razão de existir se não pudesse traduzir-se em um direito ativo da pessoa, se não pudesse ser exercido, enfim.

Também são inúmeras as teorias e classificações que pretendem explicar os já referidos direitos subjetivos, com muitas subdivisões.

Uma classificação que pode ser tida como introdutória, porque esclarecedora, é distinguir os direitos subjetivos em absolutos e relativos. Nos direitos relativos, como apontamos, existe uma relação pessoal ou obrigacional entre dois sujeitos, entre credor e devedor. O direito absoluto projeta a personalidade sobre a coisa, e deve ser respeitado por todos, daí a sua noção *erga omnes*. Ou seja, todos devem abster-se de turbar a propriedade alheia, bem como os direitos reais limitados, todos de âmbito menor do que a propriedade. Os vínculos de família criam também uma série de direitos, que nem sempre podem ser enquadrados isoladamente em uma categoria.

Nesse mesmo diapasão, os direitos subjetivos podem ser *patrimoniais* e *não patrimoniais*. Os primeiros possuem conteúdo econômico, enquanto os não patrimoniais não admitem avaliação que não meramente axiológica, como ocorre com o direito à vida, à liberdade, à honra, ao nome. Costumam-se identificar esses direitos não patrimoniais como direitos personalíssimos, como é o direito ao nome; direitos pessoais, como os que decorrem do poder familiar, e como direitos públicos subjetivos os direitos políticos. Longe está a doutrina de se apresentar em uníssono nessa matéria.

Também é mencionada a dicotomia entre direito subjetivo público e direito subjetivo privado. O primeiro estará sempre relacionado com pretensões que envolvem o Estado, que participa como sujeito ativo ou passivo, enquanto o último diz respeito a interesses privados.

A noção de direitos subjetivos varia de filósofo para filósofo e balouça de acordo com as correntes positivistas ou jusnaturalistas. É sumamente complexa uma unificação de conceitos e os manuais refletem essa problemática, citando dezenas de opiniões a respeito. Para a concepção naturalista, os direitos subjetivos, essa faculdade de agir que se agrega à pessoa, precedem os direitos objetivos, mormente no que se refere aos direitos fundamentais, como a vida, a honra, a integridade, a propriedade. Nesse sentido, o direito objetivo teria a função de garantir o exercício dos direitos subjetivos. Essa concepção jusnaturalista é útil para justificar um direito preexistente ao direito estatal, o qual, como já apontamos nesta obra, pode ser injusto ou inadequado.

Para os positivistas, os direitos subjetivos seriam uma técnica jurídica à disposição da vontade do sujeito, para agir, para movimentar o ordenamento, para atingir o mecanismo da sanção, os direitos objetivos, enfim. Nesse sentido, os direitos subjetivos nada mais seriam do que criação do ordenamento, do direito objetivo. Para o positivismo, o direito objetivo é a regra jurídica de todo direito subjetivo. Este somente surgiria após o estabelecimento das regras jurídicas e dos fatos jurídicos.

Não é romana a teoria que reconhece a categoria dos direitos subjetivos. Essa ideia de direito que se agrega como atributo da pessoa e lhe permite acionar ou obter um benefício somente foi claramente enunciada a partir do século XIV (Nader, 2003:299).

O direito subjetivo agrega-se ao patrimônio da pessoa no momento em que o ordenamento julgar que o seu interesse seja merecedor de tutela, atribuindo-se ao agente a faculdade de agir conforme sua vontade. O exercício do direito de ação é exemplo patente dessa assertiva. Para que se possa falar em direito subjetivo, é necessário que preexista a relação jurídica. A doutrina tradicional refere-se a *norma agendi*, para designar o direito objetivo, conjunto de preceitos, e a *facultas agendi*, para o direito subjetivo, isto é, faculdade de agir segundo as normas e o ordenamento em geral.

> *"A relação entre interesse e direito subjetivo é tão estreita que se pode reconhecer no primeiro o substrato material daquele conjunto de pretensões, faculdades, poderes e imunidades que constituem o segundo"* (Lumia, 2003:11).

Para alguns, sob a regência de Windscheid, a teoria dos direitos subjetivos expressa-se como uma *manifestação de vontade*; o direito subjetivo seria então a expressão de uma vontade (teoria subjetiva ou *teoria da vontade*). O ser humano tem, em suma, o poder de querer, que pode assumir a feição de um querer sob o prisma jurídico. Critica-se essa posição quando se recorda que os incapazes e aqueles que por distúrbios mentais não possuem discernimento não têm como manifestar pessoalmente sua vontade e necessitam de um representante para fazê-lo. Porém, ainda que por meio do representante, o direito subjetivo traduz-se numa manifestação de vontade. Há, porém, direitos subjetivos que independem totalmente da vontade, como a transferência dos bens aos herdeiros, por causa da morte. Outras situações existem nas quais o direito subjetivo existe, ainda que o titular não deseje exercê-lo, como ocorre com o credor que não quer cobrar seu crédito. Outras vezes o direito subjetivo existe ainda que o titular não tenha perfeita noção de sua existência, como a situação do herdeiro que ainda não sabe da morte do autor da herança, ou mesmo contra a sua vontade: no direito trabalhista, como recorda Miguel Reale (1981:250), há direitos, como a estabilidade do emprego, cuja renúncia somente é admitida sob determinados requisitos legais.

Segundo Ihering, o direito subjetivo seria o interesse juridicamente protegido (teoria objetiva ou *teoria do interesse*). A ideia de interesse é tomada no sentido mais amplo possível. Segundo essa doutrina, em toda relação jurídica existe uma modalidade de proteção. Difícil é identificar quando um interesse é protegido ou não. A própria noção de interesse é de custosa compreensão. Ademais, há casos nos quais o titular não deseja proteger seu direito e este ainda persiste.

Não poderia deixar de estar presente uma teoria eclética, que conjuga os elementos objetivos e subjetivos para explicar o direito subjetivo. No direito subjetivo, portanto, conjugar-se-iam a vontade e o interesse. O poder da vontade dirigido a um interesse. Na verdade, conjugam-se aqui as mesmas críticas a cada uma das correntes que o ecletismo procura harmonizar.

Kelsen, ao tratar do Direito como uma teoria pura, nega a existência do direito subjetivo, afirmando que este nada mais é do que o próprio direito objetivo, uma consequência da norma jurídica.

Contudo, como assentam as teorias mais modernas, o direito subjetivo, apesar de lastreado na norma, não se confunde com o direito objetivo, nem pode ser concebido sem este. O fato de caminharem paralelamente não significa que sejam a mesma coisa. O direito subjetivo é faculdade, é ação, é movimento, é defesa, é querer. Assenta suas bases no ordenamento positivo, mas com este não se confunde. A norma abstrata projeta para a pessoa as condições que se abrem ao direito subjetivo. Nesse sentido, no dizer de Reale (1981:257),

> *"haverá uma situação jurídica subjetiva toda vez que o modo de ser, de pretender ou de agir de uma pessoa corresponder ao tipo de atividade ou pretensão abstratamente configurado numa ou mais regras jurídicas".*

As situações subjetivas não se limitam exclusivamente aos direitos subjetivos, os quais se debruçam sobre o velho sentido da faculdade de agir, da pretensão. O poder e o legítimo interesse também são outras faces das situações jurídicas, tal como, por exemplo, o poder familiar e o interesse do direito de ação, os quais muito próximos ficam dos direitos subjetivos. A situação jurídica apresenta-se como um conjunto de imperativos, de mandamentos, que se dirigem a todos os membros da sociedade.

No universo jurídico, há interesses que ainda não podem ser guindados à situação de direito protegido integralmente, recebendo apenas parcial juridicidade. Essas exceções servem para mostrar claramente que nem sempre há um direito subjetivo que corresponde a um direito objetivo.

É o que ocorre, por exemplo, com as *expectativas de direito*. Assim, o herdeiro de pessoa viva tem apenas uma expectativa de receber o patrimônio quando da morte, mas enquanto esta não ocorrer, direito sucessório não há. Na expectativa de direito existe a mera esperança, ainda abstrata, de que o direito venha a existir (Ráo, 1991:573). Essas expectativas de direito são desprovidas de ação, pois ainda não são direito. Como regra geral, as expectativas de direito não recebem o reconhecimento jurídico, embora possam ser protegidas por via indireta, como se faz com os herdeiros presumidos do ausente, no tocante à disposição do patrimônio deste.

Também, nessa mesma perspectiva exemplificativa, podem ser citados os *direitos eventuais*, como os direitos sob condição suspensiva, que ainda não podem ser exercidos, porque a condição não se verificou, mas permitem que o beneficiário tome providências para que o objeto de seu futuro direito não se deteriore. Os direitos eventuais são direitos já concebidos, mas ainda não nascidos.

> *"O que caracteriza os direitos eventuais é a sua dependência da verificação, ou realização, dos elementos constitutivos que lhes faltam para se erigirem em direitos subjetivos e, assim sendo, nitidamente se distinguem dos direitos pertencentes aos que podem exigir, de outrem, a prática do ato constitutivo final"* (Ráo, 1991:574).

No direito obrigacional, há uma classe de obrigações que fica a meio caminho entre as obrigações jurídicas e as obrigações morais: as obrigações naturais. Nestas, o ordenamento apenas confere-lhes parcial juridicidade. Exemplo mais marcante são as dívidas de jogo. O ordenamento não fornece ação para que o débito proveniente dessas obrigações seja coercitivamente exigido, mas reconhece que, se forem pagas, não se pode repetir o que se pagou, isto é, não há meio jurídico para se pedir de volta o valor pago.

Ainda no âmbito dos direitos subjetivos, devem ser citados os *direitos potestativos*. Nesses direitos existe a *potestas* do titular, isto é, a possibilidade de o sujeito exercê-los a qualquer momento, enquanto perdurar determinada situação. Assim, por exemplo, no casamento, qualquer dos cônjuges pode pleitear a separação ou divórcio, enquanto estiverem casados. O condômino pode pedir a qualquer momento a extinção da comunhão, enquanto esta persistir: *"A todo tempo será lícito ao condômino exigir a divisão da coisa comum, respondendo o quinhão de cada um pela sua parte nas despesas da divisão"* (art. 1.320 do Código Civil). Também é potestativo, por exemplo, o direito de um sócio retirar-se da sociedade, pois ninguém poderá nela permanecer contra sua vontade. Pode-se afirmar que o direito é potestativo quando o sujeito pode romper unilateralmente uma relação jurídica existente. Há, portanto, no exercício dessa classe de direitos, uma nítida distinção com relação aos direitos subjetivos. A essa potestatividade por parte do agente corresponde, do lado passivo, uma sujeição, porque o destinatário do pedido não pode a ele se opor, senão somente suportar os efeitos.

3 TUTELA DE DIREITOS

A tutela pública é função que deve ser desempenhada pelo Estado a fim de fazer operar e tornar efetivas as normas jurídicas. *"A proteção judicial das relações jurídicas, e consequentemente dos direitos e deveres que delas decorrem, denomina-se tutela do direito"* (Gusmão, 2003:257).

O Estado desempenha essa atividade por meio de vários órgãos. Todas as relações jurídicas devem gozar da tutela de proteção e da possibilidade de recurso ao Poder Judiciário. Além do Poder Judiciário, há outros organismos dentro do Estado que devem fazer valer as tutelas de direitos, como o Ministério Público e a Ordem dos Advogados do Brasil, cujos integrantes exercem funções indispensáveis à Administração da Justiça, conforme a Constituição Federal de 1988.

A forma normal de tutela de direitos é por meio da ação judicial, embora existam outras ferramentas. A ação judicial é o instrumento clássico para fazer valer direitos. É por meio da ação judicial que são declarados ou reconhecidos os direitos, que são reparados os danos, que se busca o justo. A ação tem em mira a sentença judicial que faz o *acertamento* das relações conflitantes, no dizer da doutrina italiana. Coisa julgada é, portanto, a decisão irrecorrível quanto à matéria versada na ação, questão que deverá ser esmiuçada no vasto estudo do processo. A ação judicial é, portanto, um direito autônomo, meio de proteção do direito e de aplicação da norma jurídica. Estabelecido o direito numa sentença, o aparato do Estado é posto em prática, se necessário, para que os efeitos dessa declaração judicial sejam cumpridos, por meio dos instrumentos de execução. Somente caberá indenização quando a execução específica se impossibilitar. A indenização por perdas e danos, nessa hipótese, figurará como um substitutivo da execução. Não se esqueça também que o acertamento dos conflitos de interesses pode ser submetido à arbitragem entre nós, mormente após a edição da Lei nº 9.307/96. Contudo, como a decisão na arbitragem é proferida por um tribunal leigo, os atos executórios e coercitivos, em princípio, se forem necessários, somente podem ser praticados pelo aparato do Estado, razão pela qual a decisão arbitral possui a mesma força intrínseca da sentença judicial. Já se discute modificação legislativa, a permitir execução por meios privados e sem ingerência direta do Estado. O árbitro coloca-se na mesma posição do juiz togado. Toda essa matéria pertence ao estudo dos negócios jurídicos em geral e ao direito processual, sendo riquíssima em detalhes.

No curso da História, muito se evoluiu para que desaparecesse a vingança privada e a justiça de mão própria. No velho direito romano, o poder do *pater familias* era absoluto não só com relação aos membros da família como também com os escravos e os servos que com ele convivessem. Modernamente, só o Estado pode punir válida e juridicamente. No entanto, ainda no Direito atual, há situações nas quais se permite a *tutela privada* ou *autotutela*, resquícios da antiga justiça de mão própria. São situações excepcionais no ordenamento.

A legítima defesa na esfera penal é talvez o exemplo mais patente. Trata-se do ato que afasta uma agressão atual ou iminente contra a pessoa ou o patrimônio da vítima ou de terceiro, quando não for possível recorrer à autoridade pública e o prejuízo a ser protegido se mostra evidente. O art. 25 do Código Penal define a legítima defesa:

> *"Entende-se em legítima defesa quem, usando moderadamente dos meios necessários, repele injusta agressão, atual ou iminente, a direito seu ou de outrem."*

A legítima defesa depende, portanto, dos seguintes elementos: (a) uma agressão ilegal ou injusta, atual ou iminente; (b) uma ação dirigida contra a vítima ou terceiro ou contra seus respectivos patrimônios; (c) impossibilidade de recorrer à autoridade pública; e (d) proporcionalidade ou racionalidade dos meios de defesa, com relação à violência sofrida ou iminente. O excesso nos meios utilizados na legítima defesa é punível, o que deve ser aferido no caso concreto.

O Código Civil de 2002 traça a legítima defesa da posse ou *desforço imediato*, tradicional no ordenamento, no art. 1.210, § 1º:

> *"O possuidor turbado, ou esbulhado, poderá manter-se ou restituir-se por sua própria força, contanto que o faça logo; os atos de defesa, ou de desforço, não podem ir além do indispensável à manutenção, ou restituição da posse."*

O desforço imediato na posse possui a mesma compreensão da legítima defesa penal.

Assim como a legítima defesa, o *estado de necessidade* é outra manifestação de tutela privada de direitos. Encontra-se em estado de necessidade quem destrói ou danifica coisa alheia para remover perigo atual ou iminente de um dano manifestamente superior, quer do agente, quer de terceiro. Nesse caso, contudo, na esfera civil, o autor do dano deverá indenizar a vítima do prejuízo se o perigo foi provocado pelo próprio agente. Se o perigo foi provocado por terceiro, o agente indenizará a vítima, com direito de regresso contra o real causador do dano (art. 929 do Código Civil).

O Código Penal descreve o estado de necessidade no art. 24:

> *"Considera-se em estado de necessidade quem pratica o fato para salvar de perigo atual, que não provocou por sua vontade, nem podia de outro modo evitar, direito próprio ou alheio, cujo sacrifício, nas circunstâncias, não era razoável exigir-se.*
>
> *§ 1º Não pode alegar estado de necessidade quem tinha o dever legal de enfrentar o perigo.*
>
> *§ 2º Embora seja razoável exigir-se o sacrifício do direito ameaçado, a pena poderá ser reduzida de um a dois terços."*

Na esfera civil, o art. 188, II, do Código Civil especifica que não constitui ato ilícito *"a deterioração ou destruição da coisa alheia, ou a lesão a pessoa, a fim de remover perigo iminente"*. O parágrafo único desse dispositivo acrescenta: *"No caso do inciso II, o ato será legítimo somente quando as circunstâncias o tornarem absolutamente necessário, não excedendo os limites do indispensável para a remoção do perigo."* A matéria indenizatória deve ser estudada quando do exame da responsabilidade civil, pois possui inúmeros meandros.

Como a legítima defesa, também o estado de necessidade afasta a ilicitude, embora aqui não se trate de afastar uma violência praticada por outrem. São, portanto, seus requisitos, em linhas gerais: a existência de um perigo atual ou iminente com relação a um bem jurídico próprio ou alheio; a impossibilidade de afastar o perigo sem danificar um bem alheio; a não atuação voluntária do próprio agente na produção do perigo; e a proporcionalidade entre a coisa posta em sacrifício e o bem jurídico que é salvo. Assim, age em estado de necessidade quem rompe obstáculos e danifica patrimônio para salvar pessoa que está presa em um incêndio. Há sempre que se levar em conta que se protege um valor mais alto.

Outras situações de tutela privada de direitos podem ser lembradas:

O *direito de resistência* é outro aspecto que se relembra na autotutela. Trata-se da *"faculdade de resistir a qualquer ordem que ofenda os nossos direitos, liberdades e garantias e de repelir pela força qualquer agressão se não for possível recorrer à autoridade pública"* (Justo, 2001:178). Cuida-se, como se nota, de aplicação do princípio de legítima defesa.

O *direito de retenção* permite que o possuidor de boa-fé retenha a coisa que tenha de devolver, por qualquer motivo, até que lhe sejam ressarcidas as despesas de manutenção com o bem, bem como as benfeitorias úteis e necessárias. As benfeitorias que podem abonar a coisa dividem-se em necessárias, úteis e voluptuárias. São necessárias as que têm por finalidade conservar a coisa ou evitar que se deteriore. São úteis as que aumentam ou facilitam o uso da coisa. São voluptuárias as benfeitorias que redundam em acréscimos de mero deleite ou recreio, que não aumentam o uso habitual da coisa, ainda que a tornem mais agradável, ou de valor mais elevado. As situações concretas permitem classificar as benfeitorias numa ou noutra categoria. Essa diversificação é importante para variados efeitos, mormente para definir o *direito de retenção*. Essa matéria será mais detidamente versada quando do estudo dos direitos reais. O art. 1.219 do Código Civil estatui a esse respeito:

"O possuidor de boa-fé tem direito à indenização das benfeitorias necessárias e úteis, bem como, quanto às voluptuárias, se não lhe forem pagas, a levantá-las, quando o puder sem detrimento da coisa, e poderá exercer o direito de retenção pelo valor das benfeitorias necessárias e úteis."

Desse modo, o possuidor de boa-fé não apenas tem direito a receber o valor das benfeitorias necessárias e úteis, como também pode reter a coisa enquanto não forem pagas as despesas efetuadas por elas. O direito de retenção do possuidor de boa-fé é modalidade de garantia no cumprimento de obrigação. Com a retenção, o possuidor exerce coerção sobre o retomante para efetuar o pagamento.

Quanto à tutela pública dos direitos, hoje, a segurança do indivíduo e do próprio Estado está sendo colocada em xeque não somente pelo terrorismo internacional que não isenta qualquer nação, como também pelo terrorismo interno, representado por cancros violentos e criminosos, colocados à margem da lei, mas que dominam fragmentos amplos da sociedade. Tudo isso nos leva hoje a repensar nas funções do Estado, de modo que não soçobrem os ideais democráticos conquistados a tanto custo.

Assim, o Estado deve repensar sua função e o papel que deve desempenhar, principalmente na tutela preventiva, fazendo-se presente com suas instituições, de todas as naturezas, em todos os locais, antes que as facções delinquentes o façam. O fenômeno que ocorre na segmentação de núcleos carentes em várias cidades do Brasil é exemplo patente e triste da ausência do Estado, que permitiu a construção de autoridades paralelas que colocam em plano secundário as instituições públicas. Tudo isto, em paralelo com a leniência das autoridades que por décadas transigiram com a contravenção e a corrupção, está levando vários países, e no nosso rincão a situação é assustadora, ao fracasso do Estado.

A tutela de direitos deve ser exercida sob a forma preventiva e repressiva. Quanto mais o Estado atuar na prevenção, menor o âmbito e transgressões e menor a necessidade de tutela repressiva.

É importantíssimo o papel preventivo que deve desempenhar a tutela de direitos. O seu campo é o mais vasto dentro da sociedade. É fundamental a tutela preventiva da autoridade pública ao fiscalizar certas atividades sociais, por meio da polícia de segurança, sanitária, econômica, ambiental etc. Santos Justo (2001:166) recorda ainda das medidas de segurança, que permitem colocar pessoas potencialmente perigosas em situação de controle, como acontece com os inimputáveis que praticam ações delituosas, que devem ficar com a liberdade restrita em estabelecimentos adequados; da inabilitação para o exercício de certa atividade ou profissão. É o que ocorre quando se decreta a inibição do exercício do poder familiar, ou quando se proíbe o mau motorista de dirigir.

No campo do processo, portanto na esfera do Poder Judiciário, cada vez mais avulta a importância das medidas preventivas, acautelatórias, inibitórias e antecipatórias de tutela as quais visam evitar transgressões ou consumações de direitos.

Como se nota, a tutela preventiva do Estado incumbe, em esferas paralelas, ao Poder Executivo e ao Poder Judiciário. É oportuno recordar que o retardamento na prestação jurisdicional, a demora na resposta aos pedidos feitos a juízo, comprometem terrivelmente a função preventiva que o Judiciário deve exercer, e a omissão do Estado brasileiro na atuação em prevenções específicas em nossa sociedade faz proliferar a delinquência.

A tutela repressiva deve atuar depois da violação do direito e estampa a reação traduzida na sanção. A coercibilidade não é essencial à norma jurídica, como vimos, e só surge no momento da transgressão. Mas essa coercibilidade deve ser *"um instrumento da eficácia do direito que requer um poder organizado (o poder do Estado) dotado da força necessária que o direito legitima*" (Justo, 2001:167). Sem a legitimidade do Estado e dos seus órgãos não há tutela repressiva verdadeiramente jurídica. Nesse sentido deve ser estruturado o Estado para agir, pelos diversos tribunais integrantes do Poder Judiciário, pelo Ministério Público com seu importante e fundamental papel constitucional e pelos vários organismos da Administração.

Quando uma relação jurídica se torna conflitante, surgindo destarte o chamado conflito de interesses, o prejudicado deve valer dos organismos estatais colocados à sua disposição, mormente o Poder Judiciário, remunerados e sustentados mercê vultosíssima carga tributária neste país. Cada vez mais surge a necessidade de soluções alternativas para esses conflitos, fora do Poder Judiciário e fora do próprio Estado, que se tem mostrado ineficaz na composição dos conflitos. Daí por que se torna importante não somente a arbitragem, julgamento contratado para decisão por juízes não togados, como também juizados de conciliação e mediação, a fim de que sejam obtidas soluções para os conflitos, em todos os campos sociais e jurídicos.

9

LINEAMENTOS DE HISTÓRIA DO DIREITO

1 O DIREITO NA HISTÓRIA E A HISTÓRIA DO DIREITO

Como decorre dos princípios até aqui vistos, o Direito situa-se no mundo da cultura, é um dado, um elemento, um princípio cultural. Seus fundamentos, dos mais simples aos mais complexos, situam-se na experiência, no acumular de conhecimentos desde o início das civilizações. Essa experiência é vista dentro da História. Por isso sempre enfatizamos que o Direito é um dado histórico. O passado é a escola mais eficaz do Direito para projetar-se para o futuro. Não tem o jurista outro laboratório a apoiá-lo, ao contrário das ciências exatas, que não a sociedade que o rodeia, o meio social presente e as sociedades que viveram e conviveram no passado. Como todas as atividades humanas, o Direito não pode ignorar o tempo, dimensão essencial da vida. Sob esse aspecto, há que se entender que o Direito é fruto da história.

Desse modo, qualquer estudo jurídico que se inicie deve partir de seu contexto histórico. O estudo doutrinário sobre o prisma histórico situa o jurista para o entendimento da questão atual. Mas não é só no exame teórico que o contexto histórico é importante e fundamental: com muita frequência, questões práticas são dirimidas pela busca de um elemento histórico, por vezes esquecido do aplicador do Direito. Assim, por exemplo, nunca ficará completo o estudo da usucapião, se não forem estudadas suas origens romanas e sua aplicação no passado; nunca será perfeitamente entendida a alienação fiduciária em garantia, presente em nosso Direito, se não voltarmos para suas origens prováveis no direito anglo-saxão. Amiúde, uma questão atual será dirimida porque nada mais é do que a repetição de algo já apreciado por nossos antepassados. É nesse quadro que se posiciona o Direito na História e no qual estudamos a História do Direito.

Sob o manto da teoria tridimensional, transmitida por Miguel Reale, aqui já tanto referida, a concepção do Direito, mormente sob o cunho axiológico, é concreta e dinâmica na experiência jurídica. É sob a tensão, fato social-valor, que se concebe a norma, levando-se em conta os valores de uma época e a experiência. Assim,

> *"a História do Direito revela-nos um ideal constante de adequação entre a ordem normativa e as múltiplas e cambiantes circunstâncias espácio-temporais, uma experiência dominada ao mesmo tempo pela dinamicidade do justo e pela estabilidade reclamada pela certeza e pela segurança"* (Reale, 1969:502).

Há, portanto, na norma e consequentemente no Direito, um processo incessante de adequação da realidade, no exame dos fatos sociais e dos valores. Por essa razão, o jurista deve sempre fundamentar-se na experiência jurídica ao editar e aplicar a norma, o que é, no fundo, o problema da atualização permanente dos valores. Desse modo, o Direito nunca pode ser visto sem seus laços históricos e seus liames tradicionais e culturais. Ninguém pode verdadeiramente ser jurista, sem conhecimento básico da História e da História do Direito.

Assim, podemos distinguir dois campos muito claros. O Direito na História desempenha o seu papel ético-cultural, em qualquer dimensão e em qualquer época. Não é especificamente uma disciplina de estudo, mas um capítulo importante das ciências sociais. A História do Direito é o estudo das várias estruturas jurídicas nas várias civilizações e épocas, institutos e sistemas no curso dos tempos. Podemos estudar a História do Direito sob vários prismas. Para o historiador, a História do Direito relatará os fatos e os acontecimentos importantes de cunho jurídico que brotaram nas civilizações. Para o jurista, o exame deverá ser mais profundo e mais específico. Cada produto jurídico da História deve ser analisado em paralelo ao contexto atual, bem como sua evolução e os aspectos modernos normativos que foram influenciados pelo passado. Cada fenômeno jurídico possui uma história no curso da Humanidade. Assim, pode-se falar em história da pena de morte; história do direito de ação; história da propriedade; história dos direitos individuais etc. Todos os temas históricos podem ser mais ou menos amplos: podemos estudar a história da propriedade na Grécia, em Roma, na Idade Média, bem como a história da propriedade no Brasil, apresentando-se todos esses estudos enfeixados sob o mesmo prisma. Não há instituto, instituição ou fenômeno jurídico que possa prescindir de um conhecimento histórico. É conhecendo o passado que encontramos as soluções para o presente. Sempre. Para essa afirmação não há exceção nem discussão.

O ensino da História do Direito ficou marginalizado no país durante muito tempo. Ressurge agora o interesse pela retomada dessa disciplina, mormente como consequência da crise do terror que se instalou no planeta após os atentados às torres de Nova Iorque. Não bastasse o terror externo, nosso país tem ainda que conviver com o terror interno, a violência e a ausência do Estado na devida repressão. *"Em tempos de crise, uma sociedade volta seu olhar para o seu próprio passado e ali procura por algum sinal"* (Lopes, 2002:17).

Ademais, nas últimas décadas foram grandes as transformações sociais. O Estado liberal cedeu espaço para o Estado intervencionista. Com o crescimento populacional, principalmente nos países mais enfraquecidos, há uma erupção de massas marginalizadas de pessoas pobres, de estrangeiros e refugiados. Por outro lado, as populações que eram vastas nos campos refugiam-se nas cidades, criando imensas megalópoles, praticamente ingovernáveis. Na última metade do século XX, a mulher ocidental obteve posição de destaque inimaginável até o século anterior, propiciando um novo perfil familiar e social.

Também a História sofreu sensível revisão em seus métodos. Em tempos recentes, a História passou a preocupar-se mais com as mentalidades do que com a descrição cronológica de simples fatos históricos; a moderna História debruça-se agora sobre as estruturas de longa duração, associada à descrição das práticas cotidianas (Lopes, 2002:18), o que sempre fora tratado com certo desprezo pelos historiadores do passado. Assim, a História desloca seu eixo ou seu centro de atenções da política do Estado e do Estado nacional para a vida material.

Todo esse novo apanhado da História não deixa de refletir-se também na História do Direito. Nesse sentido, José Reinaldo de Lima Lopes destaca dois aspectos importantes relacionados à História do Direito no Brasil. Em primeiro lugar porque há um vastíssimo campo do conhecimento a ser desbravado nesse sentido, pois estamos sempre criando o Direito e buscando novidades e as inserindo no campo jurídico. Em segundo lugar porque

> *"tudo que fazemos traz o signo da história e que esta história pode desempenhar um papel intelectual insubstituível: a história não é apenas um verniz de erudição. Embora eu seja daqueles que acreditem que ela possa ser até optativa no currículo de uma pessoa, ela não*

> *é dispensável numa faculdade de direito. Ela desempenhará o papel da desmistificação do eterno e ajudará a compreender que vivemos no tempo da ação"* (2002:27).

Assim fica claro que ao estudar a História do Direito não devemos limitar-nos a examinar o que o Direito tem realizado, mas qual o papel do Direito no seio de todas as civilizações. O sentido da história não é simplesmente descrever as regras dos povos do passado, mas a ligação dessas regras com a sociedade que as produziu, a fim de melhor compreender a sociedade do presente. A História do Direito possui o importante papel de estabelecer pontos de contato entre as instituições jurídicas de diversas épocas. Por tudo isso se conclui que a História do Direito, como qualquer ramo da História, não pode limitar-se a relatar os fatos em ordem cronológica, como simples resenha. A História é investigativa e só assim pode ser entendida como ciência auxiliar do Direito.

A relação entre passado e presente possui aspectos que não mudam e se apresentam como liames geralmente claros e inconfundíveis. Há estruturas sociais que resistem ao tempo e às mudanças. Por essa razão, o Direito nunca pode ser visto desvinculado de suas origens. O conhecimento de um ordenamento jurídico depende do bom conhecimento de sua história.

> *"Há que se tomar o presente, pois, como uma extensão do passado. Donde se pode acrescentar que uma visão mais ampla do atual só é possível se precedida da visão que se tenha do antigo. Aí se revela a grande utilidade da História do Direito para o estudo das ciências jurídicas"* (Nascimento, 2003:3).

Como esta é mera obra de introdução à ciência jurídica, é evidente que nestas primeiras linhas somente se faz um apanhado muito superficial da História do Direito, e não poderia ser de outra forma. Contudo, o intuito, como em todas as matérias aqui vistas, todas de forma perfunctória, é não só fornecer os instrumentos iniciais de nossa ciência, mas também, principalmente, despertar a curiosidade e o espírito investigativo do iniciante. Nada mais existe nestas linhas além desse desiderato.

No estudo da História do Direito não se pode ficar limitado a fronteiras geográficas. Nunca a História será bem compreendida se ficar arraigada a um único país ou a uma única nação ou povo. Para nós, cujo Direito se filia ao sistema romano-germânico, é necessário que o apanhado histórico compreenda toda a Europa ocidental, sem que se descuide do conhecimento dos demais sistemas jurídicos. Ao lado do sistema romanista, convivem atualmente vários outros sistemas, com maior ou menor afinidade romanista, destacando-se o *Common Law*. Lembramos que em nossa obra introdutória de direito civil dedicamos um capítulo aos sistemas jurídicos, cuja leitura é acentuadamente recomendada (Direito Civil, parte geral, Capítulo 5).

É evidente que o Direito de cada país não foi criado abruptamente, sendo resultado de séculos de evolução, superposição e atualização de estruturas. No entanto, há alguns parâmetros que necessariamente devem ser lembrados em qualquer estudo de História do Direito que se inicie. Em primeiro lugar, há que se recordar da base e do pensamento jurídico romano, como enfatizaremos a seguir, cuja influência é ilimitada no campo do nosso Direito. Em segundo lugar, como já pudemos ver ao mencionarmos os pensamentos filosóficos no início deste trabalho, há um novo Direito que se descortinou para a Humanidade ocidental após a Revolução Francesa de 1789, quando caem os privilégios da nobreza. A partir daí, por força da escola exegética referida, surge a grande época das codificações, quando o mundo ingressa na Idade Moderna, e o Direito passa a ter no grande corpo escrito a base de sua aplicação. Como recorda Gilissen (2001:15), após

1789 o Direito segue continuamente sua evolução mercê da edição de milhares de leis, pelo desenvolvimento da jurisprudência de cada país, pela contribuição da doutrina e pelo caldeamento de novos costumes.

Outro aspecto importante a ser recordado é que necessariamente a História do Direito parte da história do direito privado. A razão é facilmente explicada, pois é o direito privado, das relações entre os seres humanos, das relações familiares, das questões entre vizinhos que primeiro surge na importância das sociedades e civilizações. O direito romano, nascedouro da estrutura do nosso sistema, teve início nos princípios de direito privado. Após os juristas romanos é que se iniciou a distinção entre direito privado ou direito civil e direito público. Essa divisão fundamental também varia no tempo e no espaço. Pouco a pouco, no curso dos tempos os vários ramos foram destacando-se do direito civil e ganhando foros de autonomia, como já apontado nesta obra. Assim, já em um período mais recente da história, as regras consuetudinárias de direito mercantil e as relações de trabalho deram origem ao direito comercial e ao direito do trabalho. Cada vez mais os ramos do direito contemporâneo se sofisticam e ganham autonomia didática e principiológica.

2 O DIREITO ANTES DA ESCRITA

Como já expusemos, nem toda norma é escrita. Nos primórdios da civilização, não é pelo fato de a sociedade não conhecer a escrita que inexistia direito. Contudo, como esse direito não foi documentado, é difícil avaliar seu conteúdo e extensão. É fato que os povos pré-históricos percorreram um longo caminho na criação das instituições jurídicas. Tal é percebido pelas civilizações que ao se utilizarem pela primeira vez da escrita já trazem conceitos jurídicos avançados, como o casamento, poder familiar, propriedade, contratos. Como já visto, o Direito surge com a própria sociedade, independentemente de existir a palavra escrita.

> *"Povos sem escrita ou ágrafos (a = negação + grafos = escrita) não têm um tempo determinado. Podem ser os homens da caverna de 3.000 a.C. ou os índios brasileiros até a chegada de Cabral, ou até mesmo as tribos da floresta Amazônica que ainda hoje não entraram em contato com o homem branco"* (Castro, 2003:7).

Antes da escrita, as regras acompanhavam as lendas e tradições orais. Cada comunidade detinha seus próprios costumes e seu Direito, todo ele impregnado de religiosidade. Religião e Direito nos povos primitivos comunicavam-se e confundiam-se, mas não há como se conhecer essas estruturas em maior profundidade.

Note-se que a escrita não surge na mesma época para todos os povos, lembrando-se que até hoje há povos primitivos que não conhecem a escrita. Os direitos desses povos são numerosos, diversificados e sempre impregnados de religiosidade. Nessas sociedades primitivas não há uma distinção clara entre o religioso e o jurídico, o que acontece em todo berço de civilização. A fonte do direito dos povos sem escrita é quase exclusivamente o costume, embora existissem outras manifestações, como os precedentes, o ato de autoridade do chefe e os provérbios e lendas.

3 ANTIGUIDADE

A base fundamental do estudo histórico de nosso Direito situa-se sem dúvida em Roma, dada a enorme importância que suas construções jurídicas refletiram para todo o universo jurídico ocidental imorredouramente.

No entanto, no século XX, mercê das descobertas arqueológicas, muito mais se conheceu do direito mais antigo, que também exerce sensível importância no curso do exame histórico de cada fenômeno.

O chamado vale fértil, entre os rios Tigre e Eufrates, onde hoje está situado o tumultuado Iraque, uma parte do Irã e os países vizinhos, abrigava na Antiguidade o nascedouro das primeiras civilizações. Nessas culturas é que se tem notícia das primeiras leis escritas. Foram os sumérios, os acadianos, os hititas, os assírios que redigiram textos jurídicos que se podem hoje denominar códigos. Foi lá que no início do século XX encontraram uma pedra de diorito negro, atualmente no Museu do Louvre, contendo um conjunto de 282 artigos, que se convencionou chamar de *Código de Hammurabi*, pois essa lei foi editada por ordem do monarca com esse nome, que reinou na Babilônia, em período não muito preciso, no século XVII a.C. Há conhecimento de outras leis anteriores a essa, mas nenhuma com tamanha organização e importância. Hammurabi não apenas ordenou a elaboração do Código como também reestruturou a Justiça (Castro, 2003:14). Foram encontradas também tabuinhas de argila, aparentemente os "códigos" portáteis, utilizados na época, de manejo mais fácil.

O famoso princípio do "olho por olho, dente por dente", a pena de Talião, é fartamente utilizada no Código, mormente no tocante aos danos físicos, procurando impor ao responsável a mesma dor sofrida pela vítima. O direito penal é, assim, bastante rigoroso. O casamento era monogâmico, embora fosse admitido o concubinato. O marido podia repudiar a mulher, nos casos de negligência dos deveres conjugais por parte dela. Punia-se duramente o adultério da mulher, mas o homem apenas era considerado seu cúmplice. A mulher gozava de certa independência, principalmente no tocante ao seu dote. O Código já traduzia uma sociedade evoluída, que se preocupava com o trabalho e a remuneração de profissionais como médicos, lavradores, pastores, carpinteiros, alfaiates. O direito contratual mostrava-se bastante desenvolvido nessa época. Os contratos eram escritos e exigiam celebração na presença de testemunhas. Eram feitas operações bancárias e financeiras em larga escala. Protegia-se o direito de propriedade móvel e imóvel. Há juízes leigos que organizam o processo e proferem sentenças. O sistema de provas é bem desenvolvido. Havia penas severas para quem auxiliasse na fuga de escravo. Há penas pecuniárias que servem para reparar o prejuízo (Gaudemet, 1967:28).

Os preceitos, nesse Código, estão formulados em sentenças breves:

> *"se alguém acusou um homem, imputando-lhe um homicídio, mas se ele não pôde convencê-lo disso, o acusador será morto"; "se alguém entregou o seu pomar a um arboricultor para fazer frutificar, o arboricultor, enquanto tiver o pomar, entregará ao proprietário do pomar dois terços da produção do pomar; ele mesmo tomará um terço"; "se um homem desapareceu e se não há de que comer em sua casa, a sua esposa poderá entrar na casa de outro; essa mulher não é culpada"* (Finet, apud Gilissen, 2001:65).

Essas leis antigas não devem ser entendidas como os "códigos" de nossa época, pois contêm apenas um pequeno número de disposições. Constituem, de qualquer forma, as primeiras manifestações da Humanidade na tentativa de ordenar o direito.

O *direito hebraico* era eminentemente religioso. Os hebreus são um povo de origem semita que vivia na Mesopotâmia. Por volta de 2.000 a.C. iniciaram um deslocamento que terminou por volta do século XVIII a.C. na região da Palestina. Em torno de 1800 a.C., em razão de fortes secas, foram obrigados a sair da Palestina em direção ao Egito. Sua religião monoteísta, em meio a civilizações politeístas, destacava-se nesse aspecto. O cristianismo, que deriva da civilização e religião hebraica, passou a exercer profunda influência em todo o mundo ocidental. Muitos dos aspectos do direito hebreu sobreviveram no direito medieval e no direito moderno, por meio do direito canônico. O Velho Testamento é origem comum. A Bíblia é um livro sagrado, contendo a lei revelada por Deus. O Pentateuco (*Torah*) significa lei escrita, revelada por Deus. Pentateuco significa os cinco livros (Gênese, Êxodo, Levítico, Números, Deuteronômio, Profetas e Hagiógrafos). Essa obra é atribuída a Moisés, segundo a tradição judia, daí ser referida como *Leis de Moisés* ou *Cinco Livros de Moisés*. Existem temas tratados em parte do Pentateuco que hoje podem ser tidos como jurídicos. O direito hebraico também exerceu importante influência no direito muçulmano, principalmente na organização da família. A *Torah* conservou autoridade até nossos dias. Qualquer interpretação do direito hebraico apoia-se na Bíblia. Suas interpretações formaram a lei oral. Houve várias tentativas de sistematização da lei oral no decorrer dos séculos. A codificação definitiva, segundo Gilissen (2001:70), é de 1567, de Joseph Caro: *"o Código de Caro permaneceu como Código rabínico civil e religioso da diáspora; ele continua a reger numerosos Israelitas que vivem fora de Israel"*.

A Grécia e o Egito antigos não deixaram grandes monumentos jurídicos. Pelo que se conhece até hoje, não parece que esses povos antes de Roma tivessem criado um sistema jurídico coerente. Pode ser que as pesquisas no futuro revelem algo diverso (Gilissen, 2001).

Não são conhecidos livros de direito no Egito, mas os textos encontrados referem-se a leis que deviam ser escritas. O Egito não nos transmitiu, até onde hoje se conhece, obras especificamente jurídicas. São poucos os temas jurídicos enfrentados nos documentos encontrados. Sabe-se que os egípcios tinham vasta prática do direito, pelo que se conhece dos seus contratos, testamentos, decisões e atos administrativos. Os documentos, contudo, referem-se continuamente a leis, que deviam ser escritas. A religião era predominante, como em todas as outras civilizações antigas. A tortura era meio de prova empregada não só para os acusados como também para as testemunhas, e as penas eram cruéis (Gusmão, 2003:291).

Os gregos não se notabilizaram pelo Direito. Sua contribuição inestimável para a Humanidade é no campo da filosofia e das artes. A contribuição maior dos gregos para o Direito reside nos trabalhos precursores de ciência política e ciência do governo. Foram os primeiros a estabelecer, em suas cidades, regimes políticos que serviram de modelo para a posteridade. Nesse sentido, são essenciais as ideias de Platão e Aristóteles. As principais obras de Platão são *A república*, *A política* e *As leis*. Aristóteles, discípulo de Platão, escreveu numerosas obras, das quais 47 estão conservadas no todo ou em parte. O estudo desses filósofos é essencial para a formação do pensamento do jurista e do cientista político.

No direito privado, no entanto, foi pequena a contribuição dos gregos, pois nos legaram poucas leis e poucas obras jurídicas. Enfatize-se, porém, que a terminologia jurídica moderna possui enorme influência da língua grega, transmitida por meio dos romanos.

Há que se fazer menção aos direitos que não influenciaram o direito europeu. Esses direitos fazem parte dos chamados direitos filosóficos ou religiosos.

O mais importante entre eles é o *direito muçulmano*, que não é propriamente direito de Estado algum, mas refere-se aos Estados e povos ligados pela religião maometana. Em virtude de a religião pretender substituir o Direito, mais do que um sistema jurídico secular e atual, é um conjunto de normas relativo às relações humanas. Deriva exclusivamente de uma religião, daí a sua peculiaridade na convivência contemporânea com os atuais sistemas jurídicos. Trata-se de uma das facetas da religião islâmica. A sanção última das obrigações que se impõem ao crente é o pecado em que incorre o contraventor.

A cultura jurídica islâmica formou-se durante a alta Idade Média, tendo se estagnado sem uma grande reforma, como ocorreu com as religiões cristãs, o que explica certos institutos arcaicos e a dificuldade de sua modernização, uma das principais causas do conflito permanente Oriente-Ocidente. A posição da mulher no mundo islâmico é algo absolutamente incompreensível e inaceitável para os padrões de cultura ocidental. A concepção islâmica é de uma sociedade essencialmente teocrática, em que o Estado apenas se justifica para servir à religião. Como essas noções estão estreitamente vinculadas à religião e à civilização islâmica, o direito muçulmano somente pode ser compreendido por quem possua um mínimo de conhecimento dessa religião e civilização. Trata-se de um sistema original; se há semelhanças com outros direitos, não passam de meras coincidências. Por outro lado, em que pese terem os árabes dominado grande parte da Europa continental durante séculos, a influência de seu direito nos países europeus é praticamente inexistente.

Como o direito islâmico manteve-se, como se pode afirmar, fundamentalista, como sua própria cultura, ainda presa a paradigmas medievais, sem o rompimento e as modernizações que sofreu o mundo cristão romano-germânico, atualmente são perfeitamente explicáveis as barreiras e diferenças culturais irreconciliáveis de nossa época, causadora de fricções permanentes, guerras e terrorismo que o mundo enfrenta.

A principal fonte do direito muçulmano é o *Corão* ou *Alcorão*, livro sagrado dos árabes e demais povos que professam a religião islâmica, juntamente com outras três fontes. A *Suna*, ou tradição relativa ao enviado de Deus; o *Idjma*, ou o consentimento universal da comunidade muçulmana; e o *Quiyás*, o raciocínio por analogia.

O Alcorão não é um livro de Direito, mas uma mescla de história sagrada e profana, de máximas filosóficas, de regras rituais. Segundo a tradição religiosa, é constituído por revelações de Alá, transmitidas à Humanidade pelo seu último enviado, Maomé. O Alcorão foi escrito, contudo, cerca de 20 anos após a morte de Maomé, por um de seus colaboradores, Zaîd. As sanções previstas são na maior parte sobrenaturais, sobretudo o fogo do inferno.

A religião muçulmana não admite outras fontes do Direito senão as do *Figh*, conjunto de regras jurídicas extraídas do Alcorão. No entanto, modernamente, o costume e a legislação também passaram a desempenhar papel de importância em algumas situações, desde que não contrariem os livros sagrados.

Apesar da aparente unidade, o mundo muçulmano apresenta sistemas jurídicos diversos sob a forma de ritos. Há países mais e menos tradicionalistas. A Turquia, que não é país árabe, fez sua importante revolução em 1920/1925 e adotou códigos do sistema europeu. É o país muçulmano mais europeizado.

Da mesma forma que o direito muçulmano não é o direito de um Estado, em especial, assim também o *direito hindu*. É o direito de todos os países do sudeste asiático que aderiram ao hinduísmo, tendo, sem dúvida, a Índia como seu maior território. É o direito da comunidade hinduísta, da religião brâmane. O direito da Índia antiga era de fundo religioso, destinado a proteger o regime de castas, vigorante até hoje. O Código de Manu, escrito em versos, apesar de ter fundo religioso, possui preceitos jurídicos. Os versos facilitariam a memorização. Entender o Código de Manu para o não-iniciado na cultura, religião e história do povo hindu é algo impossível. O direito hindu é um direito religioso que não se confunde com o direito da Índia, que sofreu influências da ocupação inglesa.

A palavra *direito*, com o sentido que damos, não existe no vocabulário sânscrito. Os hindus não conhecem regras que impõem um constrangimento físico. O que melhor corresponde à noção de direito é dharma, cuja compreensão se aproxima de dever. São regras que o homem deve obedecer na sociedade, tanto morais, como religiosas. Várias escolas tentaram desenvolver uma ciência do dharma. Essa literatura é a que mais se aproxima dos nossos livros de direito. A coletânea mais conhecida é justamente a de Manu. Este é um personagem mítico. Esse código foi redigido em uma data imprecisa, entre 200 antes e 200 depois de Cristo

(Gilissen, 2001:103). O costume sempre foi também reconhecido como fonte do direito hindu, sempre com a índole sagrada.

A sociedade hindu é dividida por castas, que não se devem mesclar. Os casamentos somente podem ocorrer na mesma casta. Embora a independência da Índia tenha ocorrido em 1947 e haja texto constitucional que proíba a discriminação a pretexto da casta, a maioria da população ainda vive no campo e o direito religioso tradicional não desapareceu.

Quanto ao *direito chinês*, sua concepção é bastante diferente da do direito ocidental. No entendimento dessa cultura, tal ciência apenas desempenha função secundária. Podemos dizer que o direito tem um papel filosófico. A promulgação de leis para os chineses não é um procedimento normal para assegurar o funcionamento da sociedade. A filosofia tradicional chinesa considera a promulgação de leis como algo mau em si mesmo, porque os indivíduos, ao conhecerem essas leis, passam a entender-se com direitos e tendem a prevalecer-se deles, abandonando as normas tradicionais de honestidade e moral, que são as únicas que devem orientar sua conduta. O direito tradicional chinês era baseado na diferença de classes sociais e nos direitos e deveres sociais de cada classe. As classes privilegiadas viviam segundo os Códigos de honra: repugnava ao nobre chinês que estivesse submetido à lei.

No direito chinês, no país que já foi o mais povoado da Terra, antes de se chegar a um processo judicial, tentam-se todas as formas de conciliação, pois existem muitos grupos sociais dispostos a conciliar os antagonistas, como os municípios e as próprias famílias. É o que se busca fazer no meio brasileiro, perante as dificuldades de se recorrer à justiça estatal. Na China, mesmo quando já existente uma decisão favorável em Juízo, reluta-se em executá-la; quando executada, procede-se de forma a que não prejudique o adversário senão no estritamente necessário. Essa é a filosofia chinesa, de acordo com a doutrina de Confúcio, tão sábia e tão distante de nossos paradigmas ocidentais. O ideal é que cada um se submeta a seu superior natural: o jovem ao velho; o filho ao pai; a esposa ao esposo; o amigo ao amigo (Dekkers, 1957:70).

O direito não atrai pensadores chineses, que são mais atraídos pela moral e pelas normas de conduta. A tendência de codificação observada na China, cujo Código Civil entrou em vigor em 1929-1931, tendo sido já substituído, não abateu os princípios tradicionais aqui descritos, subsistindo as concepções tradicionais. A China permaneceu durante muito tempo fechada às influências ocidentais. A instauração da República em 1912 favoreceu a influência limitada dos direitos ocidentais.

Com o advento do comunismo na China, em 1949, as ideias de tal regime amoldaram-se com maior facilidade ao pensamento chinês do que na União Soviética. Na filosofia marxista-leninista, há elementos que se adaptam à filosofia tradicional chinesa: para os chineses, o direito nunca representou o fundamento necessário para a ordenação da sociedade. Contemporaneamente, longe está a China dos ideais marxistas originários, mas mantém um férreo controle das liberdades, sem dar margem alguma aos direitos individuais.

Quanto ao *direito japonês*, com a transformação do Estado feudal em Estado democrático, o Japão desenvolveu-se e ocidentalizou-se, inclusive no direito. O atual direito japonês segue o modelo ocidental românico, inclusive com obras de doutrina muito semelhantes às nossas. O antigo direito feudal foi praticamente esquecido. O Código Civil japonês, de 1898, segue os rumos do Código alemão. A partir de 1945, o Japão sofre forte influência norte-americana, principalmente no direito público.

4 ROMA E O DIREITO ROMANO

Foi Roma, sem dúvida, na República e no Império que erigiu o grande monumento jurídico que legou para a posteridade. Os romanos construíram um sistema jurídico superior a qualquer outro conhecido. Toda a doutrina romana serve de base para nosso direito ocidental.

Denomina-se Direito Romano, em geral, o complexo de normas jurídicas que vigorou em Roma e nas nações dominadas pelos romanos, há 2.000 anos aproximadamente.

Os Estados de direito ocidental, como o nosso, herdaram sua estrutura jurídica do Direito Romano. Esse direito manteve-se sempre vivo mesmo após a queda de Roma. Suas instituições revelaram-se uma arte completa e uma ciência perfeita. Ao pesquisar as origens do nosso direito, voltamos inevitavelmente às fontes romanas. Por outro lado, não existe legislação antiga tão conhecida como a romana. Os monumentos legislativos e doutrinários que chegaram até nós permitem um seguimento das variações do Direito Romano, de suas origens até a época moderna, e quase sempre essas variações afetam o direito moderno. Desse modo, um exame profundo do Direito Romano merece o cuidado de todo estudioso que almeja uma cultura superior. O estudo do Direito Romano facilita, prepara e eleva o espírito iniciante para as primeiras linhas do Direito e do Direito Civil.

É portanto importante que se situe no tempo e no espaço o Direito Romano, a Lei das XII Tábuas até a época da decadência bizantina, passando por séculos de mutações jurídicas que até hoje fundamentam nosso direito.

O Direito Romano deve então ser entendido como o conjunto de princípios que regeram a sociedade romana em diversas épocas, desde sua origem até a morte de Justiniano.

O papel e utilidade do estudo do Direito Romano situam-se em vários aspectos.

A importância histórica é inegável, uma vez que o Direito atual do mundo ocidental, derivado da Europa continental, é lastreado nas compilações romanas. Sua relevância deve-se também ao fato de ser considerado um modelo, porque os romanos tiveram aptidão especial para o direito, criando uma inteligência e uma forma de raciocínio jurídicas que nos seguem até o presente. O Direito Romano representa uma universalidade que suplantou as nacionalidades. O Direito Romano, como o próprio cristianismo, representa um fundamento básico à civilização. Desse modo, o Direito Romano deve ser visto como um direito universal. Todo pensamento jurídico, método e forma de intuição, toda a educação jurídica que ora se inicia é de fundamento romano.

O exame das fases do Direito Romano vai desde o período da fundação de Roma, ocorrida no século VII a. C., até a morte de Justiniano, em 565 d. C. A partir daí, até a queda de Constantinopla, em 1453, o direito sofre novas influências, passando a denominar-se romano-helênico, sem nunca ter deixado de exercer sua repercussão.

Quando do descobrimento do Brasil, o "Direito Romano" era aplicado em Portugal e, por via de consequência, foi aplicado na nova colônia. As Ordenações Afonsinas, Manoelinas e Filipinas, com raízes profundas no Direito Romano, fornecem a continuidade desse direito entre nós, mormente porque somente no início do século XX o Código Civil de 1916 substituiu a última dessas ordenações.

4.1 Fases e divisão do Direito Romano

O Direito Romano apresenta-se como um conjunto de ordenamentos, mas, para facilidade de estudo dos romanistas, costuma-se dividi-lo em períodos. Os autores apresentam a divisão ora segundo o aspecto interno do direito privado, ora destacando acontecimentos históricos de importância. Dentre as várias divisões apresentadas, sob o prisma do Estado Romano, podem ser destacadas as seguintes fases (Correia e Sciascia, 1953:15):

I – *Período Régio*: da data convencional da fundação de Roma (754 a.C.) até a expulsão dos reis, em 510 a.C.;

II – *Período da República*: de 510 a.C. até a instauração do Principado, com Otaviano Augusto, em 27 a.C.;

III – *Período do Principado*: de Augusto até o imperador Diocleciano, 27 a.C. até 284 d.C.;

IV – *Período da Monarquia Absoluta*: de Diocleciano até a morte de Justiniano, em 565 d.C.

4.1.1 Período régio

Essa fase é essencialmente lendária, como a própria fundação de Roma. Até mesmo os sete reis de Roma: Rômulo, Numa Pompílio, Tulo Hostílio, Anco Márcio, Tarquínio, o Prisco, Sérvio Túlio e Tarquínio, o Soberbo, parecem não ter sido personagens históricas. Toda lenda, porém, apresenta um fundo de verdade. Por volta de 575 a.C, os etruscos ocupam Roma por quase um século. Os reis romanos são, portanto, de origem etrusca. A Etrúria foi muito desenvolvida, como potência econômica e política, mas muito pouco se conhece a seu respeito.

A Roma real parece ter sido, a princípio, um aglomerado modesto de trabalhadores do campo, reunidos no Lácio, distante alguns quilômetros da embocadura do rio Tibre, em território de extensão e fertilidade medíocres. Desde o início, contudo, a cidade parece ter apresentado um sentido de unidade e uma fisionomia que hoje podemos denominar latina.

A sociedade vivia principalmente da cultura do solo e da criação de animais. O direito apresenta-se de uma forma primitiva, dirigido a essa comunidade de horizontes restritos. O regime familiar, como em toda comunidade agrícola, era patriarcal, sob a chefia de um *pater familias* que, posteriormente, iria assumir papel preponderante nas instituições.

A princípio, o *pater familias* é não apenas o proprietário do fruto do trabalho da família, como também o senhor dos escravos, de sua mulher e dos filhos, os quais podia vender, como fazia com os produtos agrícolas.

O *pater familias* é o juiz, se não em matéria privada na qual até então não se distinguiam os direitos, entre as pessoas sob sua guarda, mas em matéria penal, porque podia impor penas a seus subjugados, até mesmo a pena de morte à mulher, aos filhos e aos escravos. Possuía um poder absoluto nesse âmbito.

A família romana tinha uma extensão maior que a família contemporânea unida pelos laços de sangue. Os agnatos de uma mesma família eram aqueles que podiam provar sua descendência comum, de geração em geração. Por outro lado, os gentílicos eram tidos como da mesma família por vínculo verdadeiro ou imaginário.

A *gens* é um produto natural do regime patriarcal: um grupo de pessoas que acreditava descender de um ancestral comum. A formação política da época apresentava simetria com esse sistema patriarcal. O rei era o magistrado único, vitalício e irresponsável, no sentido técnico do termo.

Segundo alguns, o rei não era vitalício, sendo eleito pelos comícios. Ficava à testa dos romanos, como o próprio *pater* o fazia perante a família. Era encarregado do culto do Estado como o *pater* era encarregado do culto familiar, culto aos antepassados. O rei é juiz dentro da cidade, como o *pater familias* é juiz no meio familiar, com sua jurisdição civil e penal, mas é na justiça criminal que mais se destaca o papel do rei, porque a jurisdição civil ainda se apresenta tosca e embrionária. O rei é assistido por um conselho de anciãos, *senatores*, que, primitivamente, eram os chefes das várias *gens*, tribos.

Em determinada época, cessa o absolutismo puramente copiado do poder patriarcal e surgem os comícios (*comitia*), uma assembleia do povo masculino, sem distinção entre pais e filhos, mas com a exclusão dos chamados clientes, os quais não possuíam o *status* de cidadãos, cuja origem, nessa época, é obscura.

Há os costumes (*mores*) e as denominadas *leges regiae*, das quais uma compilação chegou até nós. Ao que tudo indica, essa compilação é de época muito posterior, do fim da realeza ou do começo da república, mas serve de ilustração. Os comícios nunca votaram leis abstratas, com o caráter de generalidade das leis posteriores, mas apenas casos concretos referentes às coisas estabelecidas na cidade.

Há notícia, também, de uma reforma feita pelo penúltimo rei, Sérvio Túlio. Nela, pela primeira vez, nota-se um ordenamento sobre impostos e sobre o serviço militar e uma ligação, ao que parece já precedente, entre o serviço eleitoral e o direito de voto. A Constituição de Sérvio toma por base as *tribus* que são divisões territoriais das quais cada indivíduo é proprietário, e o *census*, recenseamento que determina as obrigações de cada um como contribuinte e como soldado.

O direito sagrado (*fas*) está estreitamente ligado ao direito humano (*ius*). A *Iurisprudentia*, que significa aqui *ciência do direito* (*prudentia* = ciência; *Iuris* = do direito), era monopolizada pelo colégio sacerdotal dos pontífices, que tinha o monopólio do *ius* e dos *fas*. Segundo Moreira Alves (1971, v. 1:25)

> *"esse monopólio – em decorrência do rigoroso formalismo que caracteriza o direito arcaico – consistia em deterem os pontífices o conhecimento, não só dos dias em que era permitido comparecer a juízo (*dias fastos, *em contraposição aos* nefastos, *em que isso era proibido), mas também das fórmulas com que se celebravam os contratos ou com que se intentavam as ações judiciais".*

Não obstante as dúvidas das fontes, o rei tem poder do *imperium*, que, posteriormente, no período da República e do Império, representa o poder político supremo. Esse poder de império assume, então, preponderância na guerra, prevalecendo sobre as funções políticas que eram divididas com o Senado e com o *interre*, que era membro do Senado. O papel do rei é essencialmente o de um legislador.

As regras costumeiras ficavam a cargo da família. Tendo em vista o poder do *pater*, pouca função judicial restava ao rei.

No entanto, é nessa época que Roma inicia suas primeiras conquistas, a princípio modestas e limitadas à vizinhança da cidade. Aí, começam a surgir as rivalidades entre a Roma nascente e seus vizinhos (Gaudemet, 1967:278). A tradição romana, todavia, estampa que os primeiros povos conquistados foram perfeitamente assimilados aos romanos. Aos contatos belicosos acrescentam-se as ligações de amizade, o instituto da hospitalidade, que culminam com alianças que preparam o apogeu que muitos séculos mais tarde adviria.

4.1.2 Período da República

A realeza, segundo a tradição, teria terminado de modo violento, por meio de uma revolução que baniu Tarquínio, o Soberbo, de Roma, em 510 a.C. A passagem de um regime para outro foi feita lenta e paulatinamente, com avanços e recuos.

A transferência dos poderes políticos dos reis é o resultado quase exclusivo da queda da realeza. Esse regime é caracterizado pela pluralidade de assembleias e magistraturas. Mantém-se nesses dirigentes (cônsules) a proteção religiosa. No tocante ao poder laico, porém, os cônsules detêm os mesmos poderes dos reis, durante o ano em que exerciam suas funções. Nesse período, eram irresponsáveis, como o parecem ter sido os reis vitaliciamente; tinham o direito de comandar o exército e de distribuir a justiça civil e criminal, de convocar os comícios e o Senado e de nomear senadores. Contudo, a introdução do termo *consulado* já dava margem a certo refreamento de atitudes.

O Senado ganha importância política, apesar de ser de nomeação dos cônsules, porque existe maior responsabilidade em sua escolha, justamente em razão da espécie de mandato dos cônsules, que passam a consultar o Senado em todas as decisões importantes.

Pouco a pouco, surgem novas magistraturas, que dividem as atribuições do consulado, como, por exemplo, os *quaestores* encarregados das finanças públicas.

Os plebeus, sob a ameaça de sublevação, conseguem a criação do *tribuni plebis,* tendo a seu lado os *aediles plebis,* investidos do direito de impedir, com a *intercessio,* atos realizados no interior de Roma e arredores. Foi por iniciativa da plebe, no primeiro século da República, que se deu a codificação do direito até então costumeiro, fato importantíssimo para a história do Direito Romano.

No período que vai do estabelecimento da República à Lei das XII Tábuas, pela primeira vez se encontra o direito escrito. A Lei das XII Tábuas é um monumento fundamental para o Direito que revela claramente uma legislação rude e bárbara, fortemente inspirada em legislações primitivas e talvez muito pouco diferente do direito vigente nos séculos anteriores. Essa lei foi considerada em vigor até a época de Justiniano. Informa Gilissen (2001:86) que foi editada a pedido dos plebeus os quais, ignorando os costumes e as respectivas interpretações dadas pelos pontífices, queixavam-se do arbítrio dos magistrados patrícios. Essa lei surgiu, portanto, do conflito entre a plebe e o patriciado, e dela só restam fragmentos que vieram até nós transmitidos por jurisconsultos e literatos. Os romanistas têm procurado reconstituir seu conteúdo, sobressaindo-se nessa tarefa os juristas alemães. Os fragmentos encontrados parecem pertencer a épocas diversas. Parece ser um conjunto de normas escritas derivadas dos costumes.

Na Lei das XII Tábuas, encontramos disposições relativas ao processo das ações civis, ao direito de família, bem como à atitude do Estado com relação aos crimes que lhe interessam na punição do particular.

A família da Lei das XII Tábuas é a tradicional família patriarcal em que reina o senhor, *pater familias,* com direito de vida e morte sobre a mulher, escravos e filhos. A mulher fica sempre sob o poder da família do marido; o parentesco e as sucessões são regidos pela linha masculina.

No direito obrigacional, a *manus iniectio* é um procedimento que permite ao credor levar o devedor perante o magistrado, podendo tornar o devedor prisioneiro, a menos que intervenha um terceiro, espécie de fiador (*vindex*) que se responsabilize pela dívida. Residem aí os primórdios do processo de execução forçada que surgiria mais tarde, já não sobre a pessoa do devedor, mas sobre seu patrimônio. Essa lei é de aproximadamente 450 a.C.

Só os cidadãos romanos gozavam dos direitos do *ius civile*. Os estrangeiros subordinavam-se ao *ius gentium,* o direito comum. No final da república, Roma já tinha conquistado vários territórios, primeiramente na península itálica e a seguir na Gália, Espanha, Grécia e África. No final do período republicano, a cidadania romana foi concedida aos grupos de toda a Itália, até os Alpes.

4.1.3 Período do principado

Converte-se no período de maior poderio de Roma. O principado fundado por Augusto em 27 a.C. ocupa um período de mais de 300 anos.

O monarca assume poderes soberanos e, pouco a pouco, as demais instituições perdem sua importância.

O Poder Judiciário dos comícios que, pelo desenvolvimento das funções dos *quaestores,* já tinham perdido as suas, desaparece completamente no tempo de Augusto. Mesmo seu poder legislativo não resiste muito tempo.

O Senado herda até certo ponto o poder eleitoral dos comícios e, assim mesmo, de forma relativa. Divide com o imperador o Poder Judiciário. Nesse período, as províncias são *senatoriais* e *imperiais,* cada tipo com uma forma diferente de governo. No entanto, em todo o território provincial, continuam a existir comunidades com diversas formas de organização, como municípios e colônias.

Nessa época, o magistrado primeiro é o príncipe, mas não detém a mesma concentração de poderes de épocas passadas, como os reis e os primeiros cônsules. Aos poucos, porém, seus poderes aumentam, em detrimento das outras magistraturas. Na realidade, os magistrados da fase republicana, cônsules, pretores, tribunos, edis, questores, continuam a ser eleitos anualmente, mas na eleição existe o poder decisivo do príncipe que lhes tira todo o poder militar, relegando-os a autoridades civis.

Tendo em vista ser esse um período de transição, as fontes de direito foram muito numerosas.

O *costume* continua nesse período a ser uma fonte em pleno vigor.

Algumas leis do período chegaram até nós. Há certo número de leis relativas ao direito privado que levam o nome de Augusto.

Os *editos dos magistrados,* forma de manifestação dos magistrados que se predispunham a aplicar o Direito segundo esses editos, continuam a ser expedidos, mas limitam-se a repetir os editos anteriores, sem nada criar, praticamente.

O Poder Legislativo do *Senado,* o *senatus consulto,* perde também paulatinamente o poder inicial. Quando o Senado deixa de legislar, esse poder já está todo nas mãos do príncipe.

É dessa época a escola clássica do Direito Romano que, apesar de ser profícua no número de juristas, refere-se ao nascimento das duas célebres escolas antagônicas teóricas, uma fundada por Labeão, cujo sucessor foi Próculo, que deu o nome à escola dos *proculeanos,* e a outra fundada por Capitão, cujo sucessor foi Sabino, daí o nome de *sabinianos.* Não se sabe ao certo a origem das dissensões de caráter teórico dos dois grupos que se tornaram clássicas, porque trazidas até nós pelas compilações.

É desse período, por volta de 130 d. C., que os juristas que participaram da obra de Justiniano recolheram o maior cabedal de informações.

Foi então que o imperador Adriano mandou consolidar pelo jurisconsulto Sálvio Juliano os editos dos pretores.

Em 212 de nossa era, por uma necessidade social, para poder manter o Império unido, Caracala estende a cidadania romana a todos os homens livres do mundo romano.

Dessa época data uma compilação que chegou até nós, a *Institutas* de Gaio, um manual escolar para a época, mas de inegável valor por fornecer uma visão do Direito Romano Clássico.

Além da obra de Gaio, jurista de quem pouco se conhece a vida, são do mesmo período as *Regras* de Ulpiano, obra que não nos chegou na forma original, e as *Sentenças* de Paulo, cujo texto nos chegou em parte por meio de compiladores posteriores (Alves, 1971, v. 1:56).

4.1.4 Período da monarquia absoluta

Nesse período, que vai da chegada ao poder de Diocleciano em 284 d.C. até a morte de Justiniano (565 d.C.), as restrições à atuação do príncipe desaparecem definitivamente. O centro de interesses do Império desloca-se para Constantinopla.

O Senado transforma-se em uma espécie de assembleia municipal da cidade de Roma, com uma instituição semelhante em Constantinopla. Uma ampla burocracia toma conta de todas as instituições.

O imperador passa a deter todos os poderes, com uma fisionomia toda especial, tendo em vista a divisão do Império em duas partes, a do Oriente e a do Ocidente, governadas por dois Augustos, tendo a seu lado como auxiliares e possíveis sucessores dois césares e um sem-número de funcionários públicos.

Doravante, a autoridade militar é rigorosamente separada da autoridade civil.

A legislação é, em geral, comum aos dois impérios, mas todas as fontes são pobres de criações novas. As constituições imperiais passam a ser a única fonte do Direito. Não há grandes juristas e a base continua sendo o direito antigo, mas interpretado ao sabor de advogados por vezes não muito escrupulosos que deturpam os textos. Segundo Paul F. Girard (1911:73), as situações atingiam iniquidade tal que se justificava até mesmo um matricídio com a deturpação dos textos.

Continuam utilizados os textos dos juristas clássicos, como Gaio, Paulo, Ulpiano, mas essas obras, na época, são denominadas *ius,* contrapondo-se às constituições imperiais que se denominam *leges.* É partindo dessa situação que Justiniano faz a monumental compilação que o ligou imorredouramente à história e ao próprio Direito. Justiniano (527-565) foi o último imperador do também denominado Baixo Império e o primeiro dos imperadores bizantinos (Gilissen, 2001:84).

4.2 Sistema do *Ius civile*

Também é conveniente distinguir uma evolução interna no Direito Romano, dividindo-o em dois grandes quadrantes já mencionados, o *Ius civile* ou direito quiritário (*Ius quiritum*) e *Ius gentium.*

Nos tempos primitivos de Roma, o que predomina é o espírito de ordem e de disciplina. O romano de então é sobretudo um soldado. O cidadão submete-se à regra de direito instintivamente, por reconhecê-la como útil às relações sociais.

Tal obediência, porém, nunca foi irracional. O romano é essencialmente prático e submete-se à lei na medida de sua utilidade. A utilidade é para o espírito romano a fonte verdadeira e suficiente para justificar o direito. Os métodos irracionais do Direito são logo abandonados nos tempos primitivos, surgindo o Estado como soberano.

A sociedade dos primórdios de Roma é essencialmente do campo. Há uma noção religiosa que auxilia o habitante dos tempos primitivos a suportar as adversidades da natureza.

Os pontífices, juristas canônicos, interpretam o direito divino, o *fas,* enunciando fórmulas e indicando os ritos de sacrifício aos deuses. Mais tarde, os juristas leigos vão interpretar o direito dos homens, o *ius*, para tratar do relacionamento entre eles.

Entende-se que o direito não é infalível nem imutável, devendo atender às necessidades sociais. A princípio, o direito não é dirigido ao indivíduo, ao cidadão, mas ao grupo, às *gentes* e às famílias, cuja reunião forma a cidade. O direito da cidade é o direito próprio do cidadão romano.

De qualquer modo, sempre foi um traço marcante do Direito Romano primitivo o conservadorismo e o formalismo. É um direito dirigido a uma sociedade agrícola, com poucas necessidades jurídicas. Em razão disso, o direito primitivo é, a princípio, pobre de instituições.

O formalismo, que é próprio das civilizações primitivas, perdurou em Roma mais tempo; estendendo-se também a outras atividades, como à religião, sobreviveu sem muita atenuação dentro do progresso da civilização romana, modificando-se apenas lentamente.

É a forma que confere vida ao direito, mas isso explica razoavelmente o espírito dos romanos.

As fontes dessas épocas mais antigas, como já vimos, são os costumes e a Lei das XII Tábuas.

Os costumes são as normas que jamais foram escritas, mas que são seguidas inconscientemente pelas pessoas. O costume extrai sua essência do consentimento tácito dos cidadãos.

Roma parte para a lei escrita quando percebe que a incerteza do costume já não satisfaz a suas necessidades.

Denomina-se lei, *lato sensu*, toda disposição obrigatória, tanto a *lex privata*, a convenção que liga dois particulares, como a *lex publica*, direito proclamado pela autoridade pública. As leis são aprovadas pelos comícios e tornam-se obrigatórias.

A transformação do costume em lei é uma sequência natural em toda evolução dos povos. A codificação procura consolidar o direito empregado no passado, mas nunca a codificação foi responsável por uma estagnação no direito; isso não ocorre.

As fontes donde decorrem o direito costumeiro são as *responsa prudentium* e os editos dos magistrados.

A interpretação ou *responsa prudentium* vem em socorro da norma que não pode atender a todos os casos particulares. Essa é a tarefa do intérprete (*interpres*). É um intermediário entre a norma e as necessidades sociais do momento. Seu trabalho, no entanto, não é aprovado legislativamente. Seu trabalho é de direito costumeiro. Desde os primórdios, foram os pontífices os principais intérpretes. Formam eles um colégio de teólogos. Cabia aos pontífices não só orientar a religião do Estado, o relacionamento do *fas* e do *ius*, como também o culto familiar.

Essa interpretação pelos pontífices permanece por muito tempo secreta, enquanto o direito teórico era de conhecimento de todos; prova disso é a existência da Lei das XII Tábuas.

A partir de certo período, a jurisprudência deixa de ser secreta para ser aplicada pelos pretores, por meio das fórmulas a serem proferidas perante o magistrado.

Ao lado dos pontífices, encontravam-se também os juristas leigos que, igualmente, exerceram grande influência na formação do direito nessa época. A eles se deve, verdadeiramente, o nascimento da ciência do Direito.

Os *editos* dos magistrados eram programas de conduta publicados para demonstrar como agiriam durante seu exercício no cargo. Esses magistrados eram os pretores e os *edis curuls*. A princípio, há apenas o pretor da cidade, *praetor urbanus*, que tratava do direito dos cidadãos. Depois, quando se cria um direito para as relações entre cidadãos e peregrinos ou entre peregrinos, surge o *praetor peregrinus*.

Os *edis curuls* eram investidos de jurisdição relativa à venda de escravos e de animais.

O direito criado por esses magistrados são os Editos, que têm particular importância como fonte do Direito Romano.

Aos poucos, o novo pretor que assumia o cargo passava a copiar o edito de seu predecessor, pois a experiência havia demonstrado ser útil. Assim, o edito foi tornando-se uma fonte de direito estável. Em princípio, como o pretor não tinha o poder de criar o direito, o edito não criava o *ius civile*, mas é por meio das normas processuais que o pretor acaba por supri-lo e corrigi-lo.

O direito que se foi formando mediante o trabalho pretoriano denomina-se *ius honorarium*, que é a formação de um corpo homogêneo e coerente de fórmulas procedimentais, com a função de ajudar, completar ou corrigir o Direito Civil. Também os editos dos magistrados, a exemplo dos costumes, extraíam sua obrigatoriedade da vontade tácita dos cidadãos. Contudo, o direito honorário tinha a vantagem sobre o costume de ser conhecido por todos. O direito honorário prepara o terreno para uma modificação no direito, o *ius gentium*.

4.3 Sistema do *Ius gentium*

O *ius civile* convinha a uma cidade de estreitos confins.

À medida que o Estado romano trava contato com outros povos, aumentando intercâmbio com os estrangeiros, o excessivo formalismo do *ius civile* torna-se insuficiente e inconveniente.

Roma deixa de ser uma cidade essencialmente agrícola para tornar-se um centro de atividade comercial. No campo das obrigações, principalmente, as modificações na técnica do direito tornam-se uma necessidade.

Ao mesmo tempo, o velho direito nacional transforma-se sob a influência dos acontecimentos que ameaçam a proeminência da aristocracia.

Os magistrados romanos, governadores de províncias ou pretores peregrinos foram insensivelmente influenciados pelos costumes locais. Acostuma-se assim a se opor ao direito formalístico um direito mais elástico, apropriado aos estrangeiros e ao comércio, um direito sem formas, mas praticado por todas as nações estrangeiras civilizadas, o *ius gentium*, o direito das gentes, expressão até hoje empregada para designar um direito internacional.

Ao que tudo indica, esse direito empregado indistintamente aos estrangeiros em sua relação com Roma tinha muito do direito natural, *ius naturale*, imposto à Humanidade pela natureza, inspirado eternamente no bom e no equitativo. Os juristas latinos passam a admitir essa concepção, seguindo o que já era proposto pelos filósofos gregos.

Essa invasão do *ius gentium*, porém, não faz desaparecer o *ius civile* nem o suplanta. Passa a existir um dualismo do *ius civile* perante o *ius honorarium*. Doravante, a história do Direito Romano passa a ser a coexistência das duas formas de direito, que se interpenetram. Ao contato com o *ius gentium*, o *ius civile* ameniza-se, torna-se menos formalístico, apesar de que sua essência permanece intacta. Essa transformação foi obra, contudo, de muitos séculos.

Importa referirmos aqui a influência dos *senatus consultum*, que, no dizer de Correia e Sciascia (1953:29), *"é a deliberação do senado mediante proposta do magistrado"*. Apenas no período do principado têm força de lei e, portanto, fonte do direito. Ao lado deles, as constituições imperiais, deliberações do imperador, têm força legislativa, como vontade do imperador.

Do fim do terceiro século até Justiniano, prossegue a unificação dos direitos sob a ação de várias influências (May, 1932:53).

O direito das gentes pouco a pouco invade o domínio do *ius civile*, não só pela extensão da cidadania romana a todos os habitantes do império por Caracala, generalizando a aplicação do Direito Romano que tende a universalizar-se, como também pela divisão do Império em duas partes, com a fundação de uma segunda capital, Constantinopla, para rivalizar-se com Roma. O centro político do Império transfere-se para o Oriente, enquanto Roma cai nas mãos dos povos bárbaros.

Graças ao triunfo dos trabalhos pretorianos, que atendiam à equidade e ao direito natural, desaparecia paulatinamente a diferença entre direito civil e direito das gentes. O que precipita a fusão dos dois sistemas, porém, é a abolição do procedimento formular feito por Diocleciano; desapareciam assim os resquícios de diferença entre os dois sistemas.

4.4 Codificação de Justiniano. Outras codificações

Havia uma massa muito grande de compilações realizadas por juristas clássicos, tais como Papiniano, Ulpiano, Paulo e Modestino, que reúnem as opiniões dos jurisconsultos mais antigos. A tarefa dos juízes da época era difícil.

Uma Constituição de Teodósio II e Valentiniano III tenta pôr fim a esse estado de coisas. Entre todos os juristas, são escolhidos somente cinco, cujas opiniões têm força de lei: os quatro clássicos, Papiniano, Ulpiano, Paulo e Modestino, aos quais se acrescenta Gaio, que ganhou renome após quase dois séculos. Em caso de igualdade de opinião entre esses mestres, esta tinha força de lei e vinculava os juízes. Em caso de desacordo, deveria imperar a vontade da maioria. Se a opinião sobre determinado caso se dividia, prevalecia a opinião de Papiniano.

No século IV de nossa era, os juristas Gregório e Hermogeniano produziram duas compilações, conhecidas sob o nome de Códigos Gregoriano e Hermogeniano, os quais pareciam gozar de muita autoridade, ainda que fossem desprovidos de caráter oficial.

Seus exemplos foram seguidos no século V por Teodósio II, que, em 438, mandou redigir uma compilação das constituições que surgiram após Constantino até seu próprio reinado, dando-lhe o nome de *Codex Theodosianus*. Publicado nas duas partes do Império, exerceu notável influência no Império do Ocidente, preparando o terreno no Oriente para a compilação de Justiniano.

Gaston May (1932:57) afirma que se há de mencionar duas séries de documentos que, antecedendo a obra de Justiniano, preparam-lhe o espírito: são os escritos dos juristas, desprovidos de caráter oficial, destinados à prática do direito; consistem em um apanhado de constituições imperiais e de extratos dos jurisconsultos (fim do século IV ou princípio do século V) conhecidos como *Fragmenta Vaticana* e *Collatio legum mosaicarum et romanarum*; pertencem também a essa série de documentos as *Leges romanae barbarorum*, do começo do século VI, feitas pelas populações romanas do Ocidente submetidas aos povos bárbaros, redigidas sob idêntico espírito. Em todos esses trabalhos, encontra-se uma reunião de *ius* e *leges*, em um agrupamento que, se não demonstra interesse científico, ao menos marca a intenção de fixar uma unidade dos documentos jurídicos.

Nessas citadas compilações encontramos um direito muito diverso do Direito Romano clássico. Há, na realidade, um intervalo de três séculos entre os juristas clássicos e o trabalho a ser realizado por Justiniano. Observa Jean Gaudemet (1967:753) que esses séculos, contudo, não foram um período de estagnação, e prova disso são as constituições pós-clássicas e as obras anônimas da doutrina que chegaram até nós.

Como vemos, até o aparecimento do trabalho de Justiniano, que passaremos a enfocar, a codificação realizada no século V mostra-se incompleta e insuficiente. Uma obra importante é necessariamente imposta por um imperador e feita por verdadeiros juristas. A compilação justinianeia preenche essas duas finalidades. Durante muito tempo na Idade Média, no entanto, o Direito Romano estivera reduzido a um direito consuetudinário provinciano. A obra legislativa de Justiniano não entra em vigor no Ocidente devido ao isolamento deste do império do Oriente e ao fracasso de Justiniano em reconquistar os territórios invadidos pelos germânicos (Caenegem, 2000:25).

Justiniano (527-565) pretendeu restaurar o prestígio do Império e o fez em todos os campos. Subiu ao trono do Império Romano do Oriente, em Constantinopla, a 1º-8-527. Era natural da Ilíria, Tauresium. Fez grandes conquistas militares, pretendendo que o Império Romano retornasse a sua grandeza. Era filho de pais camponeses, tendo sido adotado pelo imperador Justino, seu tio, também filho de um camponês. Correia e Sciascia (1953:436) realçam a importância da mulher de Justiniano:

> *"Teodora era filha de um artista de circo domador de ursos. Bem jovem pisou o tablado, onde obteve grande êxito pelas qualidades de dançarina belíssima. Moça, levava vida dissoluta, a ponto de se dizer que Messalina, comparada com ela, pareceria uma virtuosa matrona. Mais tarde, conquistou o afeto do jovem Justiniano, e depois de este ter obtido do tio Justino a ab-rogação da proibição, sancionada por leis de Augusto, do matrimônio de senador com bailarina, a desposou."*

Acrescente-se que a firmeza de caráter dessa mulher muito o auxiliou em sua obra, tanto militar como jurídica.

Na época de Justiniano, a língua oficial ainda é o latim para a administração, o exército e a legislação, numa nação em que, entretanto, a língua comum era o grego; os comentários à compilação e a maioria das *Novelas* serão redigidos nessa língua. Em todas as suas manifestações, porém, Justiniano demonstra seu desejo de retornar às tradições romanas clássicas, como sucessor dos imperadores de Roma.

No domínio político e militar, Justiniano restabeleceu a autoridade imperial no Ocidente pela reconquista da África sobre os vândalos (534), da Itália sobre os ostrogodos (535-554) e de uma parte da Espanha sobre os visigodos (550-554). Essas conquistas serão efêmeras, mas demonstram uma vontade do monarca em restaurar a antiga Roma sobre todo o mundo mediterrâneo. O mesmo cuidado tem o imperador com a organização interna do Império, pois trata de reorganizar o governo central, a administração provincial e as relações com a Igreja. É nesse conjunto que ele situa seu trabalho jurídico.

Esse imperador bizantino, já no segundo ano de seu governo, dá início a sua obra legislativa. Remaneja as fontes de direito conhecidas, e seu trabalho de compilação e correição compreende quatro obras monumentais para a cultura jurídica universal: o *Código*, o *Digesto*, as *Institutas* e as *Novelas*. Ao conjunto dessas obras juristas mais modernos chamam *Corpus Juris Civilis*, como até hoje é conhecido. Sua grandeza reside no fato de ser a última criação da ciência jurídica romana, um supremo esforço de concentrar-se um direito esparso prestes a se desagregar e a perder seu esplendor. Sua importância é tão grande para o direito moderno como foi a Lei das XII Tábuas para o antigo direito. No dizer de Gaston May (1932:57),

> *"estes dois monumentos jurídicos que se erigem nas duas extremidades da carreira percorrida pelo Direito Romano testemunham transformações profundas cumpridas nesse longo intervalo: o primeiro ainda impregnado do espírito das instituições primitivas, o segundo contendo já os princípios essenciais do direito das sociedades modernas".*

O trabalho de Justiniano foi atribuído a uma comissão, em que despontava o jurista Triboniano, que ele não se cansa de elogiar. Esse jurista, principal colaborador, era professor de Direito da escola de Constantinopla. Triboniano cerca-se de juristas, professores e advogados, com os quais inicia enorme trabalho de compilação. Foi eficazmente auxiliado nessa missão por Teófilo, outro professor da mesma escola.

4.4.1 Código

A missão dos compiladores completou-se em dois anos. O *Código* era destinado a substituir o Gregoriano, o Hermogeniano, as constituições particulares e o Código Teodosiano de 438. Em 7-4-529, com a Constituição *Summa rei publicae*, o imperador publica o *Codex* e estabelece que entraria em vigor em 16 de abril daquele ano. Essa primeira obra não chegou até nós, já que mais tarde foi substituída por outra.

A publicação de novas constituições tornou necessária uma segunda edição, que esteve a cargo de outra comissão, com menor número de estudiosos. Esse segundo *Código* foi publicado em 16-11-534, para entrar em vigor no dia 29 de dezembro do mesmo ano. Essa obra chegou até nós.

O *Código* redigido de acordo com o sistema das compilações anteriores é dividido em 12 livros, subdivididos em títulos. As constituições estão ordenadas em cada título por ordem cronológica, como nos códigos anteriores.

O *Código* começa por uma invocação a Cristo, em que se afirma a fé de Justiniano. Os outros títulos do Livro I são consagrados às fontes do direito, ao direito de asilo e às funções dos diversos agentes imperiais. O Livro II trata principalmente do processo. Os Livros III a VIII tratam do direito privado, o Livro IX do direito penal, os Livros X a XII foram consagrados ao direito administrativo e fiscal.

Como nos códigos anteriores, encontra-se nos títulos mais que nos livros uma unidade de matéria. A técnica, porém, ainda é antiga, pois os títulos são muito numerosos e não se exclui a interpolação de certos textos (adaptações feitas pelos compiladores).

O mérito da compilação, colocando todas as constituições no *Código*, é torná-lo obrigatório como lei do Império.

4.4.2 Digesto

O *Digesto*, conhecido igualmente pelo nome grego *Pandectas*, é uma compilação de fragmentos de jurisconsultos clássicos. É obra mais completa que o *Código* e ofereceu maiores dificuldades em sua elaboração.

Na constituição *Deo auctore de conceptione Digestorum*, de 15-12-530, o imperador expôs seu programa referente à obra. Coube a Triboniano escolher seus colaboradores. Foram escolhidos Constantino, além de Teófilo e Cratino, de Constantinopla, Doroteu, Isidoro, da Universidade de Berito, mais 11 advogados que trabalhavam junto à alta magistratura.

O *Digesto* diferenciava-se do *Código* por não ter havido anteriormente trabalho do mesmo gênero. A massa da jurisprudência era enorme, frequentemente difícil de ser encontrada. Havia muitos autores, com pontos de vista diversos, por vezes antagônicos. A tarefa parecia ciclópica e era temerário juntar todo esse amálgama de opiniões num trabalho homogêneo.

Justiniano abraçou essa empreitada ao verificar que o *Código* era insuficiente para as finalidades a que se destinava e se propôs a codificar e reunir todo o direito clássico.

O objetivo atribuído a Triboniano e seus auxiliares era de colocar um paradeiro às dificuldades, incertezas e confusões que a jurisprudência de então, excessivamente abundante, provocava. Pelo novo sistema, Justiniano procurou romper com o estado anterior, que adotava a lei das citações. A intenção do imperador era fornecer aos demandantes o essencial da jurisprudência, assim como os mestres da época extraíam o essencial de leis esparsas.

Todavia, incumbia à comissão fazer cessar as contradições, corrigir os textos e eliminar os institutos em desuso. Inspirando-se na divisão do Código, a nova obra deveria agrupar os textos por matérias divididas em 50 livros, subdivididos em títulos. A obra teria a autoridade de lei imperial. A tarefa era enorme. Cerca de 1.400 anos de cultura jurídica deveriam ser pesquisados, requerendo o exame de aproximadamente 1.500 livros. São citados 38 ou 39 jurisconsultos no *Digesto*, desde o século II a.C. até o final do século III de nossa era.

Acreditava-se que a obra requereria uma dezena de anos para ser feita, mas ao fim de apenas três anos estava completa e foi publicada em 16-12-533, entrando em vigor no dia 30 do mesmo mês e ano.

Essa rapidez é surpreendente, e os historiadores apenas conjecturam sobre como teria trabalhado a comissão. Acredita-se que várias subcomissões tenham sido criadas, cada uma delas encarregada de pesquisar determinada massa jurídica. Trata-se, contudo, apenas de uma hipótese não aceita unanimemente (Gaudemet, 1967:760).

Há outra hipótese de que, talvez, os compiladores tivessem partido de uma obra semelhante então existente.

Correia e Sciascia afirmam que modernamente todas as conjecturas foram postas de lado, concluindo-se que, no período de três anos, os juristas realizaram algo verdadeiramente notável.

Todavia, a hipótese do jurista Bluhme, alemão do século XIX, é citada pelos romanistas como a mais plausível. As obras escolhidas para o *Digesto* foram divididas em quatro grupos ou massas: a massa, que ele chama "sabiniana", foi baseada nos livros do *ius civile;* outra que se utilizou dos editos e outros tratados, que o jurista tedesco chamou "massa edital"; uma terceira, que se teria baseado nas obras de Papiniano (*quaestiones, responsa* e *disputationes*), denominada "massa papiniana"; a quarta, encarregada de vários outros autores, denominou "apêndice" (Gaudemet, 1967; Correia, 1953; Girard, 1911).

A elaboração de tão grande obra contou com um espírito inovador por si só. É gigantesca sobretudo pelo fato de vastas tradições do passado com vontade inovadora. Como nas obras mais antigas, o *Digesto* divide-se em 50 livros, subdivididos em títulos; estes possuem os fragmentos atribuídos aos juristas. Para facilitar o manuseio, os juristas medievais dividiram os fragmentos longos em parágrafos. Cada fragmento começa com o nome do jurista, da obra ou do texto em que foi inspirado.

O Direito do *Digesto* é um direito eminentemente clássico. Não foram eliminadas todas as contradições e, por vezes, a mesma matéria é repetida.

Essas falhas, porém, não apagam a grandeza da obra, gigantesca por si só, além de inovadora. E gigantesca sobretudo pelo fato de os juristas terem adaptado o antigo direito ao direito da época. Para isso se utilizaram das *interpolações.* Como tinham autorização do imperador, conclui-se que as comissões não só no *Digesto*, mas também no *Código* e nas *Institutas* fizeram muitas modificações nos textos originais. Houve acréscimos, supressões e substituições de palavras e até de períodos inteiros.

Na época pós-clássica, as glosas marginais ou interlineares feitas na Idade Média dificultavam a tarefa do pesquisador do *Digesto*. Muitos juristas se dedicaram ao estudo das interpolações. Há várias técnicas para detectá-las: as faltas gramaticais, as rupturas no desenvolvimento de um texto, o emprego de certas palavras ou expressões não utilizadas pelos juristas consultados, a citação de institutos jurídicos não conhecidos pelos juristas clássicos, contradições no interior de um mesmo texto etc.

Os compiladores tiveram o mérito de introduzir no *Digesto* um novo espírito na elaboração do direito escrito. O *Digesto* é uma obra metódica, dentro de um plano lógico.

Como acentuam os tratadistas, temos um manuscrito precioso do *Digesto*, a *Littera Florentina,* que data da metade do século VI ou do começo do século VII, conservado hoje em Florença, daí seu nome. Afirmam Correia e Sciascia (1953:467) que, provavelmente, os copiadores do manuscrito eram gregos, pelo que se vê da ortografia latina e da divisão silábica. Após esse manuscrito, considerado o mais importante, vários outros foram encontrados.

4.4.3 Institutas

Se, por um lado, o *Código* foi a primeira tentativa de unificação legislativa e o *Digesto* essa obra grandiosa, as *Institutas* são um breve manual de estudo. Foram preparadas ao mesmo tempo em que o *Digesto*, e elaboradas por três membros da comissão do *Digesto,* Triboniano, Doroteu e Teófilo. Os redatores foram fiéis ao plano das *Institutas* de Gaio, tendo se servido de muitas passagens desse antigo jurista. No entanto, há inovações introduzidas de acordo com o direito vigente no Baixo-Império. O cotejo das duas *Institutas* fornece-nos uma boa ideia da evolução dos institutos jurídicos através dos séculos que separam as duas obras.

Como uma obra de professores, destinada ao ensino, as *Institutas* são mais simples e mais teóricas que o *Digesto.* São expostas noções gerais, definições e classificações. Há controvérsias por serem excelente campo de estudo.

Essa compilação foi publicada em 21-11-533, um mês antes do *Digesto.* Foi aprovada em 22 de dezembro e entrou em vigor como manual de estudo no mesmo dia do *Digesto,* 30-12-533. Por ser mais simples que o *Digesto,* alcançou enorme difusão; prova disso são os inúmeros manuscritos que nos chegaram.

Esse trabalho teve a mesma divisão das *Institutas,* de Gaio: pessoas, coisas e ações. Contudo, os livros dividem-se em títulos. Foram utilizadas na elaboração a *res cotidianae,* também de Gaio, as *Institutas,* de Florentino, de Ulpiano e de Marciano, e os *VII libri regularum,* de Ulpiano. Os fragmentos são postos em seguida, sem indicação das fontes.

4.4.4 Novelas

A segunda edição do *Codex* (534) não paralisou a atividade legiferante de Justiniano. Continuou ele a editar outras constituições importantes, entre 535 e 565. Essas novas constituições (*Novellae Constituitiones*) são conhecidas por *Novelas.* A maioria foi editada em língua grega e contém reformas fundamentais, como no direito hereditário e no direito matrimonial.

Três coleções de *Novelas* chegaram até nós. Nenhuma tem o método ou a forma das demais codificações. São colocadas em princípio cronológico. A mais antiga coleção foi obra de um professor de Direito, de Constantinopla, Juliano, daí o nome dado à obra: *Epítome de Juliano.* As constituições são frequentemente apresentadas de forma abreviada, e os textos são transcritos em latim, para que a coleção possa ser utilizada no Ocidente. Essa compilação agrupa 124 *Novelas,* de 535 a 555. Trata-se de uma obra privada.

Há uma segunda coleção denominada *autêntica* pelos glosadores da Escola de Bolonha, por ser considerada oficial. São gregas, traduzidas em latim ruim e às vezes ininteligíveis. São 124 *Novelas,* de 535 a 556. A compilação foi feita na Itália por alguém não especialista em direito ou grego. Graças, porém, às *Novelas,* conhecemos a forma de legislar da época de Justiniano; além disso, essa legislação proporcionou inúmeras reformas importantes ao Código.

4.4.5 Características e importância geral da compilação de Justiniano

O trabalho de compilação de Justiniano representa uma obra de síntese e de fixação de um direito que estava desagregado e esparso. Tem o mérito não só de mostrar à posteridade o direito de sua época, como também de estampar o pensamento dos juristas clássicos de muitos séculos atrás. Nas palavras de Caenegem (2000:25),

> "o Corpus Iuris Civilis, *denominação que data do século XII, representa a expressão suprema do antigo direito romano e o resultado final de dez séculos de evolução jurídica*".

A compilação torna-se uma ponte que liga o direito contemporâneo ao Direito Romano clássico, já que o sistema dos povos romano-germânicos é nela baseado.

Por outro lado, pela primeira vez na história, na época de Justiniano (e isto voltaria a acontecer na Idade Média), há uma tendência de se voltar à época clássica, pois se trata de uma obra de restauração. O trabalho mostra-se sensível na adaptação de institutos jurídicos já em desuso. Demonstra, por outro lado, desprezo pela prática do direito "vulgar" da época.

Por tudo isso, temos que ter o *Corpus Iuris* como um sistema jurídico muito evoluído. Pela primeira vez se separa o direito civil do direito pretoriano sobre o qual se baseou o Direito

Romano Clássico. Edifica-se o *ius gentium* como direito comum do povo, desprovido de formalismo. Tais qualidades explicam por que a partir de sua redescoberta, no século XII, ele torna-se a base dos direitos ocidentais, tendo inspirado todos os códigos modernos de nosso sistema de filiação romano-germânica.

4.4.6 *Destino da obra de Justiniano*

Justiniano proibiu qualquer comentário a sua obra, autorizando apenas interpretações breves (*índices*) ou agrupamento de textos paralelos. O imperador acreditava que um comentário seria uma traição e que por esse meio sua obra poderia ser desfigurada. Ao tratarmos da codificação nestas linhas, já mencionamos esse aspecto, repetido quando das codificações modernas, por força da escola exegética.

Essa proibição foi a princípio seguida pelos juristas da época. Uma parte da obra é conhecida como *Basílicas*. Trata-se na realidade de *índices*.

Essa proibição imperial não se estendia, contudo, nem ao *Código*, nem às *Institutas*, o que permitiu aos intérpretes trabalhos mais importantes. As *Institutas* foram objeto de uma paráfrase, provavelmente de Teófilo, um dos colaboradores de Triboniano. Esse autor se valeu também de uma tradução grega das *Institutas* de Gaio, documento que nos mostra a aplicação do direito justinianeu.

O *Código*, por sua vez, recebeu vários comentários, assim como as *Novelas* que apresentavam soluções diferentes dos textos originais, mostrando a evolução do direito da época.

A aplicação do Direito Romano no Ocidente nunca sofreu interrupção. Foi sempre objeto de ensino nas universidades, notadamente da França e da Itália.

A obra dos glosadores começa em Bolonha no final do século XI. O nome *glosadores* provém do fato de que faziam *glosas*, interlineares ou marginais, nos textos para comentá-los ou adaptá-los. A glosa mais famosa é a de Acúrsio (1182-1260), em que se encontram classificadas e incorporadas as glosas mais importantes anteriores, que desfrutavam de autoridade e eram citadas nos tribunais.

O fato é que, com o renascimento dos estudos clássicos, começa um novo período para o Direito Romano no século XVI. Surge um movimento que tende a restituir a verdade histórica ao Direito Romano em vez de simplesmente interpretá-lo.

O renascimento, porém, situa-se justamente no local mais estrangeiro de todos com relação ao Direito Romano original: a Alemanha, no século XIX. Essa escola, da qual Savigny foi um dos expoentes, teve o mérito de reencontrar a universalidade do Direito Romano.

Não devemos esquecer também que a Igreja teve seu papel de conservação do Direito Romano na Idade Média, pois a cultura de seus membros permitia-lhe sentir a superioridade de seus princípios.

4.4.7 *Direito Romano e Direito Brasileiro*

Foi sobretudo no direito privado, como se percebe nesse pequeno escorço, que o Direito Romano exerceu enorme e total influência nos direitos europeus. Evidentemente, a história de nosso direito está ligada a Portugal. Foi na Universidade de Coimbra que os estudos de Direito Romano, alicerce do direito civil português, ganharam difusão.

Os portugueses não se limitaram a assimilar o direito civil romano e o direito local, mas adaptaram a jurisprudência (entendida aqui como ciência do direito) ao meio e realizaram todo um trabalho de comentários, de interpretação e aplicação práticos (Meira, 1975:225).

Também em Portugal se verificou o fenômeno da recepção do Direito Romano, assim como ocorrera na Alemanha, França, Espanha e em quase todos os países do Ocidente. Essa recepção era a adaptação do Direito Romano clássico aos povos que sofreram a fragmentação das conquistas bárbaras, quando surgiram várias nações com caracteres próprios.

Em Portugal, a adaptação do Direito Romano deveu-se a seus grandes jurisconsultos e em especial à Universidade de Coimbra. Até 1722, nessa Universidade, o estudo do Direito resumia-se ao Direito Romano, tal era sua autoridade.

Em ordem cronológica, podemos citar as Ordenações Afonsinas de 1446, que determinavam a aplicação do Direito Romano nos casos não previstos na legislação, nos estilos da Corte, nos costumes ou no Direito Canônico.

Sucedem-se as Ordenações Manuelinas, do início do século XVI, que mantiveram os princípios das Ordenações Afonsinas.

As Ordenações Filipinas, de 11-1-1603, passaram a admitir a invocação do Direito Romano no silêncio da lei, no costume do reino ou estilo da Corte e em matéria que não importasse pecado.

A Lei da Boa Razão, de 18-8-1769, promulgada pelo Marquês de Pombal, vedou a invocação do Direito Canônico no foro civil e considerou "boa razão" a decorrente do direito das gentes, como produto do consenso universal.

No Brasil colonial, tinham plena vigência as leis portuguesas e, mesmo após a Independência, mantiveram-se elas em vigor. Uma lei de 20-10-1823 mandou observar as Ordenações Filipinas no país, bem como as leis, regimentos, alvarás, decretos e resoluções vigentes em Portugal até a data da saída de D. João VI, isto é, 25-4-1821. A legislação da pátria-mãe teve vigência no Brasil até a promulgação do Código Civil, em 1º-1-1917, de cuja história nos ocuparemos adiante.

É curioso lembrar que as Ordenações tiveram maior tempo de vigência no Brasil do que em Portugal, já que o Código Civil lusitano foi promulgado em 1867.

5 IDADE MÉDIA E MODERNIDADE

Já vimos que, no final da Antiguidade, o Império Romano dividiu-se em dois: o Império Romano do Ocidente, com sede em Roma, e o Império Romano do Oriente, com sede em Bizâncio (Constantinopla, Istambul). Com a queda do império ocidental, resiste ainda algum tempo o Império Bizantino, mantendo as tradições romanas, embora já utilizando a língua helênica. Com o Cristianismo sendo adotado pelos romanos, paralelamente às instituições romanas, haverá forte influência da Igreja nos períodos que se seguiram à queda de Roma. Durante vasto período histórico que atinge o século XX, o mundo ocidental convive com um sistema jurídico dualista, laico e religioso.

Como aponta Walter Vieira do Nascimento (2003:135),

> *"a Idade Média caracterizou-se por três importantes acontecimentos, estreitamente relacionados entre si: primeiro, o declínio do Império Romano; segundo, a ascensão dos invasores germânicos; terceiro, a gradativa cristianização de tais invasores, de que resultou crescente influência da Igreja. Esta, ao se afirmar como poder espiritual, também não se fez menos atuante nos demais setores da sociedade".*

Ademais, na Idade Média há um pluralismo de ordens jurídicas, confusas e, por vezes, mistas. Ao lado de todo esse quadro, há que se levar em conta o feudalismo preponderante nessa época. Foi com base nesse sistema político-feudal que vão surgir mais tarde os Estados modernos.

No sul da França, por exemplo, prepondera o Direito Romano vulgar, isto é, Direito Romano adaptado pelos costumes, preponderando o direito costumeiro, com influências bárbaras, no norte.

Os direitos germânicos, fruto de inúmeras tribos, foram compilados individualmente, sem qualquer intenção de unificação, como a *Lex Wisigothorum*, dos godos; *Lex Borgundionum*, dos burgundos, *Lex Salica*, dos francos. O direito manteve-se confuso nas várias regiões. A presença dos germanos no Império Romano do Ocidente não foi suficiente para suplantar as instituições do Direito Romano. Essa a razão pela qual surgem logo compilações de direito germânico escritas em latim. Foram mantidos, em linha geral, também, os direitos de origem romana para os povos conquistados. Não se deixa, contudo, de reconhecer que o direito germano teve papel importante, deixando marca determinante no Direito Romano que se transmitiu para o futuro. O direito dos bárbaros resulta, em geral, da consolidação de costumes, como ocorre com a Lei Sálica:

> *"A leitura da Lei Sálica é uma viagem a uma sociedade em que a sofisticação conceitualizante do direito cede passo à coleção de casos especiais e aos costumes. Nesta coleção, visível com muita clareza a importância de relações desiguais, o valor extraordinário da propriedade e das coisas que cercam a casa e a unidade familiar"* (Lopes, 2002:69).

Ainda, o comércio florescente entre as várias regiões, cidades que pontificavam na época, como Florença e Veneza, a existência de corporações de mercadores e as viagens marítimas foram criando um direito costumeiro que redundou em vários institutos de direito mercantil utilizados até hoje, como os princípios de direito cambiário e institutos de direito marítimo, inclusive o seguro. Para o comércio, o direito formalista romano era inconveniente e não se adaptava à rapidez de negócios que o comércio exigia.

Havia direitos próprios de cidades livres e direitos feudais de regiões que nem sempre se harmonizavam. A redescoberta do texto do *Digesto*, no século XI, em Amalfi, no sul da Itália, vai iniciar um novo período histórico no Direito, com o renascimento do Direito Romano. O *Digesto* ou *Pandecta* ficou, portanto, ocultado da humanidade por um longo período. Com o surgimento da era das universidades, com a Universidade de Bolonha e o trabalho dos glosadores, ganham nova vida os estudos jurídicos.

> *"Do trabalho dos glosadores resultou novo direito romano, adaptado à sociedade medieval cristianizada, que, na Idade Moderna, se transformou em direito comum por ser vigente em toda Europa"* (Gusmão, 2003:303).

Até o renascimento dos estudos romanísticos, o direito permaneceu essencialmente oral, tendo como fonte principal o costume (Caenegem, 2000:35). Esse mesmo autor observa que

> *"cada época tem o direito que merece. É natural, pois, que o Ocidente na alta Idade Média tivesse um direito adequado à sua situação política, econômica e intelectual: isto é, um sistema de administração da justiça fragmentado mas ajustado às necessidades de uma sociedade agrária e militar"* (2000:37).

Esse direito tosco e simplificado era desprovido de teoria e de princípios gerais, não dando espaço a eruditos ou obras doutrinárias. A absorção dos princípios do Direito Romano coincide com o desenvolvimento paulatino das sociedades. O entusiasmo que cercou a redescoberta do *Corpus Juris Civilis* na Itália e demais regiões da Europa foi o principal elemento do renascimento dos estudos clássicos, mas há outros que também devem ser lembrados como o estudo da filosofia grega e da ciência greco-árabe sobre medicina, física e matemática.

Com o renascimento, como se percebe, ressurge o interesse em se voltar às origens romanas. O direito que hoje entendemos como direito positivo, isto é, direito vigente, era na época muito complicado, esparso e caótico.

Ao lado desse direito local, confuso e complicado, tinham os estudiosos, diante de si, doravante, um direito milenar preordenado e compilado, ou seja, o Direito Romano. O *Corpus Juris* de Justiniano expunha os pensamentos em latim, uma língua que a Igreja tratara de conservar acessível às pessoas cultas. O Direito Canônico, por seu lado, encarregara-se de manter vivas muitas instituições de origem romana.

Quanto ao óbice posto pelo Cristianismo de que o Direito Romano era um direito pagão, Santo Tomás de Aquino, em princípios do século XIII, encarregou-se de eliminar. Provara Santo Tomás que os princípios do justo e do equitativo do Direito Romano amoldavam-se perfeitamente à religião cristã.

As universidades europeias, a partir de então, passam a ensinar e a estudar um direito que não era o direito positivo. Muito demorou para que os direitos locais fossem admitidos nas universidades. Durante os primeiros séculos da Idade Média, a legislação teve importância apenas secundária. Não havia o ensino profissional, como nós entendemos hoje. Os textos estudados não eram os mesmos utilizados pelos praticantes do Direito fora das escolas (Caenegem, 2000:34). Daí então o destaque do trabalho dos glosadores. Criaram eles o sistema de *Sumas*, exposições ordenadas de algumas matérias, em que questionam problemas e apontam soluções.

Nada se compare, nesses séculos da primeira fase da Idade Média, com a influência da Universidade de Bolonha. Como aponta Koschaker (1955:117), principia ela como uma escola de artes no final do século X. A modesta escola de artes, dois séculos mais tarde, transforma-se na Universidade que dirigiu a cultura jurídica universal da época, alcançando fama em toda a Europa. Segundo aponta esse autor, o corpo discente chegou a 10.000 alunos, número respeitável para qualquer universidade moderna; imagine-se para a época. Tal fenômeno não é de fácil explicação.

Por influência dos glosadores e de seu trabalho na Universidade de Bolonha, são criadas novas escolas sob os mesmos princípios. No século XIII, por exemplo, surgem na Espanha as Universidades de Valência e Salamanca. Na França, no século XII surge a Escola de Montpelier e em época próxima a Escola Jurídica de Orléans. Enfim, toda a Europa é notavelmente influenciada pelo trabalho de Bolonha.

Leva algum tempo para que os direitos locais passem a ser estudados e ensinados nas universidades. Tardiamente se tornam disciplinas nas escolas. Até a época do apogeu de Bolonha, o direito que se ensina e se aprende é o Direito Romano, que não possui força de lei; um direito histórico, portanto. Esses estudos têm reflexos muitos séculos adiante, com as codificações. Em Upsala, na Suécia, o direito local começou a ser ensinado em 1620. Em Paris, foi criada a cadeira de direito francês, em 1679, mas na maior parte dos países europeus o ensino do direito local não começa antes do século XVIII (David, 1973:30). Em Portugal, apenas em 1772 inicia-se o ensino do direito local. O Direito Romano é, até o século XIX, época das codificações, o ensino básico das faculdades, ficando os direitos locais em plano absolutamente secundário. Esse quadro deve-se indubitavelmente ao trabalho da Universidade de Bolonha nos séculos XII e XIII.

Os chamados "pós-glosadores" sucedem os glosadores, com nova tendência, a de adaptar o Direito Romano às necessidades de comércio da época, isso no século XIV. O esforço continua, no entanto, no sentido de aprofundar e acentuar o trabalho de compilação de Justiniano.

O Direito Romano teve, desse modo, o notável papel de unir, de certa forma, os povos da Europa.

Por influência dos pós-glosadores, o direito aparta-se cada vez mais da compilação justinianeia para dela ser extraído o que existe de imanente e permanente no velho direito: um direito fundado na razão, com foros de universalidade. Abriu-se, destarte, como já estudamos nestas linhas, o caminho para uma nova escola de direito natural, que surge nas universidades nos séculos XVII e XVIII.

Como acentuado, a escola do direito natural defende a ideia da existência de um direito perene, permanente, imutável, comum a todas as épocas e a todos os povos. Essa tendência tem a virtude de sincretizar os costumes locais e regionais e fortalecer a união europeia em torno das mesmas ideias.

As universidades representam o renascimento do Direito e atuam na base das codificações. Tanto os direitos escritos, como os do *Common Law*, baseados nos precedentes, têm origem nos estudos renascentistas. Outros elementos, contudo, contribuíram para o direito moderno, como o Direito Canônico, os costumes mercantis e a doutrina do direito natural, embora toda a base repouse no estudo romanístico. A codificação na Europa representa o ápice desse movimento.

Na Inglaterra, houve um desenvolvimento diverso. No século XII, os tribunais régios criaram um direito consuetudinário inglês baseado no direito feudal, desprovido de elementos romanos. Esse chamado *Common Law* permaneceu a base do direito inglês, sem ter sido afetado diretamente pela dimensão do Direito Romano. No entanto, foram criados outros tribunais fora da jurisdição do *Common Law*, que desenvolveram sua própria jurisprudência. A *Equity*, direito aplicado pelo chanceler, geralmente um bispo, utilizava processo similar ao romano-canônico (Caenegem, 2000:99).

Todos esses dados históricos, como dissemos de início, representam apenas temas para início de estudo. Todos devem ser aprofundados, dependendo da necessidade e do interesse do estudioso.

10

INTRODUÇÃO HISTÓRICA AO DIREITO BRASILEIRO

1 ORIGENS DO DIREITO PORTUGUÊS

O estudo da história de nosso Direito deve necessariamente iniciar-se pela península ibérica e pelo direito português. Importa saber, em seguida, qual foi o direito imposto pela Metrópole à Colônia, bem como as transformações locais que esse direito lusitano sofreu no meio brasileiro.

O direito português insere-se no contexto do direito continental europeu, aplicando-se tudo o que se disse a respeito do *Corpus Juris Civilis* e demais particularidades decorrentes da escola de Bolonha. Há, evidentemente, como em toda nação, particularismos locais que devem ser analisados, além desse substrato comum. Mário Júlio de Almeida Costa (2002:38) aponta três elementos comuns nesse quadro: o romano, o germânico e o cristão. Cada um desses elementos, apesar de serem comuns ao direito continental europeu e consequentemente aos direitos da América Latina, possui particularismos próprios em cada ambiente.

Por tudo o que já expusemos, o *elemento romano* ocupa a posição de alicerce da consciência jurídica europeia. Depois do seu renascimento no século XII, nunca mais deixou de ser estudado pelas escolas do continente até a nossa época. No entanto, não era próprio do Direito Romano a abstração e generalidade, conceitos que surgem posteriormente na história. Como aduz Almeida Costa, o *elemento cristão* forneceu valores importantes à consciência jurídica europeia, como decorrência, inclusive, do próprio Direito Romano.

O *elemento germânico* é o terceiro componente básico, mercê de uma nova concepção social que determinou a formação dos estados na Idade Média. *"Foi relevante o contato das concepções e instituições romanas com outras provenientes do chamado direito popular ('Volksrecht') germânico"* (Almeida Costa, 2002:39).

A península ibérica, especificamente o território que se tornaria Portugal, foi habitada por vários povos antes dos romanos, celtas, iberos, cartagineses, fenícios gregos, entre outros, e os celtiberos, dentre estes destacando-se os lusitanos. Não havia unidade étnica ou política no território. Nessa fase primitiva, anterior à nacionalidade portuguesa, o direito possuía natureza consuetudinária, ligada à religião, embora haja referência a leis que não chegaram até nós.

A partir do século II a.C., vencida a resistência, os lusitanos passaram a absorver a cultura romana. A conquista da península ibérica durou dois séculos. Terminada a fase de conquista, inicia-se o processo que se denomina romanização, que se opera paulatinamente. A partir do século I de nossa era, o território foi dividido em três províncias para fins judiciais. A latinidade foi concedida ao habitante do território por Vespasiano (73/74 d.C). Em 212 d.C., no tempo de Caracala, foi estendida a cidadania romana a todos os habitantes do Império. Esses dois fatos foram primordiais para a assimilação romana na região, como em todos os territórios ocupados pelos romanos.

Quanto à *latinidade*, é importante que se descreva seu alcance. Já apontamos que de início o cidadão romano gozava dos princípios do *ius civile*. Aos não romanos aplicava-se o direito das gentes. Com a concessão da latinidade, os povos da região de Portugal passavam a ser latinos coloniais. Sua importância refletia-se também no direito privado. Os latinos comerciais adquiriam o direito de comerciar e podiam, assim, aplicar o direito civil romano em todas as relações negociais. Só tinham restrições, em relação ao romano, quanto ao direito de família, não podendo contrair matrimônio sob os ritos do *ius civile*. Ainda, a latinidade permitia ascender à condição de cidadão romano para aquele que desempenhasse uma magistratura local, privilégio que se estendia à esposa, aos pais, aos filhos e aos netos por linha masculina (Almeida Costa, 2002:92).

A cidadania romana era, por outro lado, o estado mais alto da sociedade. O indivíduo a atingia pelo exercício de cargo, mas também era concedida para indivíduos que serviam o exército ou era atribuída a cidades inteiras que tivessem tido ação política ou administrativa em favor de Roma. Foi Caracala que, em 212 de nossa era, estendeu a cidadania a todos os habitantes livres do império. Nessa época, os povos peninsulares já estavam adaptados para receber esse estado. A cidadania romana passou a ser uma necessidade política e social para Roma, como forma de manter a unidade do império e as conquistas territoriais, já constantemente ameaçadas de invasões.

Com o enfraquecimento do Império Romano, a partir do século V d.C., os povos germânicos começaram a penetrar na península ibérica, como os alanos, vândalos e suevos. Os visigodos, por meio de acordo com os romanos, expulsaram as outras tribos e a partir de então o direito visigótico passou a preponderar na região. O direito aplicado na península longe estava do direito clássico, sendo conhecido como *direito romano vulgar*, influenciado pelos costumes e necessidades locais, utilizado paralelamente ao *latim vulgar*. Não há muitas fontes seguras desse período. Foi esse direito romano modificado que se encontrou com as estruturas jurídicas dos invasores. O direito destes últimos era exclusivamente consuetudinário e foi se tornando escrito após as invasões.

No início do século VIII da era cristã, os muçulmanos invadem a península ibérica e lá permanecem até o século XV, influenciando sobremaneira os costumes e a cultura da região.

> *"Esta influência só não foi maior por causa da política de tolerância dos muçulmanos. Estes mantinham a estrutura dos locais conquistados, mudando apenas seus nomes ou denominações, buscavam também respeitar as instituições existentes, inclusive no tocante ao direito"* (Castro, 2003:269).

Durou vários séculos a luta para a expulsão dos mouros da região. O feudo, que se denominava Condado Portucalense, conseguiu formar um reino, com a dinastia de Borgonha e com o reconhecimento da Igreja, em 1139. Com esse reino independente, a luta pela chamada reconquista contra os árabes continuou e o território foi progressivamente sendo conquistado. O reinado de Dom Diniz (1279-1325) foi marcante para a formação da nação portuguesa, pois esse monarca unificou a língua em todo o território e o Português passou a ser utilizado nos documentos públicos, que antes eram redigidos em Latim. É desse período, também, a fundação das universidades. Em 1289, D. Diniz criou a Universidade de Lisboa, depois transferida para Coimbra. Esse rei também mandou aplicar em Portugal a *Lei das Sete Partidas*, uma exposição jurídica baseada no Direito Romano e Direito Canônico, que já vigorava na Espanha, tendo por objetivo superar os costumes e o antigo direito.

1.1 Ordenações

O período de identificação do direito português decorre naturalmente da fundação da nacionalidade com o surgimento da nação. Na longa evolução do direito lusitano são duas as principais fases que devem ser destacadas: a época da recepção do Direito Romano e do Direito Canônico, conforme já visto, e a época das Ordenações.

As primeiras Ordenações, as *Afonsinas*, de 1446, em nome de D. Afonso V, foram motivadas pela necessidade de os portugueses consolidarem sua nacionalidade, inclusive por meio das instituições jurídicas. O precursor da obra teria sido João Fernandes d'Aregas, também conhecido como João das Regras. Teria ele traduzido o *Corpus Juris*, mas não há conhecimento dessa tradução. A principal fonte dessas ordenações foram o Direito Romano e o Canônico, dos quais foram extraídos trechos inteiros. Algumas disposições são tiradas da Lei das Sete Partidas, já referida. Essas ordenações substituíram essa lei. Essas ordenações resultaram de ampla consolidação das leis promulgadas até então e abarcaram cinco livros que cobrem os cargos públicos, a posse de terras dentre outros assuntos, até o direito penal.

> *"As Afonsinas são notáveis, revelando o adiantamento português em matéria de legislação; podem ser consideradas o primeiro Código da Europa"* (Alexandre A. Corrêa, In: Bittar: 2003:82).
>
> *"As Ordenações Afonsinas assumem uma posição destacada na história do direito português. Constituem a síntese do trajeto que desde a fundação da nacionalidade, ou, mais aceleradamente, a partir de Afonso III, afirmou e consolidou a autonomia do sistema jurídico nacional no conjunto peninsular"* (Almeida Costa, 2002:278).
>
> *"A partir das Ordenações Afonsinas, o direito romano transformou-se em lei subsidiária. Desse modo, passou a ser aplicado somente nos casos omissos da legislação nacional"* (Nascimento, 2003:194).

E esse direito nacional passou a concorrer com o Direito Canônico, que poderia ser invocado nos casos de pecado, crimes sexuais e heresia.

> *"As três Ordenações: Afonsinas, Manuelinas e Filipinas observaram a mesma divisão em livros de acordo com o* Corpus Juris Civilis. *Não apenas a divisão em livros (5), contida nas Ordenações Afonsinas, traduz as influências romanas ou o espírito romano, mas também o conteúdo do texto, haja vista enaltecer a justiça e aliá-la à força a serviço dessa justiça, a qual se torna arma poderosa contra o poder dos reis"* (Cury, 2002:11).

Os empreendimentos marítimos e as glórias das conquistas levaram D. Manuel, o Venturoso, a editar as Ordenações Manuelinas (1521), reformando a legislação anterior. Sobressai nesse diploma a presença do *Corpus Juris*, não diferindo muito das ordenações anteriores, salvo algumas disposições de matérias. Para ambas as ordenações, houve dificuldade de conhecimento dos textos exatos, pois as técnicas de impressão de textos estavam apenas começando.

A Ordenações Filipinas de 1603 foram postas em vigor por Filipe II, quando unificado o governo com a Espanha. O trabalho de elaboração, contudo, ocorreu no reinado de Filipe I, que também editou outras normas. O trabalho foi concluído em 1595. Mantém em seu bojo o Direito Romano com a interferência positiva dos glosadores. Os compiladores procuraram rever o direito então vigente com o mínimo de alterações. Essas ordenações, que se mostram abrangentes, do direito privado ao direito público, não explicaram o sentido da *boa razão* ali mencionada, para aplicação do Direito Romano. Ao tempo de Sebastião José de Carvalho e Melo, o Marquês de Pombal, a *Lei da Boa Razão* de 1769 o fez, mas o sentido só foi completado em 1772 pelos Estatutos da Universidade de Coimbra que dispuseram que a boa razão das leis romanas se devia aferir pelo uso moderno delas, por sua observância nas nações cristãs, recomendada nas obras dos jurisconsultos. Com a *Lei da Boa Razão*, foram fixados os limites para a aplicação subsidiária do Direito Romano em Portugal. As Ordenações Filipinas tiveram inúmeras impressões, tendo em vista o vasto período de vigência.

As três ordenações foram divididas em cinco livros, versando sobre diversas matérias: I – direito administrativo e organização judiciária; II – direito dos eclesiásticos, do rei, dos fidalgos e dos estrangeiros; III – processo civil; IV – direito civil e comercial; V – direito penal e processo penal. Como observa Walter Vieira do Nascimento (2003:193), a natureza das matérias nas três ordenações era a mesma, com variação de conteúdo.

2 BRASIL-COLÔNIA

Nos primórdios de nossa história, a partir de 1500, não há que se falar em um direito local, pois, evidentemente, o direito era o lusitano. Os colonizadores que aqui aportavam, diferentemente do que ocorreu na colonização da América do Norte, não viam esta nova terra como seu futuro lar, sua futura nação ou como uma futura nação: seu sentido era apenas explorar o local, numa aventura ou empresa temporária. Assim tomavam a posse da terra dos habitantes indígenas, *"não obstante o discurso simulado e cínico da necessidade de levar a palavra cristã aos pagãos"* (Cláudio Valentim Cristiani, In: Wolkmer, 2001:332).

Assim, o direito, como a cultura em geral na Colônia, surgia de forma imposta, não sendo fruto de caldeamento cultural paulatino, como no antigo continente. Desse modo, houve imposição dos padrões portugueses aos índios e depois aos negros, sem o menor respeito à tradição dessas etnias.

Com as capitanias hereditárias, com a fundação de São Vicente em 1532, iniciam-se as bases de um governo local. As capitanias hereditárias decorriam de dois atos: cartas de doação e cartas de foral. O ato não constituía verdadeiramente uma doação do soberano aos chamados donatários, uma vez que apenas o usufruto com características especiais das terras era concedido e não a propriedade territorial. Esse uso e fruto da terra concedida não se extinguia com a morte, transmitindo-se por sucessão hereditária. Da mesma forma, as capitanias eram inalienáveis, o que conflita com a ideia de enfiteuse. Conclui Walter Vieira do Nascimento (2003:202), após analisar várias opiniões sobre a natureza jurídica dessas outorgas,

> *"que o sistema de capitanias hereditárias, examinado como um todo, conduz a uma indefinição jurídica. Entretanto, analisado sob dois ângulos, esse sistema constitui juridicamente, de um lado, contrato de doação e, de outro, contrato de enfiteuse".*

A doação configurava-se em parte apenas, com liberação de terras ao donatário, nos limites da sua capitania. A enfiteuse traduzia-se pelo contido na carta foral, documento que outorgava ao donatário poderes para conceder sesmaria aos colonos que quisessem cultivar.

Flávia Lages de Castro (2003:303) observa que nesse sistema de capitanias ocorria uma espécie de *privatização* da colonização, tendo em vista a incapacidade portuguesa de ocupar tão vasto território. Cabia a cada donatário nomear seu Ouvidor, maior autoridade judiciária local, a quem incumbia exercer a jurisdição civil e penal, de acordo com as leis portuguesas. Em muitos casos, os ouvidores foram os verdadeiros colonizadores, pois só estes para cá chegavam, porque os donatários preferiam ficar em Portugal. O ouvidor não tinha qualquer ingerência sobre as pessoas eclesiásticas, porque havia perfeita divisão entre as leis do reino e as leis do clero. A administração da justiça era feita por uma série de autoridades, inferiores à ouvidoria, cuja jurisdição conflitava frequentemente: juízes ordinários, juízes de fora, juízes de vintena, juízes de órfãos etc.

O sistema de capitanias hereditárias imposto à Colônia, pela incapacidade técnica e populacional de Portugal em se fazer presente por seus agentes, trouxe consequências danosas ao futuro país. Criou-se, na verdade, um sistema feudal, cujos reflexos nefastos ainda são sentidos, com o que restou do poder dos chamados "coronéis", senhores da terra, sucessores diretos dos antigos donatários ou seus representantes, que por tanto tempo dominaram o país, com mentalidade cartorial e nepotista da qual temos enormes dificuldades de nos libertar.

O Brasil organiza-se social, política e economicamente por meio de uma elite, representada pelos proprietários rurais. A cultura brasileira, de qualquer forma, nasceu da imposição da Metrópole, tendo sido relegados a plano secundário os valores indígenas e negros. Desse modo, o direito local não admitia direitos ponderáveis que não fossem para a elite. O direito do Brasil-Colônia era, portanto, totalmente desvinculado da população, voltado para os interesses dos "coronéis" e da Coroa. Os magistrados conduziam-se segundo os interesses do reino e dos poderosos.

> *"Se em Portugal já se admita o apadrinhamento, tal postura no Brasil foi significativa e marcante, ao lado das relações de parentesco e amizade, gerando a corrupção das metas essencialmente burocráticas, porquanto os critérios de validade passavam a ser impugnados às pessoas, à posição social e a interesses econômicos"* (Wolkmer, apud Cury, 2002:127).

Sob o prisma do desenvolvimento local, o sistema de capitanias, com exceção das de Pernambuco e de São Vicente, não teve resultado satisfatório, por falta absoluta de capacidade financeira dos donatários. De qualquer forma, nesse período foi implantado o modelo de município utilizado por Portugal. Em 1549, foi implantado pela metrópole o sistema de governos gerais, quando Tomé de Souza foi nomeado o primeiro governador-geral. Esse sistema obedecia a um plano de administração centralizada, reduzindo os poderes dos donatários. Tomé de Souza teve administração profícua, a qual propiciou as bases do efetivo poder de Portugal sobre a colônia. O direito aplicado aqui era o de Portugal, embora houvesse para a Colônia um direito especial, aplicado sob a forma de regimentos, cartas-régias, alvarás e outros instrumentos legais.

Com o governo-geral, a estrutura judicial foi duplicada, pois parte continuou a ser provida pelas capitanias ao lado da nova justiça representada pelo Ouvidor-Geral. Este recebia os recursos vindos dos ouvidores de comarca, mas tinha competência originária para julgar conflitos próximos de sua sede. Como viajavam, sua competência conflitava, por vezes, com a justiça local das câmaras. Em 1609, foi criado um tribunal régio, Tribunal da Relação da Bahia, constituído por dez desembargadores. Era, porém, impossível implantar uma justiça efetiva no vasto território. O Tribunal da Relação do Rio de Janeiro foi criado somente em 1751. Acima dos Tribunais de Relação somente restava recurso à casa da Suplicação de Lisboa, em situações muito especiais.

O ambiente judiciário desse período

> *"é dominado pelo sistema de privilégios sociais sobreviventes do regime feudal e corporativo, aliado à união do Estado e da Igreja (seja nos países católicos, seja nos protestantes), e teve na tradição e nos costumes fontes privilegiadas de direito"* (Lopes, 2002:267).

Os magistrados eram nomeados em Portugal e vinham para cá como representantes dos interesses da Metrópole e não tinham a menor preocupação com os problemas locais. Os contatos dessas autoridades com a elite já estabelecida na Colônia tinham por finalidade justamente manter esse mesmo estado, mediante troca de favores, o que, para ambos, era altamente conveniente.

Esses magistrados lusitanos não pertenciam à nobreza, mas almejavam participar dela. Como a elite ou a aristocracia local era representada pela posse das terras, logo eles trataram de obtê-las, ainda que por métodos moralmente inaceitáveis.

> *"Decorre daí que o mito da imparcialidade e da neutralidade era totalmente destruído pela prática vigente de troca de favores e tráfico de influências. Por essas razões e outras tantas a justiça, dizia Gregório de Matos, era 'vendida, injusta e tornada bastarda'"* (Cristiani, In: Wolkmer, 2001:344).

Como se nota, começaram muito mal, com sérios vícios de origem, as instituições jurídicas na futura nação.

Como já apontamos, as Ordenações Filipinas vigoraram no Brasil durante todo o período colonial, atingindo a fase republicana.

Não houve modificação substanciosa na aplicação do direito no Brasil durante o vice-reinado. No entanto, o país libertou-se de restrições econômicas, e a Carta-Régia de 1808 revogou a proibição de atividade industrial, permitiu liberdade de exportação e fundou o Banco do Brasil. Todo esse novo ambiente propiciou a independência que ocorreria poucos anos mais tarde.

3 IMPÉRIO E CURSOS JURÍDICOS

Em 1823, o governo imperial promulgou lei que mantinha em vigor no território nacional as Ordenações Filipinas e toda a legislação portuguesa anterior a 25 de abril de 1821. Com a outorga da Constituição de 1824, foram instituídos direitos e liberdades individuais, ao lado da figura do "poder moderador" exercido pelo soberano. O Poder Moderador e o Conselho de Estado, também presente nessa carta outorgada, provocavam a ira dos liberais. Ambas as instituições tiveram papel importante na sustentação conservadora do Estado.

Pelo Poder Moderador, delegava-se privativamente ao Imperador o poder de velar pela independência, equilíbrio e harmonia dos demais Poderes. Nesse diapasão, cabia ao Imperador nomear senadores, que eram vitalícios, sancionar leis feitas pela Assembleia Geral, dissolver a Câmara dos deputados, "moderar" penas impostas aos acusados etc. Era considerado um poder neutro, estando o Imperador acima das questões partidárias. Como sua pessoa era inviolável e sagrada, não se sujeitava o soberano a qualquer responsabilidade institucional. O Imperador acumulava ainda as funções do Poder Executivo, que não se confundiam com as do Poder Moderador.

O Conselho de Estado era instituição característica das monarquias da época. No Brasil, tornou-se um tribunal administrativo, encarregado de questões que envolviam funcionários públicos. Era ouvido em questões que se referissem ao Poder Moderador e opinava em diversas oportunidades. Os conselheiros eram vitalícios, escolhidos pelo Imperador e também por ele dispensados.

A Constituição de 1824 determinou que se organizasse um Código Civil e um Código Criminal para o Império. Este foi promulgado em 1830, sujeitando-se, é verdade, a muitas críticas, embora já trazendo um conceito penal modernizado, revogando a parte criminal das Ordenações. Manteve-se a crítica de sua denominação, pois haveria de se denominar "penal" o Código que trata das penas e não propriamente de crimes. Esse código foi o primeiro na América Latina, onde exerceu notável influência. O pecado maior desse diploma foi não conter a modalidade de crime culposo, não prevista em qualquer dos seus dispositivos. Desse modo, não podia ser apenado quem agisse com imprudência, negligência ou imperícia e atingisse assim a integridade física ou o patrimônio alheio. O crime culposo foi regulamentado por lei de 1871. No entanto, o Código teve virtudes:

> *"O Código Criminal do Império se forjou nas ideias difundidas à época da sua elaboração. Dessas ideias ressalta o princípio basilar de que 'não há crime sem lei anterior que o defina, nem pena sem prévia cominação legal' (nullum crimen sine lege, nulla poena sine praevia lege)"* (Nascimento, 2003).

Em 1832, o país ganha um Código de Processo Criminal, que faz terminar o sistema inquisitorial puro das Ordenações. Como foi inspirado no sistema inglês, acusatório, e no sistema francês, inquisitório, esse diploma nacional é eclético. A reforma do Judiciário começa efetivamente com esse Código. São extintos os cargos anteriores e o futuro poder judiciário começa a ganhar forma com a criação de cargos de juiz de paz, juiz municipal e juiz de direito na primeira instância. A segunda instância manteve-se com os tribunais de relação criados anteriormente e com Supremo Tribunal de Justiça, criado em 1828.

Os magistrados da época desempenharam papel político importante porque podiam candidatar-se a deputado e terminavam como legisladores. Na função jurisdicional, estavam presos a interesses políticos, porque eram indicados pelo Imperador e essa indicação dependia, evidentemente, de apadrinhamento político. No período imperial, portanto, manteve-se a classe privilegiada dos magistrados treinados pela prática portuguesa do mercantilismo e do absolutismo, os quais gozavam de amplas honrarias, vantagens e garantias, tanto judiciárias como políticas (Cury, 2002:135). Desse modo, os vícios originários da justiça colonial permaneceram durante o Império.

> *"Na prática, o poder judicial estava identificado com o poder político, embora, institucionalmente, suas funções fossem distintas. O governo central utilizava-se dos mecanismos de nomeação e remoção de juízes para administrar seus interesses, fazendo com que a justiça fosse partidária, e o cargo, utilizado para futuros processos eleitorais (fraudes e desvios) ou mesmo para recompensar amigos e políticos aliados"* (Wolkmer, 2003:93).

Quanto às codificações, o Código Civil teve um caminho tortuoso, com tentativas frustradas durante o Império, tendo sido promulgado somente na época republicana, entrando em vigor em 1º de janeiro de 1917. Em 1850, foi promulgado o Código Comercial, em vigor até hoje no respeitante ao direito marítimo. Foi também a primeira obra do gênero no continente americano, tendo servido de modelo para vários códigos latino-americanos. O mais recente Código Civil de 2002, ao tratar do direito de empresa em seu bojo, derrogou toda a parte do direito comercial terrestre do provecto estatuto mercantil.

Com o passar do tempo, uma infinidade de leis, assentos, alvarás e regulamentos foram editados, formando confusão grande no direito brasileiro, numa situação incômoda e inadequada.

É nesse ambiente que são criados os cursos jurídicos no Brasil, já com atraso ponderável com relação à América espanhola, em 1827, com lastro nos ensinamentos da Igreja Católica. Com o ensino jurídico no país, buscou-se a consolidação do Estado nacional e a afirmação de nossa nacionalidade, mercê do surgimento de uma elite com formação jurídica. Foram fundados dois cursos de Direito, um em São Paulo e outro em Olinda (este transferido posteriormente para Recife). A cultura jurídica nacional formou-se a partir dessas duas faculdades.

Os cursos jurídicos no Brasil surgem sob as ideias do liberalismo. *"Foi a necessidade de assegurar a liberdade de afirmar e defender ideias e sentimentos nacionais que determinou o primeiro impulso para a criação dos cursos jurídicos no Brasil"* (Dalmo de Abreu Dallari, In: Bittar, 2003:164). A predominância do espírito liberal justifica-se pela não mais aceitação por parte dos estudantes das imposições ideológicas de Coimbra. Desse modo, tem raízes profundas a ideia de que o território em frente às Arcadas do Largo de São Francisco em São Paulo é um "território livre".

Interessante notar que, enquanto a América espanhola teve cursos superiores desde o início da colonização, com a primeira universidade tendo sido criada em 1538, em São Domingos, seguida da Universidade de São Marcos em Lima, em 1538, e a do México, em 1553, a experiência colonial brasileira resumiu-se aos ensinos dos Jesuítas, até a chegada da família real. Houve, por parte de Portugal, apenas o intuito de explorar ao máximo a nova terra, com total abandono intelectual dos novos habitantes. Não fosse a atividade militar de Napoleão na Europa, que obrigou a vinda da família real para o Brasil, nossas trevas perdurariam ainda por muito tempo. Nesse quadro, avulta a importância da Companhia de Jesus na formação cultural brasileira. Os jesuítas sempre tiveram tendência para sublimar as atividades literárias e acadêmicas, em detrimento do trabalho técnico e produtivo. Com isso, incute-se na nação a valorização do academismo e do diploma de bacharel, principalmente do curso de Direito. Daí por que deve ser entendido por *bacharelismo* a predominância de bacharéis na vida política brasileira. Esse ambiente foi dominante até bem recentemente em nossa história republicana e ainda marca indelevelmente nossa cultura. É fato que no Brasil os bacharéis de direito tiveram papel preponderante na estruturação do Estado, ocupando os principais cargos públicos no Império e na República.

O chamado bacharelismo da sociedade brasileira passou a ser sinônimo de linguagem afetada, técnica, hermética, própria da intelectualidade jurídica brasileira, afastando o grande público da Justiça, questão que até hoje nos aflige e da qual tentamos nos libertar, com sucesso apenas relativo. Sob esse aspecto, comenta Antônio Carlos Wolkmer (2003:99):

> *"Há que se fazer menção ao perfil dos bacharéis de Direito mediante alguns traços particulares e inconfundíveis. Ninguém melhor do que eles para usar e abusar do uso incontinente do palavreado pomposo, sofisticado e ritualístico. Não se pode deixar de chamar a atenção para o divórcio entre os reclamos mais imediatos das camadas populares do campo e das cidades e o proselitismo acrítico dos profissionais da lei que, valendo-se de um intelectualismo alienígeno, inspirado em princípios advindos da cultura inglesa, francesa, ou alemã, ocultavam, sob o manto da neutralidade e da moderação política, a institucionalidade de um espaço marcado por privilégios econômicos e profundas desigualdades sociais."*

A História ensina-nos, portanto, que, dentre tantas iniciativas que se tornam necessárias nas mais variadas esferas de atuação, enquanto a prática jurídica se apresentar distante da população, não lograremos diminuir as diferenças e as exclusões sociais neste país. A atuação judiciária deve ser algo ao alcance não só material, mas também intelectual do povo. Certamente, para isso, não podemos depender exclusivamente dos tribunais e do aparato do Estado. Novas formas de ensino, outras modalidades de se fazer a Justiça devem ser introduzidas e incentivadas, como a negociação e conciliação obrigatórias.

4 REPÚBLICA

Instalada a República, o país adotou o sistema federativo, constituído pela união das províncias. A primeira Constituição republicana, de 1891, implantou o presidencialismo, o federalismo e a separação harmônica dos três poderes, Legislativo, Executivo e Judiciário, estabelecendo graus de jurisdição, autonomia dos Estados-membros e assegurando direitos individuais. Com a República há, portanto, uma nova estrutura, representada pelas instituições estaduais. Um ponto importante na nova era republicana foi a separação da Igreja e do Estado, criando um regime político laico.

A inspiração da estrutura política republicana brasileira foram os Estados Unidos da América. Aponta Gilberto Freyre a importante alteração que ocorre no Brasil com a República; em vez de França e Inglaterra, como inspiradores do regime monárquico, a nova inspiração é buscada quase por inteiro por Rui Barbosa nos Estados Unidos e daí decorrem importantes consequências para a vida cultural e jurídica de nosso meio. A influência norte-americana acentua-se, tendência que já se fazia sentir nos últimos anos do Império.

> *"Inclusive para o estudo de direito constitucional e de direito administrativo, que teria que ser feito sobre novas bases e através de uma língua ainda pouco conhecida no Brasil pela maioria dos juristas e advogados: a língua inglesa"* (Freyre, 2004:355).

A organização judiciária do país, na época republicana, merece, sem dúvida, um estudo à parte, que deverá ser feito no momento oportuno pelo iniciante. Realce-se, contudo, como aponta José Reinaldo de Lima Lopes (2002:376), que a grande reforma introduzida pela República foi sem dúvida o controle difuso de constitucionalidade, possível a qualquer juiz, de qualquer grau, mas continuamos fora do sistema de precedente vinculante, presente nos Estados Unidos, o qual somente agora volta à discussão no meio jurídico brasileiro, com as súmulas vinculantes.

Como vimos, em matéria penal, as Ordenações tiveram vigência até 1830, com a promulgação do Código Criminal do Império, substituído posteriormente. Em matéria processual penal, as Ordenações tiveram vigência até 1832, quando foi editado o Código de Processo Criminal de Primeira Instância, reformado pela Lei nº 261/1850. Em matéria processual civil mercantil, em 1850 foi editado o Decreto nº 737. Essa norma foi mandada aplicar aos processos civis. O primeiro Código Penal republicano é de 1890, alterado posteriormente pela Consolidação das Leis Penais, de 1932.

A elaboração do Código Civil, que finalmente foi promulgado em 1916, foi extremamente acidentada. Desse assunto nos ocupamos em nosso *Direito Civil*, v. 1, Capítulo 7, obra publicada por esta mesma editora.

Muitos diplomas legais foram sendo reformados no curso do século XX: Código Penal, legislação trabalhista, Código de Processo Civil, um universo de legislação fora dos códigos e finalmente, digno de nota especial, o Código Civil de 2002, que substituiu o Código de 1916.

Nossa história constitucional, que será estudada no momento e na disciplina próprios, demonstra que nosso federalismo sempre ficou muito distante do sistema norte-americano, no qual procurou inspirar-se. Nossos Estados-membros são por demais dependentes da União, assim como os Municípios. Atravessamos longos períodos de obscurantismo, de supressão das garantias constitucionais e de direitos individuais, na era de Getúlio Vargas e na era de domínio de governos militares, a partir de 1964. A Constituição de 1946 representou um passo avante nas conquistas democráticas, mas não teve vida muito longa.

A Constituição em vigor, de 1988, já várias vezes alterada, prolixa e detalhada, reflete muitas conquistas sociais, mas ao mesmo tempo espelha uma democracia apenas burocrática, com sistema eleitoral e representativo ineficiente, sem que o direito social atue eficazmente. Essa Carta Constitucional representa, no entanto, um divisor de águas no direito privado brasileiro, pois muitos dos princípios conservadores e obsoletos de nosso anterior Código Civil foram por ela reformados. Assim, por exemplo, essa Constituição reconheceu a união estável do homem e da mulher sem casamento como entidade familiar; fez desaparecer a distinção entre filiação legítima ou ilegítima, biológica ou não; permitiu a indenização por danos exclusivamente morais; deu novos contornos à utilização da propriedade rural e urbana; reconheceu série mais ampla de direitos individuais e da personalidade.

Toda essa história recente de nosso país deve ser investigada pelo estudioso, inclusive os reflexos do movimento militar de 1964, cujos efeitos sentimos até hoje, principalmente pelo aniquilamento de lideranças que pudessem dirigir digna e eficazmente a nação nos anos futuros, ou seja, no presente.

Como enunciado no título deste livro e no título deste capítulo, tratamos aqui de uma iniciação ao estudo do Direito, suas primeiras linhas, e especificamente neste ponto, de uma iniciação histórica ao direito brasileiro, de alguns pontos para maior aprofundamento e debate. Início de assunto, início de discussão, início de temas para meditação, cujo desenvolvimento deverá ser dado pelo próprio iniciante e seus mestres, nas salas de aula e fora delas. E, se nessa busca conseguirmos que o futuro operador do Direito encontre o real caminho da Ética e da Moral para garantir o bem-estar das futuras gerações deste país imenso em todos os sentidos, estas primeiras linhas terão alcançado seu objetivo.

11

DIREITO E POLÍTICA

1 POLÍTICA. CIÊNCIA E TEORIA

É muito importante a relação do Direito com as outras ciências sociais. Continuamente temos feito referência à História e à Filosofia. Outra dimensão importante da vida social e da convivência cultural é a esfera da Política. O termo provém de *polis, politikós*, significando tudo aquilo que diz respeito à cidade e, desse modo, ao cidadão no seu convívio social. O conceito foi transmitido primeiramente pela obra de Aristóteles, *Política*, que é considerada o primeiro tratado sobre o tema. Aristóteles foi o grande precursor da ciência política nesse seu tratado, que aborda diferentes regimes, tendo antecipado a classificação das formas do Estado.

Conceitua Bigotte Chorão (2000:210) que, em termos amplos, *"a política é a atividade humana concernente à organização e governo da sociedade civil ou política,* v. g., *da comunidade que modernamente se define como Estado"*. A Política estuda as divisões e funções do Estado, significando predominantemente a arte ou ciência de governar. Desse modo, como facilmente se infere, o conceito de Política está diretamente ligado ao exercício do poder. No caso, trata-se do poder político que se refere à condução das coisas do Estado, da Administração. Há certamente outras formas de poder, como, por exemplo, o poder econômico e o que anteriormente denominávamos *pátrio poder*, hoje *poder familiar*, cada um com características e âmbitos próprios. De certa forma, a Política participa de todas as formas de poder, embora o que nos pertine agora seja aquele voltado para os desígnios do Estado. O poder político se exerce por meio de instrumentos coativos e busca, certamente, uma imposição de ideias. Daí se nota quão próxima fica a Política do Direito, pois o Estado impõe suas normas, que decorrem de uma atitude política.

No entanto, não é fácil conceituar política conforme suas várias concepções. Em um sentido mais laico, *"a política compreende um conjunto de esforços empreendidos pelas pessoas que objetivam participar do poder ou influenciar a distribuição do poder"* (Castro-Falcão, 2004:53).

A Política, portanto, apresenta uma infinidade de dimensões desde a Ciência Política até a prática da Política, no sentido mais material. Nesse sentido, a compreensão é diversa quando nos referimos à atual Política internacional do país e quando atentamos para a Política de uma determinada empresa na contratação e direção de empregados.

A *Ciência Política* disciplina o estudo sistemático do governo em seu sentido mais amplo. Preocupa-se com a origem dos sistemas políticos, bem como com suas estruturas, funções e instituições. Estuda as formas de governo e os modos como as sociedades e Estados identificam e resolvem seus problemas econômicos e sociais. É ciência que estuda também a manutenção e as mudanças de governo.

Muitos autores se dedicaram à Ciência Política pelos séculos afora, com as mais variadas posições, desde a Antiguidade até a era contemporânea, de Aristóteles, passando por Cícero, Santo Agostinho, Hobbes, Locke e Marx, apenas para mencionar alguns. Todos procuraram estudar a forma pela qual a sociedade pode gerar condições necessárias para o bem-estar e o bem comum. Por essa razão, todos os trabalhos nessa área nunca perdem atualidade, pois discutem valores supremos como a Justiça, a igualdade, a liberdade e o desenvolvimento das qualidades humanas.

Como aponta Paulo Bonavides (1998:165), muitos entendem que o objeto da Ciência Política ainda não foi estabelecido com suficiente clareza pela doutrina, sendo assim seu terreno móvel e pontilhado por outras ciências. Observa, ademais, que, sendo uma ciência relativamente recente, a Ciência Política teve que importar terminologia de outros campos culturais, mormente do campo jurídico, ficando, por isso, sujeita a expressões equívocas. Conclui que o objeto dessa ciência é a *ordem política*, cujo fundamento real repousa no "*fenômeno do poder político: ordem política que é, do mesmo passo, a ordem social mesma, na medida em que esta aparece constituída por um poder geral e dominante*" (Bonavides, 1998:169).

A *teoria política*, por sua vez, é uma subdivisão da Ciência Política. Esse compartimento de estudo preocupa-se com as ideias dos filósofos políticos. Embora muitas dessas ideias, no curso da história, tenham se revelado inaplicáveis ou inconvenientes, todos compartilham da convicção que é dever do filósofo distinguir entre o que é e o que deveria ser. A expressão também é utilizada, mais modernamente, para referir-se às descrições e explicações do comportamento político, sem preocupações com problemas normativos, mas com ênfase em situações concretas ou estatísticas.

Além de ser vista como filosofia e ciência, a política pode ser compreendida como uma arte: o exercício de bem governar. Esse é o sentido supremo da política. Também, em termos concretos, como geralmente retratada pela imprensa em geral, a mesma refere-se à política como objetivos e metas, como um conjunto de um programa de ação. E política também pode ser mencionada como uma atividade: ações relativas ao processo político, composição partidária, processo eleitoral e exercício de cargo público (Castro-Falcão, 2004:28).

2 DIREITO E POLÍTICA

O aplicador do Direito utiliza-se de leis elaboradas pelo Poder Legislativo e, por vezes, excepcionalmente, no Estado de Direito, pelo Poder Executivo. Nesse sentido, não pode ser esquecido que o Direito é um produto da Política. O operador do Direito também exerce uma função política. O Direito é, na verdade, um limitador da atividade política, pois, ao ser aplicado ao caso concreto, cerceia e limita a atividade política. De plano, nesse sentido, permeia Dimitri Dimoulis (2003:110):

> *"Os políticos deveriam respeitar o direito, que impõe o princípio da probidade na administração do dinheiro público, pune a corrupção e obriga a cuidar do bem-estar de todos. Dessa forma, o Direito aparece como um instrumento mais poderoso do que a vontade política."*

Importa conhecer as relações entre o Direito e a Política, como um instrumento a limitar e operar em ambas as estruturas. Nesse sentido, avulta de importância a distinção entre poder legítimo e ilegítimo. Um poder é considerado legítimo quando quem o exerce for autorizado por uma norma ou um conjunto de normas, absorvidas e aceitas socialmente. O poder paralelo que se estabelece atualmente infelizmente entre sociedades criminosas e cancros mais ou menos localizados na sociedade também é poder e também exerce a política, mas à margem do Estado.

A política gira inevitavelmente em torno do Estado e suas estruturas. Não resta dúvida que o Estado é a mais importante das instituições políticas. É no Estado que a política se realiza em toda sua magnitude. Não é o Estado, contudo, o reduto exclusivo da política, pois política existe onde está presente o relacionamento humano. Assim, há uma política na empresa, no local de trabalho, nas associações, nas pessoas jurídicas em geral, na família, nas escolas e nas universidades, nas ruas. O que importa, porém, como ciência política, é a política do Estado, que traça as normas e a direção da Administração. Deve ser lembrado que, em concepção um pouco diversa, o Estado abrange várias instituições políticas a ele ligadas de forma direta ou indireta: governo, parlamento, assembleias legislativas estaduais, câmaras municipais etc.

Fazem parte também do âmbito da Ciência Política os chamados grupos de pressão ou aquilo que se entende por opinião pública, assim como grupos não institucionalizados ou agremiações não governamentais que buscam interferir nas diretrizes da política do Estado. Sem dúvida, essas instituições devem ser vistas como instrumentos políticos importantes. A atuação decorrente desses grupos de pressão que de certa forma moldam o que se denomina opinião pública tem sua origem em segmentos da sociedade que conseguem impor domínio sobre a massa social. Dentre os grupos sociais com papel importante na orientação da política destacam-se os grupos de interesse, que podem ganhar corpo e converter-se em grupos de pressão, em qualquer atividade, profissional, religiosa, esportiva etc. Os descalabros políticos em nosso país, gerados por uma corrupção imanente, têm desvirtuado esses grupos de pressão com frequência.

Generalizou-se o termo *lobby* para designar os membros designados pelos grupos de pressão para atuar diretamente perante o legislador e os detentores do poder:

> *"Lobby é o grupo de pessoas ou organização que tem como atividade profissional buscar influenciar, aberta ou veladamente, decisões do poder público, especialmente no legislativo, em favor de determinados interesses privados"* (Castro-Falcão, 2004:122).

Palavra moderna para vetusta atividade, o lobista de hoje é o agente palaciano do passado, que nos reinados perambulava pelas Cortes para obter beneplácitos, privilégios e facilidades para pessoas ou grupos. No passado como no presente, é sempre altamente questionável a conduta ética desses agentes que circundam e lambiscam os agentes do poder. Como observam Celso Castro e Leonor Falcão (2004:123), *"os modos de atuar dos grupos de pressão vão desde a persuasão até a corrupção e intimidação"*. Ainda: *"O emprego da mídia para granjear apoio a seus objetivos é feito de duas maneiras: pela propaganda remunerada e pela obtenção da simpatia que promove a veiculação dos interesses do grupo, travestidos de bem comum e de interesse de toda coletividade."* Desse modo, para o próprio legislador torna-se árdua a tarefa de discernir o verdadeiro interesse público e bem comum do interesse meramente localizado ou corporativista.

O interesse público é a finalidade do Estado e de sua atividade administrativa. Não é, porém, algo neutro ou meramente utilitarista, pois também é banhado pelos valores. Assim, o interesse público possui uma alta carga ideológica. É evidente que cada governante imprime ou tenta imprimir aos desígnios da política os rumos de sua posição ideológica.

A política do Estado é institucional, isto é, cuida dos desígnios da nação. Como apontamos, o homem comum também faz política na escola, nas ruas, na sua casa. No entanto, somente a política do Estado importa em estruturar as instituições. Geralmente, a política que se discute fora do Estado é reflexo da política estatal. Os particulares e as organizações não governamentais comentam, por regra, a política do Estado e procuram nela interferir.

A política também objetiva agir como um mecanismo de convencimento e busca transformar as instituições. As leis que promanam do Estado são reflexo de sua política. Daí se verifica, portanto, como é ampla e ao mesmo tempo estreita a relação entre Política e Direito. Assim como o Direito, a política também é dialética e argumentativa, implicando discussão. A nova argumentação de Perelman, mencionada fartamente por nós neste livro, também se aplica perfeitamente à Política, como ciência social.

A maior dificuldade da Ciência Política é delimitar, na prática, dentre os vários fenômenos, os assuntos políticos, ou seja, definir os limites da política. A resposta não pode ser peremptória e, de certa forma, todos os assuntos que interessam ao Estado, ao bem-estar e ao bem comum podem ser objeto de política. Assim, por exemplo, é político o tema que discute o controle externo do Poder Judiciário, assim como aquele que conclui pelo âmbito da merenda escolar concedida a escolas oficiais. A conclusão é no sentido que será política a matéria cujo âmbito for de um interesse amplo, matéria que mereça ser publicamente discutida e não sendo política a questão exclusivamente de interesse privado.

Assim, por exemplo, uma campanha nacional de vacinação é um assunto político; não o será, porém, a escolha de tratamento a ser dado a determinado paciente.

> *"Essa é uma definição realista da política. Indica aquilo que é efetivamente considerado como assunto político em determinado momento, e não aquilo que nós queríamos que fosse político"* (Dimoulis, 2003:113).

O objeto da política, portanto, é maleável e dúctil: o que não é político hoje poderá sê-lo amanhã, e vice-versa. No passado, a crença religiosa era uma questão política ligada ao Estado; o moderno Homem ocidental, na maioria das nações, tem hoje plena liberdade de escolher seu culto e crença religiosa. Os assuntos políticos, portanto, flutuam no tempo e no espaço. As relações internacionais entre os vários países e as organizações internacionais são campo fértil para a Política, a qual geralmente vem sempre agregada à Economia. Guerra e paz são aspectos sempre ligados a uma política.

O direito prende-se inelutavelmente à sociedade: onde houver sociedade haverá direito (*ubi societas ibi ius*). Embora não seja essencial a presença do Estado para que exista Direito, é importante e fundamental o papel moderno que desempenha o direito estatal, o direito positivo para a sociedade. Desse modo, como a política sempre estará ligada ao Estado, releva-se a importância das relações entre Direito e Política.

Por outro aspecto, se não é da essência do Direito a presença do Estado, não há Estado que possa prescindir da juridicidade. Ou seja: onde houver Estado, haverá direito (*ubi civitas ibi ius*). O ordenamento jurídico é essencial para estruturar o Estado. Desse modo, há que se ressaltar o papel fundamental do Estado na atuação prática do Direito e das instituições jurídicas. Por meio dos seus órgãos, Poder Executivo, Poder Legislativo e Poder Judiciário, *"o Estado contribui, de forma proeminente, para a criação e a aplicação das normas jurídicas"* (Chorão, 2000:213).

3 DIREITO DA POLÍTICA

O Direito é um instrumento da Política. No Direito existe uma área técnica e uma área política. A Política escolhe um caminho e o Direito instrumentaliza esse caminho possibilitando a consecução das diretrizes políticas. Nesse sentido, é possível dizer que existe o Direito da política. A Política vale-se do Direito para a consecução de seus fins. Muitos doutrinadores, porém, entendem que nem todas as normas jurídicas possuem cunho político. Nesse campo estariam as normas essencialmente técnicas. Porém, ainda que essas regras sejam essencialmente técnicas, complementam as normas que têm inspiração política.

Se, por exemplo, a orientação política passa a entender que o sistema de concordatas e falências é pernicioso para as empresas e para o universo negocial, orienta-se o Direito, ou melhor, o legislador, para que encaminhe normas as quais alterem os rumos da concordata e da falência, como já foi feito em nosso país, e assim permitam um sistema de reestruturação de empresas em dificuldades financeiras. Quando a legislação do inquilinato do passado aferrolhou de tal forma os aluguéis que desestimulou a construção civil, uma nova lei deu maior flexibilidade à relação entre inquilinos e locadores, permitindo um estímulo às novas construções. Em cada uma dessas normas há aspectos essencialmente técnico-jurídicos, mas como decorrência de uma política que foi implementada. Nesse sentido, conclui-se que todas as regras jurídicas, mesmo aquelas com aparência eminentemente técnica, são resultado de um processo político. Tal não significa, porém, que a Política somente se perfaça por meio do Direito. A Política do desajuste, do imoral e do ilegal também é política. Cabe ao ordenamento fornecer meios para que a ilegalidade ou desvio de poder na Política seja eficazmente coibido.

4 CRISE DA POLÍTICA E DIREITO

A crise ou obstáculos à obtenção de fins lícitos sempre serão momentos de crescimento e aprendizado. Trataremos, no Capítulo 12, da crise de moralidade em geral. No tocante à Política, especificamente à nossa política, o tema avulta de importância quando vemos que a sociedade é colocada à margem por grande maioria de próceres políticos que não vê em seu cargo uma busca permanente do bem-estar e do bem comum, mas um trampolim para conquistas pessoais materiais ou fins escusos. Enfim, nossa crise em todos os poderes e não unicamente no poder político é uma crise de espírito público, dedicação e moralidade.

Há uma estreita ligação ente Política e Moral porque ambas se associam à ideia de ação, conduta. Diz-se que os critérios são, contudo, diversos, pois nem sempre o que é obrigatório na Moral o é na Política; nem sempre o que é moralmente lícito é politicamente correto. O ideal, contudo, é que as condutas políticas aproximem-se o quanto possível da Moral e com ela se harmonizem. Bobbio (2000:180b) conclui que a dicotomia entre Política e Moral é impossível de ser equacionada no mesmo plano, no mesmo nível em que são colocadas outras esferas de conduta:

> *"Não que não tenham existido teorias que sustentaram a tese contrária, a tese na qual também a política se submete, ou melhor, deve se submeter, à lei moral, mas nunca puderam se firmar com argumentos muitos convincentes, e foram consideradas tão nobres quanto inúteis."*

De qualquer forma, há uma conduta na política, portanto uma ética, que deve sempre ser avaliada em cada momento histórico.

No Capítulo 12 nos ocupamos da ética. A maior crise da política de nosso país é, talvez, a crise ética, crise de conduta: os agentes políticos do Estado confundem interesse público com interesse privado, com interesses corporativos ou de grupelhos marginais. Nesse diapasão, a realidade política do Estado leva de cambulhada os direitos dos cidadãos. Leis pessimamente redigidas, tributos exagerados e injustos, consequência de uma arrecadação mal dirigida e muitas vezes desviada. A irritante burocracia é resultado de uma política desregrada, arraigada às gerações de políticos que regeram este país desde o período colonial até o presente.

Esse quadro não dignificante da cultura política nacional não deve desencorajar mudanças para este século XXI. O país tem toda a potencialidade jurídica, política e econômica para modificar seu perfil. São cristalinas as palavras de Paulo Bonavides (1998:201):

> *"O problema institucional brasileiro visto, por conseguinte, pelo ângulo político, é a um tempo de cultura e desenvolvimento. Cultura, para o sistema político manter sua estabilidade, e desenvolvimento, para ele operar a reforma e a modernidade da sociedade brasileira nos quadros de um Estado social de confissão democrática que, preservando e tutelando a liberdade, exprima valores clássicos da ordem jurídica e a vocação suprema da Pátria para a justiça e a solidariedade."*

No entanto, cultura e desenvolvimento somente terão sucesso dentro dos campos da ética. Há que se afastar a ideia de que nem sempre o que é politicamente correto pode não ser ético:

> *"Todo comportamento social deve pautar-se pela ética. No entanto, no domínio político, a ética é tida como algo extraordinário. É a posição inversa da obediência das leis. Os políticos falam da ética como se fosse uma virtude rara. Isso só denuncia que para eles o normal é desconhecê-la"* (Castro-Falcão, 2004:15).

5 POLÍTICA DO DIREITO

No campo da ciência política encontram-se diversos ramos, como a filosofia política, a teoria geral do Estado, a sociologia política, história política etc., as quais visam aspectos específicos da Política, como tema geral. O Direito Constitucional, por exemplo, nem sempre se dirige unicamente para os estudos estruturais do Estado, mas com frequência se debruça sobre temas eminentemente políticos, como, por exemplo, a escolha da melhor forma de governo. Sob esse prisma, o Direito Constitucional se vale da filosofia política e das outras ciências auxiliares, dos vários ramos do saber político. A sociologia jurídica, por exemplo, que tem por objeto o direito enquanto fenômeno social, fornece importantes subsídios aos princípios de Direito Constitucional.

Por outro lado, quando se fala em *política do direito*, tratamos da disciplina científica na qual se dá *"o entrecruzamento do direito e da política, visa o estudo da adequação dos meios jurídicos, nomeadamente legislativos, à realização dos fins da sociedade política"* (Chorão, 2000:217).

Em princípio, o sujeito ativo da política do direito é o órgão constitucional dotado de legitimação política, primordialmente o legislador, mas também, em menor grau, o Poder Executivo e o Poder Judiciário.

Podemos distinguir dois conceitos de política do direito, ainda que intimamente relacionados. Há um primeiro conceito que diz respeito à determinação dos objetivos da atividade normativa indicados pela autoridade legislativa. Em um segundo conceito, podemos nos referir à política do direito como a técnica e os instrumentos jurídicos mais adequados para atingir os objetivos anteriormente fixados. Esses dois conceitos correspondem, sem dúvida, às principais atividades políticas dos agentes do Estado.

Ao estabelecer o legislador que o Estado assumirá a modalidade de governo presidencialista, todo o ordenamento deverá ser elaborado tendo em vista esse direcionamento adotado. É claro que a orientação das normas a serem elaboradas dependerá também de uma série enorme de fatores que podem ser levados em conta pelo legislador e, consequentemente, pelos membros do Poder Executivo e do Poder Judiciário, a começar pela legitimidade de cada um desses poderes. Assim, por exemplo, em uma estrutura estatal na qual grassa uma corrupção histórica, haverá tendência política de todas as leis serem fiscalizadoras, inclusive permitindo ampla interferência de um poder sobre outro. Toda a discussão que se propaga em nosso país acerca do controle externo do Judiciário refere-se a essa problemática. Quando se concentra no Poder Judiciário toda a legitimação de controle da legalidade, a política do Estado deve cercá-lo de todas as garantias.

O Estado terá uma política do Direito tanto mais eficaz quanto maior for sua capacidade de alterar eficazmente os rumos estabelecidos, de acordo com as necessidades históricas. A capacidade de adaptação do Estado talvez seja hoje o maior obstáculo à sua correta atuação. Essa capacidade depende, por demais, como é óbvio, da cultura jurídica dos responsáveis pelo Estado. Cada vez mais há tendência, que deve ser tanto quanto possível sofreada, de invasão do direito público na esfera privada e na autonomia da vontade. Essa é uma tendência universal. Muitas vezes, sob a alegação de conceder-se maior proteção geral, violam-se a autonomia da vontade e os direitos fundamentais. A cada passo, essa política do Direito deve ser questionada.

Outro aspecto que nunca pode ser esquecido é que nenhum ordenamento estatal funcionará adequadamente se não forem fornecidos aos cidadãos instrumentos procedimentais para que sejam protegidos seus direitos. Para isso, torna-se importante o direcionamento que é dado a ciência processual civil e penal, ao direito eleitoral e à representação legislativa.

Desse modo, a problemática da política do Direito enfrenta inúmeros obstáculos a serem transpostos regularmente. Toda essa matéria hoje é mais ainda complexa tendo em vista o terror a que o mundo se submete nos últimos anos. Caberá ao legislador, e, em outros planos, aos membros dos poderes Executivo e Judiciário a melhor adequação das normas a um novo direito, o que certamente já sentimos após os atentados terroristas. Como a sociedade não é mais a mesma após a queda das torres de Manhattan, também não o é o Direito.

12

JUSTIÇA, DIREITO E MORALIDADE. NOSSA CRISE MORAL

1 UMA QUESTÃO DE PRINCÍPIOS. VALORES. DIREITO E JUSTIÇA

Este capítulo, principalmente no tocante ao seu tópico final, bem caberia como palavras introdutórias desta obra. Contudo, como nem sempre é dada muita importância às palavras prévias e prefácios, optamos por tratar desta matéria a essa altura, quando já assentados alguns princípios fundamentais e preparadas as mentes para o estudo da ciência do Direito.

Direito e Justiça são fenômenos paralelos, que podem entrecruzar-se e frequentemente o fazem e devem fazê-lo, mas não se confundem. A Justiça é tema fundamental da filosofia e um desafio permanente para os estudiosos.

O fim do Direito é buscar permanentemente a justiça. Essa é a finalidade que define e justifica o Direito. A Justiça deve ser vista como um valor, como uma realidade axiológica. A filosofia do século XX encontrou nos valores um objeto de meditação e passou a vê-los de forma sistemática, o que não ocorrera antes.

Os valores, como vimos, são qualificações que nascem das pessoas. O ser humano atribui valores positivos e negativos às coisas e às pessoas. Quando algo é indiferente à pessoa, não há valor que lhe seja atribuído, ou, quando muito, esse valor é neutro, pois o bem ou a coisa não é importante nem desimportante. A partir de certa relevância, há valores que passam a ser considerados: ocorre a valoração. Quando os valores são imateriais, pertencem ao campo do que denominamos *bens*, como o amor, a solidariedade, a dignidade, a liberdade e a justiça. Ou, como observa Bigotte Chorão (2000:71), *bens* são as realidades valiosas, e na hipótese sob análise, a conduta justa.

O domínio dos valores pressupõe escolha de um caminho, atribuição de um qualificativo, uma seletividade, ou seja, uma tomada de posição. "*Um valor inferior deverá nomeadamente ser sacrificado para a consecução dum valor superior*" (Ascensão, 2003:183). A cultura em geral surge como uma realização de valores.

Há, por outro lado, valores próprios do Direito. Nesse sentido, há que se deduzir que nos valores há uma polaridade, valores positivos ou negativos e uma hierarquia, como vimos, uma escala de valores. Valores mais ou menos importantes. Também o desonesto ou transgressor da lei possui sua própria escala de valores, valores não protegidos pelo Direito e pela Justiça e não aceitos pela maioria da sociedade, mas, sem dúvida, valores. Assim, as organizações criminosas, inclusive as de colarinho branco que se enraízam pelo País, possuem valores próprios, rebaixando por vezes ao máximo a importância atribuída à vida e à dignidade humana. Para o homicida contumaz, a vida está colocada nos últimos degraus de sua escala de valores; para o desonesto, corrupto e corruptor, a conduta proba se coloca nesse mesmo patamar ignóbil.

O homem virtuoso coloca os valores como a família, a paz, a dignidade humana, o respeito mútuo, o trabalho, a conduta honesta e conforme o Direito no cume de sua escala de valores. Cada um de nós escolhe na verdade o seu caminho, mais ou menos trilhado, mais ou menos conhecido. Escolher um caminho significa dar proeminência mais a um valor do que a outro. A palavra *axios*, do grego, significa apreciação, estimativa. Trata-se, destarte, de uma avaliação axiológica.

Sob esse diapasão, são inesgotáveis esses paradigmas, pois podem ser atribuídos a qualquer situação, conduta ou bem, alguns variando no tempo e no espaço, outros universais, permanentes e imanentes à vida em sociedade. Sob esse prisma, há valores universais, próprios a qualquer ser humano; há valores que somente importam ao homem ocidental; há valores que somente podem ser aferidos em determinada cultura e em certo momento histórico e assim por diante. Como exposto, há valores albergados pelo Direito e pela Moral; há valores repelidos por estes e pela sociedade. Toda essa matéria somente pode ser decantada em um curso de filosofia jurídica, com ênfase na axiologia, a ciência dos valores. Axiologia jurídica é o estudo dos valores jurídicos. Desse modo, valores jurídicos são atos, fatos, fenômenos sociais que merecem uma apreciação ou estimativa do Direito, em razão de sua repercussão social. Na maioria das vezes são fenômenos não perceptíveis materialmente, daí sua dificuldade de conceituação.

Os valores implicam a ideia de coexistência: somente existe valor na relação de um ser humano com outro; de um agente com a sociedade. Nesses paradigmas existe destarte essa polaridade e alteridade. Sob essa égide, existe um valor comportamental afetando toda a sociedade, refletindo valores intrínsecos a ela.

2 JUSTIÇA

Justiça é termo equívoco que pode ser utilizado em várias situações, em plúrimos sentidos, em diversas manifestações.

Quando afirmamos que a Justiça é lenta estamos referindo-nos ao processo e à estrutura do Poder Judiciário. Quando nos referimos à justiça divina, sentido que sempre preocupou a Humanidade, a conotação é outra. Não são essas, contudo, as acepções de justiça de que ora nos ocupamos.

Importa, nesta fase de nosso estudo, colocar os valores da Justiça, como entidade filosófica, sociológica e ética, perante o conceito e os valores do Direito. Sabido é, pelo que foi examinado até agora, repisando o velho brocardo, que nem tudo o que é permitido é honesto ou moral.

Em um sentido mais lato e mais tradicional, tem-se por justo tudo aquilo que seja adequado ou congruente para um fim, ainda que se refira às coisas materiais. Nesse ponto, é justo o parafuso que se adéqua à rosca, é justa a roupa que se amolda ao corpo. Sob essa vertente, a cultura grega entendia a concepção de justiça como a lei do homem e das coisas, a lei cósmica inflexível. Também se agrega à noção de justiça a conduta divina, a perfeição da Divindade. Há uma estreita noção de Justiça com a conformidade do agir segundo a vontade de Deus. Platão sempre sublimou a justiça como uma virtude universal ou total. Na realidade, todas as filosofias antigas servem de base para ilustrar o conceito moderno e prático de Justiça que ora nos pertine.

Sob o ponto de vista que ora encetamos, interessa-nos a Justiça referente à conduta humana. Cuida-se da justiça como conduta ética e essencialmente social. A justiça, por esse lado, pode ser examinada sob o prisma exclusivamente objetivo, como no brocardo: dar a cada um aquilo que é seu. *"O seu objeto é, precisamente, o direito de cada um, quer dizer, o que é devido a uma pessoa e por esta pode ser exigido"* (Chorão, 2000:79). Essa noção é essencialmente jurídica e confunde-se quase que completamente com o Direito. A questão desloca-se na maioria das oportunidades não simplesmente em dar a cada um aquilo que é seu, mas em *o que deve ser atribuído a cada um*, como veremos (Nader, 2003:101).

No entanto, a Justiça como virtude extrapola a acanhada fronteira das normas e do Direito para se projetar no âmago da conduta social, na atitude de cada ser humano. Sob esse aspecto, a noção de Justiça é muito mais ampla do que a de Direito.

Lembra Mário Bigotte Chorão que no ambiente judaico-cristão enraíza-se a noção de justiça como *"plenitude moral e observância da vontade divina"*, carreando a ideia de justo ao homem virtuoso (2000:77). Essa ideia, na verdade, sempre acompanhou desde então a cultura ocidental.

Não se pode imaginar um padrão de justiça exclusivo que se aplique a todos indistintamente, porque há diferenças em cada ser e em cada situação. Nem sempre a igualdade de tratamento significará um tratamento justo. A aplicação cega da justiça nesse sentido levaria ao que os romanos já expressavam na máxima *summus jus summa injuria*. Já perpassamos neste livro pela compreensão de *equidade* que visa justamente aplainar e amainar o rigor da letra fria da norma. Há, portanto, aspectos particulares de cada indivíduo ou grupo social que devem ser levados em conta para a correta aplicação da justiça. Há desigualdades sociais que devem ser tratadas desigualmente. Esse também é o sentido de igualdade que se encontra na justiça.

> *"A justiça, como o direito, não é uma simples técnica da igualdade, da utilidade ou da ordem social. Muito mais do que isso, ela é virtude da convivência humana. E significa, fundamentalmente uma atitude subjetiva de respeito à dignidade de todos os homens"* (Montoro, 2000:126).

A justiça é, pois, um valor de conduta humana e o que entendemos por justo, esperamos que outrem com quem nos relacionamos assim entenda também, pois doutra forma não se alcança o equilíbrio social. Também na justiça, por ser um valor, há o aspecto da alteridade, como mencionamos. A alteridade coloca assim a justiça como uma virtude essencialmente social. O conceito de justiça sob o ponto de vista jurídico se reduz, embora ainda assim continue bastante amplo, aos fenômenos de relação social. A justiça sob o prisma religioso ou ético é mais ampla porque possui caracteres metafísicos. Não pode ser vista a justiça como o sentimento que cada um tem de si próprio, sua ideia de bem-estar ou felicidade, mas sim o reconhecimento de que cada um deve respeitar o bem-estar, a existência e a dignidade dos outros membros da sociedade.

Como se denota, Direito e Justiça não se confundem. O campo da Justiça é mais amplo. O Direito, como vimos, pertence ao mundo da cultura, mas a Justiça o transcende, embora o ordenamento jurídico do Estado deva buscar, como linha geral, um Direito justo. Há, por conseguinte, uma noção de justiça subjetiva, própria do sentimento individual ou de um grupo e uma noção de justiça coletiva, decorrente de pontos comuns da justiça individual e que deve repercutir na sensibilidade do legislador. Assim: *"Justiça não se explica e não se define, justiça se sente, é um sentimento que varia de pessoa a pessoa, de tempo em tempo"* (Magalhães, 2003:202).

Aponta precisamente Paulo Nader que

> *"a justiça é uma das primeiras verdades que afloram ao espírito. Não é uma ideia inata, mas se manifesta já na infância, quando o ser humano passa a reconhecer o que é seu. A semente do justo se acha presente na consciência dos homens"* (2003:102).

É essencial que o ordenamento, o Direito, enfim, seja justo, algo que nem sempre, no curso da História dos povos, foi uma verdade. Na realidade, tendo em vista a transcendência do conceito de justiça, ela é importante em todas as manifestações sociais. A vida social, sem ela, seria caótica e insuportável.

2.1 Formas de justiça

O positivismo apenas admitira a justiça relativa. Sob esse aspecto, a justiça seria variável de grupo a grupo e até mesmo de pessoa para pessoa. Essa corrente implica admitir que justo é apenas aquilo que o legislador dispõe, reduzindo-se a um critério de simples legalidade. A ideia do direito natural é admitir um caráter absoluto de justiça, como um valor universal. Nesse diapasão, podem ser admitidos conceitos secundários variáveis, mas o conceito amplo de justiça é um só.

Costuma-se referir à justiça, dentro da temática do Direito, sob várias acepções ou concepções, segundo diversos critérios: justiça comutativa, justiça distributiva, justiça geral ou legal e justiça social.

Como não pode existir conceito algum de justiça senão em sociedade, sob o pálio da alteridade, a dita *justiça comutativa ou sinalagmática* é uma de suas formas, e implica uma reciprocidade de prestações, um dar e receber o que é devido a cada um. Essa modalidade rege as relações entre os membros da sociedade. Essa ideia é muito ligada ao direito privado e mormente aos negócios jurídicos: numa compra e venda, o direito do vendedor é receber o preço e o do comprador receber a coisa; no contrato de trabalho, é justo que quem trabalhou receba remuneração, ou, em palavras mais singelas, todo trabalho, em princípio, deve ser remunerado. A ideia básica da justiça comutativa vem dos primórdios da história do Direito, quando o comércio se baseava em trocas. Quando surge a moeda e consequentemente a compra e venda, a ideia transfere-se para esse negócio jurídico. Destarte, quando na compra e venda discute-se à exaustão o preço, as partes tendem a acordar sobre um preço justo. Atualmente, há todo um aparato estrutural, desde regras interpretativas até, inclusive, uma lei de defesa do consumidor, a estreitar os caminhos e permitir com maior dimensão preço justo. A ideia da justiça comutativa reside, portanto, no equilíbrio da conduta entre as partes. No entanto, não se identifica essa justiça comutativa exclusivamente com o campo dos contratos, pois sua compreensão é muito mais ampla. Essa modalidade de justiça *"impõe deveres que vão desde o respeito à vida, à personalidade e à dignidade de cada homem, até a exigência de preços equitativos no comércio internacional"* (Montoro, 2000:147). A justiça comutativa se relaciona com o direito justo aplicado nas relações privadas, o devido cumprimento das obrigações, inclusive no campo da família.

Outra noção apresenta a *justiça distributiva*, expressão vaga, nem sempre compreendida pelo leigo. Nesse campo, a ideia central é no sentido de que os iguais sejam tratados igualmente e os desiguais, desigualmente. "Distribui-se" a justiça da melhor forma, ou da forma mais adequada possível. Levam-se em conta, como linha geral, o mérito, a capacidade e a necessidade de cada um. Esse papel é modernamente desempenhado curialmente pelo Estado. Difícil será sempre, no caso concreto, aferir o mérito, a capacidade e a necessidade de cada um, em cotejo com toda a sociedade. Daí por que serão frequentes as distorções que podem trazer inquietação social, cabendo ao governante sentir as necessidades sociais a cada momento.

Na justiça comutativa, em princípio, as partes se apresentam em nível de igualdade. Quando elas se apresentam de forma desigual, é essencial que devam ser tratadas adequadamente, termo mais apropriado para essa hipótese. Esse é o princípio que deve nortear a tributação imposta pelo Estado, ou seja, aqueles que possuem maior capacidade financeira devem pagar mais impostos. Cada um deve receber o que lhe é devido segundo um critério de proporcionalidade. A justiça penal, por exemplo, deve ser essencialmente distributiva, pois é seu princípio básico a individualização da pena: o juiz penal deve levar em conta, ao condenar um delinquente, as circunstâncias objetivas e subjetivas que envolvem a conduta punível. Daí por que o adolescente e o ancião não devem receber, pela mesma conduta punível, a mesma pena do adulto; o reincidente deve ser visto de forma mais rigorosa do que o primário, por exemplo, e assim em diante.

As necessidades da justiça distributiva são sempre dinâmicas e exigem o permanente olhar atento dos condutores da nação, permitindo sempre uma participação social ampla de todos os membros da sociedade. Da mesma forma que essa justiça distribui benefícios de forma adequada a cada um, também deve, correlatamente, impor obrigações e encargos, nas medidas da necessidade, capacidade e mérito de cada membro. Distribuir encargos também é forma de realizar a justiça.

A *justiça legal ou geral* tem em mira os deveres dos membros da sociedade com relação à sociedade em geral. Das partes integrantes com relação ao todo. É aquela geralmente descrita pelo ordenamento. A ideia central é no sentido de que cada pessoa deve dar sua contribuição em prol do chamado bem comum. Esse critério identifica-se, com frequência, com a denominada *justiça convencional*, aquela que aplica as normas jurídicas. Diz-se convencional porque é fruto de uma criação humana. É aquela concepção de justiça admitida pelos positivistas ao contrário da *justiça substancial*, que se lastreia no direito natural. Quando coincidem os princípios de uma e de outra a sociedade estará protegida por uma justiça legítima e verdadeira.

A chamada *justiça social*, assim referida nos últimos tempos mormente por influência da Igreja, repousa na necessidade de proteção aos menos aquinhoados de bens, os hipossuficientes, como indivíduos e como nações. Na justiça social devem estar presentes os princípios de proteção e critérios para uma melhor distribuição de riquezas. Essa hipossuficiência, contudo, modernamente não deve ser vista unicamente sob o prisma material: deve ser melhor protegido, com instrumentos jurídicos, também aquele que se mostra juridicamente mais fraco, perante o que se apresenta forte no esquema judicial, como ocorre com o consumidor perante o fornecedor de produtos e serviços e o administrado perante o Estado ou a Administração. A Constituição Federal apresenta inúmeras normas buscando essa justiça social nos planos da seguridade social, saúde, previdência social, educação, cultura e esportes. Quanto mais acentuada a preocupação do ordenamento com esses fenômenos, maior será a solução e o alcance social do Estado. Também será, de certa forma, na maioria das oportunidades, uma justiça distributiva, quando a seletividade reside, por exemplo, na capacidade contributiva do contribuinte de impostos. De qualquer forma, o que se pretende com essa denominada justiça social é evoluir no sentido de traduzir uma concepção mais ampla de justiça que transcenda os simples direitos individualistas, dando ênfase à responsabilidade solidária dos membros da sociedade e do Estado para os menos favorecidos.

Todas essas modalidades de Justiça não contribuem para uma fórmula geral que permita uma definição tranquila. Para que isso seja possível, torna-se necessário que se consiga descrever de um modo preciso o que há de comum nas diferentes fórmulas de justiça, descrevendo também suas diferenças.

2.2 Justiça formal e justiça concreta. A posição de Perelman

Chaïm Perelman (2002:9), baluarte da moderna teoria da argumentação já por nós muito referido, ao estudar a Justiça diz, com razão, ser ilusório enumerar todos os sentidos possíveis da noção de Justiça, referindo-se sem dúvida às modalidades de Justiça ora enunciadas. E, nesse diapasão, enuncia seis exemplos ou critérios de Justiça, de teor elucidativo que não são exaustivos:

1. a cada qual a mesma coisa;
2. a cada qual segundo seus méritos;

3. a cada qual segundo suas obras;
4. a cada qual segundo suas necessidades;
5. a cada qual segundo sua posição;
6. a cada qual segundo o que a lei atribui.

Todos esses critérios, que se mostram justos à primeira vista, podem ser falhos no caso concreto, pois exigem exame acurado e não podem ser aplicados isolada ou automaticamente.

Desse modo, não se podem tratar o velho e o moço da mesma forma, nem o rico ou o pobre, nem o doente ou o saudável (*primeiro critério*). Vimos que a cada um deve ser atribuído o que for mais adequado em matéria de justiça. Mas, por outro lado, o critério será apropriado e, portanto, justo, se atribuirmos os mesmos direitos aos vários membros de cada grupo, aos idosos, aos jovens, aos abastados e aos desprovidos de fortuna, aos sãos e aos doentes, de modo que cada membro de cada grupo seja considerado por igual na atribuição de direitos. Essa concepção de justiça, dar a cada qual a mesma coisa, é a única verdadeiramente igualitária, mas não coincide com uma ideia humanitária de justiça. A aplicação exacerbada dessa igualdade pode fortalecer ainda mais os mais fortes e mais enfraquecer os fracos, além de, como informa Perelman (2002:21), reforçar a solidariedade da classe dominante, que se considera superior aos demais habitantes do país.

Para que esse primeiro critério seja justo, devem ser relativizados os conceitos de "cada qual" e "objeto" do seu direito, o que deságua na afirmação já feita pela qual devem ser tratados desigualmente os desiguais. Desse modo, a regra decantada que exige tratamento igual a seres iguais parece absolutamente indiscutível à primeira vista, mas seu campo de aplicação é extremamente reduzido, se não inteiramente nulo. Nesse sentido, exemplifica Perelman (2002:86):

> *"Quando se ouve pessoas queixarem-se de terem sido tratadas injustamente, porque não foram tratadas como o vizinho ou o concorrente, ou porque foram tratadas da mesma forma, quando teriam merecido melhor, não acudirá à mente de ninguém que essas pessoas eram idênticas àquelas às quais se comparam ou que toda diferença entre elas teria bastado para justificar tratamento desigual."*

Haverá sem dúvida uma longa série de argumentos para justificar adequadamente o tratamento desigual, mas justo.

Quando se tratar de aquinhoar alguém segundo seus méritos (*segundo critério*), a primeira dificuldade já surge em aferir os méritos. Quais os critérios que devem ser utilizados para a conclusão meritória? Se os critérios forem subjetivos, a conclusão poderá ser falha; se os critérios forem objetivos, nem sempre será possível, pois há méritos que não se apuram objetivamente. Os exames que atualmente se fazem em nosso meio com múltipla escolha de respostas, por exemplo: é discutível que esse critério seja justo para a ciência jurídica, e para outras ciências sociais. Sendo o Direito essencialmente dialético, reduzi-lo a questões objetivas, com apenas algumas alternativas para a resposta, exige uma perfeição técnica do examinador que nem sempre é atingida e certamente trará injustiças em sua conclusão. Desse modo, somente será justo o critério meritório se ao lado dessas questões objetivas for dada margem de criação ao examinando, uma redação, por exemplo, o que permitirá a conjugação do critério objetivo com o critério subjetivo para a classificação e aprovação por méritos. Quando se faz um concurso de provas e títulos, por exemplo, conjuga-se o critério do mérito com o das obras do candidato, critério seguinte.

Ao se buscar a justiça segundo os méritos de cada um, só haverá adequação no critério se cada um for considerado dentro de seu *grau*. Isto é, as qualidades meritórias devem ser da mesma espécie. Desse modo, os méritos de um operário ou de um trabalhador rural devem ser aferidos dentro dos seus respectivos grupos e não podem ser comparados, por exemplo, com os méritos de um advogado, engenheiro ou burocrata.

O critério segundo as obras de cada membro da sociedade (*terceiro critério*) não admite também um tratamento igual, mas proporcional, pois não se leva em conta o trabalho e o sacrifício para se chegar ao resultado, mas somente o resultado em si. Assim, por exemplo, o título de doutor fornecido por uma instituição poderá ser mais trabalhoso e dificultoso do que o mesmo título obtido em outra e isto não pode ser levado em conta no exame das obras de cada um, pois o critério passaria a ser exclusivamente subjetivo. Essa concepção admite inúmeras variantes, mas sempre proporcional e adequadamente valoradas. Há que se examinar, por exemplo, se o trabalho é somente do interessado ou em coautoria e, nesta última hipótese, qual sua efetiva participação. As obras somente podem ser cotejadas se da mesma espécie, não podendo servir de comparação obras heterogêneas. Nesse diapasão é que deve ser concebido, por exemplo, o salário justo e o preço justo, algo que as doutrinas jurídica e econômica não logram compreender. Para o preço justo são necessárias várias condicionantes. O trabalho deve ser examinado sob o prisma de sua duração, especialidade, habitualidade etc. O preço justo de algo depende da coisa existente no mercado; do custo, consumo etc. Em toda situação na qual se pretenda atribuir justiça segundo as obras, estas devem ser da mesma espécie, do contrário o critério será falho desde o princípio.

Pelo *quarto critério*, a justiça pode ser atribuída segundo as necessidades de cada um. Essa fórmula não leva em conta os méritos, mas, ao estabelecer o paradigma da necessidade, tal variará de pessoa a pessoa e de cultura a cultura, o que por si só já é um sério obstáculo. Melhor seria que se levassem em conta as necessidades *essenciais*, quando então o padrão seria mais fácil de avaliar. Não se pode levar em conta nessa valoração as fantasias de cada um. Assim, por exemplo, quem sofre, numa região de seca, tem necessidade de água e irrigação e isto se aplica a todo um grupo. Esse critério diz respeito, sem dúvida, à justiça social. Leva-se em conta um mínimo vital para cada um. Perelman lembra, nesse campo, todas as leis trabalhistas, de proteção ao trabalho e de remuneração ao trabalhador, leis de seguridade social. O salário mínimo estabelecido em nosso país é exemplo de uma busca por esse critério. Lembramos que, em concurso público, para admissão de candidato a carreiras administrativas, são critérios de desempate, por exemplo, o fato de o interessado ser casado em desfavor do solteiro; se todos casados, prefere-se o que possui número maior de filhos dependentes etc. Como se percebe, não pode também o critério das necessidades ser aplicado isoladamente.

Quando se levam em conta as necessidades de cada um, devem ser priorizadas as necessidades essenciais e, mesmo dentre as essenciais, devem ser distinguidas "as mais essenciais", de modo que se saiba quais devem ser satisfeitas em primeiro lugar.

Para conceder a justiça segundo a posição ocupada pelos membros da sociedade (*quinto critério*), tal implica categorizar o indivíduo em segmentos setorizados. Assim, por exemplo, será justo um regime especial de proteção para os silvícolas não absorvidos pela civilização, como temos em nosso país, mas não será justo se o critério levar em conta a raça de cada um. Esse critério justificou, no passado, a predominância da aristocracia e seus privilégios e a supremacia da raça ariana na barbárie do nazismo. No entanto, trata-se de critério que deve ser aplicado em situações que justificam o tratamento diferenciado de um grupo. Assim, para garantia dos direitos da sociedade, os magistrados devem gozar dos direitos constitucionais de vitaliciedade, inamovibilidade e irredutibilidade de vencimentos. Não se cuida de privilégios, mas de atribuir a um grupo, que desempenha certa função, garantias essenciais para a melhor e mais isenta distribuição de justiça. No regime democrático, somente podem prosperar distinções para determinada classe ou posição se forem essencialmente particulares e proporcionais às responsabilidades assumidas. A generalização de vantagens desestrutura o sistema e subverte o conceito de justiça. Assim, por exemplo, justifica-se que alguém que tenha exercido o mandato de Presidente da República receba vitaliciamente uma remuneração após deixar o cargo, mas não se justifica ética e logicamente, por exemplo, que simples mandato único de deputado, até mesmo um mandato parcialmente cumprido, tenha a mesma distinção.

Por fim, pelo sexto enunciado, a cada um deve ser dado o que a lei lhe atribui (*sexto critério*). Trata-se da paráfrase do adágio romano já mencionado: *suum cuique tribuere*. Dar a cada um aquilo que é seu. Essa posição nos permite ter como justo o juiz que atribui às mesmas situações as mesmas leis (Perelman, 2002:12). Nesse sentido, seria justo o juiz que se limitasse a aplicar as leis do ordenamento. Vimos que essa posição apática e comodista do julgador nada tem de justa e a aplicação e integração do Direito vão muito mais além do texto legal. O que importa, como enfatizamos, não é propriamente dar a cada um, mas o que dar a cada um no caso concreto.

Esses seis critérios trazidos por Perelman, não exaustivos como ele mesmo alerta, bem demonstram a dificuldade de se aplicar o Direito e torná-lo homogêneo com a Justiça. A utilização singela e isolada de qualquer dos critérios traduz sem dúvida os princípios da justiça formal. A justiça concreta exige raciocínios mais complexos, daí a grande dificuldade de ser definida.

Na aplicação do Direito, para que seja feita a Justiça, portanto, é impossível que o raciocínio fique ilhado em apenas um dos critérios, pois todos apresentam contradições e virtudes. A atitude do aplicador da norma deve ser de pesquisar o que há de comum entre as diferentes concepções da justiça, dentro da perspectiva da argumentação já por nós estudada. E nessa argumentação sempre será possível o desacordo, a começar pelo momento em que se deva determinar o critério prevalente.

> *"As seis fórmulas de justiça concreta, entre as quais procuramos uma espécie de denominador comum, diferem pelo fato de que cada uma delas considera uma característica diferente como a única que se deva levar em conta na aplicação da justiça, de que elas determinam diferentemente a pertinência à mesma categorial essencial. Fornecem igualmente indicações, de maior ou menor precisão, sobre a maneira pela qual devem ser tratados os membros da mesma categorial essencial"* (Perelman, 2002:19).

De outro lado, é essencial que o juiz compreenda sua função e não se acomode à posição mais simples de nunca questionar o texto da lei. Mais uma vez trazemos a maestria das palavras de Perelman (2002:29):

> *"Mesmo quando se trata de um juiz que se contenta em seguir as trilhas batidas da jurisprudência e que não deseja inovar na matéria, seu papel não é puramente passivo. De fato, como toda visão da realidade é em certa medida subjetiva, e isto ainda mais quando se trata antes de uma reconstituição do que uma visão direta, o juiz íntegro será, mesmo involuntariamente, levado a fazer coincidir, em sua apreciação dos fatos, o direito e o seu sentimento íntimo de justiça. Baseando-se em certos indícios ou negando-lhes a importância, levando em conta certos fatos ou interpretando-os de modo que se esvaziem de qualquer significado, o juiz pode fornecer uma imagem diferente da realidade e dela deduzir uma aplicação diferente das regras de justiça."*

Cabe, sem dúvida, ao conjunto das decisões, à jurisprudência, na medida em que interpreta e aplica a norma, definir e dar contornos mais precisos a leis confusas ou a direitos e poderes obscuros.

Algo que não pode nunca ser esquecido, qualquer posição que se tome em torno do conceito e aplicação do que é justo deve sempre levar em conta o universo dos valores. Como já reportado, a escala dos valores na sociedade altera-se no tempo e no espaço, fazendo que também se alterem os princípios de justiça. O mundo pagão tinha valores totalmente diversos daqueles trazidos pelo cristianismo. O mundo pós-atentados das torres de Nova Iorque é outro e deve ser visto sob novos valores. A modificação da escala de valores altera a aplicação da justiça.

Desse modo, percebe-se quão difícil é uma noção geral de justiça. A justiça concreta frequentemente se mostrará distante da justiça formal, de outro modo não haverá o justo. Por isso devemos questionar a cada passo que se pergunta da Justiça se tratamos da justiça formal ou da justiça concreta. Toda visão de justiça concreta implica uma visão particular do universo e sempre nos dará a sensação que o perfeitamente justo nunca pode ser alcançado. Esse mal-estar pode ser minimizado quando se empregam os critérios apontados, ora prevalente um, ora outro, mas todos importantes para a justiça no caso concreto.

Quando o julgador se defronta com as chamadas antinomias da justiça com o Direito, necessariamente deve ser transgredida a justiça formal e nesse ponto recorre-se à equidade. No dizer de Perelman (2002:36), a equidade é a *muleta da justiça*, um complemento indispensável da justiça formal e consiste na "*tendência a não tratar de forma por demais desigual os seres que fazem parte de uma mesma categoria essencial*". Há períodos na História de cada nação, principalmente os períodos de transição, quando novos sistemas normativos são utilizados, em que o recurso à equidade se faz mais premente e frequente. Aplicar-se-á a equidade sempre que houver perplexidade ou antinomia no sistema e o juiz fará isto ainda que imperceptivelmente, ainda que não o declare expressamente, mesmo quando não autorizado pelo texto legal a fazê-lo; doutra forma estaria somente preso à justiça formal. Há sempre um caráter emotivo nos valores que deve ser considerado na decisão, o que demonstra que a aplicação do Direito nunca estará desvinculada de certa afetividade.

> "*É por isso que um ser apaixonado por justiça não se contentará em aplicar estrita e cegamente as regras que decorrem de seu sistema normativo; sempre pensará no fundamento arbitrário de seu sistema que não é, e não pode ser, um sistema perfeito. Não esquecerá que, ao lado dos valores reconhecidos por ele, existem outros valores aos quais algumas pessoas se devotam e pelos quais se sacrificam, e que sempre é possível uma revisão de valores*" (Perelman, 2002:66).

3 SEGURANÇA, ORDEM E PAZ NO DESAFIO DO SÉCULO XXI

A justiça e, consequentemente, o ordenamento, devem assegurar a cada ser humano estabilidade que permita desempenhar seu papel na sociedade de forma lícita, proba e em paz. Algo que a realidade que nos rodeia permanentemente afronta.

O mundo contemporâneo, principalmente após os atentados terroristas que têm abalado toda a sociedade, está a exigir séria revisão de conceitos. Podemos aferir, a par de todos os conceitos filosóficos e sociológicos que são utilizados, que o mundo de hoje se vê perplexo diante de duas novas ordens de problemas que afetam os conceitos de Direito e de Justiça.

De um lado, há um conceito de mercado internacional, representado por empresas mais poderosas que os próprios Estados. Essas empresas supranacionais ditam muitos dos costumes e das condutas particulares. Esses megagrupos influenciam e criam costumes e condutas sociais, difundidos que são pela facilidade das comunicações. Os mercados são atualmente globalizados. A bebida que é consumida aqui também o é do outro lado do mundo; assim como as roupas, os automóveis, os alimentos etc. Os ordenamentos não podem ignorar e deixar de refletir proteção social contra os desmandos dessas pessoas jurídicas.

De outro lado, enfrentamos na atualidade uma universalização do terror, dos ataques suicidas, das mortes em massa, ocasionadas maiormente, mas não exclusivamente, pelas facções extremistas do mundo islâmico, que não aceitam a estrutura social e o progresso tecnológico do mundo ocidental e não escondem um ódio cego contra o mundo não islâmico, questão cujas raízes históricas são profundas e seculares, merecendo um estudo à parte. A intolerância racial e religiosa, que deveria estar definitivamente sepultada neste século, ressurge sob formas aterrorizantes, paradoxalmente mercê das facilidades que a própria tecnologia ocidental trouxe.

Não resta dúvida de que a generalização das redes sociais, bem como suas famigeradas notícias falsas (*fake news*), acerba as dificuldades da boa aplicação do direito. Esse universo paralelo que toca a todos ainda está a merecer um regramento abrangente e homogêneo, surgindo como um gigantesco desafio.

Nessa acanhada síntese, essa nova ordem mundial coloca em choque e em xeque nossos princípios jurídicos tradicionais, inclusive os conceitos éticos e morais do mundo ocidental. Modificam-se, pois, os valores, de forma abrupta e inesperada. Desenha-se, na realidade, uma nova ordem jurídica que deve adaptar-se a uma situação que não demonstra sinais de ser alterada a curto prazo. Não se compreende, antes aberra o sentido mais comezinho de racionalidade e justiça, que alguém possa se imolar ou imolar seu filho em prol de uma pretensa causa e ainda ter orgulho de fazê-lo.

Sob essas novas condutas, fica mais custoso entender segurança, ordem e paz social sob os princípios filosóficos ou valores tradicionais. Como o Direito é instrumento de controle social, há de ser criado um novo balizamento às ações humanas a fim de acrescentar novos escudos à sua proteção. O fato é que, ao lado da Economia, Política e outras ciências, o Direito deve ser outro a partir dos últimos atentados em massa, sem esquecermos das tragédias geográficas que nos afligem, e precisamos estar conscientes disso. Desse modo, os direitos individuais, como já sentimos, ficam sumamente prejudicados e devem ser repensados, em momento no qual os Estados Unidos da América, tidos como baluartes da democracia, estão sendo forçados a rever seus conceitos. Somente podem ser admitidas no ordenamento normas jurídicas e instituições capazes de garantir a paz social, os direitos pessoais e patrimoniais. Sem essas premissas, periclita todo o arcabouço de legalidade, justiça e Direito que levamos séculos para erigir.

Sob a pressão da nova era, portanto, as instituições e os direitos devem ser reestruturados, sempre em preservação da dignidade humana, o que se torna cada vez mais problemático. Há de se convir que se trata de um desafio enorme para o jurista e os governantes democráticos deste século. Sob esse aspecto, como se percebe, até mesmo os conceitos de liberdade, direitos individuais e democracia devem ser repensados.

A ordem social consiste nas possibilidades jurídicas de coexistência de cada membro da sociedade. Como afirma Rui Ribeiro de Magalhães (2003:208),

> *"se o excesso de autonomia faz gerar o conflito, deste para a desordem é um passo. A ordem é o processo pelo qual o conflito é evitado na medida em que as relações intersubjetivas fluem segundo os rumos traçados pelo ordenamento jurídico".*

O ponto exato para tolher a autonomia excessiva esbarra em princípios de proteção à dignidade humana. Cada vez mais se torna difícil ordenar e governar nessas novas premissas. Esse, talvez, seja o maior desafio político, filosófico e institucional deste século.

Nesse diapasão, cada vez mais, infelizmente, nos defrontaremos com a legalidade distante dos princípios gerais de Justiça. A lei é a face objetiva da segurança e por vezes ela será dura demais para o ser humano, como já percebemos. Tudo decorre da modificação de valores que o terror nos impinge, além, é claro, de forma menos sombria, as empresas multinacionais. Cabe, porém, aos ordenamentos nacionais que mantenham a ordem jurídica, pois, de outra forma, o sistema fragilizado sempre estará aberto à insegurança, à descrença social e ao caos. Não há justiça na desordem social. O Direito e sua filosofia, portanto, estão no limiar de novas fronteiras. Difícil, nesta altura da História e no calor dos eventos que nos assolam, ditar quais sejam os caminhos do futuro.

O povo brasileiro é apequenado e amesquinhado pela corrupção endêmica, maus políticos, partidos políticos sem a menor representatividade; governos descompromissados, partidos políticos de ocasião etc.

A noção de *bem comum* também é colocada na berlinda. No dizer de Paulo Nader (2003:108), *bem comum* consiste *"em um acervo de bens, criado pelo esforço e a participação ativa dos membros da uma coletividade e cuja missão é a de ajudar os indivíduos que dele necessitam, para a realização de seus fins existenciais"*. O sentimento de justiça geral e distributiva açambarca e absorve, portanto, a noção de bem comum. Nesse novo quadro mundial que ora se desenha, também essa noção se modifica, pois os valores que lhe são internos passam a ser outros.

Há, destarte, muitas vicissitudes a serem atualmente superadas em prol da segurança jurídica. Afirma Bigotte Chorão, sem meias palavras, que pairam graves ameaças sobre nossa segurança e ordem jurídica. Não bastassem as ameaças concretas que aqui já delineamos, o autor português, escrevendo antes dos primeiros ataques em massa, aponta ainda: a multiplicidade e desorganização de normas dentro do ordenamento; a inflação, hipertrofia legislativa e regulamentação excessiva; a crise da codificação; as deficiências do legislador nas técnicas legislativas; a morosidade da justiça; a carência de decisões adequadas, entre tantos outros fatores. Assevera o autor, com esplendorosa razão, que essas graves ameaças acarretam o descrédito da lei e da ordem jurídica, abalando profundamente a sociedade e *"são causa de angústia para os indivíduos"* (Chorão, 2000:118). Na verdade, perante os choques e toda essa problemática, estamos todos angustiados. Conclui o autor lusitano:

> *"O Estado de Direito, meramente formal, e a democracia, puramente técnica, desvinculados do respeito da justiça natural, mostram-se incapazes de garantir a segurança das pessoas no que respeita ao núcleo essencial e intangível dos direitos e deveres fundamentais reclamados pela dignidade humana."*

Há necessidade, portanto, de uma *democracia ética*, não mais bastando belos e poéticos princípios inscritos no ordenamento, na Constituição, que se mostram vazios ou deturpados na sua aplicação.

4 DIREITO, JUSTIÇA E CRISE MORAL BRASILEIRA

Cada vez mais complexa se mostra a sociedade, mais complexos os ordenamentos e mais difícil para cada nação sobreviver isoladamente no planeta. Aproveitamos este capítulo, dedicado à Justiça, para uma digressão particular em torno de nosso meio social em particular.

A sociedade brasileira apresenta-se particularmente em situação singular, como uma das nações mais populosas e extensas, país pleno de riquezas naturais. Temos a potencialidade de desempenhar papel fundamental neste século. Contudo, vícios históricos que insistem em nos acompanhar amesquinham o papel do Brasil no mundo, como potência econômica e social. Este autor se permite, nesta altura de nossas linhas, descer a situações concretas de nosso país, abandonando ao menos aqui o academismo da docência, não unicamente como simples peroração, mas muito mais como profissão de fé e um alerta às novas gerações operadoras do Direito.

Estamos aferrolhados ainda a uma mentalidade feudal que nos foi imposta pelas capitanias hereditárias, pela forma inescrupulosa como fomos colonizados, tendo sido absurdamente espoliados pela antiga Metrópole e pelo despotismo e nepotismo e pelo sentido cartorial, aqui impostos, dos quais ainda não conseguimos nos desvencilhar.

Ao lado de tudo isso, convivemos com um sistema eleitoral que afasta totalmente o eleito de seus eleitores. Os deputados, senadores e demais próceres do Executivo, com as raras e honrosas exceções de sempre, somente se apresentam ao povo quando estão em campanha eleitoreira. O interesse público e a moralidade ficam distantes deles no exercício do seu mandato, perdidos em conchavos, conciliábulos, conspiratas e sussurros suspeitos e sob interesses corporativos nem sempre declináveis, justos ou confiáveis.

Nossas estruturas jurídicas, tecnicamente bem formuladas, mas praticamente falidas, desmoronam-se perante a opinião pública e o senso comum, numa democracia apenas técnica e não ética. Os dois períodos ditatoriais graves que enfrentamos no século passado deixaram marcas profundas, apagaram lideranças, amesquinharam as mentes, sangraram as universidades e, ao se descortinar a democracia para o país, não sabe este fazer bom uso dela. Tudo isto, alinhado a uma corrupção imanente, quase inata, arraigada de forma histórica nas entranhas e porões do país, encarnada nos setores oficiais, assim como as crises externas que nos afetam, trazem ao sentimento individual o que já aqui referimos como uma angústia permanente. O brasileiro honesto, e ainda os há como reserva moral preservada desta nação, é uma pessoa angustiada, sem justiça, desamparado, escorchado por tributos elevados de destinação suspeita e emparedado por exigências burocráticas irritantes, para dizer o mínimo.

Já nos referimos nesta obra à Moral e à Ética. Moralidade possui o significado coletivo de conduta ética de um grupo, de um povo. Não pode haver Direito se não houver uma conduta ética aceitável por parte das instituições e daqueles que delas fazem parte. Neste país sofremos constante crise de Moralidade, e, por isso mesmo, todas as mazelas que essa deficiência traz desembocam na insegurança: despreparo técnico, corrupção, emperramento do sistema e do ordenamento jurídico. Daí por que temos todos permanentemente, a começar pelos deficientes governantes, uma sensação de insegurança permanente, pois a ordem jurídica e a paz social não se perfazem de modo aceitável. Muito mais, sem dúvida, poderia ser dito e deve ser dito pelos homens probos deste país, não sendo este o local para mais desenvolver este tema.

O Direito não frutifica no seio da sociedade simplesmente porque é norma positiva e assim quer o legislador. Esse pensamento positivista é obra do passado. Como temos enraizado nesta nossa obra, só há Direito verdadeiramente quando a consciência social o absorve, quando o ordenamento é justo e equitativo. Se ninguém respeitar as regras jurídicas não há poder no mundo que consiga ordenar a sociedade.

Observa com pessimista argúcia Djalma Pinto (2003:19), em magnífica obra sobre direito eleitoral, com palavras sombrias, mas absolutamente verdadeiras para qualquer professor consciente deste país:

> *"Diretores e professores de escolas sentem na pele o vexame de educar. Ao tentarem conscientizar jovens e crianças sobre a necessidade de observância dos valores de respeito ao próximo e, sobretudo, ao patrimônio público, confessam um preocupante desapontamento. Afirmam ser grande o constrangimento suportado, após insistirem na necessidade de submissão às normas éticas, diante destas ponderações espantosas, que variam conforme*

a ocasião em que um escândalo repercute na mídia, formuladas pelos próprios alunos do segundo grau: onde estão 'os anões do orçamento?'. o Cacciola do Banco Marca, acusado de lesar o Banco Central em mais de 500 milhões de dólares? Onde estão os políticos que desviam dinheiro público? Um ponto, em particular, porém, intriga toda a sociedade: se todo mundo considera determinada pessoa desonesta, tendo ele contra si até condenação criminal imposta em decisão do Tribunal de Justiça do Estado, como pode ainda candidatar-se a cargo eletivo?"

Enquanto grassa no mundo o terror da violência, somos todos os brasileiros reféns da violência da corrupção; da violência das ruas decorrente da Justiça Criminal ineficiente e falida; das organizações policiais desestruturadas e desacreditadas; das invasões de terras injustificadas, com a condescendência do poder público e dos tribunais; da falta de espírito público dos servidores; das greves dos serviços essenciais, a começar pelos agentes de segurança, algo inimaginável em um país que se diz em Estado de Direito, para dizer o mínimo. A descrição poderia ser longa e bem mais particularizada. Pobre do país quando não mais se crê nem na farda nem na toga.

Como aduz Djalma Pinto, coram os educadores de vergonha por não terem resposta a uma juventude que procura um lastro nas escolas e nas universidades.

A ofensa à lei, sem qualquer repressão, é o estímulo à barbárie e ao caos. Tanto se protegeu e tergiversou neste país em torno da aplicação da pena que o Direito Penal se converteu num conto de fadas. Aguardar-se uma lei nova é sempre a falsa desculpa dos responsáveis. Trata-se de conhecida falácia dos apáticos, temerosos e incompetentes. Não precisamos de leis novas para impor a ética e a honestidade. Não precisamos de leis novas para condenar e impor pena privativa de liberdade eficaz ao ladrão e ao traficante de drogas, com ou sem colarinho-branco. Como seguidamente temos afirmado nestas linhas, o Direito se apresenta como uma completude. Dentro do ordenamento existem pletoras de normas para a melhor conduta ética e para o cumprimento coercitivo da lei. Nossa lei penal não é exceção, em absoluto.

O Direito deve ser formado pelo bom exemplo e pela sanção. Enquanto o País mostrar-se desviado desse rumo, estaremos tolerando políticos corruptos, condenados que ascendem ao poder, juízes que conspurcam a toga, que denigrem o elevado sentido do serviço público, da mesma forma que fazem funcionários de outros escalões. Em todos os setores a vida social do país se apresenta deturpada. Até mesmo o desporto mais popular entre nós, a maior distração do povo brasileiro, o futebol, é pleno de exemplos de corrupção, arranjos, conluios, condutas fora de qualquer ética e deformações morais que nunca são apurados, e os dirigentes, sabe-se lá como guindados a essa posição, continuam presentes, airosos e prepotentes. Como disse com propriedade conhecido radialista esportivo, o futebol é a coisa mais importante das coisas menos importantes do país, e aí também não há moralidade, o mesmo ocorrendo com os esportes amadores, com inúmeros escândalos, como denuncia com frequência a imprensa. Que exemplo dar à infância e a juventude do país se também no campo esportivo, aspecto fundamental para a formação do jovem, há total deturpação de ideais éticos? Pergunta-se: onde poderá o educador ancorar a esperança desses jovens, dessas futuras gerações, que seguirão certamente maus exemplos, pois outros paradigmas não possuem?

"O Direito mal construído ou mal aplicado gera deformação no grupo social. Produz hábitos perniciosos nos jovens e distorce os valores do povo que vive sob a vigência de suas normas" (Pinto, 2003:24).

Sirvam estas palavras, ainda que embebidas do fel de nossa lúgubre realidade, de pontos positivos de fé e esperança, que nas escolas de Direito deste país acolhedor, com a convivência harmoniosa de tantas raças, nasça a virtude de não mais condescender com o desvio da Ética, do Direito e da Justiça. Não condescender com o mau político, o mau juiz, o mau servidor, o mau funcionário do setor público ou privado. Assim como o vício, a virtude também é fruto do hábito. É necessário que a sociedade dissemine a noção de honestidade, a cada momento, em cada situação, coibindo desde a multa de trânsito injusta ou corruptora aplicada pelo mau policial até a sentença judicial ou promulgação de lei deturpadas por interesses à margem do Direito. E que o futuro próximo nos permita que estas palavras nesta obra sejam brevemente suprimidas ou ao menos substituídas por mensagem mais otimista às nossas novas gerações de operadores do Direito. Na atual edição deste trabalho (8ª), o sentimento do autor se torna ainda mais amargo... Gostaria, sinceramente, de poder afirmar o contrário.

BIBLIOGRAFIA

ACCIOLY, Hildebrando. *Manual de direito internacional público*. 8. ed. São Paulo: Saraiva, 1968.

AKEL, Hamilton Elliot. *O poder judicial e a criação da norma individual*. São Paulo: Saraiva, 1995.

ALEXY, Robert. *Teoria da argumentação jurídica*. São Paulo: Landy, 2001.

ALVES, Alaôr Caffé. *Lógica, pensamento formal e argumentação*. 3. ed. São Paulo: Quartier Latin, 2003.

ALVES, José Carlos Moreira. *Direito romano*. Rio de Janeiro: Forense, 1971. v. 1.

ASCENSÃO, José de Oliveira. *O direito, introdução e teoria geral*. 11. ed. Coimbra: Almedina, 2003.

ATIENZA, Manuel. *As razões do direito*. 3. ed. São Paulo: Landy, 2003.

BARRETO, Tobias. *Introdução ao estudo do direito*. Política brasileira. São Paulo: Landy, 2001.

BART, Jean. *Histoire du droit privé*. Paris: Montchrestien, 1998.

BARZOTTO, Luís Fernando. *O positivismo jurídico contemporâneo*. São Leopoldo: Unisinos, 2001.

BASTOS, Aurélio Wander. *Introdução à teoria do direito*. 3. ed. Rio de Janeiro: Lumen Juris, 2000.

BATALHA, Wilson de Souza Campos. *Nova introdução ao direito*. Rio de Janeiro: Forense, 2000.

BERGEL, Jean-Louis. *Teoria geral do direito*. São Paulo: Martins Fontes, 2001.

BEVILÁQUA, Clóvis, *Teoria geral do direito civil*. 2. ed. (edição histórica). Rio de Janeiro: Editora Rio, 1980.

BIANCHERI, Boris (org.) *Il nuovo disordine globale dopo l' 11 settembre*. Milano: Università Bocconi Editore, 2002.

BITTAR, Eduardo C. B. *Curso de filosofia do direito*. São Paulo: Atlas, 2001.

BITTAR, Eduardo C. B. (Coord.). *História do direito brasileiro*. São Paulo: Atlas, 2003.

BOBBIO, Norberto. *A era dos direitos*. Rio de Janeiro: Campus, 1992.

BOBBIO, Norberto. *Direita e esquerda*. São Paulo: Unesp, 1995.

BOBBIO, Norberto. *Locke e o direito natural*. 2. ed. Brasília: Editora UNB, 1997.

BOBBIO, Norberto. *O futuro da democracia*. 8. ed. São Paulo: Paz e Terra, 2000.

BOBBIO, Norberto. *O positivismo jurídico*. São Paulo: Ícone, 1999.

BOBBIO, Norberto. *Teoria da norma jurídica*. 2. ed. São Paulo: Edipro, 2003.

BOBBIO, Norberto. *Teoria do ordenamento jurídico*. Brasília: Polis, 1989.

BOBBIO, Norberto; BOVERO, Michelangelo. *Teoria geral da política*. Rio de Janeiro: Campus, 2001.

BOBBIO, Norberto; VIROLI, Maurizio. *Diálogo em torno da república*. Rio de Janeiro: Campus, 2002.

BONAVIDES, Paulo. *Reflexões, política e direito*. 3. ed. São Paulo: Malheiros, 1998.

BRANCO, Luiz Carlos. *Manual de introdução ao direito*. 3. ed. Campinas: Millenium, 2003.

BRINT, Michael; WEAVER, William (Coord.). *Pragmatism in law & society*. San Francisco: Westview Press, 1991.

BRUSIIN, Otto. *El pensamiento jurídico*. Buenos Aires: Europa-América, 1959.

CAENEGEM, R. C. van. *Uma introdução histórica ao direito privado.* 2. ed. São Paulo: Martins Fontes, 2000.

CALDEIRA, Jorge e outros. *Viagem pela história do Brasil.* 2. ed. São Paulo: Companhia das Letras, 1999.

CAMARGO, Margarida Maria Lacombe. *Hermenêutica e argumentação.* 3. ed. Rio de Janeiro: Renovar, 2003.

CARNELUTTI, Francesco. *Teoria geral do direito.* São Paulo: Lejus, 2000.

CARRILHO, Manuel Maria (Org.). *Retórica e comunicação.* Porto: Edições ASA, 1994.

CASTALDO, André. *Introduction historique au droit.* Paris: Dalloz, 1999.

CASTRO, Celso Antônio; FALCÃO, Leonor Peçanha. *Ciência política.* São Paulo: Atlas, 2004.

CASTRO, Flávia Lages de. *História do direito.* Rio de Janeiro: Lumen Juris, 2003.

CENDERELLI, Aldo. Fonti del diritto. *Digesto delle discipline privatische.* Torino: UTET, 2002. v. VIII.

CHORÃO, Mário Bigotte. *Introdução ao direito.* Coimbra: Almedina, 2000. v. 1.

COLIN, Ambroise; CAPITANT, H. *Cours élémentaire de droit civil français.* 8. ed. Paris: Dalloz, 1934. v. 2.

CORREIA, Alexandre; SCIASCIA, Gaetano. *Manual de direito romano.* 2. ed. São Paulo: Saraiva, 1953.

COSTA, Joaquin. *La ignorancia del derecho.* Buenos Aires: Europa-America, 1957.

COSTA, Mário Júlio de Almeida. *História do direito português.* 3. ed. Coimbra: Almedina, 2002.

CUQ, Edouard. *Manuel des institutions juridiques des romains.* 2. ed. Paris: Librairie Générale de Droit et Jurisprudence, 1928.

CURY, Vera de Arruda Rozo. *Introdução à formação jurídica no Brasil.* Campinas: Edicamp, 2002.

DAHRENDORF, Ralf. *A lei e a ordem.* Belo Horizonte: Instituto Tancredo Neves, 1985.

DAVID, René. *Los grandes sistemas jurídicos contemporáneos.* Madrid: Aguilar, 1973.

DEKKERS, René. *El derecho privado de los pueblos.* Madrid: Editorial Revista de Derecho Privado, 1957.

DIMOULIS, Dimitri. *Manual de introdução ao estudo do direito.* São Paulo: RT, 2003.

DINAMARCO, Cândido Rangel. *Instituições de direito processual civil.* São Paulo: Malheiros, 2001. v. 1.

DINIZ, Maria Helena. *A ciência jurídica.* 2. ed. São Paulo: Resenha Universitária, 1982.

DINIZ, Maria Helena. *Compêndio de introdução à ciência do direito.* 15. ed. São Paulo: Saraiva, 2003.

DINIZ, Maria Helena. *Conceito de norma jurídica como problema de essência.* São Paulo: RT, 1979.

DINIZ, Maria Helena. *Curso de direito civil brasileiro.* São Paulo: Saraiva, 1982, v. 1.

DINIZ, Maria Helena. *Lei de introdução ao Código Civil brasileiro interpretada.* 9. ed. São Paulo: Saraiva, 2002.

DUGUIT, Leon. *Fundamentos do direito.* Campinas: LZN Editora, 2003.

DWORKIN, Ronald. *Levando os direitos a sério.* São Paulo: Martins Fontes, 2002.

DWORKIN, Ronald. *O império do direito.* São Paulo: Martins Fontes, 2003.

DWORKIN, Ronald. *Uma questão de princípio.* São Paulo: Martins Fontes, 2001.

ENGISCH, Karl. *Introdução ao pensamento jurídico.* 5. ed. Lisboa: Fundação Calouste Gulbenkian, 1979.

ESPÍNOLA, Eduardo; ESPÍNOLA FILHO, Eduardo. *A lei de introdução ao Código Civil brasileiro.* 3. ed. Rio de Janeiro: Renovar, 1999.

FIGUEIROA, Alfonso Garcia. *Princípios e positivismo jurídico.* Madrid: Centro de Estudios Políticos y Constitucionales, 1998.

FRANÇA, Rubens Limongi. *Princípios gerais de direito.* 2. ed. São Paulo: RT, 1971.

FRIEDE, Reis. *Ciência do direito, norma, interpretação e hermenêutica jurídica.* 5. ed. Rio: Forense Universitária, 2002.

FRIEDRICH, Carl Joachim. *Perspectiva histórica da filosofia do direito.* Rio de Janeiro: Zahar, 1965.

FERRACINE, Luiz. *Direito, moral, ética e política*. Campo Grande: Solivros, 2000.

FERRAZ JR., Tercio Sampaio. *A ciência do direito*. 2. ed. São Paulo: Atlas, 1980.

FERRAZ JR., Tercio Sampaio. *Introdução ao estudo do direito* 4. ed. São Paulo: Atlas, 2003.

FERREIRA, Maria A. Brochado. *Consciência moral e consciência jurídica*. Belo Horizonte: Mandamentos, 2002.

FREYRE, Gilberto. *Casa-grande & senzala*. 46. ed. Rio-São Paulo: Record, 2002.

FREYRE, Gilberto. *Ordem e progresso*. 6. ed. São Paulo: Global, 2004.

FREYRE, Gilberto. *Sobrados e mucambos*. 14. ed. São Paulo: Global, 2003.

GAGLIANO, Pablo Stolze; PAMPLONA FILHO, Rodolfo. *Novo curso de direito civil*. São Paulo: Saraiva, 2002.

GAUDEMET, Jean. *Institutions de l'antiquité*. Paris: Sirey, 1967.

GAUDEMET, Jean. *Les naissances du droit*. Paris: Montchrestien, 1997.

GENTILE, Francesco. *Ordinamento giuridico*. Verona: Cedam, 2001.

GILISSEN, John. *Introdução histórica ao direito*. 3. ed. Lisboa: Fundação Calouste Gulbenkian, 2001.

GIRARDI, Paul F. *Manuel eléméntaire du droit romain*. 5. ed. Paris: Arthur Rousseau, 1911.

GOMES, Nuno Sá. *Introdução ao estudo do direito*. Lisboa: Lex, 2001.

GOMES, Orlando. *Introdução ao direito civil*. 7. ed. Rio de Janeiro: Forense, 1983.

GRAU, Eros Roberto. *Interpretação/aplicação do direito*. 2. ed. São Paulo: Malheiros, 2003.

GRAVAZZONI, Aluísio. *História do direito*. 2. ed. Rio de Janeiro: Freitas Bastos, 2002.

GROPALLI, Alessandro. *Introdução ao estudo do direito*. Rio de Janeiro: Âmbito Cultural, 2002.

GUSMÃO, Paulo Dourado de. *Introdução ao estudo do direito*. 33. ed. Rio de Janeiro: Forense, 2003.

HART, Herbert L. A. *Il concetto di diritto*. 3. ed. Torino: Giulio Einaudi, 1965.

HEGLAND, Kenney. *The study and practice of law*. St. Paul, Minn.: West Publishing, 1995.

HOBBES, Thomas. *Dois tratados sobre o governo*. São Paulo: Martins Fontes, 2001.

HOBBES, Thomas. *Leviatã*. São Paulo: Ícone, 2003.

HOBBES, Thomas. *Os elementos da lei natural e política*. São Paulo: Ícone, 2003.

HOBBES, Thomas. *Segundo tratado sobre o governo*. São Paulo: Martin Claret, 2003.

HOLANDA, Sérgio Buarque. *Raízes do Brasil*. 26. ed. São Paulo: Companhia das Letras, 2003.

JUSTO, A. Santos. *Introdução ao estudo do direito*. Coimbra Coimbra Editora, 2001.

KANT, Immanuel. *Groundwork of the metaphysic of morals*. Londres e New York: Routledge, 2003.

KELSEN, Hans. *Teoria pura do direito*. 4. ed. Coimbra: Arménio Amado, 1979.

KOSCHAKER, P. *Europa y el derecho romano*. Madrid: Revista de derecho privado, 1978.

LAPORTA, Francisco. *Entre el derecho y la moral*. 3. ed. México: Fontamara, 2000.

LARENZ, Karl. *Derecho civil*: parte general. Madrid: Revista de Derecho Privado, 1978.

LASARTE, Carlos. *Principios de derecho civil, parte general y derecho de la persona*. 8. ed. Madrid: Marcial Pons, Ediciones Jurídicas y Sociales, 2002.

LIMA, Hermes. *Introdução à ciência do direito*. 33. ed. Rio de Janeiro: Freitas Bastos, 2002.

LIMA, João Franzen de. *Curso de direito civil brasileiro*. 7. ed. Rio de Janeiro: Forense, 1977. v. 1.

LOPES, José Reinaldo de Lima. *O direito na história*. 2. ed. São Paulo: Max Limonad, 2002.

LOPES, Miguel Maria de Serpa. *Curso de direito civil*. 4. ed. São Paulo: Freitas Bastos, 1962. v. 1.

LUMIA, Giuseppe. *Elementos de teoria e ideologia do direito*. São Paulo: Martins Fontes, 2003.

MACHADO, Edgar de Godói da M. *Direito e coerção*. São Paulo: Unimarco, 1999.

MACHADO, Hugo de Brito. *Uma introdução ao estudo do direito*. São Paulo: Dialética, 2000.

MACHADO, João Baptista. *Introdução ao direito e ao discurso legitimador*. Coimbra: Almedina, 2002.

MAGALHÃES, Rui Ribeiro de. *Introdução ao estudo do direito*. 2. ed. São Paulo: Juarez de Oliveira, 2003.

MAIJIDE, Alberto Calvo. *Introducción al derecho público y privado*. Madrid: Biblioteca Universitária, 1994.

MANELI, Mieczyslaw. *A nova retórica de Perelman*. Barueri: Manole, 2004.

MARMOR, Andrei (Org.). *Direito e interpretação*. São Paulo: Martins Fontes, 2000.

MARQUES, Eduardo Lorenzetti. *Introdução ao estudo do direito*. São Paulo: LTr, 1999.

MARTINS-COSTA, Judith (Org.). *A reconstrução do direito privado*. São Paulo: RT, 2002.

MASCARO, Alysson Leandro. *Filosofia do direito e filosofia política*. São Paulo: Atlas, 2003.

MASCARO, Alysson Leandro. *Introdução à filosofia do direito*. São Paulo: Atlas, 2002.

MAXIMILIANO, Carlos. *Hermenêutica e aplicação do direito*. 7. ed. Rio de Janeiro-São Paulo: Freitas Bastos, 1961.

MAY, Gaston. *Éléments de droit romain*. 18. ed. Paris: Sirey, 1932.

MEHL, Lucien (estudos em homenagem, por vários autores). *Savoir innover en droit*. Paris: La documentation Française, 1999.

MEIRA, Sílvio. *A lei das XII Tábuas*: fonte de direito público e privado. Rio de Janeiro: Forense, 1972.

MEIRA, Sílvio. *Curso de direito romano*: história e fontes. São Paulo: Saraiva, 1975.

MEIRA, Sílvio. *Instituições de direito romano*. 4. ed. São Paulo: Max Limonad, [s.d.].

MIAILLE, Michel. *Introdução crítica ao direito*. 2. ed. Lisboa: Editorial Estampa, 1994.

MONATERI, Píer Giuseppe. Fonti del diritto. *Digesto delle discipline privatische*. Torino: UTET, 2002. v. VIII.

MONTEIRO, Cláudia Sevilha. *Teoria da argumentação jurídica e nova retórica*. 2. ed. Rio de Janeiro: Lumen Juris, 2003.

MONTEJANO, Bernardino. *Curso de derecho natural*. 7. ed. Buenos Aires: Lexis-Nexis: Abeledo-Perrot, 2002.

MONTORO, André Franco. *Introdução à ciência do direito*. 25. ed. São Paulo: RT, 2000.

MORRIS, Clarence (Org.) *Os grandes filósofos do direito*. São Paulo: Martins Fontes, 2002.

NADER, Paulo. *Filosofia do direito*. 14 ed. Rio de Janeiro: Forense, 2003.

NADER, Paulo. *Introdução ao estudo do direito*. 23. ed. Rio de Janeiro: Forense, 2003.

NASCIMENTO, Walter Vieira do. *Lições de história do direito*. 14. ed. Rio de Janeiro: Forense, 2003.

NÓBREGA, J. Flóscolo da. *Introdução ao direito*. 5. ed. Rio de Janeiro: José Konfino, 1972.

NUNES, Rizzatto. *Manual de introdução ao estudo do direito*. 5. ed. São Paulo: Saraiva, 2003.

OLIVECRONA, Karl. *Lenguage jurídico y realidad*. México: Fontamara, 2002.

PAGALLO, Ugo. *Alle fonti del diritto*. Torino: G. Giappichelli, 2002.

PALMER, Richard E. *Hermenêutica*. Lisboa: Edições 70, 1999.

PAUPÉRIO, A. Machado. *Introdução ao estudo do direito*. 3. ed. Rio de Janeiro: Forense, 1998.

PAUPÉRIO, A. Machado. *Introdução axiológica ao direito*. Rio de Janeiro: Forense, 1977.

PERELMAN, Chaïm. *Ética e direito*. São Paulo: Martins Fontes, 2002.

PERELMAN, Chaïm. *Lógica jurídica*. São Paulo: Martins Fontes, 2000.

PERELMAN, Chaïm. *Retóricas*. São Paulo: Martins Fontes, 1999.

PERELMAN, Chaïm; OLBRECHTS-TYTECA, Lucie. *Tratado da argumentação*. São Paulo: Martins Fontes, 2002.

PETIT, Eugene. *Tratado elemental de derecho romano*. Buenos Aires: Albatriz, [s.d.].

PINTO, Djalma. *Direito eleitoral.* São Paulo: Atlas, 2003.

PISTORI, Maria Helena Cruz. *Argumentação jurídica.* São Paulo: LTr, 2001.

PIVA, Giorgio; SPANTIAGI, Federicc. *Introduzione agli studi giuridici.* Roma: Bulzoni Editore, 1982.

POLETTI, Ronaldo. *Introdução ao direito.* 3. ed. São Paulo: Saraiva, 1996.

RÁO, Vicente. *O direito e a vida dos direitos.* 3. ed. São Paulo: RT, 1991.

REALE, Miguel. *Filosofia do direito.* 5. ed. São Paulo: Saraiva, 1969.

REALE, Miguel. *Fundamentos do direito.* 3. ed. São Paulo: RT, 1998.

REALE, Miguel. *Horizontes do direito e da história* 3. ed. São Paulo, Saraiva, 2002.

REALE, Miguel. *Lições preliminares de direito.* 9. ed. São Paulo: Saraiva, 1981.

REALE, Miguel. *Nova fase do direito moderno.* 2. ed. São Paulo: Saraiva, 2001.

REALE, Miguel. *O direito como experiência.* São Paulo: Saraiva, 1968.

REALE, Miguel. *Teoria tridimensional do direito.* 3. ed. São Paulo: Saraiva, 1980.

RICOEUR, Paul. *Teoria da interpretação.* Lisboa: Edições 70, 2000.

RIPERT, Georges. *A regra moral nas obrigações civis.* 2. ed. Campinas: Bookseller, 2002.

ROBAYE. René. *Une histoire du droit civil.* Louvain-la-neuve: Academia, 1993.

ROBERTO, Giordano Bruno Soares. *Introdução à história do direito privado e da codificação.* Belo Horizonte: Del Rey, 2003.

ROSS, Alf. *Direito e justiça.* São Paulo: Edipro, 2000.

ROSS, Alf. *Diritto e giustizia.* 5. ed. Torino: Giulio Einaudi, 1965.

ROSS, Alf. *Horizontes do direito e da história.* 3. ed. São Paulo, Saraiva, 2002.

SACCO, Rodolfo. Fonti non scritte del diritto italiano. *Digesto delle discipline privatische*, Aggiornamento. Torino: UTET, 2000.

SCHNAID, David. *Filosofia do direito e interpretação.* 2. ed. São Paulo: RT, 2004.

SECCO, Orlando de Almeida. *Introdução ao estudo do direito* 7. ed. Rio de Janeiro: Lumen Juris, 2001.

SICHES, Luis Recaséns. *Introducción al estudio del derecho.* México: Porrua, 1970.

SILVEIRA, Alípio. *Hermenêutica jurídica.* São Paulo: Leia Livros, [s.d.].

SIQUEIRA JR., Paulo Hamilton. *Lições de introdução ao direito.* 4. ed. São Paulo: Juarez de Oliveira, 2002.

SOARES, Guido Fernando Silva. *Common Law*: introdução ao direito dos EUA. 2. ed. São Paulo: RT, 2000.

SOURIOUX, Jean-Louis. *Introduction au droit.* 2. ed. Paris: Presses Universitaires de France, 1990.

SUDATTI, Ariani Bueno. *Raciocínio jurídico.* São Paulo: Quartier latin, 2003.

TELLES, Inocêncio Galvão. *Introdução ao estudo do direito.* 11. ed. (v. 1), 10. ed.(v. II) Coimbra: Coimbra Editora, 2001.

TELLES JUNIOR, Goffredo. *Filosofia do direito.* São Paulo: Max Limonad, [s.d.].

TELLES JUNIOR, Goffredo. *Iniciação na ciência do direito.* 2. ed. São Paulo: Saraiva, 2002.

VASCONCELLOS, Arnaldo. *Direito e força*: uma visão pluridimensional da coação jurídica. São Paulo: Dialética, 2001.

VASCONCELLOS, Arnaldo. *Teoria da norma jurídica.* 5. ed. São Paulo: Malheiros, 2000.

VASCONCELLOS, Arnaldo. *Teoria pura do direito*: repasse crítico de seus principais fundamentos. Rio de Janeiro: Forense, 2003.

VECCHIO, Giorgio del. *História da filosofia do direito.* Belo Horizonte: Líder, 2004.

VENOSA, Sílvio de Salvo. *Direito civil*: parte geral. 4. ed. São Paulo: Atlas, 2003.

VILLEY, Michel. *Filosofia do direito.* São Paulo: Martins Fontes, 2003.

VOESE, Ingo. *Argumentação jurídica.* Curitiba: Juruá, 2003.

WARAT, Luis Alberto. *Introdução geral ao direito.* Porto Alegre: Fabris, 1994.

WARAT, Luis Alberto. *O direito e sua linguagem.* 2. ed. Porto Alegre: Fabris, 1995.

WESTON, Anthony. *A arte de argumentar.* Lisboa: Gradiva, 1996.

WIAKER, Franz. *História do direito privado moderno.* 2. ed. Lisboa: Fundação Calouste Gulbenkian, 1993.

WOLKMER, Antônio Carlos (Org.). *Fundamentos de história do direito.* 2. ed. Belo Horizonte: Del Rey, 2001.

WOLKMER, Antônio Carlos. *História do direito no Brasil.* 3. ed. Rio de Janeiro: Forense, 2003.

WOOTTON, David. *Dois tratados sobre o governo.* São Paulo: Martins Fontes, 2001.

WOOTTON, David. (Ed.) *John Locke:* political writings. Indianapolis/Cambridge: Hacked Publishing Company, 2003.

WOOTTON, David. *Segundo tratado sobre o governo.* São Paulo: Martin Claret, 2003.

YAGÜEZ, Ricardo de Angel. *Una teoría del derecho.* 6. ed. Madrid: Civitas, 1995.

2026
1 2 3 4 5 6 7 8 9 10